Ulrich Knellwolf · Wir sind's noch nicht, wir werden's aber

TVZ

Ulrich Knellwolf

Wir sind's noch nicht, wir werden's aber

Stückwerk zu Gott und der Welt

T V Z
Theologischer Verlag Zürich

Bibliografische Informationen der Deutschen Nationalbibliothek
Die Deutsche Nationalbibliothek verzeichnet diese Publikation in der Deutschen Nationalbibliografie; detaillierte bibliografische Daten sind im Internet über http://dnb.dnb.de abrufbar.

Umschlaggestaltung
Simone Ackermann, Zürich

Bild Umschlag und Innenteil: Bruno Murer *Sonnenaufgang am Pilatus*, 2009, Öl auf Holz, 125 × 340 cm © beim Künstler

Druck
Rosch Buch GmbH, Schesslitz

ISBN 978-3-290-17857-4

www.tvz-verlag.ch

für Elsbet

Nun aber bleiben Glaube, Hoffnung, Liebe, diese drei.
Am grössten unter ihnen aber ist die Liebe.

«Die ander parabel Matt.xiij. von dem sawr teyg, den das weyb menget ynn drey scheffel meel, so lange bisz das es durch unnd durch sawr wurd. Der selb new sawr teyg ist der glawb und gnade des geistes, aber er machts nit auff ein mal durch sawr, szondern feyn und seuberlich mit der weile macht er unsz gar yhm gleich new und ein brot gottis. Das alszo ditz leben nit ist ein frumkeit, szondern ein frumb werden, nit ein gesuntheit, szondernn eyn gesunt werden, nit eyn weszen, sunderen ein werden, nit ein ruge, szondernn eyn ubunge, *wyr seyns noch nit, wyr werdens aber*. Es ist noch nit gethan unnd geschehenn, es ist aber ym gang undd schwanck. Es ist nit das end, es ist aber der weg, es gluwet und glintzt noch nit alles, es fegt sich aber allesz.»

Martin Luther, G*rund unnd ursach aller artickel D. Marti. Luther, szo durch Romische Bulle unrechtlich vordampt seyn.* 1521, Weimarer Ausgabe, 7. Band, Weimar 1897, S. 337

Inhalt

Vorwort

Viel gepredigt und manche Geschichte erzählt. Da drängt es einen, Geschichten in einem Band zu sammeln und Gedankenfetzen – meistens aus der Arbeit an Predigten – zu einer Decke zusammenzunähen.

Was drängt? Entdeckerfreude, Überzeugung, Missionseifer, Angst vor der Vergänglichkeit? Mag alles sein. Jedoch soll nicht vergessen werden, dass ein Buch zuerst Rechenschaft ist, Bitte um Legitimierung, also Entblössung und Gericht. Der Buchstabe tötet unter Umständen seinen Schreiber.

Rechenschaft vor wem? Vor den andern. Und als Rechenschaft vor den andern ist's Rechenschaft vor *dem* andern, weil der biblische Gott niemals ohne die andern, die Menschen, ist. Erst als Rechenschaft vor den andern und damit ineins vor Gott ist's endlich auch eine vor sich selbst, die nicht von vornherein im Geruch der Beschönigung steht.

Wie macht man so etwas? Mehr als Stückwerk wird's nicht. Kein Kosmos, solang die Schöpfung nur unter Ignorierung dessen, was darin nicht aufgeht, einer genannt werden kann. Der Form nach also essayistisch, jedoch kein Versuch im Sinn von Experiment. Dieses will ja ein abschliessendes Resultat. Das ist in einer unabgeschlossenen Schöpfung nicht möglich. Darum kein dogmatisches System, auch nicht als «Katechismussystematik», wie diejenige Luthers bezeichnet wird (Bayer, *Theologie*, S. 106). Denn der Katechismus ist ein dogmatisches System.

Hüterin dessen, was systematisch nicht aufgeht, ist die Erzählung. Rede vom biblischen Gott, so demonstrieren es Altes und Neues Testament, und so hat's mich allen voran der Evangelist Markus gelehrt, ist ohne Erzählung irdischer, menschlicher Geschichten nicht möglich. Predigt als repräsentativ öffentliche Rede vom biblischen Gott erst recht nicht. Darum, wenn's denn einen Begriff braucht, lieber «Predigtsystematik» als «Katechismussystematik», da der Katechismus ja eben nicht erzählt, sondern logisch stringent, einsträngig, argumentieren will. Erzählung hingegen lässt verschiedene Interpretationen zu. Weshalb die Predigt ja keine einmalige Veranstaltung ist, auch keine Wiederholung wie früher das jährliche Pauken des Katechismus im Unterricht oder das Aufsagen des Credo im Gottesdienst. Die Predigt ist jeden Sonntag, und hoffentlich jeden Sonntag neu. Denn das, wovon sie handelt, ist nicht abschliessend auf einen Nenner zu bringen. Es will umkreist, von verschiedenen Seiten angeschaut werden. Luther nannte das Meditation. Ich suchte lang, ehe ich die mir von Berufs wegen so nahe liegende Form fand.

Vielen habe ich für Anregung zu danken; oftmals gaben sie sie mir, ohne es zu merken. Ausdrücklich danken will ich Oswald Bayer. Mit keiner zeitgenössischen Theologie habe ich mich so intensiv auseinandergesetzt wie mit seiner, von keiner habe ich so viel bekommen wie von seiner.

Lisa Briner – und, was die erste Durchsicht betrifft, auch Stephan Landis – vom Theologischen Verlag Zürich danke ich herzlich für ihr frühes Interesse an dem, was da entstehen wollte, für die freundliche Nötigung, mich kürzer und präziser zu fassen, und für ihr höchst aufmerksames Lektorat.

In grosser Dankbarkeit gedenke ich meiner – abgesehen von den biblischen und reformatorischen Autoren – wichtigsten theologischen Lehrer: des schwäbischen Lutheraners und Bonner Professors Ernst Bizer; des bernischen Landpfarrers und, wie er sich selbst nannte, Volksschriftstellers Albert Bitzius alias Jeremias Gotthelf; des badischen Prälaten und Kalendermachers Johann Peter Hebel; des Königsberger Zollbeamten und «Schwätzers vom Heil» Johann Georg Hamann und des Dekans von St. Patrick's in Dublin Doktor Jonathan Swift.

Dank, den kein Attribut fasst, sage ich zuerst und zuletzt Elsbet, meiner Frau. Ihre Liebe ist meine göttliche Legitimation; meine Liebe sei ihre göttliche Legitimation. Manchmal denke ich, die paulinische Rechtfertigungslehre, von der dieses Buch in einem zentralen Punkt abrückt, sei – ich weiss, welch gewichtiger Einwand Luther gegen diese Vermutung ist, aber der «Lutherisierer» Hamann hat sie implizit auch geäussert – eine typische Zölibatärstheologie. Dann wäre Elsbet erst recht schuld an dem, was hier vorgelegt wird.

Zollikerberg, im Advent 2015 Ulrich Knellwolf

Hinweg

Legitimiert

Die unverheiratete Tochter erwartete ein Kind. Wie in den meisten Fällen damals eine familiäre Katastrophe.

Der Vater der werdenden Mutter, in öffentlichem Amt und sehr auf Tadellosigkeit bedacht, drohte zuerst mit Mord und Selbstmord, wollte dann wenigstens seine Stelle an den Nagel hängen und wegziehen. Als das Kind schliesslich auf der Welt und diese nicht untergegangen war, lag ihm alles daran, dass die Taufe möglichst diskret, am liebsten im eigenen Haus in einer dämmerigen Morgen- oder Abendstunde und ohne Öffentlichkeit vollzogen werde.

Doch die Mutter des Kleinen widersetzte sich. «Er ist kein zweitklassiger Mensch, nur weil die Leute nicht wissen, wer sein Vater ist. Vor versammelter Gemeinde soll er getauft werden, wie's der Brauch ist», beharrte sie. Angesichts ihrer Entschiedenheit musste der Alte zähneknirschend kapitulieren.

Zum Taufgespräch kam sie allein. Als ich die Personalien aufnahm und nach dem Namen des Vaters fragte, antwortete sie: «Den verrate ich nicht. Er weiss noch nicht, wie er sich dazu stellen soll, dass er Vater ist.»

Ich erwartete, dass wir zu fünft am Taufstein seien: die Mutter, die Patin mit dem Kind auf dem Arm, der Pate und ich. Zu meiner Überraschung waren wir zu sechst. Der Kindsvater war gekommen. Und als ich Eltern und Taufzeugen fragte, ob sie bereit seien, ihr Kind mit dem Segen vertraut zu machen, den es in der Taufe empfange, antwortete er mit kräftigem Ja.

Der Grossvater sass mit Frau und Verwandtschaft in der ersten Bank. Das anfängliche Erschrecken auf seinem Gesicht verwandelte sich in ein zufriedenes Lächeln. Der junge Vater legitimierte seinen Sohn. Und indem er sich zu ihm bekannte, wurde er selbst als Vater legitimiert. Auch in den Augen des Alten. Als ich diesen nach der Taufe darauf ansprach, sagte er: «Wollen hoffen, dass er hält, was er heute versprochen hat. Aber der Anfang ist gemacht, und das ist immerhin etwas.»

Die Gemeinde war ergriffen, ich auch. Noch kaum einmal war uns derart deutlich geworden, was in der Taufe geschieht. Der Vater – im Gegensatz zur Mutter immer unsicher – bekennt sich öffentlich zu seinem Kind. Und das, was dazu gesagt wird, macht die Taufe zu einem Stück Gottesherrschaft, worin Gott durch den Mund des Vaters sich zu dem Täufling bekennt und so Kind, Mutter, Vater und sich selbst legitimiert.

Wollen hoffen, dass er hält, was er verspricht. Mehr als legitimiert, nämlich fraglos und selbstverständlich, werden Menschen und Gott erst sein, wenn, was mit der Taufe stückwerkhaft beginnt, vollendet und Gott selbst – nicht mehr metaphorisch in, mit und unter einem Menschen, sondern in selbsteigener Gestalt – sichtbar anwesend ist, von Angesicht zu sehen, ohne dass die Menschen darob sterben. Legitimierung ist nötig, solange noch nicht selbstverständlich ist, was selbstverständlich werden soll.

Stückwerk

Als meine Grossmutter alt war und ihre Hände unbeweglicher wurden, hörte sie auf, komplizierte Häkelarbeiten zu machen. Da sie aber die Hände nicht untätig lassen konnte, weil sie sonst, wie sie sagte, tot umfalle, begann sie aus Stoffstücken Decken zusammenzunähen. Bald hatte jedes von uns eine, und ich muss sagen, dass sie sehr angenehm war. Ich deckte mich nachts im Bett damit zu und hatte darunter weder zu heiss noch zu kalt. Wurde mir die Decke zu kurz, weil ich in jenen Jahren wuchs wie ein junger Hund, setzte die Grossmutter eine Reihe neuer Stoffstücke an.

Mit «Stückwerk» übersetzt Luther wunderbar das paulinische *ek merous* (aus Teilen) in 1. Korinther 13. Stückwerk ist nicht Fragment, nichts Zerbrochenes, hat keine Katastrophe hinter sich, setzt darum kein einst ganz Gewesenes voraus. Stückwerk mag aussehen wie Fragment, ist aber ein Begonnenes und Werdendes, *work in progress*, darum auf Zukunft hin, zum Ganzwerden unterwegs.

Die Stoffstücke, die meine Grossmutter zu Decken zusammennähte, waren Reste, übrig geblieben in einer Kleiderfabrik bei der Herstellung von Konfektionsware. Stückwerk ist Rest und zwar jener «entscheidende[n] Rest von Unbestimmtheit [...], der die Welt der Erzählungen [...] umgibt» (Lyotard, *Widerstreit*, S. 256f.). Christliche Theologie hat mit der Welt der Erzählungen zu tun. Fundamentaler, als ihr seit Paulus meistens lieb ist, da sie die Reste von Unbestimmtheit, die zu dieser Welt gehören, minimieren möchte. Die Theologiegeschichte ist auch ein Anschauungsunterricht, dass das nicht funktioniert. Die Reste der Geschichten dieser Welt sind kein lästiger Überhang; aus ihnen näht die Grossmutter Theologie Decken zusammen, in die wir uns einhüllen können, um dem neuen Morgen entgegenzuschlafen.

Stückwerk sind die Teile wie das wachsende Ganze. Aus Stückwerk zusammengefügt, ist das im Werden begriffene Ganze selbst noch Stückwerk. Durch die Komposition wird der Stückwerkscharakter der Teile wie des werdenden Ganzen betont, auf dass deutlich sei: Das vollendete Ganze erwarten wir.

Obwohl Stückwerk aus Stückwerk, war die Restendecke, die meine Grossmutter mit alt und unbeweglicher gewordenen Händen zusammengenäht hatte, mir lange unentbehrlich.

I Der illegitime Vater

Das Geheimnis des Zuckergeschirrs

Es war keine Dose. Eine Dose hat einen Deckel; dieses Gefäss hatte keinen Deckel. Wäre es eine Dose gewesen, hätte man auf die Idee kommen können, das Geheimnis liege in der Dose verwahrt, man brauche nur den Deckel zu heben und schon habe man es gelüftet. Das wäre falsch gewesen.

Beim Mittagessen an einem Freitag muss es gewesen sein. Denn am Freitag gab es zum Mittagessen Wähe. Zuerst eine Käsewähe und dann eine Früchtewähe. Kirsche, Apfel oder Birne, je nachdem, was im Garten reif war.

Weil meine Mutter die Früchtewähe sehr zurückhaltend süsste, stand am Freitagmittag das Zuckergeschirr aus dickem, geripptem, bläschenreichem Glas auf dem Tisch. Ich hatte es nie beachtet. Es war einfach da. Niemand hatte einen Namen dafür. Alle sagten: «Gib mir bitte den Zucker.»

Es stand wie jeden Freitagmittag auf dem Tisch; ich hatte daraus gelöffelt und es meinem Vater hinübergeschoben. Da ging in meinen Augen und meinem Gehirn etwas vor. Ich sah das Zuckergeschirr, als habe es eine unsichtbare Hand soeben erst auf den Tisch gestellt. Ich sah es zum erstenmal in meinem Leben. Ein Geheimnis, das mir Angst machte, weil ich ahnte, dass darin, damit, darunter etwas anderes, Unbekanntes, Unheimliches anwesend war.

Das Zuckergeschirr war keine Dose, so dass man den Deckel hätte abheben können, um das Geheimnis zu lüften. Das Zuckergeschirr war auch nicht nur die Maske, worunter sich das Geheimnis verbarg. In, mit und unter dem Zuckergeschirr war das Geheimnis da und machte die Welt fragwürdig, vieldeutig, unheimlich.

Die Vision, wenn man es eine Vision nennen kann, war kurz wie ein Blitz. Jedoch veränderte sie mein Daseinsgefühl. Bisher waren wir bei uns in der vertrauten Welt gewesen, ich und die Familie und alles, was zu uns gehörte, das Haus und die Leute rundum und die Bäume im Garten und die Sonne, der Mond und die Sterne. Von nun an war's, als sei einer ins Haus eingedrungen und schleiche namenlos darin herum, aber wir sähen ihn nicht und wüssten doch, dass er da ist.

I

Das Haus, die Welt

Ein freier Sonntagvormittag. Auf der Suche nach schöner Musik tippe ich mich durch sechzig Fernsehprogramme und bleibe bei einem französischen hangen. Eine jüdische religiöse Sendung. Der Rabbiner erklärt gerade, warum die Heilige Schrift nicht mit dem ersten Buchstaben des hebräischen Alphabets beginnt, sondern mit dem zweiten. Mit *bet* statt mit *alef.*

Die Heilige Schrift, so der Rabbi, fängt mit *bet* an, weil wir am Anfang nicht dabei waren. Wäre es anders, wären wir Schöpfer, nicht Geschöpfe. Wir sind immer schon in etwas, das vor uns da war. Darum angemessenerweise als erster Buchstabe der von Menschenhand geschriebenen Bibel der zweite des Alphabets: *bet.* Die Silbe *bè* heisst *in.* Und gehört mit dem hebräischen Wort für «Haus» zusammen.

Dass das Haus, worin wir sind, vollkommen sei, wird niemand behaupten. Deswegen beten wir ja um sicheres Wohnen (Psalm 4,9). Zwar ist unsere gegenwärtige Unterkunft nicht gerade eine Bauruine oder Bruchbude, jedoch nicht weit davon entfernt. Mängel auf Schritt und Tritt. Wer oder was ist schuld daran?

Woran? Dass das Haus noch nicht fertig oder dass das fertige kaputt ist? Stückwerk also oder Bruchstück? Schon ist dienstbeflissen wie die Polizei das Gewissen zur Stelle und versucht uns einzureden, das Haus sei vollkommen gewesen, aber wir hätten es kaputt gemacht. Das Gewissen bietet eine Auswahl skandalöser Geschichten an, wie und warum es so weit kam. Wann? In dunkler Vorzeit, wo alle Katzen grau sind. Und sogleich gerät unsere Legitimität, hier zu sein, in Zweifel.

Fest steht so viel: Wir haben das Haus, in dem wir seit unserm Anfang sind, nicht selbst gebaut, auch nicht erworben. Das lehrt die Heilige Schrift, indem sie mit *bet* anfängt und nicht mit *alef.*

Wer in einem Haus wohnt, das er nicht gebaut hat und das ihm nicht gehört, ist Mieter oder Gast oder illegaler Besetzer. «Ihr seid Fremde und Beisassen bei mir.» (Leviticus 25,23) Als Mieter oder Gäste oder auch Illegale auf Zusehen hin Geduldete. Jedenfalls aber in dem Haus nicht ganz daheim.

Es muss einen Eigentümer geben, der auch der Bauherr sein wird. Er lässt sich nicht blicken. Wen wundert's, dass Gerüchte über ihn umlaufen! Unberechenbar sei er, sein eignes Gesetz. Vor allem gewährt er niemandem dauerndes Wohnrecht in dem Haus. Bisher ist noch jeder hinausgeworfen worden. Oftmals wegen einer Bagatelle und immer unsanft.

Um ruhig schlafen, überhaupt, um sicher wohnen zu können, müsste man Näheres über den Hauseigentümer wissen. Am besten, man sähe ihn endlich einmal von Angesicht zu Angesicht und hörte von ihm selbst, was er zu sagen hat.

Die Sprache

Das Haus, worin wir zur Miete sind, ist kein stummes Haus. Die Welt raunt, flüstert, redet, singt, schreit. Ein babylonisches Sprachengewirr. «Turbatverse» (durcheinandergeratene Verse, Johann Georg Hamann, *Aesthetica in nuce,* S. 198). Gespenstisch. Nutzlos, sich die Ohren zuzuhalten. Es redet auch in uns. Wie die Welt sind wir selbst voll Sprache. Weil wir selbst voll Sprache sind, redet die Welt uns an. Der Mensch ist das sprechende Wesen, dem durch das Sprechen die Welt sprechend wird.

Weil die Welt uns sprechend ist, sind wir nicht distanzlos bei den Gegenständen wie die Tiere. Sprache ist wie Haut. Eine Grenze. Abstand und Verbindung zugleich. Nur, dass diese Haut nicht nur den Körper umgibt, sondern dazu den Geist und die Seele. Und nicht nur umgibt, sondern durchdringt. Ohne sie erstickten wir. Die Sprache transportiert die Luft, die unser Geist, unsre Seele atmet.

Darum ist die Sprache kein Kosmos, kein in sich geschlossenes System, worin jedes Element seinen definierten Platz hat. Die Sprache lässt sich keine im Voraus definierten Plätze geben. Die Sprache schafft sich ihre Plätze selbst. Sie ist eine Geschichte; sie erzählt ja Geschichten. Das zeigt die Metapher. Die Sprache will sich nicht ein für allemal darauf festlegen lassen, dass Achill nichts anderes als der Mensch Achill sei. Sie kann sagen: «Achill ist ein Löwe», und meint damit: In Achill steckt ein Löwe. Nicht, dass Achill ein Löwe in Menschenhaut wäre, ähnlich wie der Wolf im Schafspelz; das will die Metapher nicht sagen. Sie will sagen, dass die Grenze zwischen dem Menschen Achill und dem Löwen nicht undurchlässig ist, und sagt damit, wer der uns scheinbar bekannte Mensch Achill ist.

Die Sprache ist kein geschlossenes System. Sie erzählt Geschichten und macht Geschichten. Sie ist *logos spermatikos*, zeugendes Wort. Darum mythopoetisch, metaphoropoetisch, theopoetisch.

Wir sind in der Sprache. Über sie hinaus können wir so wenig wie aus der eigenen Haut. Aber in der Sprache, mit ihrer Hilfe können wir nicht nur über das hinaus, was gerade vorliegt und der Fall ist, sondern gehen wir fortlaufend.

Die Familie

Die Sprache ist wie die Haut. Das Leben tätowiert die Haut. Die erste Sprache tätowiert uns die Familie auf und in den Leib, die Mutter die allererste, die Muttersprache. Diese ist so irreversibel wie die Beschneidung am achten Tag. Sie wächst mit uns, erklärt uns die Welt. Vaterhaus und Vaterland werden wir eines Tages, wenn sie uns zu eng geworden sind, verlassen wie Abraham. Die Muttersprache verlässt uns erst zusammen mit dem letzten Atemzug.

Die Familie ist zäh wie die Haut und die Sprache, elastisch wie sie, sensibel wie sie. Wie Sprache und Haut trennen und verbinden, so auch die Familie. Jedes Glied ist ein Besonderes, aber zusammen sind sie ein Verbund.

Die Familie – Vater, Mutter, Kind – ist Quelle des Lebens wie der Sprache. Wir haben das Leben, die Welt, nicht, ausser «ins Wort gefasst» (Luther, *Vom Abendmahl*, S. 505). Darum ist die Familie die Grundmetapher allen Redens von Göttern, Welt und Menschen.

Das Es

Gespenstisch flüstert das Haus. Wie Gespenster geistern Stimmen durch die Welt. Als Gespenst geistert das *Es* durch die Sprache. Taucht auf, taucht unter; man weiss nicht woher und wohin. Und keiner, der wüsste, wer oder was das Es ist. Weder männlich noch weiblich. Ein Neutrum. «Das Neutrum möchte eine Sprache ohne Prädikation.» (Barthes, *Das Neutrum*, S. 204) «Ich sage nichts.» Der

Widerstreit (Jean-François Lyotard), der mehr Gegenwärtiges signalisiert, als sichtbar und hörbar ist. Verborgene Anwesenheit.

Es kann zusammenfassend die Komplexität der Umstände bezeichnen. «In Griechenland gibt es Ölbäume.» «Es gibt Menschen auf der Welt». Wer aber gab den Griechen die Ölbäume? Ein Thema für den Mythos. Wer gab, schuf die Menschen? Das farblose, undurchsichtige Es gibt sich als gebendes.

Jedoch gibt es in der Sprache nicht sich selbst. Das Es ist das, was gesagt ist, bevor etwas gesagt wird. Das ungelüftete Geheimnis der Sprache, in der Sprache gegenwärtig. Auch wer's verneint, denkt's und sagt's. Es muss als ungelüftetes Geheimnis gesagt und gedacht und kann nicht nicht gesagt und gedacht werden. Noch einmal Roland Barthes: «Das Neutrum nährt sich von einer (möglichst) unprädizierbaren Form; im Grunde ist das Neutrale genau dies: das Unprädizierbare.» (Ebd.) Sprechen heisst aber prädizieren, näher bestimmen, urteilen. Nicht prädizieren bedeutet nicht sprechen. Das Neutrum ist die Form des Sagens dessen, was nicht gesagt und dennoch nicht verschwiegen werden kann.

Prädizieren ist urteilen. Die Dinge vor den Richterstuhl zitieren und entscheiden, was von etwas gesagt wird und was nicht. Das Es weicht dem Urteil aus. Es vertagt es auf den Jüngsten Tag. Es ist bis dorthin tolerant. Lässt «die Sonne aufgehen über Böse und Gute und lässt regnen über Gerechte und Ungerechte» (Matthäus 5,45).

Als im Dreissigjährigen Krieg die Mitte Europas ausblutete, fanden besonnene Leute, es müsse eine Möglichkeit gefunden werden, miteinander zu sprechen und zu leben, auch wenn man sich über das Innerste streite, darüber, worauf man sein Vertrauen setze, weil es der «einzige Trost im Leben und im Sterben» sei (*Heidelberger Katechismus*, Frage 1). Das Es ist das neutral belassene Wichtigste, Lebensnotwendige, das nicht gesagt, aber auch nicht nicht gesagt werden kann, darum so gesagt werden muss, dass darob kein Glaubenskrieg ausbricht, worin der Tod das Feld behauptet. Es ist die Kleidung, die die Verschiedenheit der Tätowierungen verdeckt.

Es wäre ein Kurzschluss, zu meinen, das Es sei nicht tarnendes Kleid, sondern die Haut selbst. Wie bei den Verhandlungen zum Westfälischen Frieden jeder von jedem wusste, dass er unter dem Wams sein Glaubensbekenntnis trug, so wissen alle, die «Es» sagen, dass sich darunter nicht neutrale Tätowierungen verbergen. Das Es ist die leere Tonne, die laut Jonathan Swifts *Tonnenmärchen* ausgeworfen wird, damit das Seeungeheuer, der Leviathan, sich daran festbeisse und das Schiff in Ruhe lasse.

Vom Abwesenden reden: Der Mythos

Den Vater braucht's nicht bei der Geburt; Geburt ist Frauensache. Traditionell wurde der Vater dabei als lästig empfunden; er stand im Weg. Auch wollte man ihm den Anblick der blutigen Sache ersparen; es soll ja mancher dabei umgekippt sein.

Auch in der ersten Lebenszeit braucht es, wenigstens in den Augen des Kindes, den Vater nicht. Mit der Zeit freilich weiss es, dass es einen Vater hat und was es an ihm hat. Ist er abwesend, merkt es, was es an ihm hätte, wenn er anwesend wäre. Wie vom abwesenden Vater reden?

In unserer Klasse sass einer, dessen Vater sich nach Amerika davongemacht hatte. Damals gab es kein Fernsehen, und ins Kino durften wir noch nicht. Aber selbstverständlich hörten wir, was dort gespielt wurde. Die Westernhelden lieferten Rolf die Vorlage zu den Geschichten von seinem abwesenden Vater. Er war Cowboy im Wilden Westen, ritt auf einem schwarzen Hengst, warf meisterlich das Lasso, jagte Büffel, schoss haufenweise hinterlistige Indianer über den Haufen. Und er würde eines Tages erscheinen, in Stiefeln, gespornt, Colt an der Hüfte, die breite Krempe des Huts ins Gesicht gezogen. Er würde das Schulhaus betreten, die Treppe hinaufstürmen, dass man die Sporen auf den Stufen klirren hörte, die Tür des Klassenzimmers aufreissen und den Lehrer, den Rolf hasste, weil er ihn schikanierte, mit einem einzigen Schuss aus dem grosskalibrigen Trommelrevolver niederstrecken. Nach dem Schuss bläst er in den rauchenden Lauf, steckt den Revolver wieder ein, nimmt Rolf bei der Hand, geht ohne Eile mit ihm die Treppe hinunter und aus dem Schulhaus. Draussen steht der Hengst, der Vater hebt seinen Sohn in den Sattel, schwingt sich selbst hinauf, und sie galoppieren miteinander auf Nimmerwiedersehen davon.

Natürlich kam Rolfs Vater nie angeritten. Natürlich hörte Rolf nie mehr etwas von seinem Vater. Jedoch der kleine Mythos, der um den Abwesenden wuchs wie die Perle um das verletzende Sandkorn in der Muschel, half Rolf zweifellos, mit der Abwesenheit seines Vater zurechtzukommen.

Mythen spinnen sich um Abwesende. Über Abwesende erzählt man sich die wildesten Geschichten. *Mythos* bedeutete ursprünglich ja einfach «Erzählung». Weil es den Abwesenden verwehrt ist, sich zu wehren, können die Erzählenden über sie sagen, was sie wollen. Sie können die verrücktesten Dinge behaupten, ironisch über die Abwesenden sprechen und sich über sie lustig machen.

Der Mythos ist die phantastisch aufgedonnerte Abwesenheit der Erzählten; Mythen sind *fiction*, oft künstlerisch wertvoll und – häufig unter burschikos ironischer Hülle – tiefsinnig, Erklärungsmuster für vielerlei abgebend. Der Mythos bildet sich um eine Verletzung. Mythologen sind verletzt durch die Abwesenheit derer, von denen sie erzählen. Mythen als Göttergeschichten erzählen von *abwesenden* Göttern. «Der Mythos war fähig, die alten Schrecken als bezwungene Ungeheuer zurückzulassen.» (Blumenberg, *Arbeit am Mythos*, S. 267) Aber mit dem zurückgelassenen alten Schrecken der Vertreibung aus dem Paradies blieb eben auch das Paradies selbst zurück.

In dem schönen Buch *Seestücke* berichtet James Hamilton-Paterson, der *Das Meer und seine Ufer*, so der Untertitel, sehr gut kennt, von erfundenen Inseln. Einige haben sich jahrhundertelang auf den Seekarten gehalten, Mayda beispielsweise von 1400 bis 1906.

Warum wurden Inseln erfunden und konnten so lange ihren angeblichen Standort halten? Aus Angst vor der Leere des Meeres. «Was den Griechen vor allem Angst machte, […] war die Vorstellung der Leere. Die Leere des Meeres, dieses unendlich gefährliche Nichts hinter dem bekannten Land, war metaphysisch ebenso beunruhigend wie physisch. Die griechische Idealisierung eines statischen Kosmos voll fester Grössen, der sich in der griechischen Mathematik getreulich widerspiegelt, war die Grundlage von allem, was sich denken liess. Das Meer war für diese Metaphysik eine ausgesprochene Beleidigung, ein nackter Widerspruch. Wie sollte man diese flüssige Leere vermessen? Wie bildete man einen Ozean ab, wenn er gar nichts zum Abbilden enthielt? Wie stellte man eine Abwesenheit jeglicher Topographie dar?» (James Hamilton-Paterson, *Seestücke*, S. 77)

Die Leere des Meeres macht sprachlos. Denn von wo aus soll prädiziert, wie soll die Grenzenlosigkeit vermessen werden? Dazu braucht es eine Ordnung, ein Raster, einen festen Punkt. «Mayda und all die Dutzende sonstiger Inseln im Nordatlantik waren die fortbestehenden, mobilen Bruchstücke konzeptionell notwendiger, aber imaginärer Länder. Dies entspricht dem algebraischen Begriff der Null, den man erst haben muss, bevor andere Dinge entfaltet werden können. Die Funktion der Insel Mayda bestand darin, nicht existent zu sein, einen Überschuss an Leere abzulöschen, bis sich etwas Handfesteres einstellte.» (A. a. O., S. 78)

Carl Schmitt behauptet, dass *nomos* – ich sage an dessen Stelle «Name» – und damit Ordnung und Recht nur auf dem Land möglich seien, weil es nur an Land feste Punkte gibt (Schmitt, *Der Nomos der Erde,* S. 13f.). Namengebung ist auf festen Boden, auf Sichtbares, Greifbares angewiesen. Wo alles fliesst, einem alles durch die Finger rinnt, verfangen die Namen nicht. Das zweite Sprachwerk Gottes in der ersten biblischen Schöpfungsgeschichte, nachdem er in der Finsternis Licht gemacht hat, ist das trockene Land (Genesis 1,6). In der zweiten Schöpfungsgeschichte wird der Mensch von diesem trockenen Land, dem Ackerboden, genommen (Genesis 2,7). Adam, der in seiner Sprachlichkeit das Ebenbild Gottes ist, ist ein Erdling. Will er von Ausserirdischem reden, muss er Inseln erfinden.

Abwesenheit und verborgene Anwesenheit: Mythos und Metapher

Der Mythos will das Abwesende mit Hilfe des Anwesenden vertraut machen. Das Irdische als Interpretament des Himmlischen. Hingegen will die Metapher sagen, was es mit dem Gegenwärtigen auf sich hat. «Achill, von dem diese Geschichte handelt, ist ein Löwe.» «Mein Nachbar dort ist ein Esel.» «Die besonders kostbare Perle, von der Jesus erzählt, ist ein Zipfel des Himmelreichs» (siehe Matthäus 13,45f.).

Die Metapher ist in Bezug auf sichtbar Anwesendes «eine besondere Weise eigentlicher Rede und eine in besonderer Weise präzisierende Sprache» (Jüngel, *Metaphorische Wahrheit,* S. 119). Die Metapher «spricht der Wirklichkeit mehr zu, als das jeweils Wirkliche aufzuweisen hat» (S. 71). Es ist nicht die erkennbare Ähnlichkeit zwischen dem Himmelreich und dem anwesenden Gegenstand, welche die Metapher ausmacht, so dass das Wort sie bloss auswiese. Es ist vielmehr das Wort, das die Ähnlichkeit erst macht.

Die Metapher redet von dem in, mit und unter dem Gegenwärtigen verborgen Anwesenden. Realiter, nicht als Analogie Anwesenden. Wir sollten uns des Menschen erinnern, der sich bei Vollmond in einen Wolf verwandelt. «Oshimas Film *Reich der Sinne*», schreibt Slavoj Žižek, der genialische philosophische Hansdampf in allen Gassen aus Ljubljana, «konfrontiert uns mit der genuin ontologischen Unmöglichkeit, unsere normalen Alltagshandlungen im selben Realitätsraum zu lokalisieren wie die Szenen intensiven Geniessens. Bataille fomuliert dies folgendermassen: ‹Plötzlich wird jemand vom Wahnsinn gepackt. Wir kennen diesen Wahnsinn sehr wohl, aber wir können uns sehr leicht die Überraschung von jemandem vorstellen, der nichts davon wusste und vermittels irgendeiner Apparatur heimlich Zeuge des leidenschaftlichen Liebesaktes einer Frau wird, die ihm besonders vornehm vorgekommen war. Vermutlich würde er meinen, sie sei krank, so wie tollwütige Hunde verrückt sind. Als habe irgendeine Hündin sich der Persönlichkeit der würdevollen Gastgeberin bemächtigt› (Georges Bataille, *L'Erotisme*).» Diese Dimension, so Žižek weiter, sei» diejenige des Heiligen» (Žižek, *Das Reale des Christentums,* S. 16f.). Das ist nichts anderes als die Dimension der Metapher.

Bataille beschreibt in Žižeks Zitat *metapherein* präzis als «anderswohin tragen», «übertragen». Wir werden über die Grenze zwischen Dame und Hündin, Mensch und Wolf hinübergetragen. Die Metapher steht für eine Welt, worin die Grenzen zwischen Menschen, Tieren, Dingen nicht hermetisch geschlossen, Menschen, Tiere, Dinge nicht ein für allemal festgelegt, die Gegenstände nicht für immer mit sich identisch, sondern für Verwandlungen offen sind. Die Metapher redet von der veränderlichen, im Werden befindlichen Schöpfung, wo Überraschungen warten, so dass aus einem Mann ein Wolf werden kann.

I

Von metaphorischer zu mythologischer Rede

Hinter die Metapher, Gottes verborgene Gegenwart in der Schöpfung, können wir nicht zurück. So wenig wie hinter die Schöpfung. Genesis 1 und 2 nehmen zwar Schöpfungsmythen auf. Aber sie verweigern sich und uns jeden Blick in ein Früher. Die Frage, wie Gott beschaffen sein müsse, damit er die Welt habe schaffen können, ist die Frage des Mythos par excellence. Sie wird in den beiden biblischen Bearbeitungen von Schöpfungsmythen derart deutlich nicht gestellt, dass es nur als Warnung vor der wuchernden Energie des Mythos verstanden werden kann. «Im Anfang schuf Gott Himmel und Erde.» (Genesis 1,1) «Zur Zeit, als der HERR, Gott, Erde und Himmel machte […].» (Genesis 2,4b) Wir sind immer schon im Haus: in der Welt, in der Sprache, in der Geschichte. Es ist unmöglich, das Haus zu verlassen.

Wenn das Haus brennt, die Welt ins Tohuwabohu zurückfallen will, die Geschichte Geschichten macht, die Sprache wie fades Salz wird, dann drängt sich die Frage nach Sicherheit als Frage nach dem Anfang, Ursprung und Grund aller Dinge auf.

Nachdem der assyrische König Salmanassar V. beziehungsweise sein Nachfolger Sargon II. Samaria 722 v. Chr. erobert hatte, die Belagerung Jerusalems durch Sanherib 701 jedoch glimpflich verlaufen war und die Belagerer abgezogen waren, entstand unter König Josia von Juda eine konzise Geschichtstheologie, in der Juda das Erbe Gesamtisraels antrat und Gott dem Thron Davids ewigen Bestand zusicherte. Das Konstrukt zerbrach, als Nebukadnezar II., König des neubabylonischen Reiches, 586 v. Chr. Jerusalem eroberte, zerstörte und die obern Schichten der Bevölkerung ins Exil deportierte.

Im Alten Testament lassen sich verschiedene Versuche erkennen, mit der Katastrophe von 586 theologisch zu Rande zu kommen. Unter andern diese:

Die beiden Schöpfungsgeschichten am Anfang der Bibel, wahrscheinlich auf babylonische, allenfalls kanaanäische Vorbilder zurückgehend, sind Indizien für die Flucht aus den unsichern Geschicken der Geschichte in den Mythos des Anfangs. Sollen die Strukturen des Kosmos den unerschütterlichen Grund des Lebens abgeben, muss die Schöpfung aber als vollkommene am Anfang stehen; sie darf kein *work in progress* sein.

Damit aufs Engste verbunden ist der Mythos vom Sündenfall. Weil die Schöpfung, damit ihre Strukturen ein vertrauenswürdiger Grund der Existenz sein können, von Anfang an vollkommen sein muss, es aber offensichtlich nicht ist, muss sie für den Monotheismus Israels durch einen vorgeschichtlichen menschlichen Sündenfall gestört worden sein. Das «Trachten des Menschenherzens» ist eben «böse von Jugend an» (Genesis 8,21).

Dagegen erhebt sich innerhalb des Alten Testaments Protest, am deutlichsten in den Büchern Hiob und Rut und in Genesis 12, sofern wir das hebräische *wè*, das dort als erstes Wort steht, mit «aber» statt mit «und» übersetzen. Hiob, Rut und Genesis 12 weigern sich, die Katastrophen der Vergangenheit und Gegenwart als Folgen von und Heimsuchung aus menschlicher Sünde zu verstehen. Das Unglück – im Büchlein Rut deutlich: des Exils – ist unerklärlich. Was den Menschen gegen Gott erbittert. Erst, wenn Gott neues Glück gibt, wie er's im Zeichen der Gebote des Lösens und der Leviratsehe an Noomi und Rut tut, ist die Verbitterung über das erlittene Unheil überwunden.

In den stark von der Weisheit geprägten Büchern Ester, Judit und Daniel und in der Josefsgeschichte der Genesis wird zu belegen versucht, dass der Gott Israels, obwohl sein Volk keinen eigenen Staat mehr hat, in den Geschichten der grossen Welt insgeheim leitend am Werk ist zugunsten seines Volkes und der Völker, unter denen es lebt.

Vor allem betont Israel in und seit dem Exil zur Wahrung seiner Identität unterscheidende Merkmale wie die Beschneidung, die Heiligung des Sabbats, die Beobachtung der Speisegebote und den Festkalender, zusammengefasst im Gebot der Reinheit.

Das Reinheitsgebot ist das Zentrum der pharisäischen Ethik und wird zu einer Grundlage des rabbinischen Rechts. Voraussetzung dafür ist der Mythos vom Sündenfall. Die Forschungen von Doron Mendels und Arye Edrei über die «Spaltung der antiken jüdischen Welt» legen die Vermutung nahe, dass es bis zum 9. Jahrhundert in Europa eine jüdische Diaspora gab, die von einem weisheitlichen Ansatz herkam, ehe auch hier das rabbinische Recht obsiegte (Mendels/Edrei, *Zweierlei Diaspora*).

Über die pharisäische Ausbildung des Paulus wurde der Mythos vom Sündenfall für das Christentum zentral und mit ihm derjenige von der am Anfang vollkommenen Schöpfung. Dass Jesus im Markusevangelium mit seinem Ruf am Kreuz gegen diese Theologie protestiert, was schon die Evangelisten Lukas und Johannes irritierte, ist weitgehend unbeachtet geblieben.

Wer nach Ursprung, Anfang und sicherem Grund fragt, macht die Erfahrung, dass der Brunnen der Vergangenheit tief und unergründlich ist, weil hinter jedem vermeintlichen Anfang neue Räume sich öffnen, wie Thomas Mann im *Höllenfahrt* betitelten «Vorspiel» des Romans *Joseph und seine Brüder* eindrücklich beschreibt. Aus dieser Bodenlosigkeit rettet nach Manns Überzeugung allein der Mythos, der in seinen erzählenden Vergegenwärtigungen einen Schleier über die Tiefe des Brunnenschachts zieht. Der Mythos kann es tun, weil er selbst kein Anfang, sondern exemplarische Vergegenwärtigung eines immer Gleichen ist. Das bedeutet aber, dass das Vergegenwärtigte vor der Zeit geschehen ist, es sich also um eine himmlische Geschichte unter Göttern handelt – eben um den Mythos. Im echten Mythos geschieht der Sündenfall im Himmel. Die Menschen sind seine tragischen Marionetten.

Obwohl es Schöpfungsmythen aufnimmt, versucht Israel, dem Mythos Grenzen zu setzen; er soll nicht zur Höllenfahrt werden. Deutlich ist es in Genesis 3: Kein himmlisch vorgeschichtlicher Sündenfall, sondern einer nach der Schöpfung. Deutlicher noch in Genesis 1,1. Kein Wort von Gottes Existenz vor der Schöpfung. Der Mythos als himmlische Mär soll nicht wuchern. Gott soll seines Geheimnisses nicht entkleidet, er soll kein gläserner Gott werden. Darum kein Rückgang von der Schöpfertat Gottes zu seinem «Wesen», keine Rede davon, wer Gott war und was er trieb, ehe er die Welt schuf. «Im Anfang schuf Gott Himmel und Erde.» Vorher gibt es nicht nur von der Schöpfung sondern auch vom Schöpfer nichts zu erzählen.

Jedoch ist damit die Versuchung der Theologie nicht gebannt, vom Baum des Mythos zu essen. In Teilen des Neuen Testaments wird die paulinische Christologie als Lizenz zum Mythos begriffen. Eckstein der paulinischen Christologie ist der Adam-Christus-Mythos in Römer 5 und 1. Korinther 15. Der Christus Jesus, Sühnopfer für die verheerende Tat des mythischen Adam und ihre Vergegenwärtigung in jedem Menschen, wird selbst in den Mythos hineingezogen und verwandelt sich in eine vor- und übergeschichtliche Gestalt (siehe den Christushymnus in Philipper 2,5–11). Womit die Tür geöffnet ist zur Ausbildung der Trinitätslehre, dieses grandiosen Begriffsmythos.

Karl Barth erklärte den Begriffsmythos der Trinitätslehre zum Fundament und Ausgangspunkt aller Dogmatik. Die Erlaubnis dazu holte er sich vom Begriff der Offenbarung. Gott enthüllt sich als der in seinem Wesen dreieinige. Kommt er als dieser auf mich zu, wie er zu Abraham und Mose kam?

Im Wintersemester 1961/62 sass ich, blutiger Anfänger in der Theologie, in Barths letzter Vorlesung, der *Einführung in die evangelische Theologie*. Je länger ich zuhörte, desto mehr kam ich mir vor wie der Königssohn im Märchen von Rapunzel. Er steht am Fuss des Turms, der keine Türe, nur weit oben ein Fenster hat, und ruft: «Rapunzel, lass dein Haar herunter», um daran zu seiner Verehrten hinaufklettern zu können. Ich rief und rief; es kam kein Haar herunter. Seither hat die damalige Enttäuschung sich zum Verdacht gewandelt, bei Barths Theologie handle es sich um einen Begriffsmythos, dessen Hauptcharakteristikum der Kosmos möglichst lückenlos geschlossener Argumentation sei. Barth tut in seiner Dogmatik, was Thomas Mann im Josefsroman tut. Mann erzählt so ausführlich, bis sich Geschichte in die Vergegenwärtigung des mythisch verschleierten Ursprungs aller Dinge auflöst. Barth argumentiert so lange und so dicht, bis alles in Gottes dreieinigem Wesen festgemacht ist. Doch wird die Argumentation immer dominanter zur Zauberin, die Rapunzel im türlosen Turm gefangen hält. Der sich so enthüllende Gott kommt nicht entgegen. Rapunzel zeigt sich wohl am Fenster, aber es gibt keinen Zugang zum Turm, denn die Zauberin hat ihr die Haare abgeschnitten.

Begriffsmythen

Mythos heisst ja ursprünglich «Erzählung». Dass jedoch Mythologie buntes Fabulieren sei, ist nur bedingt richtig. Im Mythos wirkt eine Tendenz zur Systematisierung; der Mythos selbst ist ein Schritt zu seiner begrifflichen Aufklärung. Indiz dafür ist nicht nur die

Tatsache, dass sich der Mythos so leicht auf den Begriff bringen lässt; auch die für den Mythos charakteristischen ausführlichen Genealogien deuten darauf hin, die eben nicht im Sinn einer Neues bringenden Geschichte, sondern im Sinn der Vergegenwärtigung des Immergleichen als Analogien verstanden werden sollen. Jeder konkrete Tisch ist eine Vergegenwärtigung des Begriffs – der Idee – «Tisch».

In seiner *Theogonie* knüpft schon Hesiod (vor 700 v. Chr.) an die Tendenz des Mythos zur Systematisierung an und versucht, Ordnung in das olympische Göttergewirr zu bringen. Er ist darin ein Vorläufer der Vorsokratiker und ihrer insgeheim monotheistischen Frage nach Ursprung und Grund (*archè*) aller Dinge.

Thales von Milet soll das Wasser als solchen bezeichnet haben. Freilich ist zu beachten, dass Thales auch der Satz zugeschrieben wird, alles sei voll von Göttern. Das könnte bedeuten, dass er das Wasser nicht als Ursprung versteht, sondern als Anfang, also als erstes Produkt der Schöpfung, deren Autoren – wie bei Hesiod – die Götter sind. Thales hätte dann nicht alles, was bisher mythologisch den Göttern zugeschrieben wurde, auf den Begriff des Wassers übertragen.

Das geschieht jedoch bei Anaximander mit dem *apeiron*, dem Unbegrenzten, das er als *archè* bezeichnet. Jetzt sind die verwirrlich sperrigen Götter auf einen handlichen metaphysischen Begriff gebracht, der sie neutralisiert und domestiziert. Nicht erstaunlich, dass das Neutrum *apeiron* alsbald uninteressant wird und vernachlässigt werden kann. Anaximenes nennt als *archè* die Luft, die er «nicht als Urstoff oder gar Element» verstand, sondern «als lebendigen Ursprung» (Diels, *Die Fragmente der Vorsokratiker*, S. 15). Womit der ganze Mythos aus der Erzählung aus- und in den Begriff eingewandert ist. Aus dem erzählenden Mythos ist ein Begriffsmythos geworden. Das *apeiron* des Anaximander umgibt ein Geheimnis. Anaximenes lüftet das Geheimnis und lädt damit den Begriff der Luft mythologisch auf. Die Luft ist die *archè* der *archè*. «Luft» steht an der Stelle der schöpferischen Götter mit ihren vorgeschöpflichen, zur Schöpfung führenden Geschichten.

Der folgenreichste Begriffsmythos in der Geschichte der christlichen Kirche ist die Trinitätslehre, die lehrt, dass Gottes Wesen aus drei Personen bestehe, Vater, Sohn und Heiligem Geist. Ist es ein

Zufall, dass dieser Mythos – zwar lange vorbereitet – unter der Führung Kaiser Konstantins auf den Begriff gebracht, endgültig formuliert wurde? Konstantin, Bischof der Bischöfe, brauchte einen Mythos, der sein Reich zusammenhielt. *In hoc signo vinces* – In diesem Zeichen wirst du siegen. Die Buchstaben *chi* und *rho*, Kürzel für *christos*, stehen im Siegeskranz, nicht das Kreuz. Der Kaiser als Sohn Gottes und Vergegenwärtigung des siegenden Christus. Die mythische Analogie verdrängt die Geschichte Gottes mit den Menschen.

Diese historischen Zusammenhänge sind nicht nebensächlich. Die Trinitätslehre ist der perfekte Begriffsmythos, den Konstantin für seine Zwecke brauchte. Darum setzte er ihn auf dem Konzil von Nicäa durch. Die Folge war, dass der ferne Kaiser als Analogie des siegenden Christus aus dem im gekreuzigten Jesus Christus nahe herbeigekommenen Gott einen weit entfernten machte, ja, dass der Kaiser geradezu der *katechon*, der «Aufhalter» (2. Thessalonicher 2,7), des nur noch als Gericht verstandenen Reiches Gottes wurde.

Die Rechnung sollte spätestens bei der arabischen Eroberung Nordafrikas präsentiert werden, als viele durch die Spekulation des Trinitätsmythos verunsicherte Christen froh waren, endlich einen eindeutigen Gott zu bekommen. Hätte die Trinitätslehre geleistet, was sie angeblich soll, nämlich den Menschen Gott glaubhaft nahe bringen, dann hätten diese wohl anders reagiert.

Dreigenerationenhaus

Die Familie – Vater, Mutter, Kind – ist die biologische Grundstruktur des Lebens. Die sprachliche, geistige, seelische Familie hingegen ist ein Dreigenerationenhaus: Grosseltern, Eltern, Kind.

Leben ist Gegenwart, die mit den Erfahrungen – den selbst gemachten und den überlieferten – der Vergangenheit in die Zukunft schaut. Es braucht die generationenübergreifenden Erfahrungen der Vergangenheit, damit die Zukunft kein Panik auslösendes Neues ist. Die Erfahrungen der Vergangenheit geben Vertrauen in die Zukunft.

Damit sie Gewissheit vermitteln kann, muss die Familie mindestens aus drei Generationen bestehen. So kann aus Überlieferung Vertrauen wachsen und möglicherweise derart stark werden, dass es sich sogar vom Tod nicht ins Bockshorn jagen lässt: «Er starb alt und lebenssatt und wurde versammelt zu seinen Vätern», steht von Abraham geschrieben (Genesis 25,8).

In meiner Kindheit war das Dreigenerationenhaus die Ausnahme; in der Schule war ich der Einzige, der mit den Grosseltern unter einem Dach wohnte. Vielleicht deshalb kam ich mir manchmal älter und erfahrener als meine Klassenkameraden vor. Denn ich habe trotz mancher Friktion im Dreigenerationenhaus viel gelernt. Über die Geschichte meiner Familie weiss ich ziemlich gut Bescheid. Ich glaube, dass ich mein Interesse an Geschichten und Geschichte dem Dreigenerationenhaus verdanke. Meine Grosseltern waren sozusagen wandelnde Geschichtenspeicher. Beider alltägliches Sprechen war mit Geschichten unterfüttert; es hatte eine geschichtliche Dimension, die jederzeit, meistens in Metaphern gefasst, mitklang. Das Dreigenerationenhaus gab mir einen ausgedehnten Metaphernschatz mit. Meine Haut wurde im Dreigenerationenhaus mit Metaphern, Sprichwörtern, Redensarten tätowiert. Metaphern, behaupte ich deshalb, bekommen wir von der vorletzten Generation überliefert. Denn Metaphern brauchen Zeit, um sprachprägende Konsistenz zu gewinnen und nicht sogleich wie Feuerwerk zu verglühen. Sie brauchen mehr Zeit als nur die einer einzigen Generation, mindestens die von zweien. Weshalb Metaphern der Gegenwart alleweil ein wenig hinterherhinken. Denn Metaphern hüten Geschichten. Sie sind ja nichts anderes als Kondensate von Geschichten; «um metaphorisch reden zu können, muss erzählt werden, muss Vertrautheit hergestellt werden» (Jüngel, *Metaphorische Wahrheit*, S. 113).

Der trickreiche Anselm

Wissen und Glauben. Die Reihenfolge lautet seit Anselm von Canterbury gewöhnlich umgekehrt: «Credo ut intelligam», Glauben und Erkennen. Wobei sich die Gleichsetzung von Glauben mit Vermuten und von Erkennen mit sicherem Wissen nahe legt.

Mit «Glauben» ist das griechische *pistis* des Neuen Testaments übersetzt, das eigentlich «Treue» und dann «Vertrauen», aufgrund erfahrener Treue meint.

Wenn Glauben Vertrauen heisst, glauben wir nicht ins Leere. «Du musst glauben» ist ein unsinniger Befehl, auch in Paul Gerhardts Form «Dem Herren musst du trauen», sofern keine Argumente fürs Vertrauen geliefert werden (Gerhardt, *Befiehl du deine Wege,* in: *Gesangbuch,* Nr. 680). «Der Wolken, Luft und Winden gibt Wege, Lauf und Bahn, der wird auch Wege finden, da dein Fuss gehen kann», ist insofern ein windiges Argument, als die für unsereinen relevanten Menschengeschichten, insbesondere die biblischen, beiseitegelassen sind. Mit diesen aber muss Gott sich legitimieren, will er unser Vertrauen verdienen. Weswegen die Bibel Menschengeschichten erzählt.

Also kein Sprung mit geschlossenen Augen in den Abgrund. Das wäre nicht Glaube, sondern Verwegenheit: Versuchung Gottes (Matthäus 4,7). Wer solchen Glauben fordert, verdient kein Vertrauen, denn er ist ein Tyrann. Tyrannen sind treulose oder, was dasselbe ist, absolutistische Regenten. *La loi c'est moi.* Darum verbreiten ihre Propagandisten statt Argumenten Behauptungen, im zitierten Lied leider auch Gerhardt: «Er ist ein weiser Fürst» und «Gott sitzt im Regimente und führet alles wohl». Das ist pure Untertanengesinnung, entsprechend der «Genese des absolutistischen Staates aus der Situation des religiösen Bürgerkrieges» (Koselleck, *Kritik und Krise,* S. V). Gott wird – mythologisch – durch den absolutistischen Regenten interpretiert und nicht der Regent – metaphorisch und im Fall des absolutistischen folglich kritisch – durch den sich in den befreienden Geschichten Abrahams und des Exodus legitimierenden biblischen Gott.

Ich muss gute Erfahrungen mit dem gemacht haben, dem ich vertrauen soll. Er muss mein Vertrauen verdienen, bevor ich's ihm schenken kann. Was wie ein Widerspruch klingt, ist keiner. Denn ein Geschenk bleibt das Vertrauen allemal; es gründet zwar im Wissen der Vergangenheit, wird aber geschenkt in der Gegenwart auf ungewusste Zukunft hin.

Vertrauen gehört zusammen mit dem Ruf «Mache dich auf!», der die Bibel wie ein Trompetenstoss durchhallt. Vertrauen ist adventlich und darum abenteuerlich – «Abenteuer» kommt ja sprachlich vom gleichen Wortstamm wie Advent und bezeichnet jene tüchtige Portion Nichtgewusstes, die im Vertrauen steckt, es vom Wissen unterscheidet und macht, dass Vertrauen, obwohl auf Erfahrung, also Wissen, gründend, ein Geschenk bleibt, Einsatz auf die Zukunft hin. Denn Vertrauen ist Gewissheit. Sie transzendiert die Grenzen des Wissens. Gewissheit weiss, weiss aber auch, dass das Wissen Grenzen hat, kennt jedoch mehr als das Wissen; sie vertraut. Vertrauen entsteht aus dem Wissen von Geschichten.

Niemand kann ein Christ sein, ohne jemals den Namen Jesus gehört und etwas von den Geschichten jenes Menschen vernommen zu haben. Christsein setzt ein bestimmtes Wissen voraus. Christsein heisst Gott aufgrund der gekannten Geschichten vertrauen.

Es sind keine erhabenen Göttergeschichten. «[…] der heil. Geist [hat] uns ein Buch für sein Wort ausgegeb[en], worinn er wie ein alberner und wahnsinniger, ja wie ein unheiliger v unreiner Geist uns.[erer] stoltzen Verrnunft Mährlein, kleine verächtl. Begebenheit[en] zur Geschichte des Himmels v Gottes gemacht […].» (Hamann, *Gedanken über meinen Lebenslauf*, S. 346) Die Bibel erzählt menschliche Allerweltsgeschichten, durch die sich der biblische Gott in souveräner Demut zu seinem Geschöpf herunterlässt wie der Vater zum Kind. Das muss einem erzählt werden. Darum heisst die Reihenfolge: Wissen und Glauben.

Die umgekehrte Reihenfolge setzt einen andern Begriff von Gottes Souveränität voraus, nämlich nicht als Entschlossenheit zur Herunterlassung (Kondeszendenz), sondern als eisernes Festhalten an der Differenz von hoch und niedrig, Schöpfer und Geschöpf. Das ist die Souveränität eines undemütigen Gottes, der, wie es am Schluss des Hiobbuches geschieht, gewaltsam die Erfahrungen der Menschen beiseiteschiebt; sie sind ihm nicht tauglich zu Instrumenten seines Geistes. Dass er der Höchste und Ungebundene bleibe, ist ihm das A und O. Er braucht die kontingenten menschlichen Erfahrungen nicht, weil er in reiner Logik zwingend sich erschliesst wie im *Argumentum* Anselms von Canterbury in dessen Buch *Proslogion*.

Gregor VII. (1073–1085) war zweifellos ein grosser Papst, sofern ein grosser Papst nicht auch ein bedeutender Theologe sein muss. Denn das war Gregor nicht. Sein *Dictatus Papae* hat keinerlei theologische Substanz. Die Schrift ist beherrscht von Gregors Willen, den Primat des Stuhles Petri um jeden Preis zu stärken. Darum hat es der Papst auch nicht nötig, seine Sentenzen – es sind 27 kurze Sätze – einander systematisch zuzuordnen. Sie sind ein ungeordneter Haufe von Machtbehauptungen, dessen alleinige Ordnung darin besteht, dass jede Sentenz, unverbunden neben den andern stehend, nur auf die erste bezogen ist, aus der sie sich angeblich zwangsläufig ergibt. Die erste Sentenz heisst: «Dass die römische Kirche vom Herrn allein gegründet worden ist.» Verbunden sind die Sentenzen miteinander – ähnlich den Bischofsstühlen, den Christengemeinden, ja nach Gregors Lehre den einzelnen Christenmenschen durch ihre Bezogenheit auf den Papst – nur indirekt durch ihre Ableitung aus der ersten Sentenz. Sie ist der einzige Satz im ganzen *Dictatus*, welcher den Grund des Glaubens nennt, wenn auch bloss formelhaft als «der Herr».

Gregor formalisiert das Fundament des Glaubens in der ersten Sentenz aufs Knappste. So kann er Jesus Christus mythologisch nach dem Muster eines weltlichen Herrn interpretieren und zugleich alles, was aus der ersten Sentenz abgeleitet wird, als *intellectus fidei*, zwingende Einsicht des Glaubens, ausgeben, die von allgemeinem Wissen nicht zu unterscheiden ist. Hier ist ein Herr. Der befiehlt, wie es einem Herrn gebührt. Und wir haben, da es sich um den Herrn Himmels und der Erde handelt, zu gehorchen, was jedem vernünftigen Menschen einleuchten muss.

Die Ähnlichkeit der Argumentation Anselms von Canterbury mit derjenigen Gregors VII. ist nicht zu übersehen. Anselm ist einige Jahre jünger als Gregor. 1093 wird er Erzbischof von Canterbury und kämpft hier, wie Gregor vorher auf dem Kontinent, gegen das Recht der Könige, Bischöfe zu ernennen; zweimal muss er deswegen ins Exil. In seinen Schriften *Monologion* und *Proslogion* begründet Anselm systematisch, was Papst Gregor im *Dictatus* behauptet.

Im *Argumentum* des *Proslogions* («Gott ist das, worüber hinaus nichts Grösseres gedacht werden kann») weist Anselm «remoto Christo» (unter Beiseitelassung Christi), nämlich allein aus Vernunftgründen nach, dass wir gar nicht anders können, als einen höchsten Herrn über uns zu denken.

Es ist nicht verwunderlich, dass die Interpreten uneins sind, ob Anselm mit seinem Argument Gott rein vernünftig beweisen wolle oder Erkenntnis des Glaubens meine. Beides ist richtig. Davon lebt Anselms Argument gerade. Wie Gregor unterstellt, dass der «Herr» zwar Jesus Christus sei, jedoch zu verstehen nach dem Muster dessen, was «Herr» in dieser Welt normalerweise heisst, so unterstellt Anselm, dass sein Argument der Beweis für die Existenz des *christlichen* Gottes sei, denn einen andern kann es für ihn nicht geben.

Die beiden berühmten anselmschen Formeln: «Id quo maius cogitari nequit» und «Credo ut intelligam» beschreiben präzis den Trick, wodurch der formalisierte Gottesbegriff als Gegenstand des Glaubens vorausgesetzt wird, in dem das *intelligere* den christlichen Gott zu erkennen behauptet, wobei als christlich ausgegeben werden kann, was den kirchlichen Machthabern beliebt. Anselms Theologie und Gregors Kirchenpolitik sind nahtlos kohärent.

Der beanspruchten Unausweichlichkeit von Anselms Argument hält das Sprichwort entgegen: «Was ich nicht weiss, macht mir nicht heiss.» Heiss macht hingegen, wovon ich weiss, dass ich das Entscheidende nicht weiss. Das ist unheimlich, schürt Angst. Wir wissen, dass wir, so wie wir einen Vater haben, auch einen Gott haben. Damit wissen wir aber noch nicht, ob der Gott diesen Namen und damit unser Vertrauen verdient.

«Die Furcht des HERRN ist der Anfang der Weisheit.» (Sprüche 1,7) Hier ist weniger Ehrfurcht gemeint als vielmehr Angst und Schrecken. «Denen aber, die von euch übrig bleiben, werde ich das Herz schreckhaft machen in den Ländern ihrer Feinde. Und schon das Rascheln eines verwehten Blattes wird sie aufscheuchen, und sie werden fliehen, wie man vor dem Schwert flieht, und fallen, ohne dass jemand sie verfolgt.» (Leviticus 26,36) «Und Summa, Got kan nicht Got sein, Er muss zuvor ein Teufel werden, und wir konnen nicht gen himel komen, wir mussen vorhin ynn die helle faren, konnen nicht Gottes kinder werden, wir werden denn zuvor des Teufels kinder.» (Luther, *117. Psalm*, S. 249)

Der gewusste Gott, den zu leugnen kindisch wäre, erhebt Ansprüche. Der Hauseigentümer verlangt Zins. Die Rechnung des gewussten Gottes stellt das Gewissen. Im Gewissen ist das heiss machende Wissen versammelt, dass wir von Gott das Entscheidende nicht wissen.

Der Unsichere

Jeder Mensch hat einen Vater. Wie jeder Mensch eine Mutter hat. Die Mutter steht immer fest. Der Nabel ist der sichtbare Beweis, dass einer eine Mutter hat. Der Vater hingegen ist zweifelhaft. Und er ist, nachdem das Kind einmal gezeugt ist, auch nicht mehr unbedingt nötig. Weswegen sich viele Männer aus dem Staub machen.

Einen Vater haben heisst noch lange nicht, einen guten Vater haben. Obwohl es keinen gibt, der keinen Vater hat, sagt mancher, er habe nie einen Vater gehabt. Rabenväter gibt es mehr als genug. Rabenmütter gibt es auch, aber deutlich weniger.

Einen Vater haben heisst auch noch nicht, ihn zu kennen oder kennen zu wollen. Das Kind kennt den Vater zunächst nicht, wogegen es mit der Mutter von Anfang an vertraut ist. Die Mutter ist selbstverständlich; den Vater müssen wir kennenlernen. Denn er ist ein Fremder.

Er muss sich dem Kind erklären. Und er muss sich als Vater des Kindes legitimieren. Das geschieht so, dass er das Kind als sein legitimes erklärt und sich entsprechend verhält. Wie Gott im Alten Testament bei der Inthronisation zum König, im Neuen bei der Taufe zu Jesus sagt: «Mein Sohn bist du. Ich habe dich heute gezeugt.» (Psalm 2,7) Nur durch seine Erklärung und das ihr entsprechende Verhalten konnten wir bis vor kurzem gewiss sein, dass der, den wir als unsern Vater kennengelernt haben, es wahrhaft ist. Der Vaterschaftstest schafft heute Sicherheit. Auch Gewissheit? Oder ist sie durch die Notwendigkeit des Tests gestört?

Der Vater ist unsicher und macht unsicher. Vor allem darum, weil ein neues Kind zu entstehen droht, wenn er in der geschlossenen Welt von Mutter und Kind auftaucht. Der Vater ist die ständige Bedrohung der in den Augen des Kindes sich selbst genügenden Kind-Mutter-Welt. Er macht die Stellung des Kindes fortwährend unsicher. Die Kinder der Gaia und des Uranos werden hier, nicht ohne Assistenz der Mutter, radikal Remedur schaffen.

Sigmund Freud hat den Ödipuskomplex in der Entwicklung des Kindes, kurz gesagt, so beschrieben: Das Verlangen des Kindes richte sich auf den gegengeschlechtlichen Elternteil. Doch sah sich Freud genötigt, in der Entwicklung des Mädchens eine präödipale Phase anzunehmen, in der sich die positiven Gefühle auch des

Mädchens auf die Mutter richten (Freud, *Über die weibliche Sexualität*). Mutter und Kind bilden, gleichgültig welchen Geschlechts das Kind ist, eine geschlossene Welt. Das Kind braucht nichts ausserhalb seiner Verbindung zur Mutter. Das ist aus der Sicht des Kindes selbstverständlich, war immer so und kann und soll immer so bleiben. Nur, dass da eben von Zeit zu Zeit einer auftaucht, die Zweierbeziehung stört und erst noch den Anspruch erhebt, dazuzugehören: der Vater.

Unheimliche Macht

«Und sein Werk geizte nicht mit Kurtisanen und mit Mädchen, die in Khmer- oder Somalidörfern oder in chinesischen Gassen versteigert wurden, mit Bordellen und mit Lusthäusern, um immer wieder eines aufzuzeigen: die von Männern verausgabte Energie, die der Erde ja ihr Salz schenkt, kann bei Frauen die Regel verfälschen und den Mond auf Abwege bringen.» (Lyotard, *Gezeichnet: Malraux,* S. 33)

Der Mann, der durch seine ungeregelte Sexualität den geregelten Lauf der Welt durcheinanderbringt und – entscheidend – nicht selbst die Folgen trägt, sondern sich, wie Malraux' Vater, ungeschoren aus dem Staub machen kann. Für Malraux selbst scheinen, glaubt man seinem Biografen, die von ihm gezeugten Kinder wie deren Mütter Fesseln gewesen zu sein, die er früher oder später abschüttelte. Das war weniger Freiheitsbedürfnis als irrationale Getriebenheit. Drang zu einer Freiheit, die nicht nur Kinder und Frauen, sondern schliesslich auch ihn selbst zerstörte. Der Mann als fahrender Ritter, Troubadour, der die Geliebte besingt, weil er ihr nicht nahe zu bleiben vermag. Lächerlich tragische Figur wie Don Quijote. Fernwehsüchtiger Erforscher, Eroberer, *merchant adventurer*. Volatiles Element, Vagabund. Einer unter dem Zwang der Ungebundenheit, ein Bindungsunfähiger, nirgends habhaft oder gar endgültig sesshaft zu Machender.

Mehr noch als für den Mann gilt das für den fernen Schöpfergott auf dem Olymp oder im Himmel. Die notorische Geschichte vom Mutter und Kinder sitzen lassenden Erzeuger ist der passende Mythos für Gott, den treulosen Vater.

Seine Treulosigkeit macht ihn mächtig. Denn mächtig ist, wer den andern Veränderungen aufzwingen kann, ohne dass er selbst sich ändern muss. Er vermag den Mond auf Abwege zu bringen, den Kalender durcheinanderzuwerfen – und geht weg, als wäre alles beim Alten. Wohingegen für Frau und Kinder nichts mehr beim Alten ist.

Er muss zur Ordnung gerufen, zur Verantwortung gezogen, auf seine Vaterrolle behaftet werden, damit er sich ihr entsprechend benehme. Religionen versuchen, den fernen Gott an die Kette der Ehe zu legen und ihn in Verwandtschaft einbinden, weil es nicht gut ist, dass ein Gott allein sei. Der Vater als Mythos.

Rolfs, meines Klassenkameraden Vater, der Cowboy im Wilden Westen, kam nie zurück, weder hoch zu Ross noch per pedes. Rolf soll später sogar nach Amerika gereist sein und intensiv nach seinem Vater geforscht haben, nicht zuletzt in der Hoffnung auf ein Erbe. Es sei gewesen, habe ich mir sagen lassen, als steige ein Grieche auf den Olymp, um Zeus einen Besuch abzustatten. Vom Protagonisten des Mythos keine Spur, vom Geld ebenso wenig. Brutale Entmythologisierung.

Jedoch die andere Geschichte. Nicht nur der Mythos erzählt ja, auch für die Metapher muss erzählt werden. Hier ist's sogar noch dringender als beim Mythos, der sich von Sophisten und Stoikern so widerstandslos auf abstrakte Begriffe reduzieren liess. «Gott der Vater» hingegen ist von Vatergeschichten nicht zu trennen. Hier soll alsbald eine folgen, jedoch vorher, als Erinnerung an den Charakter der Metapher, noch einmal das biblische Gleichnis von der Perle, Matthäus 13,45f.: «Weiter: Mit dem Himmelreich ist es wie mit einem Händler, der schöne Perlen suchte. Als er aber eine besonders kostbare Perle fand, ging er hin, verkaufte alles, was er hatte, und kaufte sie.»

Zuerst: «In seiner Freude», wie's im vorangehenden Gleichnis vom Schatz im Acker heisst, fehlt. Somit das Hauptargument dafür, dass diese beiden Geschichten das kommende Himmelreich interpretieren sollen, nämlich als Freude und nicht als Gericht. Auch wenn «in seiner Freude» nicht fehlte, wäre diese heutzutage gängige Auslegung dürftig. Dass das Himmelreich Freude ist, weiss jeder von sich aus, wenn ihm nicht das Gegenteil eingebläut wurde. Redensarten wie «Er ist im siebten Himmel» beweisen's. Wie wir ja auch selbstverständlich wissen, was ein guter Vater ist im Gegensatz zu einem schlechten. Genauso tragen wir den Wunschtraum vom lieben Gott und seinem Paradies in uns, wozu wir – wegen unseres Gewissens, unserer Schreckhaftigkeit und unserer Angst – nicht ohne weiteres zu stehen wagen. Er muss uns durch von aussen kommendes Wort als legitim zugesprochen, bestätigt, präzisiert und bekräftigt werden.

Zudem lässt die gängige Interpretation des Gleichnisses die Zeitfrage in der Luft hängen. Wann kommt das Reich Gottes? Ist es noch fern oder ist es angebrochen? Das klärt sich nur, wenn das Gleichnis als Metapher und nicht als Mythos ausgelegt wird, wenn also nicht der – ferne – Gott und das Reich Gottes durch den Perlenfund erklärt werden, sondern der Perlenfund durch das Reich Gottes, das im Perlenfund verborgen gegenwärtig ist.

Luther formuliert im *Grossen Katechismus* in der Erklärung des ersten Gebots: «Du solt nicht andere Gotter haben», so: «Was heist ein Gott haben und was ist Gott? Antwort: Ein Gott heisset das, dazu man sich versehen sol alles guten und zuflucht haben ynn allen nöten. Also das ein Gott haben nichts anders ist denn yhm von hertzen trawen und gleuben, wie ich offt gesagt habe, das alleine das trawen und gleuben der hertzens machet beide Gott und abeGott. Jst der glaube und vertrawen recht, so ist auch dein Gott recht, und widerumb wo das vertrawen falsch und unrecht ist, da ist auch der rechte Gott nicht. Denn die zwey gehören zuhauffe, glaube und Gott. Worauff du nu (sage ich) dein hertz hengest und verlessest, das ist eygentlich dein Gott.» (Luther, *Grosser Katechismus*, S. 132f.)

Interessant, dass das «Wort» hier fehlt. Es ist es eben nicht, das uns sagt, was Gott ist. Das wissen wir. Das Wort sagt, gegen die Stimme des Gewissens, dass wir diesen Gott und sein kommendes Reich haben, dass er – verborgen – bei uns ist und wir nicht von ihm ausgesperrt sind. Und dass darum der leibliche Vater in seiner Güte ein Stück des kommenden Reiches Gottes des Vaters ist. Die Metapher «Gott der Vater» will den irdischen Vater als verborgene Gegenwart Gottes des Vaters interpretieren und nicht einen weitab auf dem Olymp weilenden Gott durch den irdischen Vater. Und sie will den irdischen Vater unters Gebot stellen, sich entsprechend zu verhalten.

Vater Luther als Exempel

Und hier die versprochene Geschichte.

Hans Luther, Hüttenmeister im Kupferschieferabbau, war ehrgeizig, eben wie ein frühneuzeitlicher tüchtiger kleiner Unternehmer. Als sich zeigte, dass sein Ältester nicht auf den Kopf gefallen war, entschied er, der solle Jurist werden. Und sah wohl schon Martins Karriere vor sich, angefangen in einer fürstlichen Kanzlei, bei herausragender Tüchtigkeit, an der er angesichts der Intelligenz des Sohnes und der konsequenten Erziehung nicht zweifelte, alsbald fürstlicher Rat und schliesslich Kanzler, vielleicht gar kaiserlicher. Lieber als Professor, was zwar auch etwas war, aber in den Augen eines Gewerbetreibenden etwas doch eher Brotloses. Stolz und der glänzenden Zukunft gewiss, schickte Hans Luther seinen Sohn auf die Universität nach Erfurt.

Umso grösser die Enttäuschung, als dieser nach dem obligatorischen Magisterexamen an der Artistenfakultät und einem Semester Rechtswissenschaft der Juristerei den Rücken kehrte und ins Kloster ging, um ein Mönch zu werden. War das noch sein Sohn? Der Alte wollte den Wechsel verbieten. Doch der Junge hatte seinen harten Kopf geerbt und liess sich nichts ausreden. Drohungen waren fruchtlos. Bis vor gar nicht so langer Zeit hätte der Vater die Rute genommen und dem Sohn Mores eingebläut. So hatten er und seine Frau es immer gehalten, manchmal bis Blut floss. «Mein mutter steupet mich umb einer eingen nuss willen usque ad effusionem sanguinis.» (Luther, *Tischreden* 3, Nr. 3566) Sie fanden nicht, dass es dem Sohn geschadet habe.

Nicht ganz so eindeutig sah es der Sohn selbst. Sie hätten ihn zur Kleinmütigkeit erzogen, heisst es an demselben Ort, wohingegen auch er früher in einer Predigt gesagt hatte, es hätte ihm nicht geschadet. Und am 5. Juni 1530 schreibt er von der Veste Coburg aus an Melanchthon, er habe heute erfahren, dass sein Vater gestorben sei, was ihn traurig mache, «quia ex ipso mihi creator meus dedit, quicquid sum et habeo.» («Denn von ihm gab mir mein Schöpfer, was ich bin und habe.» Luther, *Briefe* 5, S. 351) Eine vorbehaltlose Liebeserklärung wird man das trotz des warmen Tones nicht nennen können. Denn das «quicquid sum et habeo» ist bei Luther gewiss nicht gemeint ohne kritischen Blick auf das, was er ist und hat, sondern eher im Sinn von: Etwas anderes habe ich nun einmal nicht, und was Gott mir gegeben hat, wird schon recht sein. Aber eben darum handelt sich's. Aus diesem Grund ist das Zwiespältige und Mangelhafte, was wir hier sind und haben, allem gegenteiligen Eindruck zum Trotz gut. Nämlich so, dass es der Grundstock des vollkommen Guten und Herrlichen ist, das aus uns und allem werden soll.

Der feiste Doktor verriet jedoch nie ganz das schmale Bürschchen, das, wenn die elterliche Fuchtel in Aktion trat, jämmerlich geschrien haben und dem der Vater zumindest bei währender Exekution ein Teufel gewesen sein wird. Vom Teufel hat er viel geredet und geschrieben, und das führt oft nahe an die Inthronisation eines zweiten Gottes neben dem Einen, dem Guten, dem Schöpfer des Lebens. Das Verhältnis Gottes und seines Gegenspielers zueinander wird nicht völlig klar. Merksätze wie: «Gott kann nicht Gott sein, er muss zuvor ein Teufel werden» (Luther, *117. Psalm*, S. 249), zeigen aber an, dass nicht zwei Götter gemeint sind, sondern der eine Gott, der uns bald guter Vater, bald Teufel ist. Sie liegen in uns gegeneinander im Streit, und je nachdem, welcher obsiegt, sprechen wir in Metaphern oder in Mythen. Anzunehmen, dass vor dem Jüngsten Tag der eine ganz siege und der andere ganz erledigt sei, wäre eine Illusion, die aus dem Glauben eine schwärmerische Ideologie machte und Gott in weite Ferne schöbe. Der Glaube aber ist Vertrauen. Vertrauen auf den verborgen gegenwärtigen, an unserem Heil so hart arbeitenden Gott, «dass ihm die Haut raucht» (Luther, *Sermone aus den Jahren ca. 1514–1520*, S. 608).

Dass der Vatertitel Kampfplatz ist, bleibt spürbar in allem, was Luther über den Vater schreibt. Kein Wunder, dass er im Katechismus das grösste Gebot nicht uneingeschränkt nachsprechen, es nicht bei der Liebe bewenden lassen kann. «Du sollst Gott über alle Dinge fürchten, lieben und vertrauen», lehrt er (Luther, *Kleiner Katechismus,* S. 243). Und wird damit aus seiner Sicht der Sprachform des grössten Gebots gerecht. Denn als geforderte ist die Liebe nicht ganz, höchstens stückwerkhaft und nicht alles in allem. Wann wird der Vater die Rute endlich zerbrechen und wegwerfen?

Der Mythos wird also, solange der jetzige Äon währt, nicht aus unserem Reden verschwinden. Und wir sollen auch nicht versuchen, ihn mit Stumpf und Stiel auszurotten. Er bleibt als Anfechtung und

Versuchung, auch als Klage. «Unser Vater im Himmel» hat etwas forsch Vorwurfsvolles: Warum bist du immer noch mindestens mit einem Fuss dort oben und nicht ganz bei uns hier unten? Und vom vollendeten Reich Gottes vermögen wir vorläufig noch nicht anders als in Mythen, also als vom noch nicht gegenwärtigen, zu sprechen.

Pudendum

> «Am Abend des 13. Juni (1525), einem Dienstag, der der herkömmliche Wochentag für Hochzeiten war, verlobte sich Luther im Augustinerkloster mit Katharina (von Bora) rechtskräftig vor Justus Jonas, Johannes Bugenhagen, dem gleichfalls mit einer Nonne verheirateten Juristen Johann Apel und dem Ehepaar Cranach, bei dem Käthe bis dahin gelebt hatte, als Zeugen. [...] Gegen die herrschende Sitte schloss sich an die Verlobung sofort die Kopulation an. Sie bestand in der durch Bugenhagen vollzogenen Trauung. [...] Anschliessend an die Trauung wurde das Brautpaar in die Schlafkammer geführt und legte sich dort vor den Zeugen auf das Ehebett.» (Brecht, *Martin Luther,* S. 197)

> «So pflegte man damals eine Ehe als vollzogen zu beglaubigen. Jonas war also ‹Trauzeuge›. Es war ihm gar nicht zum Lachen: ‹Gestern war ich dabei und sah den Verlobten auf dem Brautbett – ich konnte bei diesem Schauspiel die Tränen nicht unterdrücken›.» (Oberman, *Luther,* S. 297f.)

Das Defilieren der ganzen Hochzeitsgesellschaft vor dem Brautlager gehörte zu den üblichen Hochzeitsbräuchen. Die beiden liegen nebeneinander zum Zeichen, dass beide Vater und Mutter verlassen haben (Genesis 2,24) – im Falle Käthes und Luthers auch die Mutter Kirche und den Heiligen Vater. Ein Fleisch werden sie bei diesem Ritus noch nicht. Denn das eigentliche «Anhangen» ist kein Ritus, der immer eine Sache vieler, also in gewisser Weise öffentlich ist. Das «Anhangen» ist die nur die zwei angehende Geschichte, der diesen beiden gehörende, nur von diesen beiden vollzogene Akt, obwohl alle wissen, dass er und was dabei geschieht. Der Akt ist trotz der Öffentlichkeit verborgen wie das Wachsen des Kindes im

Mutterleib, äusserlich jedermann sichtbar und doch aller Augen entzogen.

Das heisst *pudendum:* Scham. Obwohl jeder weiss, was geschieht, geht der konkrete Akt keinen ausser den direkt Beteiligten etwas an.

«Und er kam zu ihr herein» (Lukas 1,28) – der Engel Gabriel zu Maria. Der Engel Gabriel ist nicht der Erzeuger des Kindes der Maria, und ist es doch in gewisser Weise. Er ist das personifizierte, angelofizierte, geschöpfliche, leibliche Wort Gottes. Das Wort Gottes ist Schöpferwort; es tut, was es sagt. «Denn er ist es, der sprach, und es geschah, der gebot, und es stand da.» (Psalm 33,9) Der Engel Gabriel zeugt als geisterfülltes (Lukas 1,35) leibliches Wort Marias Sohn. Dafür kommt er zu ihr ins Haus. Das ist zunächst nicht allegorisch zu verstehen, sondern wörtlich. Menschliche Zeugung findet eben nicht, wie diejenige der Tiere, auf dem freien Feld und in aller Öffentlichkeit statt, sondern im Haus, und zwar in dessen privatestem Raum, im stillen Kämmerlein. So wie jeglicher «Verkehr des Christen mit Gott» (Wilhelm Herrmann). «Und wenn ihr betet, soll ihr es nicht machen wie die Heuchler: Die stehen gern in den Synagogen und an den Strassenecken und beten, um sich den Leuten zu zeigen. Wenn du aber betest, geh in dein Kämmerlein, schliess die Tür und bete zu deinem Vater, der im Verborgenen ist.» (Matthäus 6,5f.)

Sprechen ist Zeugen. Darum sprechen wir, wenn's um Wichtigstes geht, unter vier Augen miteinander, ohne zusätzliche Zeugen. Als in Jeremias Gotthelfs *Uli der Knecht* der Bodenbauer nicht länger zusehen mag, wie sein junger Knecht verludert, hält er ihm auf der Bank vor dem Stall «eine Kinderlehre während der Nacht», derweil im Stall die Geburt eines Kalbes ansteht. Im Licht der Stalllaterne soll das Kalb zur Welt kommen; im Licht des Wortes soll vor dem Stall ein neuer Mensch gezeugt werden. Zum ersten braucht's mindestens zwei Helfer. Das zweite kann nur unter vier Augen geschehen. Nicht, weil es den beiden vor Augen läge. Sondern zum Zeichen, dass es auch ihren Augen – ihrem Verfügen – entzogen ist. Die Zeugenden sind Geheimnisträger. Sie sind Akteure eines Geschehens, dessen sie nicht Herr sind, weil's auch für sie und für sie erst recht ein Geheimnis und ihrem Verfügen entzogen ist. Es wäre das Geheimnis auf falsche Weise gelüftet, täten sie, was unter vier Augen gehört, vor aller Augen.

Das Schlafzimmer des Elternpaars ist, zeigt Gotthelf in *Geld und Geist*, das Herz des Hauses. Es ist der Ort ebenso des Verkehrs der Eheleute miteinander, vom Sprechen miteinander bis zum Miteinander-Schlafen, wie ihres gemeinsamen Verkehrs mit Gott. Als der Verkehr mit Gott aufhört, hört auch der Verkehr der beiden miteinander auf, der sprachliche wie der körperliche. Wodurch im ganzen Haus erst eine Sprach-, dann, daraus resultierend, ein allgemeine Beziehungsvergiftung *erzeugt* wird. Denn was verborgen ist, kommt ans Licht. Was im Kämmerlein gezeugt wird, wird ins Licht der Öffentlichkeit geboren. Nicht nur wir waren nicht dabei, als wir gezeugt wurden. Keiner war dabei ausser unserer Mutter und unserem Vater. Aber wir sind das jedermann sichtbare Resultat.

Als die Frau eines unserer Freunde fünfzehn Jahre nach der Geburt der Tochter unerwartet noch einmal schwanger wurde, sagte die Fünfzehnjährige mit ironisch vorwurfsvollem Unterton: «Aber Papa, was hast du mit Mama angestellt!» «Mir», erzählte der Freund, «entfuhr es wie aus der Pistole geschossen: ‹Das geht dich nichts an!›»

Der Vorwurf der Tochter ist der doppelte jedes Kindes an den Vater: Er verletze die Integrität der Mutter, und er zerstöre die – lebensnotwendige, zum Leben scheinbar genügende, das Leben sicher machende – Zweisamkeit des Kindes mit der Mutter. In den Augen des Kindes ist der Vater der lebensbedrohende Störefried. Und das Kind, solang es kindlich bleibt, ist deshalb auch nicht gewillt, das Geheimnis des stillen Kämmerleins zu respektieren. Es drängt sich in infantiler Eifersucht hinein, versucht den Vater daraus zu verdrängen, weil es selbst das stille Kämmerlein mit seiner Mutter teilen will. Weniger, um selbst Erzeuger zu sein, vielmehr möchte es nicht, dass Zeugung weitergeht, da jedes Neugezeugte ihm seine Stellung streitig macht.

Warum Gott keine Frau ist

«Ich bin der HERR, dein Gott, der dich herausgeführt hat aus dem Land Ägypten, aus dem Sklavenhaus», beginnen die Zehn Gebote (Exodus 20,2f.), eingeleitet durch: «Und Gott redete alle diese Worte und sprach.»

Durch einen sichtbaren Menschen, Mose, durch dessen hörbares Wort – wie anders, wenn ich gewiss sein soll, dass nicht ich selbst mich anrede? – redet ein Unsichtbarer. Er behauptet, Israel aus Ägypten herausgeführt zu haben. Darum sei er Israels Gott. Nicht, weil er Himmel und Erde geschaffen hat. Die sind als selbstverständlich vorausgesetzt. Die Welt ist immer schon da als das Vorhandene, Greifbare, Beständige.

Unsicher ist, was mit dem Vorhandenen geschieht. Unsicher ist das Bewegliche, Unruhige, Unbeständige, Unsichtbare, darum nicht sicher Vorhandene und das sicher Vorhandene fragwürdig Machende, weil es mit dem Vorhandenen Unvorhersehbares anstellt. Unsicher macht der, welcher zur selbstverständlichen Symbiose von Mutter und Kind als nicht Notwendiger hinzukommt, der Vater.

Wäre Mutter Erde eine Göttin, dann bedeutete der Begriff Gott das Sichere, Zuverlässige und passte ins Denkmodell des Kosmos, wo die Götter dafür sorgen, dass die Verhältnisse für immer grundsätzlich gleich bleiben. Gott als Mann hingegen heisst Bewegung, Unruhe, Unbeständigkeit, Unsicherheit, Umsturz der Verhältnisse.

Darum fürchten die Männer nichts so sehr wie die weibliche Leidenschaft, die besonders stark in der «Trauer der Mütter» (Nicole Loraux) ausbricht. Sie droht in den Augen der Männer die mühsam erreichte Kanalisierung ihrer eigenen Leidenschaften zu stören. Wenn die Frauen, der ruhende Pol des antiken Hauses, öffentlich in Leidenschaft ausbrechen, befürchten die Männer die Katastrophe.

Die Unruhe der Männer braucht's, damit die Erde werden kann, was sie sein will und soll, jedoch noch nicht fraglos ist: *mater* und als solche *semper certa*. Deswegen kann die Welt kein Kosmos sein. Denn der Kosmos ist in sich geschlossen und unfruchtbar wie das sich fortwährend reproduzierende Perpetuum mobile. Die Mutter Erde jedoch liegt in Wehen (Markus 13,8). Sie «schreit in den Wehen und Schmerzen der Geburt» (Offenbarung 12,1). Und der Erzeuger, da keine Hebamme zugegen ist, muss selbst Geburtshelfer spielen: «Du bist es, der mich aus dem Mutterschoss zog, der mich sicher barg an der Brust meiner Mutter. Auf dich bin ich geworfen von Mutterleib an, von meiner Mutter Schoss an bist du mein Gott.» (Psalm 22,10f.) Aber eben Gott, nicht Göttin. Der, den man bitten muss: «Sei nicht fern von mir» (Psalm 22,12), weil er nicht *semper certus* ist.

Geburt, Ankunft eines Neuen, bedeutet Unruhe, krempelt die Verhältnisse um. Damit sie endlich ruhig werden, ist die Gebärfähigkeit der Mutter begrenzt und wird die weitere Zeugungsfähigkeit des Vaters im Mythos brutal beendet.

Hesiod, den seriösen Stadtbewohner, Ackerbauern und Viehzüchter aus Askra in Böotien, störte die lasterhafte Promiskuität der Himmlischen, die auch das Irdische unzuverlässig machte. Hesiod suchte mit seiner *Theogonie* Stabilität zu begründen, indem er die Quelle aller Überraschung, Unruhe und Instabilität zum Versiegen brachte. Das war nur zu bewerkstelligen durch eine Operation im Mythos selbst.

Die Schöpfung, sollte man sich darauf verlassen können, musste abgeschlossen sein. Kein *work in progress*. Ein einmaliger Akt. Der Schöpfer hatte seine Aufgabe erfüllt; er war entbehrlich. Mehr noch: Er war gefährlich, denn nachdem er einmal gezeugt hatte, störte er nur. Ihm Enthaltsamkeit zu empfehlen, war angesichts seiner Männlichkeit eine höchst unsichere Sache. Ihn also umbringen, damit nichts Neues mehr gezeugt werden konnte, das die Ordnung erschütterte?

Die probateste Methode, die Zeugung eines Neuen zu unterbinden, ist nicht die Ermordung, sondern die Entmannung des Vaters. Sein Platz bleibt besetzt, kein anderer kann ihn einnehmen. Trotzdem ist ans Kinderzeugen nicht mehr zu denken.

Mittels der Kastration des Vaters stellte Hesiod stabile Ordnung her. Uranos, von Gaia in einer mythisch schleierhaften Jungfrauengeburt zur Welt gebracht, dann mit ihr das gesamte Pantheon zeugend, wurde von seinen eigenen Kindern entmannt. Keine neuen sollten mehr geboren werden.

Stabile Ordnung hiess, dass der Olymp sich von einem Gebärhaus in eine Verwaltungszentrale verwandelte. Seit der Kastration des Uranos hatten die Götter aufgehört, Schöpfer, Erzeuger von Neuem zu sein. Sie waren, ganz im Sinn von Hesiods städtisch-ackerbäuerlichem Ordnungssinn, nichts weiter mehr als die Hüter des Bestehenden. Das Haus war fertig gebaut; es musste nur noch unterhalten werden.

Noch in Genesis 1 und 2 ist die Angst vor dem unberechenbaren Neuen mit Händen zu greifen, weshalb auch hier in einem einzigen Akt die paradiesische Schöpfung entsteht. Das ist nicht verwunderlich nach der Katastrophe von Jerusalem im Jahr 586 v. Chr. Nun machte keine Geschichte gelungener Transmigration von Babylonien oder Ägypten nach Kanaan mehr die Herrlichkeit Gottes glaubhaft. Vielmehr stellte der Lauf der Welt die Treue Gottes in Frage. Jetzt musste «das Firmament, das Werk seiner Hände», die Herrlichkeit Gottes erzählen (Psalm 19,1). Julius Wellhausen (1844–1918), epochemachender Alttestamentler, schreibt: «Mit den aufgeklärten Vorstellungen über die Natur, die wir in Gen. 1 antreffen, hängt der ‹geläuterte› Gottesbegriff eng zusammen. Das Wichtigste ist, dass es hier ein eigenes Wort gibt, um lediglich die göttliche Schöpfertätigkeit zu bezeichnen und sie dadurch aus der Ähnlichkeit menschlichen Tuns und Bildens herauszuheben, ein Wort, das in so enger Bedeutung weder im Griechischen, noch im Lateinischen oder Deutschen wiederzugeben ist. In einem jugendlichen Volke ist eine solche theologische Abstraktion unerhört, wir finden denn auch bei den Hebräern Wort und Begriff erst seit dem babylonischen Exil mehr und mehr gebräuchlich werden: parallel mit der Hervorhebung der Schöpferallmacht Jahves in bezug auf die Natur, die beinah plötzlich in der exilischen Literatur auftritt.» (Wellhausen, *Prolegomena zur Geschichte Israels*, S. 304)

Von der Schöpferallmacht her gesehen ist der Exodus aus Ägypten nach Kanaan nichts weiter als ein Kräuseln auf der Meeresoberfläche. Höchstens eine Trübung der Ordnung, jedenfalls nur eine Nebensache. Niemals die Hauptaktion und Offenbarung eines Gottes, sondern angesichts des Grossen und Gleichbleibenden zu vernachlässigen. Deshalb gälte es, den Exodus herunterzuspielen und keinesfalls so auf den Leuchter zu stellen, wie es der Eingang der Zehn Gebote und die biblische Tradition überhaupt tun.

Der jedoch, welcher sich in der Einleitung der Zehn Gebote vorstellt, unterstreicht durch deren apodiktische Form, dass er nicht der Garant einer immer gleichbleibenden Ordnung ist. Dazu brauchte es die Kasuistik des den Kosmos im Gleichgewicht haltenden ausgleichenden Rechts, des *ius talionis*. Er hingegen ist der, welcher zu Exodus und Transmigration rät und beides begleitet und segnet. Und der die Menschen durch die Flexibilität der apodiktischen

Gebote befähigt, die Kontingenzen einer werdenden Schöpfung zu bestehen. Der ist er, welcher in den ackerbäuerlichen Augen eines Hesiod und der Kanaanäer Unruhe stiftet und den gewohnten Lauf der Dinge – Saat und Ernte – stört, ja Sesshafte aus ihrer bleibenden Stadt hinauslockt und zum Nomadentum verführt. Er gleicht mehr Hesiods unstetem Bruder Perses als Hesiod selbst. Dieser Unruhestifter aber legitimiert sich mit dem Hinweis auf den währenden und bis dahin gelungenen Auszug aus Äygpten als der Gott Israels.

Zuflucht in allen Nöten suchte Hesiod bei den Göttern, welche die unveränderliche Ordnung des Kosmos garantieren, worin nichts Neues unter der Sonne (mehr) geschieht, da nach dem singulären Schöpfungsakt nichts Neues mehr gezeugt und zur Welt gebracht wird. Zuflucht in allen Nöten suchte Israel vor der Katastrophe von 586 bei dem, der Neues schafft.

Hesiod war ein Ackerbauer, der wahrscheinlich Sklaven besass und wollte, dass Sklaven Sklaven blieben. Die Israeliten in Ägypten waren Sklaven und vergassen, auch als sie später selbst Sklaven besassen, nicht, dass Sklaverei nicht im Himmel festgeschrieben ist. Sollte Hesiod auf eine Veränderung der Zustände setzen? Sollte Israel seine Hoffnung an die Unerschütterlichkeit der bestehenden Zustände binden?

Es brauchte den vorwärtsdrängenden Mut der Hoffnung, durch Moses vermittelnde Stimme eingepflanzt, um die Fleischtöpfe Ägyptens hinter sich zu lassen und auch später, in Kanaan angekommen, nicht zu vergessen, dass *der* Gott sei, welcher den Exodus verfügt hatte, und von dem jederzeit Neues zu gewärtigen war. Während Hesiod von der Abwehr jedwedes Neuen motiviert ist. Er bleibt gewissermassen infantil und wehrt den Vater ab, um die sich in Zyklen ergehende Mutter Erde ungestört für sich zu haben. Israel hingegen wird erwachsen und lässt sich auf den Vater ein, den Urheber der Unberechenbarkeiten des Lebens, der ankommenden Kontingenzen, der Abenteuer. Darum ist Israels Gott ein Mann, Hesiods Gott aber in Wahrheit eine Frau mit kastriertem Mann. Mutter Erde, die zu keinen Abenteuern mehr Verführbare.

Das heisst nicht, dass die Erde nicht Mutter wäre, grösser als Israel und die Völker, sie umfassend. Die Voraussetzung ihres Lebens und ihr nährendes Gegenüber. Die Schöpfungsmythen am Anfang der Genesis zeigen's jeder auf seine Weise. In beiden ist die Erde mütterliche Lebensvoraussetzung und Gegenüber der Menschen. Nach dem ersten Schöpfungsmythos sollen sie sich gegen sie, welche vor ihnen komplett da war, durchsetzen (Genesis 1,28), damit sie ihnen nicht eine *overprotecting mother* wird und sie infantil bleiben. Und nach dem zweiten Schöpfungsmythos wird die Erde als Folge der Erschaffung der Menschen ihretwegen geschaffen. Beide Male sind die Menschen deutlich von der Erde unterschieden als derjenigen, ohne die sie nicht leben können, die aber nicht göttliche Macht über sie haben soll. Darum ist die Erde zwar die Partnerin Gottes, des Vaters, und beide zusammen sind die Eltern der Menschen, aber sie ist keine Göttin. Jedoch zeigt sich an ihr, dass sie einen Mann hat und mit ihm Kinder zeugt. Wie die Frau des Hochseekapitäns gebiert sie, während er längst wieder auf den Weltmeeren unterwegs ist. Sie bezeugt mit ihrem Leib, dass der Mann verborgen anwesend ist. Sie ist sein «leibliches Wort». Gott selbst jedoch, da noch *incertus* und erst *certus* werdend, ist metaphorisch ein Mann. In jedem Mann gegenwärtig – als freibeuterische Bedrohung, wenn ungebunden, als verlässlicher Vater, wenn durch die Liebe einer Frau zivilisiert.

Warum Gott ein Mann ist

Religion, erst recht bedachte Religion, läuft auf Monotheismus hinaus. Der Mensch möchte wissen, wer die letzte Verantwortung trägt; er will sich an den Meister und nicht an einen Gesellen halten, an den Bauherrn und Eigentümer, nicht an den Verwalter. Einer der Gründe sicher, weshalb griechische und römische Religion gegen Judentum und Christentum keine Chance hatten.

Sippenstruktur im Olymp ist der Gewissheit nicht förderlich, Ratsstruktur wie in Parlament und Genossenschaft ebenso wenig. Denn in alledem steht zuletzt keiner gerade; Verächter haben den Parlamentarismus nicht völlig unrichtig institutionalisierte Verantwortungslosigkeit genannt. Solche wird dem Menschen nicht gerecht, der – im Sterben zumindest – unausweichlich beim Leben behaftet wird und mit selbsteigner Person geradestehen muss; die Vorstellung des Jüngsten Gerichts ist in Verbundenheit mit dem Tod situationsgemäss. Hier ist der Mensch – Jesu Schrei am Kreuz demonstriert es – auf einen angewiesen, der genauso mit der eignen Person geradesteht.

Womit auch gesagt ist, dass die letzte Verantwortung nur eine Person tragen kann. Keine Institution, keine Abstraktion, kein Ding. Materialismus ist auch diesbezüglich fragwürdig. Wo und in welcher Färbung immer er Macht gewann, sah er sich gezwungen, Verantwortung von der Materie als angeblich letzter Instanz im Übermass auf die Menschen zu übertragen. Nirgendwo sonst wird darum gnadenloser über Menschen geurteilt als unter materialistischem Vorzeichen.

Für eine Person hat die Sprache zwei Genera zur Auswahl: Frau oder Mann. Ein Neutrum ist keine Person; Menschen, die mit zweierlei Geschlechtsmerkmalen geboren sind, sind keine Neutra. Auch das Kind ist kein Neutrum; es ist entweder weiblich oder männlich.

Daraus folgt, dass wir von Gott nur entweder als von einer Frau oder einem Mann sprechen können. «Die Gottheit» ist, obzwar feminin, tatsächlich ein unbelangbares Neutrum. Noch weniger geeignet ist «das Göttliche», das der Gretchenfrage nach der verantwortlichen Person systematisch ausweicht. Eine feige Floskel, weiter nichts.

Also muss vom alleinigen Gott entweder als von einer Frau oder einem Mann gesprochen werden. Soll es aber nicht gescheiter offen gelassen und von dem alleinigen Gott – geschwiegen werden? Wie Wittgensteins Fazit im *Tractatus logico-philosophicus* lautet: «Wovon man nicht reden kann, darüber muss man schweigen.»

Menschliches Schweigen ist alleweil beredt, denn der Mensch ist ein redendes Wesen. Er redet, auch wenn er schweigt. Und auch schweigend, da sein Schweigen ein redendes ist, kann er nicht anders: Er muss Gott als Frau oder als Mann, wenn auch schweigend, denken, was nichts anderes als schweigend reden ist. Eine andere Möglichkeit gibt es nicht.

Da Gott unsichtbar gegenwärtig ist, ist in Metaphern von ihm die Rede. Ihm zum Abwesenden zu erklären und also hinter seinem Rücken ungehemmt mythischen Klatsch über ihn zu verbreiten, hiesse, das zeigt die den Mythos beherrschende Ironie, der zudringlichen Unheimlichkeit Gottes ausweichen und sie trotz munteren Erzählens unter dem Deckel des Schweigens halten zu wollen.

Weil anders als von einer Person von Gott zu reden nichts bringt, muss von Gott metaphorisch als von einer Frau oder einem Mann geredet werden. Nämlich entsprechend der Grundmetapher des Lebens entweder als von der Mutter oder vom Vater. Von Gott als Kind zu sprechen, ist sinnlos.

Mutter oder Vater heisst die Wahl. Die Sprache hat schon gewählt. «Gott» als Gattungsbezeichnung ist maskulin, obwohl sie auch die Göttinnen umfasst. Daran ändern feministische Sprachmanipulationen nichts, weil sie von falscher Voraussetzung herkommen. Denn die Sprache hat nicht so gewählt, wie sie's tat, weil sie den Mann für wertvoller hielt als die Frau. Sie hat so gewählt, weil in der Grundmetapher des Lebens, Mutter, Vater, Kind, der Vater die unsichere Person ist. Der einzige Teil dieser Trinität nämlich, welcher seine Verantwortung verleugnen, sich unsichtbar und aus dem Staub machen kann, ist der Mann. An der Zeugung eines Kindes ist der Vater im höchsten Mass beteiligt, jedoch braucht's ihn nicht bei der Geburt. Es geht ohne ihn. Und nachher zur Not auch.

Weil Gottes Vaterschaft notorisch unsicher ist, ist sie metaphorisch mit der des menschlichen Vaters verbunden. Nur so ist unsere letzte Unsicherheit beim Namen genannt und dafür gesorgt, dass sie nicht im Hintergrund herumspukt, zur grauen Eminenz einer monotheistischen Muttergottheit wird und deren Mütterlichkeit zerstört. Die Sprache und die sie Sprechenden packen den Unsicherheitsfaktor in der Grundmetapher des Lebens bei den Hörnern, stellen den flüchtigen Vater und fragen ihn: Warum hast du uns verlassen? Darum muss Gott, soll Religion vor der Grundfrage des Lebens nicht kneifen, ein Mann sein.

Selbstverständlich wird das von schwachen Männern missbraucht, indem sie einen Vorzug und die Herrschaft des einen Geschlechts über das andere daraus folgern. Die schwachen Männer haben Angst und darum keinen Respekt vor Frauen. Ritualisierte Religion zieht solche Männer an. Weltflüchtige, über die einst ein Abt mir sagte: «Hinter Kirchenmauern sind die gefährlich.»

Gottes Schande

Kommt einer, versoffen, verludert, widerborstig daher, ein Tramp, wie sie gern an Pfarrhaustüren läuten und Geschichten erzählen, und beginnt fragend: «Warum gibt Gott sich uns nicht zu sehen?» Antwortet der Pfarrer: «Weil er sich schämt.» Fragt der andere: «Und warum schämt sich Gott?» Antwort des Pfarrers: «Schämtest du dich nicht, wenn du der wärst, der uns zwei geschaffen hat?»

Die Welt, wie sie ist, macht Gott keine Ehre. Schande tut sie ihm an. Und er schämt sich. Gibt er sich uns darum nicht zu sehen? Wer sich schämt, verbirgt sich. Gott ist nur verborgen gegenwärtig, bis seine Herrlichkeit an der ganzen Schöpfung offenbar ist.

Solange Gott nur verborgen gegenwärtig ist, weil seine Schöpfung noch nicht ist, was sie werden soll, so lange können wir nicht anders als in Metaphern von ihm reden. Im Metaphern, die dem Sichtbaren mehr zusprechen, als daran sichtbar ist. Aufgepasst: Achill ist nicht bloss ein Mensch; Achill ist, verborgen, auch ein Löwe. Die schöne Perle, die der Kaufmann findet, ist, verborgen, mehr als nur eine schöne Perle, sie ist Stückwerk kommender göttlicher Herrlichkeit.

Das Wort macht sie dazu. Es ist performatives Wort, *assertio* (Zusicherung), präziser: *promissio* (Zueignung). Göttliches Schöpferwort, verborgen gegenwärtig und wirkungsmächtig in, mit und unter Menschenwort, welches ein *flatus vocis*, ein verächtlicher Furz der Stimme ist.

Zueignendes Wort ist auf Vertrauen aus. Es muss das Geschenk des Vertrauens verdienen. Damit das geschieht, muss das zueignende Wort Belege in Form menschlicher Erfahrungen beibringen, also Geschichten erzählen und dazu sagen: «Darin wird deine Sache verhandelt!»

Werden die Geschichten durch Argumentation ersetzt, handelt es sich nicht mehr um Gewinn und Geschenk von Vertrauen, sondern um den Versuch logischen Nachvollzugs. Und «Glaube» meint dann etwas anderes als die lebendige und, so lange diese Erde steht, nie endgültig entschiedene Beziehung aus Vertrauenswerbung und Vertrauensgeschenk. «Glaube» meint dann vielmehr einen einseitigen herrscherlichen Akt, gewaltsame Selbstlegitimierung Gottes wie am Ende des Hiobbuches und wie bei Paulus in Römer 9,20ff.:

«O Mensch, wer bist du eigentlich, dass du mit Gott zu rechten wagst? Wird etwa das Werk zum Meister sagen: Warum hast du mich so gemacht? Hat denn der Töpfer nicht Macht über den Ton? Kann er nicht aus dem selben Stoff das eine Gefäss zu einem Gefäss der Ehre, das andere aber zu einem Gefäss der Schande machen?» Der gewaltsamen Selbstlegitimierung Gottes kann nur restlose Zustimmung und vollständige Unterwerfung entsprechen, wie sie für Ideologien charakteristisch ist. Die Beschreibung des Glaubens in Markus 9,24: «Ich glaube! Hilf meinem Unglauben!», hat weder bei den zwei andern Synoptikern noch bei Johannes und auch nicht bei Paulus eine Entsprechung. Wohl aber bei Markus selbst im Protestruf des Gekreuzigten (Markus 15,34), den Lukas und Johannes weglassen, und dem auch Matthäus durch die Bemerkung über die sich öffnenden Gräber und die Auferweckung vieler entschlafener Heiliger (Matthäus 27,52) sogleich widerspricht.

Der herrscherliche Akt seiner Selbstlegitimierung, mit dem er den Unglauben wegschiebt und den Glauben verfügt, lässt keinen Platz für Gottes Schande und Scham. Was Anlass dazu wäre, kann folglich nur dem Menschen angelastet werden. Gott ist der selbstverständlich und immer schon Legitime, der sich nicht durch menschliche Erfahrungen legitimieren muss. Jedoch weisen die entsprechenden Metaphern aus, dass von einem Vertrauensverhältnis zwischen Mensch und Gott aufgrund gemachter Erfahrungen so nicht gesprochen werden kann. Darum die der Stringenz seiner Argumentation eigenartig nachhinkende, ihr im Grund widersprechende und sie zu justieren versuchende Erwähnung der Hoffnung bei Paulus (Römer 8; 1. Korinther 9). In diesem Glauben bedarf Gott, aller Betonung der Hoffnung zum Trotz, keiner Legitimierung mehr. «Jetzt ist er da, der Tag des Heils.» (2. Korinther 6,2) Bei Markus dagegen sind die Tage Jesu Christi die Tage der zeichenhaften Heilungen und Gastmahle. Und Markus 15,34, Jesu Protestruf am Kreuz, unterstreicht, dass Gott noch bis zu dem Tag, da der Menschensohn auf den Wolken des Himmels kommt mit grosser Macht und Herrlichkeit (Markus 13,26), der Legitimierung bedarf.

Gottes Illegitimität

Der Bedürftigkeit Gottes nach Legitimierung gilt Jesu letztes Wort im Markusevangelium (Markus 15,34). Denn Gott ist unheimlich. Darum ist er unausweichlich, so dass er zwar, wie Anselm demonstriert, nicht nicht gedacht werden kann. Was aber – Anselm unterschlägt's – keineswegs heisst, dass er Vertrauen verdient. Vertrauen aber legitimiert; Misstrauen macht illegitim.

Das Zwielicht verlangt nach Eindeutigkeit, die Illegitimität nach Legitimierung, die Unheimlichkeit des Misstrauens nach Auflösung in Vertrauen. Wie aber kann Vertrauen gedeihen?

Nicht durch gewaltsame Selbstlegitimierung Gottes. Sondern nur so, dass der unheimliche Mächtige sich als Verlässlicher zu erfahren gibt. Als derjenige, der hält, was er verspricht, der selbst befolgt, was er gebietet. Wie die Regierung, die Vertrauen in erster Linie dann geniesst, wenn sie sich selbst an die Gesetze hält. Nichts untergräbt das Vertrauen in eine Regierung so stark, wie die Erfahrung, dass sie sich über geltendes Recht hinwegsetzt. Nichtbefolgung durch den Gesetzgeber macht das Gesetz verheissungslos, also tödlich, weil das Gesetz, vom Gesetzgeber nicht befolgt, aufhört, das Versprechen der Verwirklichung des durch das Gesetz als noch nicht wirklich, aber kommend Bezeichneten zu sein.

Nun ist aber ausgerechnet das die Schwierigkeit mit Gott, am deutlichsten erkennbar an dem Gebot, welches die Bibel sein grösstes nennt, dem der Liebe. Ich soll Gott und meinen Nächsten lieben wie mich selbst. Richtigerweise müsste von einem Dreifachgebot gesprochen werden. Liebe seiner selbst kann ja doch nicht einfach vorausgesetzt werden. Was wäre das für eine Liebe!

Ich soll Gott lieben. Liebt er mich? Liebe lebt von Gegenseitigkeit. Einseitig, ist sie über kurz oder lang eine trostlose Sache. Wir haben leider Gründe zuhauf, daran zu zweifeln, dass Gott uns liebt. Hauptsächlichster Grund dafür: der Tod, dieser nicht End-, sondern Gipfelpunkt allen Übels. Nur der das Leben schafft, kann auch verfügen, dass es notwendig ein Ende hat. Darum empfinden wir den Tod als Gottverlassenheit, Zurücknahme der Gabe, Liebesentzug, Untreue und Verrat Gottes an seiner Kreatur. Gott selbst hält nicht, was er gebietet. Wie soll man ihm vertrauen können?

In diese rhetorische Frage, die mehr eine Verneinung ist, als dass sie uns eine Wahl zwischen Bejahung und Verneinung liesse, mündet das Leben Jesu aus, der um Vertrauen zu Gott warb. Um es mit Markus genauer zu sagen: Er warb um Vertrauen darauf, dass Gott endlich sein Reich vollende, diese Erlösung von allem Bösen. Und Markus betont in exakter Unterscheidung von Glauben und Schauen auf Schritt und Tritt, dass das Vertrauen nur gefährdetes, der Glaube nur angefochtener sein kann, der, wie Israel in der Wüste aufs Manna und die Wachteln, täglich darauf angewiesen ist, dass er neue Nahrung erhält und neuer Wind in seine Glut bläst, weil sie sonst erlischt. Denn der Glaube ist ein verglimmender Docht und ein geknicktes Rohr (Jesaja 42,3). Ein Ende – darauf beharrt Markus – hat das Prekäre des Vertrauens erst, wenn Gottes Reich vollkommen Wirklichkeit geworden ist. Dann wird Gott nicht nur legitimiert, dann wird er selbstverständlich sein.

Den Verborgenen ansprechen: Beten

Ende der Vierzigerjahre reiste mein Vater zum ersten Mal geschäftlich nach Amerika, was New York bedeutete. Mit dem Schiff, weil es billiger war, hin, mit dem Flugzeug zurück. Darüber, welches von beiden gefährlicher sei, wurde in der Familie ebenso lebhaft wie ohne eindeutiges Resultat diskutiert. Der Vater war fast drei Wochen weg, telefonisch kaum, am besten und bitte nur in dringenden Fällen per Telegramm zu erreichen. Er selbst würde zweimal pro Woche anrufen. Beides unterstrich drastisch seine Abwesenheit.

Wir hatten Angst um ihn. Fast mehr noch als wegen der Gefahren der Reise wegen derjenigen der Grossstadt. New York galt uns als Inbegriff des Gangsterdschungels, schliesslich erzählten in den Kinos damals die Filme in grellstem Schwarzweiss von Al Capone und den Bandenkriegen in den amerikanischen Städten. Und unser armer, rechtschaffener Vater lief dort ungeschützt und nur mit seinem Schulbuchenglisch versehen herum und verhandelte mit Leuten, von denen man nicht sicher sein konnte, dass sie keine Mafiosi waren.

Jeden Abend vor dem Einschlafen betete ich, dass der liebe Gott meinen Vater in dem gefährlichen Amerika beschütze, und dann, nachdem das Amen gesagt war, versuchte ich mir einzubilden, mein Vater sitze bei mir auf dem Bettrand und ich spreche mit ihm.

Es war ein verzweifeltes und trostloses Bemühen. Zwei Abwesende waren zu viel. Ich vermisste meinen Vater, und ich vermochte je länger desto weniger zu glauben, dass der liebe Gott mich höre. Ohne dass ich's hätte sagen können, fehlte mir der, durch welchen verborgen der liebe Gott anwesend war. Die Unterhaltung mit meinem Vater war darum die pure Selbsttäuschung. Statt mich zu trösten, verstärkte sie meine Ängste um ihn.

Der Abwesende kann nicht angesprochen werden. Will er sich ansprechen lassen, darf er sich nicht entfernen. Der verborgen Anwesende hingegen kann angesprochen werden, will es unter bestimmten Umständen auch. Und er will auch selbst ansprechen. Obwohl verborgen, also nicht offensichtlicher Teil der Szene, will er möglicherweise insgeheim in die Szene hineinreden. Der Abwesende ist sprachlos; der verborgen Anwesende spricht durch das, worin, womit, worunter er anwesend ist. Schweigt er eisern, wird's im höchsten Mass unheimlich.

Unheimlichkeit des verborgen gegenwärtigen Unbekannten. Unangenehme Assoziationen: Vater Staat, verwanzte Wohnung, heimlich installierte Kameras, Bettlaken- und Gesinnungsschnüffelei, Stasi, Diktatur, *Fahrenheit 451*. Du weisst, dass sie dich unausgesetzt beobachten, doch du siehst sie nicht. Du weisst, dass sie dich abhören, doch du kannst rufen und schreien, so viel du willst, es antwortet dir keiner. Ungeheure Allgegenwart. Keine Privatsphäre, auch nicht im Intimsten. Man lässt dir kein Geheimnis. Selbst die Regungen deines Herzens sind ihnen nicht verborgen.

Dagegen ist die Vorstellung fast harmlos, Gott sei sichtbar anwesend, schweige jedoch. Das wäre – immer vorausgesetzt, dass er des Redens mächtig, also nicht beispielsweise durch Demenz sprachlos ist – ein eindeutiges Zorneszeichen. Der Kern der sichtbaren schweigenden Götzenbilder ist Zorn. Weshalb der menschenfressende Moloch ihr Inbegriff ist.

Israel ruft dem verborgen Anwesenden nicht zu: «Zeig dich!» Sondern: «Schweige mir nicht!» Das heisst: Tritt aus deiner Unheimlichkeit heraus! Lass ab von deinem Zorn, als der dein Schweigen nur zu verstehen ist. «Denn wenn du schweigst, werde ich denen gleich, die hinabfahren zur Grube.» (Psalm 28,1) Nicht

Gottes Sichtbarkeit ruft ins Leben, sondern Gottes Wort. Gestalt ist mehrdeutig; Wort macht Gestalt eindeutig.

Der Gott Abrahams, Isaaks und Jakobs, der Gott Moses, Gideons, Samuels, Davids, der Gott Jesajas und Jeremias, der Gott Jesu von Nazaret redet und schweigt nicht. «Und Gott sprach.» «*Rede, damit ich dich sehe!*» (Hamann, *Aesthetica in nuce,* S. 198) Sein Wort und der darin wirksame Geist machen sichtbar. «Denn er ist es, der sprach, und es geschah, der gebot, und es stand da.» (Psalm 33,9) Die Schöpfung ist Gottes «Rede an die Kreatur durch die Kreatur» (Ebd., vgl. Bayer, *Schöpfung als Anrede*).

Freilich in sichtbarer, das heisst schriftlicher Form. In Buchstaben. Gott schreibt sprechend; er ist – nochmals Hamann – «ein Schriftsteller!» (Hamann, *Über die Auslegung*, S. 59). Geschriebenes will gelesen werden, und die Buchstaben müssen wir lernen, bevor wir lesen können. Sonst heissen sie nichts und alles. Wer bringt mir das richtige Lesen bei?

Wie soll ich in der Geschichte von der gefundenen Perle (Matthäus 13,45f.) die stückwerkhafte Gegenwart von Gottes Herrlichkeit erkennen? Es bedarf des Wortes, das Sichtbare eindeutig zu machen. Das Wort von ausserhalb (*verbum externum*), das fremde Wort (*verbum alienum*) ist dazu nötig; mein eigenes kann es nicht leisten. Das Wort von ausserhalb zitiert Tradition. Im Fall von Jesu Taufe und Verklärung Psalm 2,7: «Mein Sohn bist du.» Aus tradierter Schrift in lebendige Rede, *viva vox*, verwandelte Überlieferung macht an der Gegenwart die anbrechende Herrlichkeit Gottes sichtbar. Tradierte, also menschlich vermittelte Rede, weil der biblische Gott sich nur in der Verbindung mit den Menschen, niemals abgesehen von ihnen, zu hören gibt.

«Schweige mir nicht!» «Rede, damit ich dich sehe!» Das eine wie das andere ist der Grund-Satz des Gebets. Der verborgen Anwesende will in Verbindung sein, sonst wäre er nicht anwesend. Gott will mit seiner Schöpfung im Gespräch sein. Also sollen wir ihm gegenüber nicht schweigen. Wir sollen ihn nicht totschweigen. Wir sollen zum verborgen anwesenden Gott reden, auf dass er durch die Kreatur zu reden beginne, will sagen: die vieldeutige Kreatur eindeutig mache.

«Schweige mir nicht!» ist keine harmlose Bitte. Spannung steckt darin, gar ein Moment von Erpressung Gottes. «Was hast du davon, wenn ich in die Grube fahre?» (Psalm 30,10) Wie stehst du dann da? Du verlierst als Gott das Gesicht, wenn du's geschehen lässt. Derselbe kämpferische Geist, der Abrahams eisernes Schweigen auf dem Weg nach Moria durchweht, prägt Jakobs Kampf mit dem dunkeln Mann an der Furt des Jabbok ebenso wie Hiobs Invektiven, Jesu protestierende Frage am Kreuz und die unverschämte Bitte im Unservater: Dein Wille geschehe endlich nicht nur im Himmel, sondern auch hier auf Erden.

Mein Vater kam wohlbehalten aus Amerika zurück. Ich hatte aus ihm schon beinahe einen Mythos gemacht und war fast ein wenig enttäuscht, ihn als denselben zu erkennen wie vor der Reise. Als ich am Flughafen zusah, wie Vater und Mutter einander innig und leidenschaftlich umarmten, bekam ich eine Ahnung, dass er durch sie die ganze Zeit bei mir gewesen war.

Anfang der Weisheit

Weisheit ist mehr als Wissen. Aber Weisheit ist nicht ohne Wissen. Weisheit heisst, aus dem, was ich weiss, die richtigen Folgerungen ziehen. Dem Richtigen vertrauen. Dem, der's verdient hat, Vertrauen schenken. Ein Tor, der ahnungslos und blindlings Vertrauen einem schenkt, der's nicht verdient hat, weil nicht feststeht, dass er bisher treu gewesen ist.

Weisheit beginnt mit der Furcht vor dem zudringlichen Geheimnisvollen, Unvertrauten, Fremden. Dem unsichtbar, ungreifbar Anwesenden. Mit dem Erschrecken vor dem, der nicht nicht gedacht werden kann. Furcht ist die Kluft, die sich zwischen mir und dem Fremden auftut.

Wer der Kluft ansichtig wird, wen die Fremdheit befremdet, dem geht's wie dem Kind im dunkeln Wald. Er baut einen Schutzraum aus Tönen. Er singt, ruft, redet. Die Sprache ist das Ergebnis der Kluft. Wo ganze Übereinstimmung herrscht, bedarf's keiner Worte. Sprache ist Entfremdung und der Anfang ihrer Überwindung.

Furcht ist die angemessene Reaktion auf das Geheimnis, das sich in der Fremdheit zeigt. Das Zuckergeschirr wird von einem Augenblick auf den andern Vermittler einer Anrede, Träger verborgener Gegenwart. Davon reden lässt sich nur in Metaphern. Sie sind die dem verborgen Gegenwärtigen und darum fortwährend der Legitimierung Bedürftigen angemessene Sprache, die zeigt, dass wir nicht in einem geschlossenen Kosmos leben, sondern in einer werdenden Welt.

II Die illegitimen Kinder

Abel und Kain

«Was man auf diesen Bildern nicht sieht, ist ein Mensch, der sich über siebzig Jahre mit der Frage herumquält, ob er ein uneheliches Kind ist. Es trieb ihn so sehr um, dass es im Grunde egal war, ob die Beschuldigung stimmte oder nicht, sie gehörte längst zu ihm und seiner Psyche.» (Der Kunstsammler Mark Fisch über den Maler Lucian Freud, in: Greig, *Frühstück mit Lucian Freud*, S. 58)

Meine Grossmutter besass eine Bibel mit den Stichen von Julius Schnorr von Carolsfeld. War ich bei ihr zu Besuch, blätterte ich mit Vorliebe darin und schaute die Bilder an; einige haben mein Verständnis biblischer Geschichten entscheidend geprägt. Zum Beispiel das Bild von Abels und Kains Opfer. Ich meinte es ziemlich genau in Erinnerung zu haben: Abel im Vordergrund ein sympathischer junger Mann, etwas schmal und fad, einer, der kein Wässerchen trübt, *everybody's darling*. Im Hintergrund Kain, unsympathisch, grob, wild, verschlagen.

Neulich kam mir wieder eine solche Bibel in die Hände, und ich schlug sofort das Bild von Kain und Abel auf. Meine Erinnerung, merkte ich, hatte das Bild akzentuiert. Abel war tatsächlich der sympathische und etwas fade junge Mann mit fromm gefalteten Händen und dem Augenaufschlag gen Himmel. Kain im Hintergrund hingegen sah weniger wild aus, als die Erinnerung ihn gezeichnet hatte. Immerhin deutlich gröber als sein Bruder Abel und ziemlich verschlagen.

Was Schnorr vorgab und meine Phantasie weiterentwickelte, ist, nimmt man Genesis 4 einigermassen realistisch, die verkehrte Welt. Denn wenn einer in jener Geschichte nur schon von seiner Lebensart her ein wilder Kerl war, dann Abel, der Hirt. Der war Tag und Nacht draussen. Der stank nach Tieren, Schweiss, Erde und Feuer. Dessen Gesicht war gegerbt von Wind und Wetter, struppig der Bart, das Haar verfilzt. Einer, den man nicht in der guten Stube empfangen möchte. Und hätte man ihn zu Besuch, müsste man nachher tüchtig die Fenster öffnen. Kain jedoch war ein städtisch sesshafter Ackerbauer. Einer wie mein Urgrossvater mütterlicherseits, der im Korridor zwischen Stall und Wohnhaus die Kleider wechselte, dessen Frau Klavier spielte, der eine hübsche Summe am Zins liegen hatte und am Sonntag geputzt, gekämmt und festlich angetan zur Kirche ging, weil es, hätte er's nicht getan, seinem guten Ruf abträglich gewesen wäre.

Das Dorf, die Stadt ist ein Kosmos. Der Kosmos aber ist die beste aller möglichen Welten, weil über ihn hinaus nichts Besseres denkbar ist. Zugleich ist der Kosmos die tragische Welt, die nicht aufgeht, weil sie über den Tod hinaus nichts zu bieten hat. Weshalb der Tod wie der Teufel gefürchtet wird. Alles wäre aufs Beste geordnet, wenn es nur ihn nicht gäbe, dessen Vorkommen sogleich die Frage nach dem Geber dieses «Es gibt» aufwirft. Der Tod als der grosse Störer und drohende Zerstörer des Kosmos.

Den städtischen Kosmos stört und droht zu zerstören Abel, der Hirt. Der bringt als Nomade ein fremdes Element in die Ordnung der sesshaften Stadt, hält sich nicht an ihre Gesetze und Gewohnheiten. Das in der Stadt herrschende, auf Ausgleich bedachte Recht (*ius talionis*) vermag ihn, der's durch seine blosse Gegenwart übertritt und alsbald wieder verschwindet, nicht zu erfassen. Abel ist für Kain ein Bote des Untergangs. Damit er kein Unheil anrichte, muss er aus der Stadt ausgeschlossen, am besten für vogelfrei erklärt und als schlechterdings Illegitimer vernichtet werden.

Die Angst Kains bezieht sich aber in Wahrheit nur oberflächlich auf die Störung von Ruhe und Ordnung. Viel tiefer, so tief, dass er sich's selbst kaum eingesteht, hockt in ihm der Neid auf den Hirten, auf dessen ungebundenes Leben, frei vom Korsett der städtischen Rechtskasuistik. Der Hirt führt Kain seine eigene Unstetigkeit vor Augen und damit die Tatsache, dass er als Sterblicher selbst der Störer des Kosmos ist. Er, der seine Legitimität daraus bezieht, ein integrierter Bestandteil der ewigen Ordnung zu sein, entdeckt am Nomaden sich selbst als deren tragischen Rest. Dagegen kann er sich nur so wehren, dass er seinen Bruder Abel totschlägt. Und dadurch erst recht wird, was er insgeheim schon ist und am meisten zu werden fürchtet: unstet und flüchtig. Illegitim.

Abel weiss, dass er illegitim ist, sobald er das Land der Sesshaften betritt. Wenn er seine Herde auf eine Weide in Stadtnähe treibt, jagt der Besitzer ihn weg. Abel kennt die Fragwürdigkeit seiner Legitimität; er muss sie auf Schritt und Tritt verteidigen. Die Hoffnung geht ihm voraus, dass sie einst in der festen Stadt, im herabgekommenen himmlischen Jerusalem, selbstverständlich sein wird und er sein Daseinsrecht nicht mehr zu begründen braucht.

«Und der HERR sah auf Abel und sein Opfer, aber auf Kain und sein Opfer sah er nicht.» (Genesis 4,4f.)

Störefried oder Mitarbeiter

Im Garten Eden ist nur von einer einzigen konkreten menschlichen Tat die Rede, vom «Sündenfall», Genesis 3. Menschliches Tun, offensichtlich jederzeit unvollkommen, stört in der vollkommenen Schöpfung, dem abgeschlossenen Kosmos, diesem perfekten Perpetuum mobile. Wenn Gott Sabbatruhe hält, weil er alles für gut befindet, was er gemacht hat (Genesis 1,31–2,2), muss der Mensch auch ruhen und darf nicht tätig sein (Genesis 2,3). Denn Tun heisst verändern, und am vollkommen Guten gibt es nichts zu verändern. Jede Veränderung ist Verschlechterung. Darum kann der Mensch im Paradies kein aktives Wesen, er muss ein passives, rein empfangendes sein, sonst verdirbt er Gottes Werk. Das ist deutlich genug in Genesis 3–11; obwohl nicht mehr im Paradies, kommt das Tun der Menschen auch hier ausschliesslich als Störung in den Blick.

Nun sind aber die Menschen offensichtlich als zum Handeln Berufene geschaffen und auch darin Gottes Ebenbild. «Sie sollen herrschen über die Fische des Meeres und über die Vögel des Himmels, über das Vieh und über die ganze Erde und über alle Kriechtiere, die sich auf der Erde regen.» (Genesis 1,26) Und sie sollen fruchtbar sein und sich vermehren, um die ihnen vom Schöpfer übertragene Aufgabe erfüllen zu können (Genesis 1,28). Am Ende des sechsten Tages aber wird Ruhe verordnet. Der unlösbare Konflikt ist gesetzt, Voraussetzung einer tragischen Entwicklung, charakteristisch für den Mythos.

In der zweiten Schöpfungsgeschichte, derjenigen vom Garten Eden, sieht es etwas anders aus. Gott schafft hier nicht wie in Genesis 1 durch sein Wort, sondern mit seinen Händen. Und muss, wie ein menschlicher Plastiker, korrigieren. Vielleicht ist bereits die Einrichtung des Gartens Eden selbst eine Korrektur. Sollte Gott ursprünglich nur daran gedacht haben, einen Gefährten für sich zu machen? Greift man auf Genesis 3 voraus, wo Adam und Eva nichts zu tun haben und darob auf dumme Gedanken kommen, scheint es nahe liegend, dass solches auch gleich schon nach der Erschaffung Adams das Problem war, und dass Gott deshalb den Garten Eden anpflanzt. Die scharfe Warnung vor den Früchten vom Baum der Erkenntnis des Guten und des Bösen stützt die Vermutung (Genesis 2,17). Dem Schöpfer droht das Hauptwerk seiner Hände aus den Händen zu gleiten.

Daher seine Einsicht: «Es ist nicht gut, dass der Mensch allein ist. Ich will ihm eine Hilfe machen, ihm gemäss.» (Genesis 2,18) Gott, der Schöpfer, der in Genesis 1,31 alles, was er gemacht hatte, für sehr gut befand, sagt hier: Es ist nicht gut, wie es ist. Worauf er den Mangel durch die Rippenoperation behebt. Dass es auch dadurch nicht restlos gut wird, zeigt der Hinweis in Vers 24: «Darum verlässt ein Mann seinen Vater und seine Mutter und hängt an seiner Frau, und sie werden ein Fleisch.»

Ist die Trennung der Kinder von den Eltern, fast immer mit Konflikten verbunden, endlich vollzogen, könnte es fröhlich losgehen mit Kinderzeugen und Die-Erde-Bevölkern, käme nicht Genesis 3 in die Quere, der «Sündenfall». Warum? Weil Kinderzeugen und -gebären und das schon am Anfang fertige Paradies nicht zueinander passen. Das Paradies ist bezeichnenderweise ein ummauerter Garten; was jenseits der Mauer ist, kümmert anscheinend Gott nicht, der sich beim Abendlüftchen im Garten ergeht, noch hat es die Menschen zu kümmern. Auf dieses paradiesische Kreisen um sich selbst (*incurvatio in se ipsum*, heisst es bei Luther) jedoch, das sich selbst genügende Leben im Garten Eden, lauert am Schluss von Genesis 2 Gefahr. Denn das Paradies als fertiges und vollkommenes verträgt keine Bevölkerungsvermehrung und Generationenfolge. Das Paradies wird ab Montag nach der Schöpfungswoche nur noch gehegt und gepflegt, also verwaltet.

Für Mann und Frau jedoch ist gar nichts abgeschlossen, wie Adams Wunsch nach einer Gespielin zeigt. Für die beiden hat die Schöpfung ja erst gerade begonnen. Als Mann und Frau zeugen sie Neues, bisher nicht Dagewesenes: Kain und Abel, den spätern Set nicht zu vergessen, und deren ganze, weder an Zahl noch Geschichten berechenbare, voll Überraschungen steckende Nachkommenschaft.

Crash zweier Konzepte. Fertige Schöpfung versus unfertige, fertig erst werdende. Wer mit dem Endzustand anfängt, hat mit der Fortsetzung Mühe. Zwischen dem Garten Eden und dem, der ihn angelegt hat und nun für seinen Unterhalt besorgt ist, einerseits, und der Lust der Bewohner aneinander, die der Schöpfer nicht ungestraft mit Fortpflanzung gekoppelt hat, andererseits, muss es zu Friktionen kommen. Kein Wunder, dass späterhin dem Trieb der beiden zueinander die Schuld an der Zerrüttung der paradiesischen Verhältnisse gegeben wird. Übervölkerungsangst bereits in mythischer Vorzeit.

Die Verfasserschaft von Genesis 2 und 3, wer immer sie gewesen ist, merkte, dass sie in der Zwickmühle sass. Erst recht angesichts dessen, was folgt: Abrahams Auszug aus Babylonien und Israels Auszug aus Ägypten, beides auf ausdrücklichen Befehl und unter Anführung Gottes. Auch Gott ist im Anfang Anfänger und stellt nicht gleich das Vollkommene hin, sondern lässt sich Zeit, muss sogar korrigieren. Die anfängliche Schöpfung ist Stückwerk, zur Vervollkommnung erst unterwegs, ihrer bedürftig, ihrer immerhin auch wert. Ansätze zu solcher Sicht der Dinge sind in Genesis 2 unübersehbar vorhanden, etwa wenn Gott probiert, was dem Menschen bekömmlich sei, und erst allmählich und nach mehreren – fruchtbaren – Missverständnissen auf die Idee mit der Rippe kommt. Doch wagte die Verfasserschaft beziehungsweise Redaktion offensichtlich nicht, auf dieser Schiene zu bleiben. Denn was Gott tut, musste, jedenfalls in nachexilischer Theologie, auf Anhieb perfekt und wohlgetan sein. Alles andere wäre gegen seine Ehre und mehr noch gegen die Sicherheit seiner Geschöpfe, die nicht wüssten, woran sie sich halten können. Bedürfnis nach Sicherheit, als ob Abraham von dem Gott, der ihm das neue Land zu zeigen versprach, eine Wüstenführerlizenz hätte sehen wollen. Aber der Untergang Jerusalems 586 v. Chr., hatte eben mit der ganzen Geschichte Israels auch ihre Grundgeschichten, den Auszug Abrahams aus Babylonien und denjenigen Israels aus Ägypten, als Gottes Legitimation und Anlass menschlichen Vertrauens fragwürdig gemacht; Vertrauensgrund sollte jetzt die Zuverlässigkeit und Erhabenheit der darum zwingend als abgeschlossene zu denkenden Schöpfung sein. In derartigem Kontext gerät Fortpflanzung unter das Vorzeichen der Sünde. Der menschliche Grundaffekt als Störer des paradiesischen Friedens.

Genesis 1 spricht es aus: «Und Gott sah alles an, was er gemacht hatte, und sieh, es war sehr gut.» (Genesis 1,31) Ein fertiges, perfektes Werk. Immerhin kein territorial scharf eingezäunter Garten für zwei geschwisterliche Bewohner wie in Genesis 2.

Damit ist der Konflikt freilich nur vertagt. Denn das fröhliche Gebot «Seid fruchtbar und mehret euch» und die schon im Anfang perfekte Schöpfung gehen auf die Länge nicht zusammen. Weswegen es nicht erstaunt, dass Genesis 1, wenn auch nicht ganz widerspruchsfrei, ebenfalls in die Sündenfallgeschichte mündet. Die Verbindung der Schöpfungsgeschichten mit Genesis 3 ist der Beginn des Konflikts, der Israel nachexilisch und in der Folge das Christentum durchzieht, entstanden, weil die menschliche Fortpflanzung eine Bedrohung der anfänglichen Vollkommenheit der Schöpfung ist und darum anfällig für die Identifikation mit dem Störenden, Unheilbringenden, Bösen. Zeugungsfähigkeit und Zeugungslust stehen in Widerspruch zum Paradies und machen die Menschen zu den Illegitimen der Schöpfung.

Nach Genesis 2 ist man über Genesis 3 nicht erstaunt; man hat's kommen sehen. Und findet, es sei wider alles Rechtsempfinden, dass Gott Adam und Eva den «Sündenfall» ausbaden lässt. So reagiert einer, der mit Gewalt durchgreift, weil ihm über den Kopf zu wachsen droht, was er angezettelt hat.

Dabei hätte es anders kommen können; Ansätze dazu wären vorhanden gewesen. Nicht in Genesis 1, aber, wie gesagt, in Genesis 2. Gott der Anfänger, der Erfahrungen sammelt. Der an der Perfektion seiner Schöpfung arbeitet. Der auch korrigieren muss. Und für den dasselbe gilt wie für den Menschen: Er ist nicht gern allein.

Es brauchte ja nicht gerade so zu sein, dass Gott alles falsch und der Mensch alles richtig macht – wie auch! Aber es wäre doch denkbar, dass sie miteinander an einem erst noch zu vollendenden Werk arbeiteten. So ist's ja auch irgendwie vorgesehen, in beiden Schöpfungsgeschichten. Doch dann stellt ihnen, insbesondere der ersten, theologische Logik das Bein. Was Gott schafft, muss auf Anhieb vollkommen sein, darf unter keinen Umständen Mängel haben! Denn Gottes vollkommenes Werk, nicht dessen künftige Vollkommenheit, ist seit dem Exil der vornehmliche Grund des Vertrauens zu ihm: «Wenn ich deinen Himmel sehe, das Werk deiner Finger, den Mond und die Sterne, die du hingesetzt hast [...].» (Psalm 8,4) Und schon steckt man in der Zwickmühle. Denn was soll für den Menschen, das tätige Wesen, in einer perfekten Schöpfung zu tun übrigbleiben? Die blosse Verwaltung? Man weiss, dass blosse Verwalter nichts taugen. Macht man einen dazu und untersagt ihm jede freie Tätigkeit, dann verurteilt man das Verwaltete zum Tod. Soll es am Leben bleiben, muss der Verwalter die Vorschrift übertreten. Kann man im einen und im andern Fall dem Verwalter den Vorwurf machen? Trägt nicht der Erbauer und Eigentümer die Schuld? Damit dieser Gedanke nicht um sich greife, münden Genesis 1 und 2 in Genesis 3: Die Schuld trägt der Mensch! Was die Folge ist, wird in Genesis 4 – 11 sichtbar: Eine elende Tretmühle aus Frevel des Menschen und Strafe Gottes. In der ewig gleichen Struktur, todlangweilig.

Ganz anders die Abrahamsgeschichte, die den drohenden ewigen Umgang durch Genesis 12 barsch unterbricht. Gott sagt: «Geh aus deinem Land und aus deiner Verwandtschaft und aus dem Haus deines Vaters in das Land, das ich dir zeigen werde.» (Genesis 12,1) Er selbst geht mit, ist nie nur der, welcher die Befehle erteilt. Keine Rede von tragischer Störung der vollkommenen Schöpfung. Gott und Mensch miteinander auf dem Weg ins Gelobte Land. Nicht, dass das ohne Friktionen und schweren Streit abginge. Aber das gemeinsame Ziel verbindet und befreit beide, Mensch und Gott, aus dem Kreisen um sich selbst.

In einer seit Anfang vollkommenen Welt steht jedes menschliche Tun unter der Drohung, die Vollkommenheit kaputt zu machen. Auf dem Weg zur vollkommenen Schöpfung steht jede menschliche Tat unter der Verheissung, ein Beitrag zum vollendeten Bau sein zu können. Den von Anbeginn vollendeten, um sich selbst kreisenden Kosmos, das Perpetuum mobile, bringt der blosse Biss in einen Apfel in allerhöchste Gefahr. Der Weg ins Gelobte Land hingegen erträgt allerlei Irr- und Abwege, ohne dass das Ziel verloren ginge.

Darum heisst in dem von allem Anfang an vollkommenen Kosmos die Anrede an den Menschen verbietend und drohend: «Das darfst du nicht!» Auf dem Weg in das Land, das von Milch und Honig fliesst, ist die Anrede verheissende Aufforderung: «Mach dich auf! Folg mir nach.» Und auch: «Du wirst nicht töten.» Nämlich im Gelobten Land. Und da du auf dem Weg dahin bist, tu's auch jetzt nicht.

Wanderung

«So höchst wahrscheinlich die Griechen von aussen in ihr Land gekommen sind [...], so völlig hatte man im Volk jede Ahnung hievon verloren.» (Burckhardt, *Griechische Kulturgeschichte*, S. 18) Warum? Doch wohl, weil man verdrängt hatte, dass man nicht diesem Boden entsprossen (*gègenès*), nicht uransässig (*autochthon*) war. Denn das zu sein, galt als Ruhmestitel. «Wandern, Vertriebenwerden, Flüchten wegen Todschlages u. dgl.» (Ebd.) aber legt allemal den Gedanken einer Schuld nahe, sei's eigner, sei's fremder. Ein Blick in die biblische Urgeschichte bestätigt es. Adam und Eva, kaum haben sie vom Baum der Erkenntnis gegessen, müssen das Paradies, worin sie *autochthon* sind, verlassen und in die Fremde ziehen. Kain, nachdem er seinen Bruder Abel erschlagen hat, wird «rastlos und heimatlos» (Genesis 4,12). In der Sintflut werden die Erdenbewohner radikal ortlos, und Noahs fernere Nachkommen, die den Turm zu Babel bauen, zerstreut Gottes Zorn über die ganze Erde (Genesis 11,8).

Doch dann die radikale Wende. «Und Gott sprach zu Abram: Geh aus deinem Land und aus deiner Verwandtschaft und aus dem Haus deines Vaters in das Land, das ich dir zeigen werde.» (Genesis 12,1) Abraham hat nichts verbrochen; es ist kein Fluch. Segen ist es und soll zum Segen werden für alle Sippen der Erde. Ebenso der Exodus aus Ägypten ins Gelobte Land, wenn auch in der persönlichen Geschichte des Mose der Mythos von der Flucht als Fluch kurz, jedoch ohne grundsätzliche Folgen anklingt.

Bei den Griechen und im Mythos: Auszug als Fluch und Strafe, deren man sich lieber nicht erinnert. In Israel Auszug als von Gott gewollt und gesegnet, dessen man sich in sorgfältig gepflegter Erinnerung versichert. Was sich freilich 586 v. Chr. ändert: Die Wegführung nach Babylonien ist kein Exodus. Statt Zug aus der Sklaverei: Deportation in die Sklaverei. Da muss man sich von Mythen verstanden fühlen, die eben davon erzählen, im Erzählen die Schuld in graue Vorzeit schieben und dadurch generalisieren. Der Mensch ist ein Schuldiger, und wer das einsieht und gesteht, verschliesst sich nicht länger der Wahrheit; er ist ein Geläuterter. Er darf als Zurückgekehrter und gleichsam erst richtig im heimatlichen Boden Eingepflanzter den Anspruch des nunmehr wahrhaft Autochthonen auf diesen Boden erheben. Wobei Wanderung ambivalent bleibt. Der Zustand des Segens heisst Sesshaftigkeit.

Die Parallele zu Griechenland ist auffallend. Dort erzählt Homer im 8. Jahrhundert v. Chr. die Geschichte von der Irrfahrt des Odysseus bei der Heimkehr von Troja. Darin deute sich an, schreibt Christian Meier, was im siebten Jahrhundert beginnt und sich im sechsten Jahrhundert voll auswirkt: die Ausbreitung einer Schuldkultur in Griechenland. «Nachdem lange das eigene Recht, die eigene Ehre ganz im Vordergrund des Bewusstseins gestanden habe, habe sich jetzt die Frage nach der eigenen Schuld dorthin gedrängt», zitiert er E. R. Dodds (Meier, *Kultur, um der Freiheit willen,* S. 144). Die Antwort auf die Frage wird die Tragödie geben, die die Schuld als vor aller Zeit geschehene mythisiert und als unausweichliche generalisiert. Odysseus, heimgekehrt, wird nie mehr der sein, der er vor dem Auszug nach Troja war. Er hat die Naivität des auf sein eigenes Recht und seine eigene Ehre Pochenden, die ihn nach Troja führte, verloren. Es lässt sich nicht länger verdrängen, dass die Selbstverständlichkeit der eigenen Legitimität eine scheinbare ist.

Jesus wird den komplizierten Knoten aus Autochthonie und Wanderung, Schuld und Läuterung auflösen mit der Antwort, die er einem Schriftgelehrten auf die Frage der Nachfolge gibt: «Die Füchse haben Höhlen, und die Vögel des Himmels haben Nester, der Menschensohn aber hat keinen Ort, wo er sein Haupt hinlegen kann.» (Matthäus 8,20) Er macht seine Jüngerschaft damit zu Transmigranten (Maag, *Kultur, Kulturkontakt und Religion*, S. 150), so wie Abraham einer war, und stellt sie unter die Verheissung: «Geht in das Land, das ich euch zeigen werde.»

11

Tragik: Was nicht aufgeht

Im 6. und 5. Jahrhundert v. Chr. bekamen zwei Völker Sinn für Tragik: Israeliten und Griechen, speziell die Athener. In unterschiedlicher Lage, aus unterschiedlichen Gründen.

Beide waren für Tragik nicht von Haus aus begabt. Die Israeliten nicht, weil auch unter den Königen im Gefolge Sauls, Davids und Salomos immer noch der Exodus ihr Denken prägte. Das Bewusstsein war herrschend, von Gott ins Gelobte Land geführt worden zu sein und weiterhin zu werden, bis Milch und Honig in Strömen flössen. Drohten die Israeliten es zu vergessen, wie David angesichts seiner Nachbarin Batseba, trat Natan oder ein anderer Prophet auf und erinnerte sie resolut daran.

Das Leben der Griechen war eine unaufhörliche Serie von Wettstreiten; wer sich darauf einlässt, wird sich auch zutrauen, zu den Gewinnern zu gehören. Wenn es sich auch leider ja so verhält, dass, wo einer siegt, ein anderer notwendigerweise verliert.

Die Israeliten bekamen besonderen Sinn für Tragik in ihrer tiefsten Niederlage, die Griechen in ihrem höchsten Triumph.

Israel musste den Schock verdauen, dass Nebukadnezar II. 586 v. Chr. Jerusalem eroberte, Stadt und Tempel zerstörte und die Oberschicht ins Exil deportierte. Wer und was Israel noch sein könne, und ob sein Gott mit der Verheissung ewigen Bestands für Davids Thron (2. Samuel 7) getrogen habe, hiess die Frage. Die nähere Bekanntschaft mit der Konstellation von Schöpfungs- und Sündenfallmythen in Babylon erlaubte den Exilierten die Erklärung – und das Edikt des Perserkönigs Cyros, das ihnen 539 die Rückkehr gestattete, stützte diese Sicht –, dass und warum Gott trotz des Desasters im Recht war. Israel war selbst schuld am Untergang Jerusalems. Denn es war von Gott abgefallen. Und wenn jemand das, ähnlich der listigen Verfasserschaft der Büchleins Rut, bestritt, dann kam unter Hinweis auf den Sündenfall Adams das Hammerargument zum Einsatz: «Das Trachten des Menschenherzens ist böse von Jugend an» (Genesis 8,21), dieser Angelpunkt der ersten elf Kapitel der Bibel. Gott tat also nur, was rechtens war: Er strafte Israels Ungehorsam.

In dieser negativen Feststellung steckte freilich auch eine positive: Strafe, wenn es keine Todesstrafe ist, kann als Heimsuchung verstanden werden. Und Israel war nicht tot; es überlebte im Exil. Gottes Verbundenheit mit Israel war aller Schuld des Volkes zum Trotz nicht hinfällig. Der Zweifel daran war schon in den Schöpfungs- und Sündenfallmythen, wie Israel sie lesen konnte, ein für allemal beseitigt. Gott hatte Adam und Eva verdientermassen aus dem Garten Eden hinausgeworfen, jedoch eben nur hinausgeworfen und nicht umgebracht. Er hatte den Brudermörder Kain nicht getötet, sondern ihm das Leben geschenkt, freilich ein nomadisches. Er hatte mit der Sintflut nicht die ganze Menschheit ausgerottet, sondern einen Rest am Leben gelassen. Und er hatte auf den Frevel des Turmbaus zu Babel nur mit der Sprachverwirrung und nicht mit Ärgerem reagiert.

Wenn seit Adams Fall alle Menschen in die Schuld verstrickt waren, auch und hervorgehoben König David, und dennoch Gott seine Verheissung nicht zurückgezogen hatte, dann gab es keinen Grund, den Untergang Jerusalems als endgültigen Bruch Gottes mit Israel zu interpretieren. Schuldhaftigkeit war von Adam her menschliches Schicksal; unmöglich, ihm zu entkommen. Doch bedeutete dieses Schicksal nicht die Verwerfung der Menschen durch Gott, sondern strafende Heimsuchung.

Auf diesem Boden konnte zweierlei gedeihen: die überschwängliche, weit über die Grenzen Israels hinauszielende Heilsbotschaft von Jesaja 40–66 und die pharisäische, später rabbinische rigorose Gesetzestreue.

Anzumerken ist, dass durch die aus dem Mythos hergeleitete Theorie grundsätzlicher menschlicher Schuldhaftigkeit Gott von jeder Schuld entlastet war. Zugleich war das schuldhafte Versagen der führenden Jerusalemer Schichten von 586 zum Aspekt allgemeiner menschlicher Sündhaftigkeit eingeebnet. Das erlaubte diesen Schichten, nach der Rückkehr aus dem Exil die Führung wieder zu übernehmen und, da ja die Daheimgelassenen genauso schuldig waren wie die Deportierten, als das durch die harte Schule der Verbannung und die Erkenntnis der Schuld geläuterte wahre Israel aufzutreten.

Die Griechen, allen voran die Athener, hatten Marathon (490 v. Chr.), Salamis (480) und Plataiai (479), also die sensationellen Siege über die Perser, zu verdauen (Meier, *Kultur, um der Freiheit willen,* S. 38). Die Bürgerheere kleiner Stadtstaaten, nur lose miteinander verbunden und sonst die meiste Zeit gegeneinander im Krieg, schlugen die Armee des persischen Grosskönigs. Es war ein Wunder. Nun ging es darum, nicht wie die Perser dem Irrtum zu unterliegen, die Bäume wüchsen in den Himmel, und darob grössenwahnsinnig zu werden.

Zufällig sind *Die Perser* des Aischylos, uraufgeführt in Athen 472, also kurz nach Plataiai, die älteste erhaltene griechische Tragödie. Warum sollten Zufälle nicht als Fingerzeig verstanden werden dürfen? Dieser hiesse: Ihr Griechen steht in der allerhöchsten Gefahr, das menschliche Mass zu verlieren. Ja, ihr seid der Gefahr durch euren Sieg in Wahrheit schon erlegen. Denn der Sieg ist zu gross, als dass ihr nicht daran scheitern müsstet. In eurer Rettung vor der persischen Übermacht liegt schon der Keim für euer Verderben.

Die Traurigkeit nach dem Triumph wird in der Tragödie verarbeitet. Sie sagt erklärend: Du hast deine Legitimität gegen die Perser erfolgreich verteidigt. Und jetzt, nach dem Sieg, steht sie erst recht auf tönernen Füssen. Der Sieg ist zu gross für dich. Die Götter, die ihn dir zu erringen halfen, werden in dir eine Konkurrenz sehen und ihn dir neiden. Schau Xerxes an, der meinte, die von den Göttern gezogene Grenze des Hellespont gelte nicht für ihn. Du brauchst nur einen Schritt zu tun, und schon stürzt du ins Verderben. Und wer weiss, ob du den Schritt mit dem Sieg nicht bereits getan hast, die Götter dich mit ihrer Hilfe zum Sieg nicht in Versuchung geführt haben wie vor dir den Perserkönig?

Israeliten wie Griechen versuchten, mit dem Unvorstellbaren zurechtzukommen. Das hiess beide Male, sich insbesondere über sich selbst klar zu werden. Israeliten wie Griechen nahmen für die Aufklärung über sich selbst den Mythos zu Hilfe, der vom geschlossenen Kosmos redet, dem von Anfang an vollendeten; alles Neue ist darin illegitim, da es die Vollkommenheit stört. Hesiod hatte zweieinviertel Jahrhunderte davor den griechischen Kosmos resolut geschlossen, als er von der Kastration des Uranos durch die Kinder erzählte.

Der Mythos ist selbst ein Stück Aufklärung (Horkheimer/Adorno, *Dialektik der Aufklärung*, S. 18). Sonst hätte er sich durch

Sophistik und Stoa und weiter bis zu Freud und Horkheimer/Adorno nicht so leicht aus Narration in Argumentation überführen lassen.

Die Israeliten verwenden den Mythos zur Erklärung der Katastrophe von 586. Jedoch gerät das mythische Verständnis, das geschichtliche Ereignisse als Vergegenwärtigung eines vorgeschichtlichen Urgeschehens auffasst, in Spannung zu den Geschichten Abrahams und des Exodus, die Israel als seine Gründungsgeschichten versteht. Weil der Mythos ihnen vorangestellt wird, wird er tendenziell vergeschichtlicht. Paulus wird Genesis 1 bis 11 als Vorgeschichte von Abraham und Mose begreifen und nicht, wie's ja auch gemeint sein könnte, als ein Weltmodell, aus dem Gott Israel genauso hinausführt wie aus dem götterverseuchten Babylonien und dem versklavenden Ägypten. Paulus erlag dadurch der Voraussetzung des Mythos, der Vorstellung vom in sich geschlossenen Kosmos, in dem es «nichts Neues unter der Sonne» geben kann und darf (Prediger 1,9), weshalb das Reich Gottes bei ihm Wiederherstellung des ursprünglich vollendet Gewesenen ist und nicht das kommende Neue sein kann. Bei Markus ist es anders.

Die Griechen machen aus dem Mythos Dramen, also aus Narration zumindest der Tendenz nach Argumentation. Das entspricht dem Charakter des Mythos. Er ist nie reine Erzählung. Er will nicht das Konkrete erzählen, das war, sondern erzählend erklären, wie es zu dem kam, was heute und immer ist. Da er's erzählend tut, zieht der Mythos der Erklärung eine Grenze; der Anfang liegt hinter dem Schleier der Vorzeit. Dahinter wollen die Vorsokratiker mit der Frage nach dem Urstoff zurück. Dahinter zurück geht Paulus mit der Aufnahme des Mythos von Adams Fall als Anfang der Geschichte.

Die Resultate des Rückgangs sehen einander ähnlich.

Die Zeit der Perserkriege ist auch die Zeit der beginnenden umfassenden Welterklärung in Griechenland. Der Einbruch der weiten Welt erfordert eine geistige Reaktion mit weitem Horizont. Dabei stossen die Griechen auf das unverrechenbare menschliche Schicksal, das nach der Logik der Gerechtigkeit nicht aufgeht. Dieser bleibende Rest wird unter Aufnahme des Mythos gefasst in die Tragödie. Darin wird der Mensch mit dem unauflösbaren Rest identifiziert. So wird er zum Illegitimen des Kosmos, auf dem die Illegitimität als unausweichliche Schuldverstrickung lastet.

Das Unglück des Untergangs Jerusalems und Judas war ebenfalls mit einer grossen Horizonterweiterung verbunden, der Begegnung mit Babylon im dortigen Exil. Auch hier stellte sich die Aufgabe einer umfassenden Welterklärung, also einer ausgeführten Schöpfungslehre. Und auch hier wurde zu Hilfe genommen, was sich zum Thema bot: der Mythos. Der redet, da er erzählt, bei aller Systematik vom Unverrechenbaren. Das durfte für Israel keinen Göttern zu Last gelegt werden, denn die gab es nicht. Und erst recht nicht durfte Gott, der Eine, dafür verantwortlich gemacht werden. Blieb nur der Mensch. Womit dieser auch hier zum Störer, zum Illegitimen der Schöpfung wurde.

Starker Wind braucht starkes Gegensteuer. Der Untergang Jerusalems wie der Sieg über die Perser waren starker Wind. Das starke Gegensteuer war die Lehre vom Menschen als dem Illegitimen der Schöpfung, der tun kann, was er will, er erliegt seinem Schicksal.

Das starke Gegensteuer war – als biblische Geschichte von Adams Fall in Verbindung mit der attischen Tragödie, kurzum als Tragik – so stark, dass daran seither insgeheim alle höhere Kultur Europas gemessen wird. Die Tragödie wurde zum kulturellen Code Europas, auf der Bühne erstmals durchbrochen von Beethovens Befreiungs-Oper *Fidelio*. Die Interpretation von Genesis 1–11 als Vorgeschichte der Abrahams- und Exodusgeschichte erlaubte der Kirche die friedliche Koexistenz mit der herrschenden Kultur, ja machte sie zu deren Hüterin. Seit den athenischen Tragikern und der exilisch-nachexilischen Theologie und ihren christlichen Erben befand sich die europäische Kultur in der babylonischen Gefangenschaft der Tragik. Und die Theologen überhörten fast ganz das Trompetensignal, das im *Fidelio* die Befreiung ankündet.

Theorie vom illegitimen Menschen

Typischweise sind es innerhalb der biblischen Tradition zwei um ihre politische beziehungsweise theologische Legitimität Kämpfende, die «Adams Fall» zum Ausgangspunkt ihrer Theologie machen: die theologischen Repräsentanten der nach Babylonien deportierten Jerusalemer Oberschicht, die für die exilisch-nachexilische Redaktion weiter Teile der Überlieferung des Alten Testaments verantwortlich sind, und der Pharisäer Saul, der als Apostel Paulus durch seine Briefe der prägendste theologische Lehrer des Christentums wird und sich nachdrücklich darauf beruft, dass in Adam alle gesündigt haben. Beide hatten ein Legitimitätsproblem.

Die Katastrophe von 586 v. Chr. war auch ein Offenbarungseid der Jerusalemer politischen und geistlichen Führung gewesen. Sie hatte Stadt und Tempel in den Untergang manövriert. Wer aber, wenn nicht diese gebildeten und regierungsgewohnten Leute, konnte im Exil die gewaltige Aufgabe übernehmen, die Tradition Israels im Licht der neuen Erfahrungen zu sammeln und zu sichten? Und wer war vollends bei der Rückkehr aus dem Exil in der Lage, intellektuell und politisch die führende Rolle zu übernehmen? Nach dem Selbstverständnis dieser Schicht sicher nicht die in Judäa zurückgebliebene bäuerliche Landbevölkerung, auch wenn diese, wie das Büchlein Rut am Beispiel des Bauern Boas zeigt, keineswegs geistig und ökonomisch unterentwickelt war, sondern durchaus ihre eigenen theologischen Vorstellungen hatte.

Der Führungsanspruch der Heimkehrer war weder für sie noch für die Daheimgebliebenen selbstverständlich; er bedurfte der Legitimierung. Und die war am gründlichsten durch eine allgemeine Sündenlehre zu erreichen, die den Unterschied zwischen Heimkehrern und Daheimgebliebenen einebnete und das konkrete Verschulden der alten Führungsschicht, die auch die neue sein wollte, zum blossen Exempel, zur Vergegenwärtigung dessen machte, was jederzeit und für alle galt, also auch für die Nichtdeportierten. Wenn «das Trachten des menschlichen Herzens böse von Jugend an» ist (Genesis 8,21), braucht es eine gestrenge Hand, die dieses böse Herz im Zaum hält. Das hatte, gemäss eigener Einsicht, die zu formulieren sie nun nicht müde wurde, die Oberschicht im Exil gelernt. Sie hatte demnach den Nichtexilierten eine entscheidende Erfahrung voraus. Sie kam im Bewusstsein nach Hause, das erneuerte Israel zu sein; die andern waren das alte, überholte. Was die einen im Exil gelernt hatten, mussten die andern erst noch lernen, nämlich, dass die Menschen allzumal Sünder sind. Eine allgemeine, auf Adams Fall sich berufende Sündenlehre lieferte die Legitimation, die die Exilierten brauchten, damit sie wieder werden konnten, was sie vor dem Exil gewesen waren. Wie sagt der Fürst von Salina in Tomasi di Lampedusas wunderbarem Roman *Der Leopard?* «Es muss sich alles ändern, damit alles beim Alten bleibt.»

Kein geringeres Legitimationsproblem angesichts persönlicher Schuld hatte Paulus, der grössten Wert darauf legte, ein Apostel zu sein. Er hatte nach eigener Aussage als Pharisäer an der Verfolgung der ersten Christengemeinden mitgewirkt (1. Korinther 15,9), sogar «unerbittlich» (Galater 1,13). Die Apostelgeschichte kommt nicht darum herum, ziemlich verschämt zu gestehen, Paulus sei auch bei der Steinigung des Stephanus dabei gewesen (Apostelgeschichte 7,58). In 1. Korinther 15,9 liegt so etwas wie ein Schuldbekenntnis vor: «Ich bin nämlich der geringste unter den Aposteln, der es nicht wert ist, Apostel genannt zu werden, weil ich die Gemeinde Gottes verfolgt habe.» Doch wird, was Grund genug wäre, in Sack und Asche zu gehen, sogleich in erhöhte Legitimität umgebogen: «Durch Gottes Gnade aber bin ich, was ich bin. Und seine Gnade an mir ist nicht ohne Wirkung geblieben; nein, mehr als sie alle habe ich gearbeitet, doch nicht ich, sondern die Gnade Gottes, die mit mir ist.» (1. Korinther 15,10) Wenn einer, der sich «mit ganz besonderem Eifer für die Überlieferungen meiner Väter eingesetzt» hat (Galater 1,13) jetzt «den Glauben […], den er einst ausrotten wollte», verkündigt (Galater 1,23), dann kann es sich nur um eine Legitimation durch Gott selbst handeln, die das Getane nicht nur überholt, sondern geradezu in eine Beglaubigung der ausserordentlichen Legitimierung des Aposteltitels umbiegt.

Voraussetzung auch dafür aber ist eine allgemeine Sündenlehre, die unter Berufung auf Adam (Römer 5,12ff.) zum Schluss kommt: «Alle haben ja gesündigt und die Herrlichkeit Gottes verspielt.» (Römer 3,23) Womit die konkrete Schuld des Paulus in die allgemeine, «durch *einen* Menschen», eben Adam, in die Welt gekommene Sünde (Römer 5,12) entgegenständlicht und prinzipialisiert, nämlich zur unerlässlichen Voraussetzung des Glaubens gemacht wird. Sie ist ein besonders eindrückliches Exempel von Gottes Gnade und somit ein entscheidendes Element der Legitimität des Paulus.

Paulus denkt bei seiner Berufung auf Adam zweifellos an Hosea 6,7: «Sie aber haben den Bund übertreten wie in Adam», das in neuern Übersetzungen zwar als Ortsname ausgewiesen wird, aber dennoch wohl Anlass für die paulinische und sicher bereits vorpaulinische mythologische Spekulation über Adams Sünde war.

Fazit: Paulus benötigt, ebenso wie früher die aus dem Exil zurückgekehrte Jerusalemer Oberschicht, zur Legitimierung eine allgemeine, das eigene Verschulden zur Vergegenwärtigung einer allgemeinen Schuldigkeit nivellierende Sündenlehre. Der Mann, der einst als Pharisäer den Anspruch auf geistliche Leitung des jüdischen Volkes erhob und die Christen verfolgte, kann jetzt unter Berufung auf Adams an alle vererbte Schuld seinen Anspruch begründen, als Apostel Jesu Christi besonders berufen zu sein. Und er macht, was ihn legitimiert, zum systematischen Grund seiner Theologie. Wodurch auch der Unterschied zu den Pharisäern sichtbar wird. Diese systematisieren die Sündenlehre nicht ausdrücklich, Paulus hingegen schon. In der von ihm systematisierten Gestalt sollte sie Theologie- und allgemeine Geistesgeschichte allergrössten Ausmasses machen.

Einspruch: Die Geschichte vom blinden Bartimäus (Markus 10,46–52)

Der Systematiker und Exeget Ernst Haenchen bemerkte zur Geschichte von der Heilung des blinden Bartimäus (Markus 10,46–52): «Den aus dem platonischen Dialog bekannten Namen Timaios wird man hier kaum erwarten dürfen […].» (Haenchen, *Der Weg Jesu*, S. 371) Er könnte sich getäuscht haben.

«Bar-timaios» ist eine Kombination aus dem aramäischen *bar* für Sohn und dem griechischen *timaios*, was so viel wie «der Ehrenhafte, Geehrte, Hochverehrte» heisst. Markus schreibt ausdrücklich: «Bartimaios, der Sohn des Timaios».

Die Geschichte ist Brücke zwischen den Worten und Taten Jesu in Galiläa und seiner Wanderung in Richtung Jerusalem einerseits und andererseits den Geschehnissen in Jerusalem selbst – Störung der Tempelordnung, Abendmahl, Prozess und Hinrichtung Jesu, Szene beim Grab am Ostermorgen.

Jesus will Jericho in Richtung Jerusalem verlassen, da sitzt der blinde Bettler am Weg. Auffällig die Spannung zwischen der Anrede an Jesus und dem Begehren an ihn. Der Bettler ruft Jesus mit «Sohn

Davids» an, was im Markusevangelium nur hier geschieht. Nicht beim Einzug in Jerusalem, wo die Leute interessanterweise rufen: «Gepriesen sei das Reich unseres Vaters David, das da kommt.» (Markus 11,10) «Sohn Davids» bezeichnet seit 2. Samuel 7,12ff. den die Vollendung bringenden Messias aus dem Hause Davids. Des Bartimäus Wunsch an Jesus: Er will wieder sehen können. Weder seine Sünden vergeben haben noch im Gericht bestehen; sehen will er wieder können, mehr nicht. Anwesende bedrohen ihn deshalb und sagen, er solle den Mund halten. Sein profaner Wunsch scheint ihnen wohl nicht zum Zentrum des Evangeliums zu passen, zum Allerheiligsten sozusagen, das nun in Jerusalem betreten werden soll. Der Bettler aber schreit nur umso lauter (Vers 48). Jesus hört ihn, lässt sich vom strikten Weg zum Kreuz ablenken von einem, für den er diesen Weg geht, ruft ihn zu sich, erklärt den Wunsch des Blinden zum Glauben und heilt ihn.

Es ist sicher Absicht, dass Markus die Verbindung zwischen Galiläa und Jerusalem durch eine Heilungsgeschichte herstellt. Er sagt damit: Nur wenn Predigt und Taten Jesu nicht vergessen sind, wird das Geschehen in Jerusalem richtig verstanden. Die Predigt Jesu fasst er im Kapitel 1 in die zwei Sätze zusammen: Das Reich Gottes ist im Kommen. Richtet euch darauf ein und vertraut dieser freudigen Botschaft (siehe Markus, 1,15). Das Reich Gottes aber ist Erlösung von allem Bösen, wie die zwölf Heilungen in den ersten neun Kapiteln des Evangeliums demonstrieren, und wie es die dreizehnte, eben die Heilung des Bartimäus, noch einmal kräftig und unmissverständlich unterstreicht. Was in Jerusalem bevorsteht, ist das äusserst Mögliche an Vertrauensbildung: Jesus nimmt es für seine Botschaft auf sich.

Wenn diese Interpretation richtig ist, dann befürchtet Markus, das, was in Jerusalem geschieht, verleite, werde es von der Vorgeschichte in Galiläa getrennt, zu theologischer Spekulation. Es handelt sich aber bei dem Drama in Jerusalem «nur» darum, die Predigt Jesu mit dem stärkstmöglichen menschlichen Mittel vertrauenswürdig zu machen, nämlich dadurch, dass einer für das Wort, das er gegeben hat, mit seinem Leben einsteht.

Wen kann Markus mit seiner indirekten Spekulationskritik anderes meinen als Paulus und seine Schüler? Erst recht, wenn Markus der Johannes Markus der Apostelgeschichte gewesen sein sollte, also eine Zeitlang Paulus begleitete, sich dann aber wegen Differenzen von ihm trennte. Markus wehrt sich mit der Bartimäusgeschichte gegen die Mythologisierung des Kreuzes, wie sie bei Paulus droht, wo das Kreuz als Folge von Adams Fall interpretiert wird. Das Kreuz, will Markus sagen, ist nur das Kreuz Jesu, wenn es von seiner Predigt vom Kommen des Reiches Gottes in Worten und Heilungen her verstanden wird, als Befestigung des Vertrauens in das von Jesus verkündete Evangelium (siehe Markus 1,15). Anders wäre es nicht das Kreuz *Jesu*.

In diesem Zusammenhang bekommen die Namen Timaios und Bartimaios mit ihrem impliziten Hinweis auf Platon nun eben doch besondere Bedeutung. Der Dialog *Timaios* war im Altertum und lang darüber hinaus Platons populärste Schrift. Sie wurde, wie's auf der Reclamausgabe heisst, «teilweise mit Platons Philosophie überhaupt gleichgesetzt». Bei Augustin ist *Timaios* die meist-, wenigstens neunmal zitierte Schrift Platons (Marrou, *Augustinus und das Ende der antiken Bildung*, S. 30). Und beim Augustin-Spezialisten Henri-Irénée Marrou ist zu sehen, wofür der *Timaios* in den Augen der Christen jedenfalls im Zeitalter Augustins stand, nämlich für einen Konflikt zwischen der Schöpfungslehre Platons und derjenigen der Genesis. Augustin hatte «zwischen zwei Büchern, zwei Autoritäten zu wählen» (ebd.).

Für Platon ist die Welt Abbild der Ideen; der Demiurg, der Weltschöpfer, orientiert sich bei seinem Werk an diesen. Die Ideen sind ewig; das Abbild ist ein immer nur auf die ewigen Ideen hinweisendes. Es ist kein im wahren Sinn Seiendes. Das ist der Timaios Platons. Ein Bartimaios ist jeder, der den typisch mythischen Grundgedanken von Idee und Abbild mit Timaios und Platon teilt. Markus, sollte er im vermuteten Verhältnis zu Paulus stehen, verdächtigt seinen alten Lehrer des Platonismus, und das in einem Atemzug mit dem Vorwurf der Kreuzesspekulation. Die Anspielung auf Platons Dialog soll den Vorwurf präzisieren. Spekulation geht von einer Scheidung der ewigen himmlischen von der vergehenden irdischen Welt aus. Das tut Paulus auf seine Weise, wenn er sich auf den Adam-Christus-Mythos und den Mythos vom präexistenten Christus, «der […] von göttlichem Wesen war» (Philipper 2,6) beruft und die Rechtfertigung des Sünders ein Geschehen zwischen Gott und Gott sein lässt.

11

Der Mythos lebt von der Scheidung des Himmlischen vom Irdischen; er erzählt – ironisch, sofern er ein echter und noch kein rationalisierter ist – vom fernen Reich der Götter beziehungsweise (weniger ironisch) der Ideen und davon, dass das Irdische sich ihm nur nähern, jedoch in Ewigkeit nicht mit ihm eins werden kann. Im Evangelium jedoch verkündet Jesus eben gerade, dieses Einswerden sei als ein differenziertes im Kommen. Darum ist der irdische Mensch Jesus von Nazaret, dessen Zeugung und Geburt derart wenig Ausserordentliches an sich haben, dass sie nicht erwähnenswert sind, der Christus (Markus 1,1). Spekulation führt zum Mythos, und der Mythos redet vom abwesenden, nicht vom verborgen gegenwärtigen Gott.

«Was Platon uns über Platon im Höhlengleichnis lehrt: die Menschen sind im allgemeinen der Fähigkeit oder des Rechts beraubt, sich zu wandeln oder sich umzuwenden.» (Blanchot, *Die Schrift des Desasters*, S. 48) Trotz der Weisung, sich den Ideen immer mehr anzunähern, muss das Bemühen scheitern, weil der materielle Kosmos, der ein Abbild des ideellen ist, niemals mit diesem eins werden kann. Die Geschichte vom blinden Bartimäus in Markus 10 hingegen ist eine präzise Exegese des Aufrufs Jesu zur Orientierungsänderung in Markus 1,15. Mit ihr erhebt der Evangelist Markus Einspruch gegen die mythologische grundsätzliche Illegitimierung des Menschen, die Paulus als Voraussetzung seiner Gnadenlehre benötigt.

Das Gewissen

Das Gewissen ist das Wissen von der anfänglichen Illegitimität Gottes und des Menschen. Es ist der Gerichtshof in Gestalt eines Parlaments in uns, das nie zu einem endgültigen Urteil, sei es Schuldspruch oder Freispruch, kommt, sondern unablässig über die Frage unserer Schuld berät und darum einen fortwährenden Schuldverdacht unterhält. In der Hoffnung, damit an ein Ende zu kommen, nimmt es Zuflucht zur gewaltsamen Selbstlegitimierung Gottes auf Kosten der Menschen. Das heisst jedoch nichts anderes, als dass es uns dem Mythos ausliefert, der erst recht nie an irgendein Ende kommt, weil er sich im Kreis dreht.

Sich nicht riechen können

Es ist nicht in Ordnung. Nicht etwas, diffuser: ES ist nicht in Ordnung. Nicht alles restlos in Unordnung, kein Tohuwabohu, aber alles irgendwie. Schwer zu sagen, wie. Ein deutliches Indiz ist, dass wir uns selbst nicht riechen können. Als einziges Lebewesen können wir uns nicht riechen und fliehen den eignen Geruch. Es ekelt uns davor; es ekelt uns vor uns selbst.

Kleine Kinder riechen sich nicht. Auch dann nicht, wenn sie stinken. Jedoch gilt's als Zeichen verkürzter Aufmerksamkeit, mangelnder Sensibilität, überzeitiger Kindlichkeit, fehlender Erziehung als Erwachsener nicht zu merken, wenn man stinkt. Darum machen wir's einander zum Vorwurf. Denn wir setzen voraus, dass ein erwachsener, aufmerksamer, gut erzogener Mensch merkt, wenn er stinkt. Und wir erwarten, dass einer so viel Rücksicht nimmt, uns, die wir um ihn sind, nicht zuzumuten, riechen zu müssen, dass er stinkt. Er sollte es selbst merken, finden wir, und sagen dann: Er hat keine Kinderstube.

Einem, der's nicht selbst merkt, beizubringen, dass er stinkt, ist heikel. Er wird entweder abwehrend ausrufen: «Ach was!», oder er wird schamrot werden und geknickt sagen: «Was du nicht sagst!» So oder so wird er verletzt sein und es uns insgeheim nachtragen, dass wir finden, er stinke. Er wird sich wie aus dem Paradies verstossen vorkommen. Aus dem kleinen Paradies der Selbstverständlichkeit und der Übereinstimmung mit sich selbst. Er wird finden, wir hätten mit unserer Bemerkung einen Keil nicht nur zwischen ihn und uns, sondern auch zwischen ihn und ihn getrieben. Wir haben ihm gesagt, dass uns vor seiner Aura ekelt und von ihm erwartet wird, dass auch er selbst sich vor seiner eigenen Aura ekelt, weil es sich so gehört. Wir nötigen ihn, sich vor sich selbst zu ekeln.

Wir haben von ihm verlangt, dass er aufhört, ein Kind zu sein, das sich nicht – noch nicht – vor seinen Geruch ekelt. Wir haben ihn mit der Nase darauf gestossen, dass er endlich erwachsen sein soll.

Erwachsen sein heisst, ein zwiespältiges Verhältnis zu sich selbst zu haben, sich selbst nicht riechen zu können, sich vor seiner eigenen Aura zu ekeln ebenso wie sich gewisser Teile seiner selbst zu schämen. Erwachsene laufen nicht ohne Überwindung nackt vor aller Welt herum, auch Nudisten nicht. Erwachsene rühmen sich nicht des eigenen Kots. Auf erwachsene Menschen trifft eben nicht zu, «was das Sprichwort zu Recht sagt: Ein Hund kehrt zu seinem Auswurf zurück, und: Ein Schwein badet, um sich wieder im Dreck zu wälzen» (2. Petrus 2,22).

Wir sind weder Hunde noch Schweine. Einen, der stinkt, nennen wir aber ein Schwein. Wenn wir selbst riechen, dass wir riechen, nennen wir uns selbst so. Wir sagen damit, dass unser Menschsein vom Gestank eines verborgen in uns gegenwärtigen Schweins überdeckt zu werden droht.

Sich selbst nicht riechen können, sich vor sich selbst ekeln ist Ziel der Erziehung und darum Gegenstand der Scham. «Ein angeborner, allgemeiner Instinct ist es nicht, wie aus dem Beyspiel der Kinder, Wilden und cynischen Schulen zu ersehen; sondern eine angeerbte Sitte [...].» (Hamann, *Versuch einer Sibylle über die Ehe*, S. 199) Die christliche Askese der ersten Jahrhunderte macht sich das zunutze. Um den Ekel vor der Materialität des Leibes zu verstärken, waschen sich Asketinnen und Asketen nicht (Agacinski, *Métaphysique des sexes*, S. 223). Wir werden dazu erzogen, nicht eins mit uns selbst zu sein, weil es mit der Einheit mit uns selbst nicht in Ordnung ist. Sie ist – das Sprichwort vom zurückkehrenden Hund sagt's wörtlich – Zuwendung zu sich selbst, Verbiegung in sich selbst. Und als solche der Tod. Denn «keiner von uns lebt für sich selbst» (Römer 14,7).

Wen man nicht riechen kann, mit dem ist nicht gut zusammenleben. Damit wir mit den andern gut zusammenleben können, müssen wir aufhören, mit uns selbst selbstverständlich gut zusammenzuleben. Wir werden von den andern gezwungen, die Einheit mit uns selbst und den fraglosen Frieden in uns selbst als eine Folge mangelnder Aufmerksamkeit zu durchschauen. Wir kommen nicht darum herum, einzusehen, dass es in unserm eignen Haus nicht in Ordnung ist. Will sagen: Wir werden genötigt, ein Gewissen zu haben und darauf zu hören. Das Gewissen ist nichts Angeborenes. Das Gewissen ist etwas Anerzogenes, das aber tut, als wäre es angeboren. Bevor das Gewissen uns anredet, reden andere Menschen uns an und erziehen uns dazu.

Die Anrede, erst von aussen, dann von dem Aussen in unserm Innern, vom Gewissen, bringt uns bei, dass wir uns nicht sollen riechen können. Sie bringt es uns so gründlich bei, dass wir uns schliesslich vor uns selbst ekeln. Dass wir uns selbst nicht riechen können, hat also mit der Sprache zu tun. Denn auch sie ist uns, wie das Gewissen, nicht angeboren. In seiner ersten Zeit kann der Mensch noch nicht sprechen, hat noch kein Gewissen und ekelt sich nicht vor sich selbst. Wenn er sprechen kann, hört er sein Gewissen sprechen und beginnt, sich vor sich selbst zu ekeln.

Sprechen heisst, den Zwiespalt seiner selbst merken. Merken, dass es mit uns und überhaupt nicht in Ordnung ist. Die Sprache ist die Distanz zu allem, auch zu uns selbst. So kann uns die Sprache das Flacon werden, aus dem wir Eau de Cologne über uns giessen, damit wir nicht riechen. Das heisst dann lügen. Wie uns das Gewissen zur Stimme Gottes werden kann, die durch gewaltsame göttliche Selbstlegitimation die moralische Knechtschaft zum letzten Wort über uns macht.

Von einem Erwachsenen, der riecht, sagen wir, er sei ein kulturloser Kerl. Kultur ist unser Versuch, das Übel ins Gute zu verwandeln, indem wir's mit dem Guten zudecken. Das Parfum deckt den beissenden Schweissgeruch zu. Die Höflichkeit deckt zu, dass der Mensch dem Menschen ein Wolf ist. Jedoch hält die Höflichkeit als notwendige die Erinnerung fest, dass der Mensch dem Menschen ein Wolf ist, und das Parfum die, dass unsereins stinkt, wenn er sich nicht wäscht. Das Parfum und die Höflichkeit samt der ganzen Kultur erinnern unausgesetzt daran, dass Es nicht in Ordnung ist und auch daran, dass wir wünschen, Es käme in Ordnung.

Verteufelte Lebenslust

Mythen verschleiern narrativ und ironisch den Ursprung. Gezeugt und geboren wird nicht in der Öffentlichkeit. Trotzdem sagen und begründen Mythen innerhalb ihrer Narration mehr, als manchen auf Argumentation erpichten Theologen lieb ist.

Was ist in Eva gefahren, dass sie vom Baum in der Mitte des Gartens pflückt und isst? Übrigens ist weder die Früchtesorte näher bezeichnet noch die Menge. Was immer es war, Eva wird eine Handvoll, vielleicht auch mehr gepflückt haben. Möglich, dass sie ins Raffen geriet und nicht mehr aufhören konnte, übermannt von der Fülle. Wie wir nicht mehr aufhören können, bis das Körbchen leer ist, wenn wir angefangen haben, Erdbeeren zu naschen. Und gäbe es mehr, ässen wir uns daran zu Tode. Lust begehrt, nie zu enden. Das Wissen, dass sie nicht ewig dauert, macht sie raffgierig.

Man wird ein wenig hellhörig sein dürfen. Auch, wenn man dabei das Gras wachsen hören sollte. Besser als taub.

In der von theologischer Begründung reichlich befrachteten Geschichte Genesis 3 findet sich eine dem lauten Tenor leise widersprechende Stimme. Eine diskrete ästhetische Widerrede gegen die Brechstange theologischer Argumentation. Weil bekanntlich nichts in unsern Geist kommt, es sei denn zuerst in den Sinnen, dürfte diese ästhetische Spur ursprünglicher sein als die theologische Argumentation. Und also auch ursprünglicher als die Schlange, diese ebenso geschickt wie doktrinär argumentierende Theologin.

Eva hat Augen und Sinn für das Schöne, hat Lust daran und darauf. Das ist's, was sie «verführt». Wem ginge es, von Schönheit ergriffen, um die Frage von Gut und Böse! Typisch für spielverderbende Moralisten, gerade, wenn's am schönsten werden will, mit derlei dazwischenzufahren und die Stimmung kaputt zu machen. Die Redaktion der sogenannten Urgeschichte, die keine Geschichte, sondern eine Nebeneinanderstellung von mythischen Episoden ist, tut's so im Grossen, wenn sie Genesis 3 nach Genesis 2 einschiebt. Und in Genesis 3 selbst tut sie's im Kleinern, wenn sie das Schöne vor das Tribunal von Gut und Böse zerrt.

Eva, für Schönheit und Lebenslust empfänglich, vermittelt solche Empfänglichkeit ihrem Mann. So geschieht's meistens. Die Männer, in *aestheticis* oft hölzern und verkrampft, werden von den Frauen darin unterwiesen.

Aber die Schlange, das teuflische Luder, Zudienerin des Gewissens, kann Lust nicht Lust sein lassen; sie muss sie sogleich zur Gier uminterpretieren und damit ein schlechtes Gewissen machen. Pass auf, mahnt der moralistische Firnis auf der Geschichte, im lieblich Aussehenden und gut Schmeckenden lauert der Teufel. Lebenslust ist gefährlich; du darfst dich ja nicht von ihr gefangennehmen lassen, unter keinen Umständen deine Selbstbeherrschung aus den Händen geben wie Eva tut. Das führt ins Verderben. Sylvaine Agascinki zeigt eindrücklich, wie diese Warnung bei den Kirchenvätern Schule machte (Agacinski, *Métaphysique des sexes,* S. 191ff.).

Die Schlange, diese Kriecherin, appelliert insgeheim an eine weibliche Grunderfahrung. Darum muss es die Frau sein, die «versucht» wird. Vergisst die Frau, so die implizite Drohung, dass in der spontanen Lust der Teufel steckt, hat sie nachher unter Umständen das Geschenk, nämlich ein ungewünschtes Kind. Während der männliche Lustpartizipant ungeschoren davonkommt und sich aus dem Staub machen oder auch einfach bestreiten kann, dass er's war. Wer hätte bis unlängst vermocht, ihm schlüssig das Gegenteil zu beweisen?

Geschrieben wird solcherlei kaum von Frauen. Mit Vorliebe warnen vor der ungezügelten Sinneslust des Weibes Männer, welche fürchten, der Frau nicht gewachsen zu sein. So wie jene geistlichen Psychopathen Heinrich Kramer und Jakob Sprenger, zwei Dominikaner, die 1486 den *Hexenhammer* zusammenstiefelten.

Lust und Freude – fährt moralisierend der Appell des Gewissen dazwischen, ist's ein untrügliches Zeichen, dass Religion aus Befreiung in Seelensklaverei umzuschlagen droht. Mindestens in Judentum und Christentum ist das eine Perversion. Denn nicht einmal die Zehn Gebote sind so gemeint. Das zeigt deren Einleitung ebenso wie die sprachliche Form, beide verheissend und erst aufgrund der Verheissung verbietend.

Welchen Weg der vor der Lebenslust als Gier warnende Zwischenruf weist, demonstriert die Geschichte von der Salbung in Betanien in den vier Evangelien.

Zuerst Markus. Als die Frau Jesus die Nardensalbe übers Haupt giesst, «wurden einige unwillig und sagten zueinander: Wozu geschah diese Verschwendung des Öls? Dieses Öl hätte man für mehr als dreihundert Denar verkaufen und den Erlös den Armen geben können. Und sie fuhren sie an.» (Markus 14,4f.) Der vertraute moralistische Einwand gegen Schönheit und Lebenslust, bei Markus in «einigen» aufstossend, also typisch menschlich, und bloss gedacht, darum noch näher beim Gewissen. Denn öfter als gegen einen andern wendet sich dessen Zwischenruf ja gegen einen selbst. Darf man so etwas im wörtlichen Sinn Überflüssiges tun, solang es Arme gibt?

Es ist keine gute, es ist, wie Jesus sagt, eine «schöne Tat» (Markus 14,6). Lebenslust soll nicht nach dem Massstab von Güte und

Nutzen verrechnet werden, sonst steht sie bereits unter einem falschen Vorzeichen. Die schöne Tat aus Lebenslust ist Selbstzweck, wie das Leben Selbstzweck ist und an keiner Nutzenskala gemessen werden kann.

Man erwartete von Jesu Antwort einen Hinweis auf Hochzeit und Bräutigam, gleich wie bei der Fastenfrage (Markus 2,19). Und an jene Geschichte denkt Markus zweifellos auch. Jedoch ist es die Zeit nach Jesu Leidensankündigung (Markus 8,31). Der Bräutigam hat den Brautpreis zu entrichten, und der ist in diesem Fall sein Tod. Aber sein Tod ist der Brautpreis; die Hochzeit ist nicht abgesagt. Vielmehr gilt's jetzt ernst. Was vorher erst angekündigt wurde, *das* Schöne, tritt nun ein. Damit nicht vergessen werde, dass sich's auch bei Jesu Begräbnis (Markus 14,8) darum handelt, wird der Leichnam in himmlischen Wohlgeruch gehüllt. Lebensfreude bedeutet nicht Todesverdrängung. Lebensfreude, christlich, ist das Parfum des beginnenden Gottesreichs, das den Leichengeruch auszutreiben beginnt.

Darum: «Wo immer in der ganzen Welt das Evangelium verkündigt wird, da wird auch erzählt werden, was sie getan hat, zu ihrem Gedächtnis.» (Markus 14,9) Bemerkenswert: Das Evangelium gehört der ganzen Welt gepredigt. Evangeliumspredigt ist vornehmlich Erzählung. Denn Lust ist mehr eine Sache der Erzählung als der Argumentation. Und insbesondere soll Lebenslust nicht im Namen des Evangeliums durch Moralismus verdrängt werden. Evangelium und Lebenslust gehören zusammen, so wahr Jesus Kranke heilte.

Matthäus übernimmt die Geschichte fast wörtlich von Markus (Matthäus 26,6–13). Für unsern Zusammenhang interessiert die Version bei Lukas (Lukas 7,37–50). Man ist nicht im Haus Simons des Aussätzigen in Betanien zu Tisch, sondern isst bei einem Pharisäer namens Simon. Die Frau mit der Alabasterflasche ist nicht irgendeine wie bei Markus und Matthäus, sondern eine stadtbekannte Sünderin, lies Dirne. Denn, wird wohl der Hintergedanke sein, wer leistet sich schon den Luxus eines Alabastergefässes voll Balsam, wenn nicht eine, die ihn aus professionellen Gründen braucht? Dazu passt, dass die Frau sich von hinten anschleicht, zu Füssen Jesu, dass sie heult, ihm mit ihren Tränen die Füsse wäscht, sie mit ihrem Haupthaar abtrocknet, küsst und mit der kosmetischen Kostbarkeit nun eben nicht sein Haupt, sondern seine Füsse salbt.

Der Einwand kommt bei Lukas nicht von den dabeistehenden Leuten, auch nicht, wie bei Matthäus, von den Jüngern, sondern vom Pharisäer. Das ist insofern treffend, als es sich um einen pharisäischen, moralistischen Einwand handelt, insofern jedoch falsch, als Lukas nicht zu merken scheint, dass die Art, wie er die Geschichte verändert, Zeichen eines christlichen Pharisäismus ist, für den der Balsam keine Lebenslust sein darf, sondern eine Gabe der Reue werden muss. Wobei übrigens das kleine Gleichnis, das Jesus bei Lukas dazu erzählt, einen Beleg für Luthers vielzitiertes «sündige kräftig» abgäbe («pecca fortiter» im Brief an Melanchthon vom 1. August 1521, S. 372).

Dass, da bei Johannes die Salberin dann zu Maria wird, der Schwester der Hausfrau Marta (Johannes 12,3), das gemeindliche Weitererzählen aus Maria eine Prostituierte macht, liegt auf der moralistischen Linie.

Fazit der Entwicklung: Lust ist Luxus und Luxus ist unmoralisch. Lebenslust gehört an die Kandare genommen; sie ist angesichts des Zustands der Welt illegitim. Da kann Luther lang betonen, dass der Beischlaf von Gott vor dem Sündenfall angeordnet worden sei, also grundsätzlich zur unverdorbenen Schöpfung gehöre und nicht als Resultat der Verderbnis verstanden werden dürfe. Das Gewissen, diese Schlange, ist listiger. Es ist eben nicht bloss das Tribunal nach der Tat. Das Gewissen ist auch die Rede, die zur Tat verführt. Es zerstört, gut juristisch argumentierend, das Vertrauen in den die Hitze des Mittags meidenden Gott und wirft Eva, nachdem sie gegessen hat, vor, sie habe ihre Legitimität verscherzt. Die Schlange des Gewissens ist der Uroboros; der beisst sich in den Schwanz. Warum ging Gott aber auch erst in der Abendkühle spazieren und nicht mittags, als es am hitzigsten war!

Die Illegitimität des Menschen

In *Grammatik der Schöpfung* schreibt George Steiner über die Shoa: «Hier erklärte man eine Kategorie von Menschen bis hin zum kleinen Kind für schuldig des Seins. Ihr Verbrechen war die Existenz, war der blosse Anspruch auf Leben.» (Steiner, *Grammatik der Schöpfung,* S. 9.)

Der Frage darf nicht ausgewichen werden: Tut die paulinisch-augustinische Interpretation des Mythos vom Sündenfall in Genesis 3 nicht Ähnliches? Sie erklärt nicht eine Kategorie, nicht einen Teil der Menschheit, sondern *den* Menschen des Daseins für schuldig. Jeder Mensch ist eine Vergegenwärtigung des mythischen sündigenden Adam und hat als Folge von dessen Fall, der auch sein Fall ist, das Leben verwirkt. Wenn er dennoch existiert, dann als Illegitimer, der keinen Anspruch auf Existenz stellen kann.

Die Frage geht weiter. Tut nicht das Gewissen genau dies? Es erklärt uns zu Illegitimen des Lebens. Theologie darf diese Stimme nicht leugnen. Aber darf sie sie als Stimme des biblischen Gottes, sozusagen als Gottes anderes Wort auffassen? Eine Theologie, die das tut und dem Menschen damit grundsätzlich die Legitimität abspricht, um sie dann einem Teil der Menschen gnadenhalber wieder zuzugestehen, steht berechtigterweise im Verdacht, eine «Logik des Schreckens» (Kurt Flasch) zu praktizieren.

Die dazu führende Interpretation von Genesis 3 hängt am Verständnis der hebräischen Vorsilbe *wè*, mit der die Abrahamsgeschichte in Genesis 12 beginnt. *Wè* heisst «und», kann jedoch auch «aber» heissen. Genesis 12,1 wird allgemein übersetzt mit: «Und der HERR sprach zu Abram.»

Besser wäre: «Der HERR aber sprach zu Abram.» Denn wenn *wè* hier mit «und» übersetzt wird, ist Genesis 12 die Fortsetzung von Genesis 1–11 und Genesis 1–11 die Grundlage dessen, was folgt und damit die Voraussetzung, dass die Stimme des Gewissens als eines von zwei verschiedenen Worten Gottes verstanden wird. Übersetzen wir *wè* jedoch mit «aber», ist, was mit Genesis 12 einsetzt, ein einziger grosser Widerspruch gegen Genesis 1–11. Dieser Widerspruch widerspricht dem die Schöpfungserzählungen von Genesis 1 und 2 dominierenden Mythos von der abgeschlossenen Schöpfung, der Gott zum blossen Verwalter und Richter degradiert, und der damit zusammenhängenden, in den Mythen von Genesis 3–11 postulierten grundsätzlichen Illegitimität des Menschen. Der Mythos hingegen macht den Menschen zum tragischen Helden.

Lausige Tragödie

Die Tragik, Lehre von der erhabenen Schönheit des Leidens, Sterbens und der Trauer, wurde in den Schützengräben des Ersten Weltkriegs verschlissen. Jedenfalls in den britischen. Denn: «The reality was different. The British trenches were wet, cold, smelly, and thoroughly squalid. Compared with the precise and thorough German works, they were decidedly amateur, reflecting a complarency about the British genius for improvisation.» (Fussell, *The Great War and Modern Memory*, S. 43)

Vielleicht erlaubten die Solidität und der vergleichsweise gute Komfort der deutschen Gegenstücke Leuten wie Ernst Jünger, dezidiert an einem tragischen Heroismus festzuhalten, während dergleichen auf der andern Seite *lousy* geworden war. Paul Fussell zeigt, wie das Erhabene im Widerlichen, Lächerlichen und Erniedrigenden von Nässe, Kälte, Gestank, Läuseplage, Diarrhoe und der sumpfigen Bodenlosigkeit der Schützengräben versank. «Lausig» bekam hier seine bis in die Gegenwart gültige metaphorische Prägung.

Das entschiedene Festhalten am tragischen Heroismus, wohl mit ermöglicht durch die Tatsache, dass der Krieg sich ja grösstenteils ausserhalb deutschen Territoriums zugetragen hatte, ist ausser bei deutschen Literaten – neben Jünger ist Gottfried Benn zu nennen – auch bei deutschen Theologen nach 1918 zu beobachten. Abgesehen von den entschieden nationalsozialistisch Gesinnten wie Emanuel Hirsch sind besonders Friedrich Gogarten und Werner Elert zu nennen.

Gogarten teilt mit Karl Barth und den übrigen Vertretern der Dialektischen Theologie die Überzeugung, dass seit dem Ende des Ersten Weltkriegs die bis dahin weitgehend als selbstverständlich geltende Symbiose von Christentum und europäischer Kultur obsolet ist. Beide identifizieren die neuprotestantische, sogenannte liberale Theologie mit ihren späten Repräsentanten Adolf von Harnack und der Zeitschrift *Die christliche Welt* als den brüchig gewordenen Kitt dieser Symbiose. Beide wenden sich davon ab, Barth zuerst zu Paulus, dann zu Anselm von Canterbury, Calvin und der altprotestantischen Dogmatik, Gogarten zu Johann Gottlieb Fichte und dann zum jungen Luther. Beide gehen nicht darauf ein, dass die neuprotestantische Symbiose von Christentum und Kultur zwar jung war, dass es vorher aber eine viel ältere und tiefer greifende Symbiose gegeben hatte, diejenige der Tragik als kulturellem Code des Abendlandes und der paulinischen Sünden- und Gnadenlehre auf der Grundlage des Adam-Christus-Mythos (Römer 5; 1. Korinther 15).

Diese paulinische Lehre war seit Augustin, wenn auch in unterschiedlicher Interpretation, etwa zwischen Reformation und Konzil von Trient, das Zentrum abendländischer kirchlicher Theologie. «Organized Pauline religion», wie der Schriftsteller Robert Graves sie zutreffend nannte. (Graves, *5 Pens in Hand*, in: Fussell, *The Great War and Modern Memory*, S. 119) Und es war eben nicht nur die Tragik, die *lousy* geworden war; es betraf auch diese mit dem Mythos von der vergegenwärtigten, «ererbten» Schuld an der Tragik kräftig teilhabende Theologie. «[…] during the Battle of the Somme, when Christ was being invoked alike by the Germans and the Allies for victory […] this paradox made most of the English soldiers serving in the purgatorial trenches lose all respect for organized Pauline religion, though still feeling a sympathetic reverence for Jesus as our fellow-sufferer. Cross road Calvaries emphasized this relationship.» (A. a. O., S. 118f.)

Karl Barth muss Ähnliches empfunden haben. Darum führt er die *Christliche Dogmatik im Entwurf* von 1927 nicht fort. Wenn er im Vorwort des ersten Bandes der *Kirchlichen Dogmatik* 1932 schreibt, er habe «tunlichst Alles, was […] nach existentialphilosophischer Begründung, Stützung oder auch nur Rechtfertigung der Theologie allenfalls aussehen mochte, ausgeschieden» (Barth, *Kirchliche Dogmatik,* S. VIII), dann ist damit zweifellos auch der damals verbreitete tragische Heroismus gemeint. Gelingt es ihm dadurch, seine theologische Rede vor dem lausig gewordenen Tragischen zu bewahren? Er versucht es, indem er in der Alternative «Das Wort oder die Existenz?» (Ebd.) noch eindeutiger als vorher das Wort betont. Und zwar so, dass er die Prolegomena, also die Voraussetzungen der Dogmatik, mit der «Lehre vom Worte Gottes» «in seiner dreifachen Gestalt» beginnt, um von da aus im zweiten Kapitel zur Dreieinigkeit Gottes als der Begründung der dreifachen Gestalt des Wortes zu kommen.

Im Zug dieser Ausscheidung aller existenzialphilosophischen Begründung hört die Rechtfertigungslehre auf, das Zentrum der

Theologie schlechthin zu sein; Barth deutet das bereits im Vorläuferband von 1927 an (Barth, *Christliche Dogmatik*, S. 165ff.). An ihre Stelle tritt, deutlich sichtbar zehn Jahre später im zweiten Halbband der *Lehre von Gott*, die Erwählungslehre. «Die Erwählungslehre ist die Summe des Evangeliums, weil dies das Beste ist, was je gesagt und gehört werden kann: dass Gott den Menschen wählt und also auch für ihn der in Freiheit Liebende ist», heisst es in den Leitsätzen zu § 32, der ausdrücklich von «Gottes Gnadenwahl» handelt (Barth, *Kirchliche Dogmatik II,2*, S. 1).

Freilich, wie Barth im ersten Band der *Kirchlichen Dogmatik* die dreifache Gestalt des Wortes Gottes mit der Dreieinigkeit Gottes begründet, so tut er's auch hier. Er geht von der guten Nachricht, dem «Triumph der Gnade» (Berkouwer, *Der Triumph der Gnade*), dass Gott den Menschen wähle, zur Feststellung über, die diese Nachricht sichern soll: «Sie [die Erwählungslehre] ist in der Erkenntnis Jesu Christi begründet, weil dieser der erwählende Gott und der erwählte Mensch in Einem ist.» Ist das die nötige Sicherung gegen das Lausigwerden der Tragik? Sie hat zwar im Trinitätskosmos keinen Platz. Dafür umso mehr ausserhalb. Denn wie soll mit der Behauptung, dass Jesus Christus der erwählende Gott und der erwählte Mensch in Einem sei, Vertrauen geschaffen werden? Die Darstellung der Trinitätslehre vermag den «Aussenstehenden» nichts zu sagen, als dass sie eben Aussenstehende sind und damit ausser Abschied und Traktanden fallen. Sie sind selbst kein Gegenstand trinitarischer Theologie, weil für sie in deren widerspruchslosem Heilskosmos kein Platz vorgesehen ist. Mit Hilfe der Trinitätslehre überwindet Barth innertheologisch die Tragik, jedoch so, dass er sie exportiert.

Als der Band der *Kirchlichen Dogmatik* mit der Erwählungslehre 1942 erschien, muss er wie eine Befreiung gewirkt haben. Der Sumpf der lausigen Tragik schien überwunden. Dass die Tragik nicht verschwunden, sondern mittels des Begriffsmythos der Trinitätslehre exportiert worden war, sollte sich in der Nachkriegszeit zeigen. Es machte Mühe, die triumphale Feststellung, die Erwählungslehre sei das Beste, was je gesagt und gehört werden könne, in eine Vertrauen begründende Anrede zu übersetzen. Der Hinderungsgrund war die Begründung mit dem Mythos von Jesus Christus als erwählendem Gott und erwähltem Mensch in Einem.

11

Bei Barths lutherischen Zeitgenossen Gogarten und Elert verhält sich's insofern anders, als für beide die paulinisch-lutherische Rechtfertigungslehre das Zentrum der Theologie schlechthin ist. Deren mythisches tragisches Element verbietet eine Symbiose mit optimistischer neuzeitlicher Geschichtsideologie. Jedoch stellten sich insofern neue Schnittstellen zum Zeitgeist ein, als die Niederlage Deutschlands im Ersten Weltkrieg von der Mehrheit der Deutschen zur Tragödie stilisiert wurde. Damit verbunden war Abwehr dessen, was man unter moderner Zivilisation verstand, als deren Repräsentanten Frankreich und England galten.

In Deutschland geschah nach 1918 Ähnliches wie in Frankreich und auch in Deutschland nach dem Dreissigjährigen Krieg: Unter dem Eindruck der «Verborgenheit Gottes» entstand eine «tragische Weltanschauung» (Goldmann, *Der verborgene Gott*), unübersehbar bei Pascal und Racine in Frankreich und beispielsweise bei Gryphius in Deutschland, die alle – Pascal wie Racine stehen dem augustinisch geprägten Port Royal nahe – von der paulinisch-augustinischen Sünden- und Rechtfertigungslehre herkommen.

Ein Element kam in Deutschland dazu. Die Lutherrenaissance nach dem Ersten Weltkrieg berief sich besonders auf den jungen Luther. Ernst Bizer hat in seinem Buch *Fides ex auditu* darauf aufmerksam gemacht, wie stark ein aktives, dezisionistisches Element in der Theologie Luthers bis gegen 1518 noch virulent ist, und dass erst ab 1520 von einer reformatorischen Theologie Luthers gesprochen werden kann, die in der Begründung des Glaubens alles dem handelnden Wort überlässt. Die 95 Thesen von 1517 etwa sind darum noch nicht als Dokument reformatorischer Theologie zu werten.

Der Luther der Lutherrenaissance hingegen liess Raum für einen Glaubensheroismus, zu dem, sonst wäre er nicht heroisch, das apokalyptische Gefühl gehört, sich gegen den Lauf der Welt, gegen die Neuzeit, stellen zu müssen und dabei unter Umständen zu unterliegen. Eine starke Beziehung der Lutherrenaissance zur allgemeinen Stimmung in konservativen Kreisen Deutschlands nach dem Ersten Weltkrieg ist deshalb nicht verwunderlich.

Bei Friedrich Gogarten bleibt ein heroischer und damit auch tragischer Unterton bis in seine letzte publizierte Vorlesung *Die Frage nach Gott* (1968). Deren erstes Kapitel hiess statt *Der Ort der*

Frage nach Gott ursprünglich charakteristischerweise *Entscheidung im Nichts.*

Beim «Lutheranissimus» Werner Elert wird in der Dogmatik von 1940 die tragische Entscheidung auch wörtlich «heroischer Glaube». Im Vorwort zeigt sich aufschlussreich die Nähe dieses christlichen Heroismus zu der ideologischen Lüge, das deutsche Volk sei «heute zum Kampf um seine Existenz gerufen», was «auch für die deutschen Wissenschaften und also auch für die Theologie zwingender Ansporn» sei, «auf ihrem Gebiet das Höchste zu leisten. Es darf und wird nichts verkümmern, was im deutschen Volke durch tausendjähriges Suchen errungen wurde.» (Elert, *Der christliche Glaube*, S. 6f.)

Dieser tragische Heroismus ist, hört man auf die britischen Autoren bei Fussell, längst lausig geworden. Das zieht die mit ihm verbundene tragisch fundierte paulinisch-augustinische Theologie in Mitleidenschaft. Nicht nur beim zwiespältigen Elert; es greift auch auf das Reden von Leuten über, die Elerts Verblendung nicht teilen, dem hoch zu achtenden Reinhold Schneider beispielsweise und dem tiefes Mitgefühl und starkes theologisches Interesse verdienenden Jochen Klepper. Schneider wie Klepper wissen genau, dass die Symbiose von Christentum und Kultur in Wahrheit die getaufte Tragödie in der Gestalt der paulinischen Sünden- und Gnadenlehre ist. Der katholische und der lutherische Dichter suchen sie gegen die Verhunzung durch die Nationalsozialisten zu verteidigen, Klepper in seinem grossen Roman *Der Vater*, Schneider in seinen tragischen Königsgestalten. Beide gehören auf verschiedene Weise zum geistigen Widerstand. Aber kann man Kleppers *Vater*, Schneiders *Philipp II. oder Religion und Macht* nach dem Zweiten Weltkrieg lesen, ohne an der Tradition des christlichen Königtums irre zu werden als einer Steigbügelhalterin des «Führers»? Elert zeigt mit der Bemerkung über das in tausendjährigem Suchen Errungene, die deutlich an das Klischee der Abwehr östlicher Barbarei anknüpft, was für eine leichte Beute für den nationalsozialistischen Pseudomythos theologischer Heroismus und die ihn begründende getaufte Tragik werden konnten. Die Schützengräben des Ersten Weltkriegs entlarvten die Tragödie, und mit ihr auch die die paulinische Rechtfertigungslehre etwa bei Calvin grundierende Tragik als beschönigenden Schein.

11

Die Tragödie hat als kultureller Code ausgedient. Gottfried Benn reagiert darauf mit lyrischem Zynismus; Jünger imprägniert sich gegen Mitgefühl; Dürrenmatt wird nach dem Zweiten Weltkrieg Komödien schreiben und lachend behaupten, eine Geschichte sei erst dann zu Ende erzählt, wenn sie ihre schlimmstmögliche Wendung genommen habe, und der Aphoristiker Emile Cioran, ursprünglich Faschist, wird sich häuslich in einem rabenschwarzen Pessimismus einrichten.

Es begann in Frankreich, wo von Winter 1914 bis Frühling 1918 Tausende und Abertausende von Soldaten die meiste Zeit im System der Schützengräben verbrachten, und wo, weil aus der seltsamen Grubenperspektive nur der Himmel zu sehen war, Sonnenaufgang und Sonnenuntergang die einzigen Natureindrücke waren, die darum wie nichts anderes die vierundzwanzig Stunden strukturierten.

«O rosy red, O torrent splendor
Staining all the orient gloom,
O celestial work of wonder –
A million mornings in one bloom!»

Edmund Blunden, *O rosy red*,
in: Fussell, *The Great War and Modern Memory*, S. 63

Wenn die Gegenwart verrückt geworden und auf die Geschichte kein Verlass mehr ist, dann vielleicht doch noch auf die Sonne, die jeden Morgen auf- und jeden Abend untergeht. Jedoch auch nur, solange der Schützengraben nicht unter den Beschuss schwerer Waffen gerät und sich in eine Hölle verwandelt. Für die Soldaten, die das Vertrauen in die «organisierte paulinische Theologie» verloren hatten, war «Der Himmel erzählt die Herrlichkeit Gottes» (Psalm 19) keine brauchbare Alternative.

Gegen Systemzwang

Es handelt sich um eine Schlüsselszene. Wie wir sie begreifen, so begreifen wir auch Petrus, Paulus und Markus und manches andere mehr.

Man kennt einander. Persönlich wohl seit gut fünfzehn Jahren, dem Namen nach mindestens drei Jahre länger. Kurze Zeit nach Jesu Kreuzigung macht sich ein eifriger junger Pharisäer bei den Christen von Jerusalem einen üblen Namen. Er eifert gegen die wachsende Gruppe der Jesusjünger, die behaupten, ihr gekreuzigter Herr sei aus dem Tod auferweckt worden, er sei der Messias. Das kann und darf nicht sein in den Augen Sauls, der als Jude aus der griechischsprachigen Diaspora neben seinem hebräischen den griechischen Namen Paulus führt. Denn die Stellung jenes «Herrn», Jesus von Nazaret, zum Gesetz, dem Heilsweg Israels, war notorisch fragwürdig. Die seiner Anhänger ist es ebenso. Nicht, dass sie das Gesetz geradezu verwürfen. Aber sie handhaben es nach dem Verständnis eines Pharisäers viel zu large. Es gibt da Geschichten wie die vom Gang Jesu mit seinen Jüngern am Sabbat durch die Felder. Die Jünger rauften Ähren. Das tut ein gesetzestreuer Jude am Sabbat nicht. Darauf von Observanten angesprochen, nahm Jesus für sich und seine Jünger die Freiheit in Anspruch, über den Geltungsgrad des Gesetzes zu entscheiden. Denn das Gesetz sei für die Menschen da und nicht die Menschen fürs Gesetz, war seine Antwort. Steht also etwas über dem Gesetz? Das würde nichts anderes als schleichende Abwertung des Gesetzes bedeuten. Dass Jesus es mit dem Gesetz nicht sehr genau nahm, bewies er ja nur schon dadurch, dass er Fischer, Zöllner und ähnliches Pack zu seinen Jüngern berief. Lauter Leute, die schon von Berufs und sozialer Stellung wegen mit der Gesetzestreue auf Kriegsfuss standen.

Relativierung der Gesetzestreue hiess Gefährdung der jüdischen Identität. Denn das Gesetz war die von Gott verliehene jüdische Identität. Das wusste einer aus der Diaspora noch deutlicher als die Bewohner von Erez Jisrael. Aber die Juden lebten ja auch in Jerusalem und Umgebung gewissermassen in der Diaspora. Sie waren nicht mehr die Herren im eigenen Haus.

Deshalb ging es in der Gesetzestreue um die eigene Identität. Da durfte es keine Konzessionen geben. Die Laxheit der Jesusleute war womöglich noch gefährlicher als deklarierter Abfall. Also gehörte die Sekte bekämpft. Der junge Pharisäer widmete sich diesem Kampf und galt alsbald unter den Christen, die noch allesamt Juden waren und sein wollten, als einer ihrer schärfsten Gegner. Sogar Vollmachten habe er sich geben lassen, um ihrer Ausbreitung in der Diaspora zu wehren.

Und dann war zu hören, mit dem Mann sei auf einer Reise nach Damaskus etwas passiert. Er habe eine Kehrtwendung gemacht und sei Christ geworden. Genaueres wusste man wohl in Jerusalem nicht, denn er war aus Damaskus nicht dahin zurückgekehrt. In der Arabia halte er sich auf, ging das Gerücht; das war die Gegend südöstlich von Damaskus. Dort treibe er Mission.

Sollte man es als Triumph des auferstandenen Herrn feiern? Den «Säulen» in Jerusalem, Petrus und den Übrigen, wird es nicht ganz geheuer gewesen sein. Was hatte Saul überhaupt zu verkünden? Er hatte nicht zu den Jüngern Jesu gehört. Er hatte Jesus «nach dem Fleisch» nicht gekannt (2. Korinther 5,16). Was er von Jesus wusste, wusste er vom Hörensagen. Viel konnte es nicht sein. Dass Jesus aus Galiläa stammte. Dass er in Jerusalem gekreuzigt worden war. Das wusste jeder, der den Namen kannte. Aber all das andere: die Gleichnisse, die Heilungen, woher sollte er es haben? Was also predigte er? Und was erst masste er sich an, sich «Apostel» zu nennen? Zu vernehmen, dass er's tat, konnte schon Grund zu Misstrauen und Beunruhigung sein. Umso mehr, als aus Damaskus die Nachricht kam, Paulus sei dort aufgetaucht und beginne eine Rolle zu spielen. Und zwar so, dass er nun genau das Gegenteil von dem predige, wofür er vorher gestanden habe. Das Gesetz sei als Heilsweg durch den Gekreuzigten ein für allemal abgetan, lehre er.

Vielleicht erinnerte man sich ja daran, wie Jesus selbst reagiert hatte, als Johannes von einem erzählte, der in Jesu Namen Dämonen austreibe, sich jedoch nicht zu den Jüngern halte. «Wer nicht gegen uns ist, ist für uns», hatte Jesus gesagt (Markus 9,40).

Dann kam der bekehrte Paulus eines Tages nach Jerusalem, inkognito. Er wollte nicht, dass es an die grosse Glocke gehängt werde, beharrte aber darauf, mit Petrus zu reden. Es müssen intensive Gespräche gewesen sein. Von den übrigen Aposteln war keiner dabei. Nur Jakobus, Jesu Bruder, begegnete dem Fremden noch und erfuhr, um wen es sich handelte. Nach zwei Wochen ging Paulus, wie er sich nun nur noch nannte, wieder. Nach Syrien und Kilikien, sagte er.

Was haben sie in diesen vierzehn Tagen miteinander besprochen? Petrus, wahrscheinlich des Schreibens unkundig, hinterliess nichts Schriftliches, und Paulus erwähnt den Besuch allein im Galaterbrief und bloss mit zwei Sätzen. Nichts Inhaltliches aus der Unterredung. Nur, er sei nach Jerusalem hinaufgezogen, um «Kephas», wie er ihn nennt, kennenzulernen. Das klingt nicht so, als sei ein Schüler zur Unterweisung angetreten. Da nimmt einer Augenhöhe mit den anerkannten christlichen Autoritäten in Jerusalem für sich in Anspruch. Wie gut das Petrus gefallen hat, wissen wir nicht. Zu vermuten ist, dass er, der trotz mangelnder Bildung ein gescheiter Kopf war, merkte, wie die Gewichte in diesen Gesprächen verteilt waren. Er, der erste und nächste der Jünger Jesu, war seit Ostern die Autorität schlechthin in allem, was Jesu Leben, Reden und Handeln anging; sozusagen die Jesusüberlieferung in Person. Der andere hingegen wusste wenig von dem, wofür Petrus stand, war aber eine intellektuelle Potenz erster Güte.

Petrus und Paulus sind, das ist aus der biblischen Überlieferung zu spüren, nie richtig warm miteinander geworden. Zwei Welten prallten da aufeinander, wenn auch im Zeichen des einen Namens Jesus. Der hellenistisch Gebildete und pharisäisch Geschulte, dem das Gesetz über alles gegangen war, und dem's jetzt über alles ging, die absolute Herrschaft des Gesetzes durch den Glauben und die Gnade zu brechen. Und der des Schreibens unkundige Fischer, dessen Kopf und Herz randvoll mit Erinnerungen an Jesus waren.

Sie begegneten einander vierzehn Jahre später wieder, wiederum in Jerusalem, auf dem später so genannten Apostelkonzil, das auf Drängen des Paulus zustande kam, einer Offenbarung wegen, wie er sagte. Spätestens hier wird Petrus ein doktrinärer Zug an Paulus aufgefallen sein. So war er nun also von zwei Doktrinären flankiert. Auf der einen Seite Paulus, der darauf pochte, dass das Gesetz grundsätzlich abgetan sei, dass also ein Heide nicht erst Jude werden müsse, um Christ sein zu können. Auf der andern Seite der Herrenbruder Jakobus, eisern gesetzestreu, so sehr, dass ihm sogar gesetzestreue Juden in Jerusalem, die nichts von Jesus wissen wollten, mit Respekt begegneten. Für Petrus keine leichte Stellung.

Nur, dass er der einzige von den dreien war, der ganz eng mit Jesus vertraut gewesen war, gab ihm Autorität.

Es scheint, dass sich Petrus bei jenem Treffen in Jerusalem durchsetzen konnte. Paulus hätte sicher am liebsten gehabt, man hätte die Gesetzesobservanz grundsätzlich aufgegeben. Jakobus hätte am liebsten gehabt, man hätte sie allen Christen zur Bedingung gemacht. Aber nicht einmal Titus, einer der beiden Begleiter des Paulus, ein Grieche, wurde genötigt, sich beschneiden zu lassen. Petrus geht zu den Juden, Paulus zu den Heiden, so lautete der Kompromiss, der vermutlich das Werk des Petrus war. Die ebenfalls anwesenden Jakobus und Johannes stimmten zu. Diese beiden waren eher die Verlierer. Paulus hingegen gewann, wenn auch nicht so viel, wie er vielleicht gehofft hatte und wie es seiner Auffassung des Evangeliums entsprochen hätte. Aber er konnte mit dem Kompromiss vorläufig zufrieden sein. Petrus hatte sich durchgesetzt. War's in seinen Augen ein Kompromiss?

Einige Zeit später, in Antiochia, sollte sich zeigen, dass Paulus die Vereinbarung von Jerusalem als Halbherzigkeit und den, der dafür stand, als wankelmütig beurteilte. Sie trafen einander in der Gemeinde, in der Paulus eine prägende Rolle spielte, weswegen geborene Juden und geborene Heiden sogar miteinander assen. Petrus machte vorbehaltlos mit. Bis gesetzestreue Judenchristen, Anhänger des Jakobus, auftauchten, an dem gemeinsamen Essen Anstoss nahmen und sich dabei wahrscheinlich auf die Vereinbarung von Jerusalem beriefen. Nun ass Petrus mit diesen, getrennt von den Heiden. Worauf ihm Paulus eine theologische Standpauke hielt, die im Vorwurf gipfelte, das Hin und Her des Petrus sei unverantwortliche Heuchelei.

War sie das? Wir haben nur die Darstellung des Paulus (Galater 2,11ff.), keine des Petrus. Aber ich bin ziemlich sicher, dass er es anders sah, und nicht aus Selbstgerechtigkeit und Wankelmut. Sondern aus der Freiheit eines Christenmenschen.

Da waren diese Jakobusleute. Die hätten Petrus eigentlich verstossen müssen, als sie ihn mit den Heiden an einem Tisch sitzen sahen. Stattdessen empfingen sie ihn an ihrem Tisch. Nur schon damit, dass er sich an ihren Tisch setzte, nachdem er bei den Heiden gesessen hatte, und die strengen Judenchristen es akzeptierten, widerlegte Petrus ihre Gesetzlichkeit. Und ebenso die des Paulus.

Ich meine, Petrus habe gemerkt, dass Paulus drauf und dran war, aus der Gesetzesfreiheit ein Gesetz zu machen. Das konnte nur vermieden werden, wenn die Nächstenliebe über dem Gesetz stand. Und Nächstenliebe heisst: Sich der Minderheit zuwenden, auch wenn man nicht ihrer Meinung ist. Sich ihr zuwenden und sie, wenn nötig, mit der Zuwendung widerlegen, ohne sie zu verletzen.

Petrus erkannte in Antiochia die Gefahr einer Monarchie der Vernunft und ihrer Konsequenzdiktatur über die christliche Rede. Paulus war ein ausserordentlich vernunftbegabter Mensch. Seinen Mangel an Kenntnissen des Lebens Jesu konnte er nur mit theologischen Vernunftschlüssen kompensieren. Also mit der Umkehrung dessen, was für ihn gegolten hatte, als er noch der glühende Gegner der Christen gewesen war. Er musste Lehrvorträge halten; er konnte keine Geschichten erzählen.

Geschichten sind nie ganz aufzulösen; es bleibt immer ein Rest. Sie können darum verschieden interpretiert werden. Nicht einmal der Autor hat das Monopol auf die eine, einzig richtige Auslegung. Lehrvorträge hingegen müssen in sich so schlüssig sein, dass sie der Interpretation möglichst wenig Spielraum lassen. In ihrer Schlüssigkeit sind sie dem abgeschlossenen Kosmos vergleichbar. Sie tendieren dazu, ein System zu werden.

Wie im Kosmos, bleiben auch im System trotz der logischen Geschlossenheit Reste. Es geht nicht alles auf. Soll man darob an Gott nicht irre werden, gibt es nur den einen Ausweg: Die Schuld, dass nicht alles aufgeht, dem Menschen in die Schuhe zu schieben. Einer Untat, in mythischer Vorzeit von einem mythischen Menschen begangen, die seither ununterbrochen wiederholt, zwangshaft vergegenwärtigt wird. Und als solche Vergegenwärtigung Schuld bleibt.

Sollte bei jenem apostolischen Zusammenstoss ein gewisser Johannes mit Zunamen Markus dabei gewesen sein, und sollte er identisch sein mit dem Evangelisten Markus, dann dürfte er in Antiochia entscheidende hermeneutische Aufschlüsse im Hinblick auf ein erst noch zu schreibendes Evangelienbuch bekommen haben.

11

Nicht bis zu Adam und Eva zurück

Erzählen heisst in jedem Fall zurückdenken. «Tief ist der Brunnen der Vergangenheit», so der erste Satz von Thomas Manns Roman *Joseph und seine Brüder*. Der Brunnen der Vergangenheit entwickelt einen Sog. Im Erzählen kommt man vom Vater auf den Grossvater und den Urgrossvater und vom Hundertsten ins Tausendste. Darum dauern Psychotherapien so lang. Die meisten enden durch Ermüdung. Grundsätzlich jedoch können sie nicht enden, bevor sie bei Adam und Eva angelangt sind. Nur: Haben Adam und Eva keinen Vater?

Roter Faden beim Erzählen ist die Ätiologie, die Frage nach dem Verursacher, also die Suche nach dem Schuldigen. Verursacher des Sohnes ist der Vater; schuld an der Schuld des Sohnes ist der Vater. Und so immer weiter zurück in die dunkle Tiefe des Brunnens. Die Ätiologie der Schuld ist ein Dominospiel, das nicht aufhört, bis der letzte Stein gefallen ist. Welches ist der letzte Stein?

Als Student schrieb ich für eine kleine Tageszeitung. Unter anderem Berichte von Schwurgerichtsprozessen. Ich erinnere mich an das Plädoyer eines jungen Verteidigers, der spannend und ausführlich erzählte, wie es seiner Meinung nach zum Verbrechen gekommen war. Mitten in seine schönste Fahrt hinein platzte der Gerichtspräsident mit der Bemerkung: «Bitte, Herr Kollege, gehen Sie nicht bis zu Adam und Eva zurück!»

Begreiflich. Denn je ausführlicher die Erzählung, desto schwieriger die Urteilsfindung. Der eingehenden Erzählung rinnt die Schuld des Täters wie Sand durch die Finger. Darum rät Quintilian, der Rhetoriklehrer der Spätantike, die Narration knapp zu halten, um den Richter nicht zu verstimmen. Jedoch darf sie nicht zu knapp sein, weil sonst der Verdacht aufkommt, es solle etwas verschwiegen werden, was gegen den Angeklagten spreche. Die Zügelung der *narratio* ist ebenso charakteristisch für die Rede in der Volksversammlung wie für das Plädoyer vor Gericht.

Soll vermieden werden, dass am Schluss keiner als Schuldiger dasteht und die Schuld am Einzigen hängen bleibt, der übrig ist, am Schöpfer des Lebens, dann muss der grosse Sündenfall durch die ersten Menschen geschehen sein. Es wird auch hier nicht leicht sein, den Rückschluss auf deren Erschaffer zu vermeiden. Dazu muss die Erzählung knapp und einigermassen abstrakt gehalten werden; es darf keine Empathie zu den urmenschlichen Protagonisten entstehen. Der Fall Adams ist die beste Verteidigung Gottes gegen den Verdacht, er sei schuld an der Schuld.

Der Sog des Brunnens der Vergangenheit zieht in die Tiefe. Wer ihm erliegt, landet in dunkler, sumpfiger Bodenlosigkeit wie die britischen Soldaten in den Schützengräben des Ersten Weltkriegs. Anders, wer hinuntersteigt, um Wasser zu schöpfen. Auch sein Brunnen ist tief und bodenlos. Wer hineinfällt, ist verloren. Wer jedoch sein Gefäss füllt, hat zu trinken und kann auf dem Weg durchs dürre Land eine weitere Etappe in Angriff nehmen, bis zum nächsten Brunnen.

Erzählen heisst zurückdenken, muss aber nicht dem Sog erliegen. Es gibt Erzählung, die aus dem Brunnen der Vergangenheit Mut zum Weiterwandern schöpft. Was an dessen Grund liegt, mag geheimnisvoll und dunkel sein, entwickelt jedoch keinen Sog. Denn das attraktive Geheimnis ist nicht die Tiefe des Brunnens. Attraktiv ist das Ziel der Wanderschaft, von ihm geht der Sog aus. Brunnen sind blosse Hilfe unterwegs, Indizien auch, dass das bevorstehende Geheimnis wunderbar ist, nämlich Leben, nicht Tod. Darum streckt sich der Wanderer nach dem Ziel aus und erliegt nicht der Versuchung, dem Brunnen auf den Grund zu gehen. Das tut nur, wer nicht weitergehen, sondern sich am Brunnen niederlassen will, weil er keine Verheissung und kein Ziel darüber hinaus hat.

Sigmund Freud nannte sich einen gottlosen Juden (Gay, *«Ein gottloser Jude»*). Er widmete sein Leben dem Hinabsteigen in den tiefen Brunnen der Vergangenheit. Denn ein gottloser Jude hat kein Vertrauen zum Gott Abrahams, Isaaks und Jakobs. Zu dem Gott, der Abraham aus dem Mythenland Babylonien in ein neues Land führte und das im geschlossenen Kosmos Ägyptens festgehaltene Israel in die Üppigkeit des Landes, das von Milch und Honig fliesst. Mythos und Kosmos bedeuten Sklaverei, jedoch gesichertes Auskommen. Es braucht ein starkes Versprechen, das grosses Vertrauen verdient, damit man sich aufmacht, von den Fleischtöpfen und tiefen Brunnen weg auf den Zug durch die Wüste, auf den Weg in «das Land, das ich dir zeigen werde» (Genesis 12,1).

11

Den Teufel bei den Hörnern packen

Warum heisst Christine in Gotthelfs Novelle *Die schwarze Spinne* Christine? Als der Komtur der Deutschen Ritter von den Bauern in Sumiswald verlangt, ihm mitten in der Erntezeit hundert ausgewachsene Buchen zu seinem neuen Schloss auf dem Bärhegenhubel zu transportieren, ist es Christine, die dazu rät, sich auf das Hilfsangebot des Teufels einzulassen. Sie selbst lässt sich so weit wie sonst niemand mit ihm ein. Sie wird darum das erste Opfer der Spinnenplage sein, dieser Strafe für den Versuch, den Teufel zu hintergehen.

Gotthelfs Namen sind fast durchwegs sprechend. Gitiwyl, Liebiwyl, Eisi im Dürluft, Vehfreude, Bodenbauer, Glunggenbauer. Alles ihre Träger charakterisierende Namen. Also wird's erlaubt sein, Christine auch als solchen zu verstehen – und dann wird's spannend. Denn Christine heisst ja: die Christin. Die Christin als diejenige, welche mit dem Teufel paktiert?

Zudem ist sie eine Fremde. Keine von hier, eine mit andern Gewohnheiten, andern Ansichten, sicher auch einer andern Sprache. Die Bauern von Sumiswald lamentierten ob des teuflischen Befehls aus dem Schloss; zuletzt aber gehorchen sie mit hängenden Schultern. So ist's immer gewesen, so wird es immer bleiben, so ist's die Ordnung der Welt. Nicht jedoch für Christine. Sie ist nicht gewillt, sich ins immer so Gewesene zu fügen. So wie sie sich nicht in den überlieferten Rahmen ihres Herkommens fügte. Sie zog aus Armut oder aus Liebe oder aus welchem Grund auch immer aus ihrer Heimat weg. Liess sich auf die Fremde ein, heiratete einen Fremden und in fremde Verhältnisse. Sie hat, hätte der Alttestamentler Victor Maag formuliert, eine Transmigration hinter sich. Darum scheut sie jetzt vor dem Fremdesten nicht zurück und packt, sozusagen, den Teufel bei den Hörnern. Das wird sie und die Talschaft von Sumiswald zwar teuer zu stehen kommen. Aber lohnt sich nicht schliesslich der Preis? Am Ende der Geschichte, in der Rahmenerzählung, ist der bösartige Komtur weg und die Spinne im Fensterbalken gefangen. Daraus hört man sie wohl fauchen, aber schaden kann sie nicht mehr. Und die Leute von Sumiswald sind seit Generationen freie und reiche Bauern.

Die schwarze Spinne also doch, wie etwa behauptet wird, eine Allegorie auf die Französische Revolution und ihre Folgen, auch auf den endgültigen Sturz des Aristokratenregiments in Bern 1831? Das ist durchaus anzunehmen. Denn Gotthelf wusste, weshalb er für seine Theologie die Form der Erzählung wählte. Lässt sich Theologie nicht in die Zeitgeschichte verwickeln wie das Gleichnis in den Perlenmarkt, dann redet sie zeitlos mythologisch und nicht mehr vom verborgen anwesenden, sondern vom abwesenden Gott. Man liess sich revolutionär um der Befreiung willen mit dem Teufel ein, der – unter vielen anderen – den Namen Robespierres, in der Schweiz für viele auch denjenigen Napoleons trug, weil der Teufel weniger teuflisch erschien als die Herrschaften von Gottes Gnaden, hiessen sie *roi de France*, Deutschritterkomtur von Sumiswald oder Gnädige Herren von Bern. Der Preis des revolutionären Terrors war hoch, aber schliesslich war das Regiment der pervertierten Gottesgnaden überwunden und der Terror gebändigt.

Nach der Französischen Revolution sei alles möglich, finden Jacob Burckhardt und andere Konservative mit leiserem oder lauterem apokalyptischen Unterton. Gotthelf sieht, sofern er tatsächlich an die Französische Revolution denkt, dass der Terror lang vor der Revolution begann, bei den Gottesgnädigen, die manchmal so teuflisch waren, dass Gott und Teufel unter ihrem Regiment nicht mehr zu unterscheiden waren. Der die einen aus Gnaden zu Herrschern machte, war den andern nur als Teufel kenntlich. Alle drei, der *roi de France*, der Deutschritterkomtur wie Schultheiss und Rät einer löblichen Stadt Bern, Allegorien Gottes? Gott als der wahre Teufel; im Vergleich mit ihm ist «der Grüne», wie der Teufel in der *Schwarzen Spinne* heisst, ein windiger Stutzer. Ein durch die Luft fliegender Jägersmann, Karikatur eines Engels. Nicht in eigner Person Teufel, sondern Bote des Teufels, welcher Gott selbst ist. Gottes grüner Affe.

Man soll sich aber an den Meister halten, nicht an den Gesellen. Dieser Meinung war Luther, dieser Meinung war ebenso Gotthelf und lässt Christine erfahren, dass sie's mit dem Meister und nicht mit dem Gesellen zu tun hat, wie sie anfänglich wohl meinte. Der Christenmensch kann sich nicht ideologisch die Augen vor dem wahren Schuldigen verschliessen. Abraham tat's nicht, als er auf dem Weg nach Moria in seinem lautlosen Kampf mit Gott so beredt schwieg, dass es bis heute Hörerinnen und Hörern, Leserinnen und Lesern der Geschichte in den Ohren gellt. Jakob tat's nicht, als er mit dem dunkeln Mann an der Jabbokfurt handgemein wurde und ihm klar machte, dass er ihn nicht lasse, bis er ihn segne. Hiob tat's nicht und Noomi im Büchlein Rut tat's nicht. Und Jesus tat's erst recht nicht, als er am Kreuz keine frömmelnden Ergebenheitsadressen hauchte, sondern mit lauter Stimme protestierend rief: «Mein Gott, mein Gott, warum hast du mich verlassen!»

Christenamt heisst, tun, was in den Augen der Wachhunde des Herrn jeder Couleur schlechterdings Sakrileg ist, weswegen sie zur Hexenverbrennung schreiten und darüber selbst zu Teufeln werden: den Engel des Teufels bei den Hörnern packen und nicht nachgeben, ehe er seinen Hintermann und Auftraggeber preisgibt. Das tun alle von Gotthelf Herausgehobenen in der Novelle: Christine, der Priester, der Bauer Christen, der wiederum den sprechenden Namen trägt. Zwei heissen Christenmensch, der dritte ist ein Priester. Christenmenschen haben nicht nur, aber auch darin ihr Priestertum, dass sie, dem Wort Jesu gemäss: «Wer sein Leben retten will, wird es verlieren; wer aber sein Leben verliert um meinetwillen, der wird es finden» (Matthäus 10,39), den Teufel bei den Hörnern packen und dabei keuchen: «Ich lasse dich nicht, du segnest mich denn.» Will sagen: Du werdest mir denn aus dem Teufel zum segnenden Gott.

Frau, Mann, Priester gegen den Grünen und seinen Meister, und der Kampf geht ums Kind. Am Schluss, in der Rahmenerzählung, steckt die tötende Spinne gut verschlossen im Fensterbalken, und die Menschen tragen ein Kind zur Taufe, um vorher schon und erst recht nachher zu tafeln, da das Land von Milch und Honig fliesst. Gott, Erde, Menschenkind vereint in familiärer Trinität. So ist es noch nicht alle Tage; so ist es in der Geschichte von der *Schwarzen Spinne* nur einen Himmelfahrtstag lang. Aber so soll's alltäglich werden. Das wird in der Taufe dieses Himmelfahrtstages, der ein Paradiesfahrtstag ist, versprochen. Und des freut sich die ganze Schöpfung.

Geburtswehen

Markus 13,1–8. Neun Sätze – und darin der komplette Weltuntergang. Kein Stein, der auf dem andern bliebe; alles wird niedergerissen und zerschlagen. Auch die Wahrheit. Denn falsche Propheten treten auf, verkehren die Wahrheit in Lüge und verdrehen damit den Leuten den Kopf. Kriege werden angezettelt. Kriegsgerüchte verschrecken die Völker, so dass sich eins gegen das andere erhebt und Reich gegen Reich zieht. Und was der Krieg nicht kaputt macht, besorgen mit finaler Gründlichkeit Erdbeben und Hungersnöte.

Ein grauenerregendes Szenario. Anfang vom Ende aller Dinge. Ausweglos, hoffnungslos, zwangsläufig wie das Drehbuch einer Tragödie. Alles geht dem Teufel zu.

Und dann der *zehnte* Satz. Kurz, sechs Wörter bloss, im Griechischen des Neuen Testaments sind's sogar nur drei: «Das ist der Anfang der Wehen.» Eine trockene Feststellung. Und erst mit dem letzten Wort springt die Katze aus dem Sack.

Das letzte Wort heisst «Wehen». Dieses eine Wort Wehen kehrt alles um. Dreht das Ende in einen Anfang. Macht aus der abgetakelten Dirne Welt eine werdende Mutter. Die Kraft eines blossen Wortes verwandelt den Weltuntergang in eine Geburt.

Das Wort Wehen interpretiert die Wirren, Schmerzen, Schreie der Welt als Indizien, dass da etwas Neues zur Welt komme, und öffnet eine Perspektive weit über die als vorübergehend deklarierten Wirren, Schmerzen und Schreie hinaus. Eine gute Perspektive, freudig, zukunftsträchtig. wie wenn ein Kind geboren wird.

Wir haben die Welt nie ohne Interpretation. Weil wir reden und denken können, müssen wir die Welt, uns selbst inklusive, unaufhörlich bereden und bedenken. Das heisst in einen grössern Rahmen spannen. In eine grosse Geschichte. Geschichten aber haben entweder ein glückliches Ende oder ein tragisches. Eine dritte Möglichkeit gibt es nicht. Wir bedenken und bereden unser Schicksal entweder als Glück oder als Tragödie.

Welches sind die Kriterien, nach denen wir unsere Geschichten mitsamt denjenigen der Welt interpretieren? Unsere Erfahrungen, was sonst! Haben wir eine Glückssträhne, reden wir von der Welt, als wäre sie das Paradies. Haben wir eine Pechsträhne, halten wir die Welt für ein Totenhaus.

Das wirft uns in ein Wechselbad der Gefühle. Und wie die Mischung aller Farben zuletzt die traurige Unfarbe Braun ergibt, so das Mischmasch der Gefühle einen tragischen Lebenshintergrund.

11

Vor *dem* leuchten die Glücksmomente auf wie der Blitz vor dem nächtlichen Himmel. Schnell erlöscht der Blitz, und der Nachthimmel ist wieder schwarz.

Es ist sehr schwer, die Welt, in der wir leben, konsequent als Paradies zu interpretieren. Erich Honecker versuchte es bis zum Schluss um jeden Preis und landete auf dem Schutthaufen der Geschichte. Ich kannte einen andern, der's auch versuchte und sogar vom Tod seiner Frau erzählte, als wär's ein Erlebnis erfüllten Glücks gewesen. Der Mann war schliesslich wie eine überzogene Uhr und kam in die Psychiatrie.

Viel einfacher ist es, die Welt als Tragödie zu interpretieren. Die Bürger von Athen liessen es sich jedes Jahr auf dem Theater gefallen, und es gefiel ihnen so gut, dass sie an einem Tag gleich drei Tragödien hintereinander genossen. Zum Schluss brauchten sie dann freilich als *digestif* eine Komödie. Die Griechen wussten eben, wie schwer es ist, die Welt als vollkommen zu verstehen. Es geht nur unter Ausklammerung von vielerlei. Darum richteten sie sich kultiviert in der Tragik ein.

Hatten sie nicht recht? Geht es anders angesichts der Tatsache, dass in dieser Welt in jedem Paradies der Wurm steckt und jedes Glück an einem Unglück zerschellt? Dann statt der Unfarbe Braun schon lieber ein sattes Schwarz, an dessen Tiefen und Nuancen man sich immerhin erbauen kann.

Der Evangelist Markus scheint es gleich zu halten. Markus greift einem mit seinem Weltuntergangsszenario an Herz und Nieren. Doch Markus, er von allen neutestamentlichen Schriftstellern am deutlichsten, setzt an den Schluss der apokalyptischen Höllenfahrt das Sätzlein: «Das ist der Anfang der Wehen.» Und kehrt damit alles um. Was wie Höllenfahrt anmutet, ist eine Geburt.

Wessen Geburt? Wir hören Jesus durchs ganze Markusevangelium rufen: «Das Reich Gottes ist im Kommen!» Die Herrlichkeit Gottes kommt zur Welt. Die vollendete Schöpfung wird geboren. Und Gott ist, steht im Psalm 22 zu lesen, der Geburtshelfer.

So redet Markus, der konsequente theologische Denker. Kein grosser Erzähler, etwa im Vergleich mit Lukas, jedoch ein genauer Sprecher. Allem Wolkigen abhold, Gegner jeder Verschwommenheit. Er kennt die wütenden Prophetensprüche aus dem Alten Testament, in denen Gott voll heiligem Zorn wie ein Berserker rast über die Treulosigkeit der Menschen und in Blut watet, um die Sünde zu rächen. Markus weiss, dass diese Stimmen nicht unter den Teppich zu kehren sind. Sie sind ja realistisch. Markus, alles andere als weltfremd, kann nicht die Augen davor verschliessen, dass es so zugeht in der Welt. Blutig, ungerecht und grausam rachgierig. Schliesslich hat er aus der Nähe miterlebt, wie die Römer im Jahr 70 Jerusalem samt dem Tempel zerstörten. Drei Tage lang überliess der Feldherr Titus die Stadt seinen Soldaten. Die wüteten wie die Bestien, plünderten, machten alles nieder, was nicht während der Belagerung verhungert war, Frauen, Kinder, Männer. Als die Soldateska erschöpft war, stand in der Stadt kein Stein mehr auf dem andern, genau so, wie es Jesus bei Markus vorhersagt (Markus 13,2).

Dabei hatte Jesus von Nazaret vierzig Jahre vorher gepredigt: «Nahe gekommen ist das Reich Gottes!» Wofür er gekreuzigt wurde. Wo ist das Reich Gottes? Sind Anzeichen seines Kommens irgendwo zu sehen?

Der Evangelist Matthäus wird die Verwüstung Jerusalems als Strafaktion Gottes für die Gesetzlosigkeit der Menschen interpretieren. Der Evangelist Lukas ähnlich. Matthäus übernimmt von Markus zwar das Wort Wehen. Aber entscheidendes Gewicht hat es bei ihm nicht. Und Lukas lässt es ganz beiseite. Bei Markus hingegen ist es das Schlüsselwort. Denn es interpretiert das ganze Elend der Welt. Nicht als Anfang des Weltuntergangs. Nicht als Elemente einer unausweichlichen Tragödie, wie die Welt für die Griechen eine ist. Und nicht als Rache eines im Zorn ausser Rand und Band geratenen Gottes. Sondern als die Schmerzen einer Geburt. Die Erde schreit und windet sich, weil etwas Neues zur Welt kommt. Für Markus ist klar: Zur Welt kommt das Reich Gottes. Und wir, selbst mitten im Geschehen, sind die Zudiener des Geburtshelfers und die Zeugen der Niederkunft des Himmels auf die Erde. So, wie früher bei standesgemässer Geburt Zeugen dabei sein mussten, um allen bezeugen zu können, was geschah.

Die Welt seit ihrem Anfang eine Schwangere, die sich jetzt in Wehen wälzt und schreit. Vor dem babylonischen Exil hatte Israel keine fertige Schöpfung gekannt. Denn Israel ist zumindest mental nomadischer Herkunft, und Nomaden sind in der unfertigen Schöpfung unterwegs zur vollendeten. Vorläufig sind sie selbst werdende Menschen in einer werdenden, die vollendete erst gebärenden Welt. Darum ist eins der Ziele der Bibel, uns ebenfalls mental zu Nomaden zu machen, weil wir in Leben und Sterben in Wahrheit Nomaden sind. Für Nomaden aber ist Sterben nicht das Gegenteil des aktuellen Lebens, sondern das aktuelle Leben ist ein Gemisch aus Leben und Sterben. Es ist ein Leben unterwegs, das fortlaufend weggehen muss von da, wo es ist. «Denn wir haben hier keine bleibende Stadt; sondern die zukünftige suchen wir.» (Hebräer 13,14) Wir sind immer am Weggehen, und weggehen, sagt das Sprichwort, ist jedesmal ein wenig sterben.

Wie zum Tod haben Nomaden auch zum Schmerz eine andere Beziehung als die in ihrer abgeschlossenen Welt sitzenden Sesshaften. Für die Sesshaften ist der Schmerz eine unerklärliche Störung ihrer fertigen Welt. Darum fragen die Sesshaften, warum es Schmerz gebe. Und sie können ihn sich nur als Strafe Gottes für menschlichen Ungehorsam erklären. Wenn die Menschen die Ordnung von Gottes vollendeter Schöpfung stören, soll's weh tun.

Für Nomaden aber gehören Strapazen, Entbehrungen, Schmerzen zum Weg. Unterwegs als Unvollkommene durch die unvollkommene Welt; aber unterwegs zur Vollkommenheit. Darum leuchtet deren Licht jetzt schon auf Entbehrungen, Leiden, Tod und macht sie vorläufig. Denn alles steht schon im Vorschein der kommenden vollkommenen Welt.

Nirgendwo ist das so deutlich wie bei einer Geburt. Kommt ein Kind zur Welt, wirft es die bisherige Ordnung durcheinander; es ist neu und bringt Neues. Gebären und Geborenwerden ist Unterwegssein. Ist die Geburt überstanden und hat die neue Ordnung sich eingespielt, sind Schmerz, Verzweiflung, Schreie bei der Gebärenden und dem Neugeborenen vergessen. Eine meiner Urgrossmütter konnte den Schmerz nicht vergessen. Als ihre Tochter heiratete, riet sie ihr dringend ab, Kinder zu haben. Denn es gebe nichts Furchtbareres als eine Geburt. Meine Grossmutter fand diese Rede betrüblich, weil sie sich dadurch immer ein wenig unerwünscht vorkam. Und die ganze Verwandtschaft sagte von dieser Urgrossmutter, sie sei eine seltsame Frau.

Der Schmerz hat seinen Stachel verloren, wenn das Neugeborene da ist. Die Strapazen des Wegs sind abgetan, wenn die Schöpfung am Ziel ist. Paulus sagt: «Ich bin nämlich überzeugt, dass die

Leiden der gegenwärtigen Zeit nichts bedeuten im Vergleich zur Herrlichkeit, die an uns offenbar werden soll.» (Römer 8,18)

So kann man's zu einem leidenden Menschen selbstverständlich nicht sagen. Denn es sähe aus, als achtete man sein Leiden für nichts. Aber ihm sagen und sich selbst sagen lassen soll man, dass die Welt eine Gebärende ist. Und dass die gegenwärtigen Schmerzen Geburtsschmerzen sind. Denn zur Welt kommt die Herrlichkeit Gottes, die unser werden soll.

Das Feigenblatt

«Und die beiden, der Mann und seine Frau, waren nackt, und sie schämten sich nicht voreinander» (Genesis 2,25), formuliert die neue Zürcher Übersetzung. Vor wem schämten Adam und Eva sich nicht? Nur voreinander, in erster Linie voreinander, oder schämten sie sich im Paradies nicht vor Dritten, der alsbald angekrochen kommenden Schlange beispielweise und insbesondere vor Gott? Aus dem Paradies vertrieben, werden sie ja doch das Verwunderliche erleben, dass sie sich vor aller Welt schämen, nur voreinander nicht, was das Besondere ihrer Beziehung ausmacht. «Und der Mensch erkannte Eva, seine Frau, und sie wurde schwanger.» (Genesis 4,1) Die Zürcher Bibel von 1931 übersetzte darum mit Luther und auch mit dem grossen Alttestamentler Gerhard von Rad besser: Sie «schämten sich nicht.» (von Rad, *Das Alte Testament Deutsch 2*, S. 59) Sie werden sich wenig später schämen und verstecken. Nicht voreinander, sondern vor Gott (Genesis 3,10). Denn kaum haben sie vom Baum in der Mitte des Gartens gegessen, «gingen den beiden die Augen auf, und sie erkannten, dass sie nackt waren. Und sie flochten Feigenblätter und machten sich Schurze.» (Genesis 3,7)

Es ist eindeutig: In Genesis 2 und 3 ist die Scham die Folge des «Sündenfalls». Die Feigenblätter sollen das Geschlecht verdecken. Es ist das Instrument der Sünde, zugleich das der Zeugung neuen Lebens. Was den Gedanken nahe legt, den die Schlange antippt: Zeugen sei Sünde, weil es Gleichsein wie Gott heisse. Folgerichtig «erkennen» sie einander, will sagen begegnen sie nur noch einander nackt nach dem «Sündenfall», ausserhalb des Paradieses. Da bedecken sie sich vor allen andern, um nicht erkannt zu werden, nämlich als Sünder.

Dabei ist die Vereinigung der beiden ja deutlich genug bereits paradiesisch vorbereitet. Gott baut die Frau aus der Rippe des Mannes, nachdem er eingesehen hat, dass der eine Gespielin braucht. Das sieht deutlich nach Korrektur des ursprünglichen Planes aus, dem gemäss der Mensch des Paradieses ein geschlechtsloses, scham-loses Wesen sein sollte. Gott hat sich geirrt; der Plan erweist sich als undurchführbar, und die Korrektur ist ein Flickwerk. Denn mit dem Auftreten Evas haben sie und Adam ein Geheimnis, das sie miteinander verbindet. Das wollen sie auch von Gott gewahrt sehen. Dazu brauchte es das Konstrukt aus Baum und Schlange gar nicht. Baum und Schlange bringen aber ein neues Element in die Geschichte: Sie machen aus dem unschuldigen Geheimnis Adams und Evas eine Sünde und aus den Feigenblättern das Zeichen dafür. Wer sich bedeckt, muss etwas verbrochen haben, denn er hat etwas zu verbergen. Der Mensch dürfte nach dieser Vorstellung allenfalls ein Geheimnis haben vor dem andern Menschen, aber keinesfalls vor Gott.

Ganz anders in Genesis 1. «Und Gott schuf den Menschen als sein Bild, als Bild Gottes schuf er ihn; als Mann und Frau schuf er sie. Und Gott segnete sie, und Gott sprach zu ihnen: Seid fruchtbar und mehrt euch und füllt die Erde und macht sie untertan, und herrscht über die Fische des Meers und über die Vögel des Himmels und über alle Tiere, die sich auf der Erde regen.» (Genesis 1,27–28) Dass die hier miteinander und zueinander hin ins Leben Gerufenen ein Geheimnis teilen, ist als selbstverständlich vorausgesetzt; Gott als die dritte der *dramatis personae* schafft es zugleich mit ihnen und lässt es ihnen. Mitsamt dem Geheimnis, in das kein Dritter seine Nase zu stecken hat, sind die zwei und alle, die auf sie folgen, sein Bild. Ihr Geheimnis ist das Bild seines Geheimnisses. Ihre Kleider wären, wenn denn in Genesis 1 Kleider erwähnt würden, nicht Bedeckung der Sünde, sondern die Hüter ihres Geheimnisses. So wie die Wolken (Psalm 18,12) und vor allem das Licht (Psalm 104,2) das Kleid sind, der Mantel des Gottes, der sich nicht von Angesicht zu Angesicht sehen lassen (Exodus 33,20), sondern sein Geheimnis gewahrt wissen will.

11

In Genesis 1 bewahrt Gott das Geheimnis der Menschen. Die Scham hindert die Menschen, ihr Geheimnis zu entblössen. Aber die Scham ist weder Indiz noch Beweis, dass die Menschen sich gegen Gott vergangen haben.

Die sich logisch gebende Reihe Nacktheit – Sünde – Scham erscheint zum ersten Mal am Schluss von Genesis 2 und dominiert zumindest die Mythen der «Urgeschichte», deren Kern dadurch der Mythos vom «Sündenfall» wird: jener Mythos, den die Exilierten von 586 oder ihre Nachfahren als Hilfsmittel aufnehmen, um damit Gott von der Schuld am Untergang Jerusalems freizusprechen und zugleich durch Verallgemeinerung der Schuld sich selbst von der konkreten Schuld zu entlasten und als das wahre Israel präsentieren zu können.

Wer sich nicht bedecken darf, darf kein Geheimnis haben. Prägt Nudismus die Vorstellung vom Paradies, dann gleicht das Paradies den Verhältnissen in *Fahrenheit 451*. Genesis 2 und 3 eignen sich vorzüglich zur Begründung einer geistlichen Diktatur. In einer solchen gibt es kein freies Leben, denn es gibt keine Scham, die das Geheimnis des Menschen bedeckt. An die Stelle der Scham tritt die Verschämtheit, und die ist eine Lügnerin. Sie lügt uns vor, das verschämte Leben sei das freie Leben. Die Scham jedoch sagt die Wahrheit: Die Freiheit des Lebens liegt im Geheimnis, das wir sind, und das Gott, der's uns verliehen hat, respektiert und als unseres hütet.

III Der Streit um die Legitimität

Friede und Streit

Sie hat sich zu ihrem Glauben bekannt. Sie mehr noch als er. Sie bestand darauf, dass die Kinder getauft wurden. Sie schickte sie in den kirchlichen Unterricht. Sie stärkte ihnen den Rücken, als sie, möglicherweise mehr aus Verleider über den grauen Alltag und die offiziellen Lügen als aus Glauben, beschlossen, sich konfirmieren zu lassen. Er lief eher nur mit. Aber immerhin. Als die Repressalien spürbar wurden, stand er zu ihr und sagte: «Wir halten zusammen durch.»

Sie hatten gute Stellen. Beide waren hochqualifiziert. Solche Leute wurden gebraucht. Weil technisch versiert, merkten sie deutlicher als andere, dass die DDR immer stärker ins Hintertreffen geriet. Als er beim ersten Besuch im Westen ein Baugerüst aus Leichtmetallelementen sah, kam er aus dem Fotografieren nicht mehr heraus.

Sie wollte weg. Nicht, bevor die Kinder selbständig waren, dann aber entschieden. Und war's nun ein amtliches Versehen, der pure Zufall oder steckte staatliche Absicht dahinter: Sie bekamen wenige Jahre vor der Wende die Erlaubnis, zum neunzigsten Geburtstag des im Zusammenhang mit solchen Anträgen legendären Tantenphantoms in die Bundesrepublik zu fahren. Beide. Es war wie ein Wunder. Das grosse Geschenk. Sie nahmen nur sehr wenig mit. «Es riecht alles zu sehr nach Braunkohle», sagten sie. Die Kinder rieten ihnen dringend, drüben zu bleiben.

Sie fanden beide sofort eine Anstellung in ihren Berufen und machten Karriere. Sie war geschäftlich viel in ganz Europa unterwegs. Er war oft wochenlang weg. Sie merkte nicht, dass sie sich auseinanderlebten. Er merkte es und sah sich insgeheim anderweitig um.

Es kam die Wende, das Wiedersehen mit den Kindern, die wegen des kirchlichen Engagements der Eltern nicht hatten studieren dürfen, obwohl sie das Zeug dazu gehabt hätten. Das kleine Fischerhaus an der Ostsee gehörte ihnen nun gültig verbrieft. Dahin fuhr er im Sommer für vierzehn Tage, um Unterhaltsarbeiten zu erledigen; sie konnte gerade keine Ferien machen. Eines Tages der Anruf eines seiner Mitarbeiter. «Nein, Hermann ist an der See. Aber ich habe ohnehin noch eine Mitteilung für ihn; er ruft Sie zurück.» Im

Fischerhaus meldet sich niemand. Sie erreicht den Nachbarn. Ob er Hermann etwas ausrichten könne. «Hermann? Der ist nicht hier.»

Für sie bricht die Welt zusammen. Als Hermann heimkommt, geht sie wie eine Furie auf ihn los. Er, verblüfft, gesteht. Ja, er hat eine Freundin. Ja, schon seit längerem. Ja, er war bei ihr. Und ja, er will zu ihr ziehen.

Sie schliesst sich im Schlafzimmer ein und schluckt Tabletten. Als sie erwacht, liegt sie im Krankenhaus, und der Arzt bringt ihr schonend bei, dass er sie zur Beobachtung in die Psychiatrie überweisen muss. Das ist Vorschrift bei Suizidversuch.

Kurz und schlecht: Sie wurden drei Jahre später geschieden. Er ist wieder verheiratet. Zwischen ihnen geht es nur noch um Geldfragen.

Sie fand einen Freund, einen alten Bekannten aus der DDR, Techniker wie sie, ehemaliger Hochschuldozent, abgewickelt weil Parteimitglied und Parteimitglied geblieben bis zuletzt. Ich fragte ihn: «Warum das?» Er sagte: «Aus Dankbarkeit. Die Nazis haben meine Eltern fertig gemacht, weil sie Sozialisten waren. Die DDR schickte mich zum Studium nach Moskau. Dann gab sie mir die Möglichkeit, zu forschen und zu lehren.» «Aber wie geht das zusammen, der militante Atheismus deiner Partei und das Christentum deiner Freundin?» «Nimmst du alle Schlagworte deiner Kirche für bare Münze? Ich wäre ein schlechter Techniker, wenn ich das Geheimnisvolle am Leben nicht sähe. Nur scheue ich mich zu behaupten, es sei ein restlos gutes Geheimnis. Dazu habe ich zu viel gesehen.»

Sie hatten beide ihre Blessuren. Darum wollten beide auch kein zweites Mal heiraten. Aber er machte dran herum, in ihre Nähe zu ziehen, vielleicht sogar mit ihr eine Wohnung zu nehmen. Er kam, um eine zu besichtigen. Sie freute sich wie ein Kind. Auf der Rückfahrt hatte er in der Nähe der ehemaligen Zonengrenze einen Herzschlag. Er muss tot gewesen sein, bevor sein Wagen an der Leitplanke zerschellte.

Sie hielt sich tapfer, auch als bald darauf der Sohn an Leukämie erkrankte. Unternahm viele Reisen, allein oder mit einer Bekannten. Kein Ersatz natürlich für eine richtige Partnerschaft, sagte sie und lachte dazu so, wie man lacht, wenn man auf die Zähne beissen muss.

«Gehen wir zur Kirche?», fragten wir am Sonntagmorgen, als sie neulich hier war, in der Annahme, sie gehe wie früher jeden Sonntag zur Kirche. «Nein», sagte sie, «ich gehe nicht mehr zur Kirche, wenigstens vorläufig nicht. Ich habe Streit mit ihm. Immer habe ich ihn verteidigt. Mir damit manches eingebrockt. Und er, was tut er? Findet ihr das freundlich von ihm? Sagt nicht, ich schneide mir ins eigne Fleisch. Ich weiss, dass ich eine Idiotin bin. Eine von der Sorte: Meine Eltern sind selber schuld, dass ich an die Hände friere, warum kaufen sie mir keine Handschuhe. Aber ihr kennt das ja. Manchmal tut es gut, sich ins eigne Fleisch zu schneiden oder an die Hände zu frieren.»

Friede mit Gott

Römer 5,1 sagt's. «Sind wir nun aus Glauben gerecht gesprochen, so haben wir Frieden mit Gott durch unsern Herrn Jesus Christus.» Gewiss mit dem Vorbehalt: «Im Zeichen der Hoffnung wurden wir gerettet.» (Römer 8,24) Aber der wirkt bei Paulus jedesmal wie nachgeschoben. Bei Johannes fällt er dahin: «Wer an ihn glaubt, wird nicht gerichtet; wer aber nicht glaubt, der ist schon gerichtet, weil er nicht an den Namen des einzigen Sohnes Gottes geglaubt hat.» (Johannes 3,18)

Die Bewegung läuft auf einer Einbahnstrasse vom Unglauben zum Glauben, vom Streit mit Gott zur Versöhnung (Römer 5,10; 2. Korinther 5) und zum Frieden mit ihm. Denn Unglaube ist Streit mit Gott; Glaube ist Frieden mit Gott.

Im Alten Testament, in seinen grossen Geschichten, läuft es nicht umgekehrt, aber anders. Man muss das Wort Vertrauen hinzunehmen; es signalisiert den Unterschied. Die Bewegung läuft nicht ausschliesslich vom Misstrauen zum Vertrauen, sondern auch umgekehrt vom Frieden zum Streit mit Gott. Unter «Unglaube» kann ein Unverhältnis verstanden werden. Misstrauen hingegen ist ein gespanntes Verhältnis, kein Unverhältnis. Misstrauen ist Streit.

Beispiele für die Bewegung vom Vertrauen zum Misstrauen gibt es genug. Hingewiesen sei auf einige wenige:

III

An erster Stelle Genesis 1–3.

Abraham, der vertrauend aus Babylonien auszieht, um dann, auf dem Weg nach Moria, wo er seinen Sohn opfern soll (Genesis 22), mit Gott in einen wortlosen Streit zu geraten.

Der Exodus, der zwar in Furcht und Zittern beginnt, aber im Vertrauen auf Gott. Der Verdacht, das Vertrauen könnte getrogen haben, kommt später.

Moses Tod auf dem Berg Nebo kurz vor dem Einzug in Kanaan, der als Indiz einer Differenz zwischen Gott und Mose interpretiert wird.

Jesu letzter Ruf am Kreuz bei Markus (Markus 15,34): ein Protest gegen Gott.

Die Gegenwart ist weniger vom Frieden als vom Streit zwischen Menschen und Gott geprägt. Die biblischen Geschichten handeln von der Zeit des Streites, des umstrittenen Vertrauens und damit der umstrittenen Legitimität Gottes und der Menschen. Vertrauen ist immer strittig. Darum muss es ja einerseits erworben und andererseits trotzdem geschenkt werden.

Die paulinischen und noch deutlicher die nachpaulinischen Briefe des Neuen Testaments verstehen unter «Glaube» den durch das Kreuz Jesu vermittelten Frieden mit Gott, wenn auch, nachgeschoben, «im Zeichen der Hoffnung». Glauben heisst mit Gott versöhnt sein. Dafür ist Jesus Christus gestorben.

In den grossen Geschichten des Alten Testaments jedoch ist der Glaube alleweil angefochten; zum Vertrauen gehören Misstrauen und Zweifel. Darum die häufige Bewegung vom Frieden zum Streit.

Das Glaubensverständnis des Markusevangeliums steht der Vorstellung des Alten Testaments viel näher als der des Paulus und seiner Schüler. Nur, dass Markus die alttestamentliche Vorstellung präzisiert und intensiviert. Das Markusevangelium endet im Streit Jesu mit Gott, einem Streit, wie er intensiver nicht gedacht werden könnte. Gegenstand des Streits ist die Treue Gottes; Jesus wirft Gott vor, ihn verlassen zu haben, nota bene ohne deshalb, wie es neuzeitlichem Verhalten entspräche, die Beziehung zu Gott abzubrechen und Gott die Existenz abzusprechen. Versöhnt mit Gott wird Jesus, inklusive seine Jüngerschaft und alle Welt erst sein, wenn der «Menschensohn auf den Wolken kommen» wird «mit grosser Macht und Herrlichkeit.» (Markus 13,26)

Die Intensivierung des Streits ist Zeichen der Nähe des Reiches Gottes. Der Weg führt im Markusevangelium von Markus 1,15 («Erfüllt ist die Zeit, und nahe gekommen ist das Reich Gottes») zum Protestruf Jesu am Kreuz. Markus unterscheidet präziser die Zeiten als Paulus. Während bei Paulus die Zeit des Glaubens und die des Schauens (2. Korinther 5,7) die Tendenz haben, ineinander zu fliessen, sind sie bei Markus scharf unterschieden.

Beim Zug durch den Jordan, im Angesicht des rettenden Ufers, wenn die Wasser bis zum Hals steigen, sind die Ängste noch grösser, drängender, wird das Vertrauen noch stärker angefochten als auf dem Exodus durch die Wüste. Das Reich Gottes ist im Kommen. Wir sind mitten im Zug durch den Jordan.

Führe mich nicht in Versuchung

Es muss in der Nacht gewesen sein. Ein Nachtmahr. «Am andern Morgen früh» (Genesis 22,3) bepackt Abraham seinen Esel und spaltet das Holz, das er fürs Brandopfer mitnimmt. Dann bricht er auf. Ohne Rückfrage, ohne Bitten und Flehen, ohne Geschrei. Erst recht ohne den Gedanken, auszuweichen und wie Jona vor dem Angesicht Gottes zu fliehen. Auf dem Marsch nach Moria kein Wortwechsel, keine Fragen und Antworten, kein Argumentieren, kein Disput, nichts dergleichen. Vollkommen wortlos die ganze Reise. Funkstille von beiden Seiten. Beredte Funkstille freilich. Eigentlich nur zu erklären als stummer Zweikampf wie später zwischen Gott und Jakob am Jabbok (Genesis 32).

Für Abraham kann der Befehl, seinen einzigen Sohn zu opfern, nur ein Schock sein. Was er hinter sich liess, steht wieder vor ihm. Der alten Mythensuppe Babels entkommen, dafür eine neue eingebrockt bekommen. Dem Moloch entflohen und dem Kinderfresser in die Hände gefallen. Es sieht aus, als drehe sich das Rad aus Schuld und Heimsuchung wieder. Den vier Episoden, Genesis 3–11, folgt eine fünfte, bald wird's die sechste geben; fertig ist die Geschichte am Sankt Nimmerleinstag.

III

«I sag nix; Gott hört mei Brumme», pflegte unseres alten Nachbarn schwäbische Haushälterin zu seufzen. Gott hört Abrahams Schweigen. Es muss ihm bös in den Ohren dröhnen. So unerträglich, dass er ebenso schweigend fleht: «Hör auf!» Wie er am Jabbok gegen Morgen keuchen wird: «Lass mich los!» Doch Abraham ist wie Jakob. «Ich lasse dich nicht, es sei denn, du segnest mich», statt mich in die Versuchung zu führen, meinen Sohn zu schlachten. Wie wirst du dastehen, wenn ich deinen Befehl befolge! Als Menschenmörder wirst du dastehen, ärger als der Pharao, willkürlicher als der Grosskönig von Babylon. Und zwischen dir und den Götzen wird es so wenig mehr einen Unterschied geben wie zwischen dem Gelobten Land und Babel, wenn doch im Gelobten Land gehandelt werden muss wie in Babel.

Beide werden das Gesicht verlieren, Gott und Abraham. Gott wird das Gesicht des Befreiers verlieren und Abraham das des Befreiten. Gott wird wieder eine der mythologisierten Kosmosgewalten sein, die ihre Opfer fordern, und Abraham der, der diesen Gewalten Tribut schuldet. Der Auszug aus Chaldäa eine Kreisbewegung. Das Ziel identisch mit dem Ausgangspunkt.

Abraham tut Gott den Gefallen nicht, ihm ungehorsam zu werden. Er gehorcht Gott gegen Gott. Gott zum Trotz. Würde er ihm ungehorsam, könnte Gott daraufhin den Gnädigen markieren, ganz nach der Masche von Diktatoren. Die Methode jener diktatorischen Gewalten, die hereinbrechen und keine Widerrede dulden: Naturkatastrophen, Kriege, aber auch die Nacht, die Zeit, das Alter, der Tod. Sie bevölkern die Mythen. Will Gott einer von denen sein, einer unter vielen? Jakob, wie gesagt, wird Gott die Frage ebenso wenig ersparen, Hiob auch nicht, und vor allen andern nicht Jesus am Kreuz.

«Du wirst sehen, wie du dastehst, wenn ich deinem Befehl gehorche!» So muss das Schweigen Abrahams geredet haben, auf dem ganzen Weg nach Moria. Und das beredte Schweigen brachte Gott zum Einlenken. Im letzten Augenblick ersetzte er den Knaben Isaak durch einen Ziegenbock. Ist das jetzt eine ganze oder doch nur eine halbe Sache? Jedenfalls ist sie noch nicht so ganz und gewiss, dass auf die entsprechende Bitte im Unservater verzichtet werden könnte.

Einige wenige biblische Bücher, der Jakobusbrief zum Beispiel, sagte einst Eberhard Jüngel – wenn's mir recht ist, Ernst Fuchs zitierend – seien wie der Zuber voll Wasser, den die Mutter nachts vors Bett des schlafwandelnden Kindes stelle. Das Kind steht auf, tritt ins kalte Wasser, erschrickt und erwacht. Das ist immerhin weniger gefährlich als aufs Fensterbrett und von dort aufs Dach zu klettern. Das weniger Schlimme als Verhinderung des Schlimmsten. Die Forderung des Opfers im Hinblick auf die Abschaffung des Opfers. Gut wird es sein, wenn es nichts dergleichen mehr braucht. Dann wird Friede sein mit Gott.

Epitaph für Ulrich Neuenschwander

Ulrich Neuenschwander hat mich 1958 konfirmiert. Damals Pfarrer in Olten, Doktor der Theologie und Privatdozent für Systematische Theologie in Bern, wurde er 1962 dort Extraordinarius und 1967 Ordinarius. 1977, erst fünfundfünfzigjährig, ist er gestorben. Er war Schüler Martin Werners, wie dieser ein Verehrer Albert Schweitzers, dezidierter Vertreter liberaler Theologie. Freilich einer, der, ähnlich der Dialektischen Theologie, den Ersten Weltkrieg als Krise des optimistischen Kulturprotestantismus verstand, wie ihn Adolf von Harnack verkörpert hatte. Darum war «Abgründigkeit», Abgründigkeit Gottes und des Menschen, eine zentrale Kategorie seines Denkens.

An seinen Unterricht erinnere ich mich kaum. Ich weiss nur noch, dass er ziemlich viel an die Wandtafel schrieb und wir's abschreiben mussten; das Heft, worin es stünde, habe ich verloren. Viel hat's mir offensichtlich nicht bedeutet. Ich nehme an, dass die ihm so wichtige Abgründigkeit sich didaktisch nur schwer vermitteln liess. Umso lieber läse ich das Unterrichtsheft heute. So virulent muss die Abgründigkeit immerhin gewesen sein, dass ich entfernt etwas davon ahnte und eigne Fragen darin wiederzuerkennen meinte. Nur war ich leider nicht reif genug, in dem Pfarrer den Patienten zu sehen, der im selben Spital krank war wie ich. Enttäuscht, glaubte ich einen vor mir zu haben, der sich an dürre Zweige klammere, um nicht in den Abgrund zu fallen.

III

Das war, wie sich wenige Jahre später herausstellte, ein Fehlurteil. Ich hatte Theologie zu studieren begonnen. Nicht aufgrund einer Bekehrung und um Pfarrer zu werden, sondern um statt der dürren Zweige verlässlicheren Halt zu finden. Bern, wohin meine kirchenpolitisch liberal eingestellten Eltern der dort vorherrschenden Theologie und nicht zuletzt Neuenschwanders wegen tendierten, kam für mich nach der gemachten Erfahrung nicht in Frage. Die radikale Alternative war das von Karl Barth dominierte Basel. Und dieses wurde noch einmal eine Enttäuschung.

Denn da waren zwar Hilfsmittel gegen den Sturz in den Abgrund reichlich vorhanden. Jedoch, so kam's mir vor, im Schaufenster hinter dickem Panzerglas ausgelegt. Ich stand vor dem Schaufenster, die Scheibe zwischen mir und den Hilfen. Der Preis, um den sie zu haben waren, hiess: der Glaube. Und eben der war mein Problem. Mein Portemonnaie war leer.

Ich sass im ersten Semester in Karl Barths letzter Vorlesung, der *Einführung in die evangelische Theologie*, Winter 1961/62, und fühlte mich, es wurde schon gesagt, wie der Königssohn im Märchen von Rapunzel. Rapunzel stand in der Gestalt eines alten Mannes vorn auf dem Katheder und las, Brille auf der Nasenspitze, Finger auf der Manuskriptzeile, mäandrisch lange Sätze vor. Die waren, ihrer Länge und Schönheit zum Trotz, nicht das Haar, an dem ich mich in den Turm hinauf hätte hangeln können. Denn sie reichten nie bis zu mir herunter. Ich war verzweifelt und darum froh, noch vor Semesterschluss für siebzehn Wochen in die Rekrutenschule ins sibirisch kalte Bière im Waadtländer Jura einrücken zu können.

Es änderte sich nichts, als ich zurückkam. Zwar vermochte ich wenig sportlicher Mensch mich nun allein mit den Armen und ohne Hilfe der Beine ein Kletterseil hinaufzuziehen. Aber um in den Turm zu gelangen, taugte die neu erworbene Fitness genauso wenig wie der verzweifelte Bittruf früher. Also suchte ich den Studentenpfarrer auf. Der fand, nicht ganz ohne moralisierenden Unterton und entsprechende Spuren von Ungeduld, wenn's am Glauben fehle, heisse die einfachste Lösung Aufgabe des Theologiestudiums. Zum Fürsprecher des Glaubens, zum *advocatus Dei* fühlte er sich nicht berufen. In seinen Augen hätte er sich, getreuer Barth-Schüler, durch Apologie zum *advocatus diaboli* gemacht. Jedoch kam Aufgeben für mich vorläufig nicht in Frage.

In der Bedrängnis wandte ich mich an den, den ich seit der Konfirmation kaum noch gesehen und gesprochen hatte. Neuenschwander empfing mich in seinem Studierzimmer. Natürlich wollte ich vor ihm nicht als zerknitterter Zweifler erscheinen. Darum hüllte ich, was ich vorzubringen hatte, in die neuen Kleider systematisch-theologischer Erörterung. Mein Gegenüber ging darauf ein, diskret so tuend, als erkenne er nicht die Nacktheit des Kaisers. Und sagte etwas, was mich verblüffte: «Ich bin froh dass ich gegenwärtig nicht Systematische Theologie lesen muss.»

«Und wie täten Sie's, wenn Sie müssten?»

«Ich setzte mit Hiob ein.»

Im Gegensatz zum Inhalt seines Konfirmandenunterrichts ist mir diese Antwort Neuenschwanders nie entfallen. Und Neuenschwander selbst erscheint mir heute als ein tapferer Mann, der nicht auswich. Weder in den Turm zu Rapunzel noch nach Lambarene. Er hielt auf kritischem Posten aus. Auf einem, den viele für verloren hielten. Denn er hatte kaum eine Chance zu einer Antwort auf Hiob. Die hatte ihm Albert Schweitzer mit der *Geschichte der Leben-Jesu-Forschung* genommen. Nichts ist es mit dem anbrechenden Gottesreich. Jesus hat sich getäuscht. Und wenn er die Absicht gehabt haben sollte, als eine Art Zelot Gott zum Herausrücken seines Reiches zu zwingen, dann hatte sich dieser nicht zwingen lassen. Diese Sache war erledigt.

Wie kommt man da mit Gott zurecht? Nicht. So wenig wie Hiob, sofern man den letzten Teil seines Buchs als gut gemeinte, aber schlecht gemachte Apologie von fremder Hand versteht, die Hiob Zustimmung zu Gottes Taten abpressen will. Er aber liess sich den Protest nicht verbieten.

Frage und Klage

Das Buch Hiob ist die stärkste der Stimmen, die zeitlich am Schluss des Alten Testaments stehen, und darum das letzte Wort und eine Summe des Alten Testaments. Das Alte Testament läuft in eine Frage aus. Sachlich schliesst es nicht mit dem letzten Vers des 22. Psalms: «Verkünden werden sie seine Gerechtigkeit», sondern mit dem *ersten* Vers: «Mein Gott, mein Gott, warum hast du mich verlassen?» Das ist die Frage Hiobs; es ist die Bankrotterklärung der exilisch-nachexilischen Theologie.

Soll hinter Psalm 22,2 ein Frage- oder ein Ausrufzeichen stehen? Formal handelt sich's um eine Frage. Aber in Wahrheit ist es eine Klage. Die Klage hat die Gestalt einer Frage. Das Grossartige an Hiob ist, dass er sich von dieser Gestalt und von seinen Freunden nicht in die Irre locken lässt, darum keine Antworten auf die Frage sucht. Hartnäckig hält er am Klagecharakter seiner Frage fest.

Auf Hiobs Klage, mit der das Alte Testament schliesst, gab es, soweit ich sehe, fünf verschiedene Reaktionen.

Die erste steht im Buch Hiob selbst, gegen Schluss. Gott fährt in seiner Übermacht daher, bis Hiob sich wenn nicht überzeugen, so doch überfahren lässt. Gott ist, weil er Gott ist, im Recht, auch wenn es für den Menschen nicht einsichtig ist. Darum höre der Mensch auf, Gott anzuklagen.

Die zweite Reaktion ist die der rabbinischen Theologie. Gott ist der gerechte Gesetzgeber und Richter; wer sein Gesetz hält, entspricht Gottes Gerechtigkeit. Daran ist tapfer festzuhalten als an des Menschen Trost auch dann, wenn ihm unerklärliches Leid widerfährt.

Beide Reaktionen stehen weit über der simpeln Argumentiererei von Hiobs Freunden. Aber beide nehmen die Frage zum Nennwert und sehen nicht deutlich genug, dass Hiobs Frage in Wahrheit eine Klage ist.

Die dritte Reaktion ist die der Gnosis. Um die Gerechtigkeit Gottes zu retten, trennt sie Schöpfer und Erlöser voneinander. Der Schöpfer ist schuld an der Unbill der Welt. Der Erlöser will nichts anderes, als uns daraus zu befreien.

Die vierte Reaktion ist der Atheismus. Da er an der Gerechtigkeit Gottes verzweifelt, spricht er Gott kurzerhand die Existenz ab, weil es besser ist, keinen als einen ungerechten Gott zu haben.

Die fünfte Reaktion steht im Neuen Testament, insbesondere bei Markus. Sie erkennt, dass die Frage Hiobs, ihrer Gestalt zum Trotz, eine Klage ist, die statt einer logischen Antwort, die nicht möglich ist, Trost braucht. Darum redet Markus nicht primär argumentierend, sondern in zueignender Verschränkung von Narration und Argumentation. Er erzählt uns die Geschichten des protestierenden Jesus von Nazaret und sagt dazu: «Hier wird deine Sache verhandelt.»

Das Alte Testament schliesst mit dem Streit um die Legitimität Gottes und der Menschen.

Wilde Entrüstung

Die Inschrift auf dem schwarzmarmornen Epitaph über dem Grab in seiner Kirche verfasste er selbst:

«*Hic* depositum est Corpus
Ionathan Swift S. T. D.
Hujus Ecclesiae Cathedralis
Decani.
Ubi saeva indignatio
Ulterius
Cor lacerare nequit.
Abi Viator
Et imitare, si poteris,
Strenuum pro virili
Libertatis Vindicatorem.»

Hier ist niedergelegt der Leib
Von Jonathan Swift, der heiligen Theologie Doktor,
Dekan dieser Kathedralkirche.
Wo die wilde Entrüstung
Das Herz nicht (mehr) zu zerreissen vermag.
Geh, Wanderer,
Und tue es, wenn du kannst,
Dem entschlossenen Streiter
Für die mannhafte Freiheit gleich.

Selten, dass einer den Streit mit Gott zum Zentrum seiner Theologie macht. Noch seltener, dass einer, hoher Kirchenmann dazu und Doktor der Theologie, beides ausdrücklich deklariert, den Streit mit Gott auf seinen Grabstein schreibt. Jonathan Swift tat's. Das Leben ist eine Zumutung. Der Protest dagegen aus mannhafter Freiheit ist sein letztes Wort. Er lässt sich auch von der Gewalt des Todes nicht zum ergebenen Kopfnicker machen, auch nicht Gottes gewaltsamer Selbstlegitimierung gegenüber. Vergleichbar dem Schreienden am Kreuz. Hiob in der Deanery von St. Patrick's in Dublin.

Swift, berühmt als Autor von *Gullivers Reisen*, was viele für ein Kinderbuch halten, wohingegen es die literarische und insgeheim theologische Verarbeitung kosmischer Heimatlosigkeit ist, des Verlusts jeden Masses, Folge sowohl der zeitgenössischen Physik wie des Autors Krankheit – er litt jahrzehntelang an den Schwindelgefühlen, die heute das Ménière'sche Syndrom heissen. Swift protestiert mit wilder Entrüstung gegen die Zumutungen des Lebens, nicht gewillt, sie zu akzeptieren, schon gar nicht als gerechte Strafe für mythische Vergehen. Dem Protest entspricht seine Verfügung, er wolle drei Tage nach seinem Hinschied, so privat wie möglich und um zwölf Uhr in der Nacht, in seiner Kathedrale beigesetzt werden. So geschehen in der Nacht vom 22. auf den 23. Oktober 1745.

Auf der Marmorplatte in vergoldeten Lettern feines Latein. In der Gruft dahinter, der Verrottung überantwortet, des Dekans Fleisch und Bein. Verkleidung ist das Inbild seines theologischen Denkens. Als Grundmetapher etabliert im frühen *Tonnenmärchen*, worin die Drillinge Peter, Martin und Jack vom Vater je den genau gleichen Mantel bekommen. Doch statt sich an dem Mantel genügen zu lassen, meint jeder, ihn besonders ausstaffieren und sich damit vor den andern beiden hervortun zu müssen, was zum Streit führt. Denn die drei merken nicht, dass der Mantel ein Geschenk ist, das ihre Unansehnlichkeit bedeckt und sie einigermassen respektabel erscheinen lässt.

«Ihr alle nämlich, die ihr auf Christus getauft wurdet, habt Christus angezogen.» (Galater 3,27) Swift nimmt die paulinische Metapher beim Wort. Gottes Fleisch beziehungsweise Stoff gewordenes Wort (Stoff auch im Sinn von Stoff für Geschichten) kleidet uns. Was darunter ist, ist trostlos: «In der vergangenen Woche sah ich eine Frau mit abgezogener Haut, und man wird mir kaum glauben, wie sehr sich ihr Aussehen zum Nachteil verändert hatte.» (Swift, *Ein Tonnenmärchen*, S. 215) Man soll nicht vergessen, was unter dem Mantel ist. Und weil es unter dem Mantel so ist, ist Protest angebracht.

Als am 13. April 1742 in Dublin Händels *Messias* uraufgeführt werden sollte, weigerte sich der Dekan zunächst, seinen Chor zur Verfügung zu stellen. Aus reiner Widerborstigkeit? Ich vermute, weil ihm Händels fröhlich heilsgewisse Textauswahl samt Musik – Bach soll dazu ja etwas von «englischen Liedlein» gebrummt haben – zu wenig protestierend, zu eingängig, um nicht zu sagen zu süffig war und dem Schöpfer Himmels und der Erde viel zu viel ersparte. Der Dekan war da in den Augen seiner Mitbürger schon nicht mehr recht im Kopf. Aber er beharrte jedenfalls noch darauf, dass man es Gott nicht zu leicht mache. So leicht wie die mythologische Maschinerie der Bekenntnisse von Nicäa bis Chalcedon, die vom *incarnatus est* sogleich zum *crucifixus* springen, weil alles dazwischen – die Gleichnisse, die Heilungen etcetera – den störungsfreien Ablauf der Heilsökonomie hindern könnte. «Ich weiss, dass mein Erlöser lebet.» Schon gut. Aber kann's auch der hungernde irische Taglöhner singen, dem Swift in der schrecklichen Satire *A Modest Proposal* auf Punkt und Komma vorrechnet, dass er samt Familie weniger schnell verhungert, wenn er seine neugebornen Kinder mästet, schlachtet und als Fleisch für den Festtagstisch reicher Engländer verkauft?

Seinen kirchlichen Pflichten kam er pünktlich nach. Mit seinem Gesinde pflegte er bei Tisch zu beten, wie sich's für ein Pfarrhaus gehörte. Schliesslich war das ein wichtiger Teil des Mantels, der die Blössen gnädig bedeckt. Doch wenn er schrieb, lüftete er ironisch den Mantel, wohl wissend, dass die Sprache der wahre Mantel ist, die Abstraktion, die allein die Zumutungen erträglich macht. Christus als das Fleisch gewordene Wort ist der Mantelstoff. Was er bedeckt, wäre ohne Bedeckung nicht auszuhalten. Also muss man für die Bedeckung dankbar sein. Trotzdem: Das Leben ist eine Zumutung. Der Mantel versteckt sie nur halbbatzig. Weshalb er mit Ironie zu tragen ist. Sprache ist an sich ironisch. Gott vorläufig auch. Wegen seines Wissens ums Darunter, das die Sprache nicht aus der Welt schaffen kann und das ihn *saeviter* indigniert, verkneift sich der Dekan auf seinem Epitaph jedes direkte Bibelzitat. Jedoch: Die *indignatio* hängt in einer Kirche. Der Adressat ist also klar genug. Streit bis nah zum Zerreissen. Der Psalm 22 ist nicht fern. Die bösen *Verses on the Death of Dr Swift* hatte der Dekan schon 1731 geschrieben.

III

Markus

Angenommen sei erstens, dass Markus sein Evangelium entweder in unmittelbarer Erwartung der Zerstörung Jerusalems im Jahr 70 schrieb oder, wahrscheinlicher, als Reaktion darauf.

Nachdem Paulus in seinen Briefen einen Kommentar zur noch kaum verschriftlichten christlichen Überlieferung verfasst, diese damit auf das «Wort vom Kreuz» zentriert und aus dem Verkündiger den Verkündigten gemacht hatte, schreibt Markus die Geschichten vom Verkündiger auf, damit er als solcher der Verkündigte sein könne. Er holt nach, was im Judentum mit der schriftlichen Fixierung des Alten Testaments längst geschehen ist. Für die Juden steht die Schrift seit 586 v. Chr. neben dem Tempel und seit 70 n. Chr. an dessen Stelle. Dahin stellt der Judenchrist Markus nach 70 das Buch mit den Geschichten von Jesus.

Sagt man «Buch», ist eine Klarstellung nötig. Stil und Aufbau des Markusevangeliums zeigen, dass Markus sein Evangelium als Grundlage für mündliches Erzählen versteht. *Archè*, das erste Wort des Markusevangeliums, bedeutet auch «Grundlage». Markus 1,1 kann also übersetzt werden mit: «Grundlage zur – mündlichen – Verkündigung Jesu als dem Christus, dem Sohn Gottes.» Markus schreibt betont einfach. Was er schreibt, soll für jedermann verständlich und vor allem memorierbar und nacherzählbar sein. Also keine schriftgelehrte Auslegung wie bei Matthäus, keine kunstvolle Rhetorik wie bei Lukas und schon gar keine exklusive Insidersprache wie bei Johannes. Weil «die Erzählung für den mündlichen Vortrag zusammengestellt werden sollte» brauchte es «ein leicht zu behaltendes, einsträngiges Schema». Daher der «in mnemotechnischer Hinsicht vorzügliche Aufbau» (Boman, *Die Jesus-Überlieferung im Lichte der neueren Volkskunde*, S. 94). Die Christinnen und Christen sollen zur Mündigkeit angeleitet werden, das heisst zur Fähigkeit, das Kommen des Reiches Gottes anzukünden und die Ankündigung mit den Jesusgeschichten vertrauenswürdig zu machen. So, wie Jesus es seiner Jüngerschaft schon bei der Aussendung der Zwölf aufgetragen hatte (Markus 6,7ff.) und erst recht, vermittelt durch den weissgewandeten Jüngling, am Ostermorgen, als er sie nach «Galiläa» entbot.

War für die Rabbinen die Tora ein immer stärker in sich geschlossenes Korpus und ein für allemal festgelegtes Ganzes, sozusagen ein Kosmos, der den Kosmos enthielt, ist das erste Wort des Markusevangeliums, *archè*, primär als «Anfang» und damit als Anspielung auf das erste Wort in Genesis 1 zu verstehen. Die Geschichte Jesu, insbesondere die Geschichte seiner Kreuzigung, ist der Anfang des Evangeliums Jesu, dessen Inhalt das Kommen des Reiches Gottes ist. Mit dem Christus Jesus, genauer: der Besiegelung seiner Verkündigung durch seinen Tod, fängt es an. Was das Weitere über die Kreuzigung hinaus sein wird, bezeichnet Markus als Wiederkunft des Menschensohnes auf den Wolken des Himmels. Es gibt keine Aussage Jesu im Markusevangelium, die zwingend so zu verstehen ist, dass diese Wiederkunft unmittelbar bevorstehe, auch Markus 13,30 nicht. Das Kommen des Reiches Gottes wird ja als Geburtsvorgang verstanden (Markus 13,8). Was jetzt einsetzt, sind die Wehen. Die können bekanntlich lange dauern. Jedenfalls werden sie so lange dauern, bis allen Völkern das Evangelium verkündet ist (Markus 13,10). Nur unter dieser Voraussetzung sind die scheinbaren Widersprüche in den eschatologischen Aussagen des Markus auflösbar, etwa die zwischen Markus 13,30 und 13,32. Markus öffnet mit der Geburtsmetapher eine weite eschatologische Perspektive.

Unterstrichen wird diese Perspektive durch den Schluss des Buches, der eine Erscheinung des Auferstandenen ansagt, sie jedoch nicht erzählt. Stattdessen werden die Jünger in Markus 16,7 nach Galiläa entboten, das hier für alle Völker, für das Völkergemisch steht.

Damit fällt das für die Apokalyptik charakteristische Denken in kurzen Fristen dahin. Das Reich Gottes ist nicht mehr abwesend wie in der Apokalyptik, die deshalb so anfällig für Mythisches ist. Das Reich Gottes ist im Kommen. Die typisch apokalyptische Verengung der Perspektive tritt nicht ein, im Gegenteil. Am Schluss des Markusevangeliums wird es nicht eng, sondern weit.

Es ist die Weite, in welche Abraham geführt wurde und Israel auf dem Exodus. Die Geschichten vom handelnden Sprechen, vom sprechenden Handeln Jesu und dessen Besiegelung durch das Kreuz eröffnen die neue weite, unabgeschlossene Perspektive des Reiches Gottes. Die Geschichten von Jesus setzen keine Fristen, sie geben

Zeit. Zeit, die voll Spannung ist, weil zur endgültigen Fülle der vollendeten Schöpfung Gottes unterwegs.

Systematisierung des Kreuzes und Widerspruch dagegen

Angenommen sei zweitens, dass Markus, der nachmalige Evangelist, erst Begleiter des Paulus auf einer Missionsreise war, sich mit ihm – doch wohl aus theologischen Gründen – überwarf und dann, wie Papias von Hierapolis in Phrygien im 2. Jahrhundert überliefert, der Dolmetscher des Petrus wurde.

Warum trotz mancher möglicher Einwände diese Annahme? Sie stimmt mit der altkirchlichen Tradition überein; es gibt keine stichhaltigen Belege, dass es nicht so gewesen sein kann. Und die Annahme ist theologisch interessant, interessanter und ergiebiger als alle andern mir bekannten.

Denn die Annahme schärft das Profil des Markusevangeliums, insbesondere was Jesu Kreuzigung betrifft. Zwar wird man ihm nicht ganz gerecht, wenn man's als «Passionsgeschichte mit ausführlicher Einleitung» (Kähler, *Der sogenannte historische Jesus,* S. 60) charakterisiert. Richtig daran ist jedoch, dass das Reden und Tun Jesu in den Augen des Markus durch die Kreuzigung besiegelt wird, also seine Vertrauenswürdigkeit – seine Legitimierung – erhält.

Das erinnert an Paulus: «Denn ich hatte beschlossen, bei euch nichts anderes zu wissen ausser das eine: Jesus Christus, und zwar den Gekreuzigten.» (1. Korinther 2,2) Es ist aber von Paulus grundsätzlich, geradezu polemisch, unterschieden. Denn Markus ist der Ansicht, dass weder Jesu Reden und Handeln ohne das Kreuz verstanden werden kann. Noch umgekehrt, das Kreuz Jesu ohne die vorausgehenden Worte und Taten Jesu, insbesondere ohne die Heilungen und Gastmähler. Aus diesem Zusammenhang gerissen, droht das «Wort vom Kreuz» Anlass willkürlicher Spekulation zu werden, und die führt zuletzt in den Kosmos einer geschlossenen Argumentation und in den dazu gehörigen Begriffsmythos.

«Das Wort vom Kreuz» (1. Korinther 1,18) im Sinn des Paulus ist für Markus eine unzulässige Verkürzung, ein Kürzel zuhanden des theologischen Systems des Paulus. Es ist nicht die sperrige

Geschichte von der Kreuzigung Jesu, in deren Zentrum der Protestruf Jesu steht: «Mein Gott, mein Gott, warum hast du mich verlassen!» Im paulinischen «Wort vom Kreuz» ist alles verfügbar, was Paulus über die Kreuzigung sagen will. Jedoch, wie Markus zeigt, nicht alles, was die Geschichte der Kreuzigung Jesu sagt.

Vom Protest Jesu gegen Gott fehlt bei Paulus charakteristischerweise jede Spur. Jesus und der Vater sind für Paulus eins, gleich wie für den Evangelisten Johannes. Das zeigen insbesondere die zwei am stärksten mythisch gefärbten Aussagen des Paulus, der Adam-Christus-Mythos in Römer 5 und in 1. Korinther 15 und der Christushymnus in Philipper 2. In beiden Mythen, besonders aber im letztern, der ja das Kreuz ausdrücklich erwähnt (Philipper 2,8), geht es so systematisch zu wie in einem geölten Räderwerk. Jesus ist der widerspruchslos Gehorsame. Kein Wunder, dass der «Friede mit Gott» im Glauben ausgerufen werden kann (Römer 5,1) und der Glaube darum trotz des Seufzens der Kreatur (Römer 8,22), wie auch der Glaubenden selbst (2. Korinther 5,2), Friede mit Gott als Gehorsam bedeutet. Paulus merkt, dass er dadurch in einen Mythos zu geraten droht; darum die Justierung durch das nachgetragene «im Zeichen der Hoffnung» (Römer 8,24; 1. Korinther 9,10), das aber seine Christologie nicht entscheidend beeinflusst.

Auch dort, wo abgesehen von der Kreuzigung am ehesten die Erwähnung eines Konflikts Jesu mit dem Vater zu erwarten wäre, in 2. Korinther 5,18–21, fehlt sie. Jesus muss nicht mit Gott versöhnt werden. Jesus Christus ist die Bitte Gottes, sich mit Gott versöhnen zu lassen (1. Korinther 5,20). So bleibt Jesus auf der Seite Gottes; er wechselt nicht die Seite, wird nicht wahrhaft in die Hände der Menschen ausgeliefert (vgl. Matthäus 17,22).

Die Kondensierung der Kreuzigungsgeschichte zum «Wort vom Kreuz» und ihre dadurch ermöglichte Systematisierung erlaubt es Paulus, mit der Chiffre Kreuz anzustellen, was in sein System passt, weil markante Züge der Kreuzigungsgeschichte entfallen, die für das Verständnis des «Wortes vom Kreuz» unerlässlich wären. Mit der Reduktion zum «Wort vom Kreuz» wird die Kreuzigung Jesu in ein System integrierbar, das ihr im Grunde fremd ist.

Anders bei Markus. Die Tatsache, dass er den Protestruf Jesu nicht griechisch nach der Septuaginta und nicht hebräisch nach dem Alten Testament, sondern in aramäischer Originalsprache zitiert und die Übersetzung anfügt, ist ein Indiz: einerseits dafür, dass der Ruf keine Erfindung des Markus oder seiner Quellen ist, jedenfalls keine sein will, und andererseits für das Gewicht, das Markus dem Ruf zumisst. Was ja auch durch den Rückgriff auf einen biblischen Psalm unterstrichen wird. In Wahrheit handelt es sich um den zentralen Satz seines Evangeliums, mit dem Markus zugleich den Schlüssel zur Interpretation der schwierigen Geschichte von der Kreuzigung Jesu an die Hand gibt: eben den 22. Psalm.

Was soll dieser Fingerzeig? Zuerst sicher sagen: «Psalterium affectuum palaestra», der Psalter ist der Ringplatz der Leidenschaften (Luther, *Operationes in Psalmos*, S. 46, vgl. Bader, *Psalterium*). Die Psalmen sind das Buch der streitenden Affekte. Hier geht es also nicht gemäss einem affektfreien Logos zu, der Logik, dem Gegenteil des affektgeladenen «Mythos» im Sinn von «Erzählung». Was hier mit Hilfe des 22. Psalms erzählt wird, kann nur erzählt werden, denn es ist zu spannungsgeladen und kontingent, um systematisierbar zu sein. Es handelt sich nämlich um den Streit des «Menschensohnes» mit seinem Vater. Das Vatersein Gottes, Gottes Legitimität steht darin zur Diskussion. Ist Gott bloss der Erzeuger, der «mich aus dem Mutterschoss zog» (Psalm 22,10), und auf den ich darum «geworfen [bin] vom Mutterleib an» (Psalm 22,11)? Oder verdient dieser Erzeuger den Titel «Vater» und erst recht die kosende Anrede «Abba» (Markus 14,36), mit der das Kind vertrauensvoll und un-verschämt seinen Vater ruft? Das entscheidet sich bei Markus im Spannungsfeld zwischen der Ansage des nahe gekommenen Gottesreiches, den Heilungen und Mahlzeiten als seinen Vorzeichen, dem Protestruf Jesu am Kreuz und der Verheissung des sichtbaren Kommens des Auferstandenen «mit grosser Macht und Herrlichkeit» (Markus 13,26). Sprengt der Protestruf die Verbindung zwischen der Ansage des kommenden Heils und seiner Ankunft oder ist er ihre – unter den Bedingungen dieser Welt – unüberbietbare Bekräftigung?

Markus ist zweifellos der zweiten Meinung, sonst schriebe er sein Evangelium nicht und liesse nicht den Jüngern und dem Petrus durch die drei Frauen ausrichten, «dass er euch vorausgeht nach Galiläa. Dort werdet ihr ihn sehen, wie er euch gesagt hat.» (Markus 16,7) In «Galiläa» wird das Reich Gottes als vollendetes zu sehen sein; es wird aus der bloss stückwerkhaften und auf Deutung angewiesenen Sichtbarkeit in die volle und selbstverständliche treten. Der Anfang des Reiches Gottes aber ist Jesus, und zwar das, was an seinem Schicksal das Wichtigste ist: die Kreuzigung als Besiegelung seines Redens und Tuns. Bis dahin ist das Reich Gottes erst «nahe».

Vielleicht bringt uns das von Markus gebrauchte griechische Wort *engizo*, das «sich nähern» bedeutet, noch deutlicher auf die Spur. Das nur im Neuen Testament, hier aber oft vorkommende Verb ist desselben Stamms wie das im Neuen Testament fehlende Verb *engyao*, was «sich verbürgen, verloben» heisst. Jesus der, welcher mit seinem Leben Bürgschaft für das Kommen des Reiches Gottes leistet. Sein Tod die Konsequenz dieser Bürgschaft. Als Bürge ist einer dann am glaubwürdigsten, wenn er sich bis aufs Hemd ausziehen lässt, auch psychisch. Erst wenn das Geben dem Geber über den Kopf wächst und die Bürgschaft den Bürgen ruiniert, ist der Bürge restlos glaubwürdig und die Garantie ganz verlässlich.

Das ist die logisch nicht aufzuschlüsselnde, jedoch jedem auf Bürgschaft Angewiesenen sofort einleuchtende Gesetzmässigkeit des Bürgens, in der Aktivität und Passivität des Bürgen in eins fallen. Der Ruin des Bürgen ist seine Tat zugunsten dessen, für den er bürgt. In seiner restlosen Hingabe, worin souveräner Täter und Opfer des Schicksals ununterscheidbar werden, kommt der Bürge ganz zu dem, für den er eintritt. Er, der nichts mehr hat, wird der Allernächste dessen, für den er einsteht. Der Menschensohn wird, was sein Titel sagt.

Warum es so ist, erklärt Markus nicht. Das Einzige, was er dazu sagt, heisst: «Es muss» so geschehen (Markus 8,31). Ein rätselhaftes «Muss», nirgends näher begründet. Besonders auffällig im Zusammenhang mit dem Abendmahl (Markus 14,22–25), was Matthäus nicht auf sich beruhen lassen kann, weshalb er sich nach dem Wort vom Wein gedrängt fühlt anzufügen: «[…] zur Vergebung der Sünden.» (Matthäus 28,28) Mit diesem Rückgriff auf die Sündenlehre macht Matthäus einen ersten Schritt zur Erklärbarkeit und Systematisierung der Kreuzigungsgeschichte.

Markus macht diesen Schritt betont nicht, und das ist sein stärkster Widerspruch gegen Paulus, der die exilisch-nachexilische Sündenlehre zu Hilfe holt, um das Kreuz logisch zu erklären. Markus entlarvt diese Erklärung als eine scheinbare, vorgebracht zur Entlastung Gottes.

Unterscheidung der Zeiten

«Nahe gekommen ist das Reich Gottes», verkündet der markinische Jesus. Es ist schon so nahe gekommen, dass es nicht mehr bloss als Verheissung da, sondern bereits als Stückwerk gegenwärtig ist. Stückwerk ist im Gegensatz zur nur hörbaren Verheissung sichtbar. Das nahe gekommene Reich Gottes gibt sich in Ansätzen zu sehen. Die in seinem Anbruch leben, leben «zwischen den Zeiten», «im Zeitenbruch» (Bayer, *Martin Luthers Theologie*, S. 1); sie sind im Übergang aus der Zeit des Hörens in die Zeit des Schauens. Darum braucht's den Hinweis auf das Stückwerk, damit es in seiner Sichtbarkeit erkannt wird.

In der Zeit des Übergangs ist das Vertrauen entscheidend. Das Vertrauen kommt also nicht ausschliesslich aus dem Hören, wie Paulus in Römer 10,17 sagt. Es kommt aus dem Hören und dem durchs Hören ermöglichten Sehen, ganz gemäss Johann Georg Hamanns Lieblingszitat: «Rede, damit ich dich sehe.» Glaube, als Vertrauen verstanden, kommt nicht aus dem Sehen, aber auch nicht mehr aus dem Hören allein. Vertrauen kommt aus dem Hören, das zu sehen gibt, und aus dem zu Sehenden, das das Hören bekräftigt.

Den Anbruch des Reiches Gottes zu sehen geben die Heilungs- und Gastmahlgeschichten im Markusevangelium, sofern sie als Stückwerk dieses Anbruchs benannt werden. Ebenso das Gleichnis vom Schatz im Acker und das von der Perle im Matthäusevangelium. Zu sehen ist die Herrlichkeit des Fleisch gewordenen Wortes im Johannesevangelium. Hier kann überall nicht von einer Anwesenheit *sub contrario*, unter dem Gegenteil verborgen, die Rede sein. Zu sehen ist bei Johannes ja die Herrlichkeit, dass der eine sein Leben gibt für seine Freunde (Johannes 15,13).

Zwischen den Zeiten herrscht scheinbar das Tohuwabohu wie bei einer Geburt: Glück und Elend, Schmerz und Freude durcheinander. Am sichtbarsten ist der Schmerz. Aber in, mit und unter dem Schmerz ist ansatzweise schon sichtbar das Glück. Heilungsgeschichten, Gastmähler und Gleichnisse sind Zeitansagen. Sie sagen:

Das Reich Gottes ist im Kommen, bricht an. Es ist nicht mehr abwesend, aber noch nicht ganz da.

Weil das nahe gekommene und angebrochene Reich Gottes stückwerkhaft bereits zu sehen ist, erzählt Markus. Argumentieren gibt zu hören; erzählen gibt im Hören zu sehen. Der Unterschied zwischen Paulus und Markus in der Beurteilung der Zeit bildet sich ab in der Wahl ihrer literarischen Mittel. Freilich würde man die Wahl gerade umgekehrt erwarten. Denn Paulus schreibt ja, dass der Tag des Heils (schon) da sei. So kann er aber nur mit Hilfe des Mythos reden Und der Mythos handelt von dem, was abwesend, also nicht zu sehen ist, wovon erst gesprochen werden kann.

Mit Blick auf den Exodus und seine Bedeutung für das Verständnis der Geschichte Gottes mit Israel und der Welt drängt sich die unterscheidende Zeitansage auf: Wir sind nicht mehr auf dem Auszug aus Ägypten; wir sind auf dem Einzug ins Gelobte Land. Markus macht den Unterschied der Zeiten deutlich am Unterschied zwischen Johannes dem Täufer und Jesus. Johannes ruft in die Wüste hinaus zur Busse. Jesus geht in die Dörfer und Städte, um Heilung zu bringen. Der Täufer ist der Letzte auf dem Auszug; mit ihm gelangt der Exodus an den Jordan. Jesus, gleich Josua und grösser als dieser, geht voran auf dem Einzug.

Jesu Streit mit Pharisäern und Schriftgelehrten dreht sich insgeheim auch um die Frage, ob Israels Einzug in Kanaan schon der endgültige Einzug ins Gelobte Land gewesen sei oder nicht. In den heimwehverhangenen Augen der in Baylonien Exilierten war Kanaan das Gelobte Land und Jerusalem die ewige Stadt gewesen. Die Eifrigen unter ihnen hatten alles daran gesetzt, wieder dorthin zurückzukehren. Darum war der, welcher ihnen die Rückkehr ermöglicht hatte, der Perserkönig Cyros, in mancher Augen der Messias gewesen. Aber der Messias Cyros war in den Herzen und Köpfen der Rückkehrer alsbald von dem Messias verdrängt worden, der das vollendete Reich Gottes erst noch herbeibringen werde.

Kanaan war noch nicht das Gelobte Land. Sonst hätte es nach dem Einzug der vielen Gesetze nicht bedurft – oder sollte es im Garten Eden Vorschriften geben? Gottes Verbot seinerzeit, vom Baum in der Mitte des Gartens zu essen, machte den Garten unglaubwürdig und hinfällig; die Folgen sind bekannt. Die Zehn Gebote blieben in Kraft auch nach der wundersamen Eroberung der Grenzstadt Jericho. Und mit ihnen blieb die Verheissung in Kraft, die in ihnen steckt: «Ich will dich dahin führen, wo du in keinerlei Weise mehr in Versuchung kommst, deinen Bruder zu töten.»

Auf tönernen Füssen stand der theologische Chauvinismus der Pharisäer. Jesus macht fortwährend auf die Widersprüchlichkeit ihrer Position aufmerksam. Kanaan ist noch nicht das Gelobte Land. Das Reich Gottes, das Reich, in dem wir Bürger sind (Philipper 3,20 nach der Zürcher Bibel von 1931) ist erst im Kommen. Wir sind noch auf dem Weg durch den Jordan.

Der Gang durch den Jordan bringt uns ans Ziel. Doch am Grund aller Wasser lauert der Leviatan, das verschlingende Ungeheuer, gegen welches Menschen keine Chance haben. Wird es die Wanderer aus der Wüste unmittelbar vor dem Ziel verschlingen? Im Strom unterzugehen mit dem rettenden Ufer vor Augen, das wäre die endgültige Trostlosigkeit.

Darum die sorgfältige Vorbereitung des Durchzugs. Sorgfalt insofern, als Israel in Abwägung der Kräfte das Gelingen Gottes Sorge sein lässt. Dafür steht die Bundeslade, der Gegenstand des Vertrauens. Die Lade geht voraus, und wo sie geht, sind Steine gelegt, damit die Füsse des Volks nicht ausgleiten. Dessen zum Gedenken werden drüben in Gilgal diese Steine zum Mahnmal aufgeschichtet. «Wenn künftig eure Kinder ihre Väter fragen: Was bedeuten diese Steine?, dann sollt ihr es euren Kindern erklären: Auf trockenem Boden hat Israel hier den Jordan überschritten. Denn der HERR, euer Gott, liess das Wasser des Jordan vor euch austrocknen, bis ihr hinübergezogen wart, wie es der HERR, euer Gott, mit dem Schilfmeer getan hat, das er vor uns austrocknen liess, bis wir hinübergezogen waren.» (Josua 4,21ff.)

Doch noch sind wir nicht drüben. Noch stehen wir mitten im Fluss, und die Wasser stehen uns oft bis zum Hals. Die Nähe des rettenden Ufers verschärft die Ungeduld bis fast zum Zerreissen. Ich erinnere mich eines Marschs in der Rekrutenschule. Zehn Kilometer in knappster Zeit. Es ging bis hart an die Grenze der Leistungsfähigkeit. Da stand der Kommandant am Weg; also mussten wir am Ziel sein. Doch hiess es: «Weiter, weiter, die letzten dreihundert Meter!» Jetzt begann der Kleinste der Gruppe mit kurzem Atem zu fluchen und brach zusammen, wir andern alle auch fast.

Nie sind wir so angespannt und nie sind Störungen so verstörend, nie ist die Angst vor dem Misslingens so gross wie unmittelbar vor der Vollendung. Mehr als irgendwo unterwegs liegt jetzt Spannung und Streit in der Luft. Streit mit dem, der uns da hindurchschickt. Der Protestschrei des gekreuzigten Jesus: «Mein Gott, mein Gott, warum hast du mich verlassen!», entsprach seiner Ankündigung, dass das Reich Gottes im Kommen sei.

Präzis wie kein anderer im Neuen Testament unterscheidet Markus die Zeiten.

Auferstehung nach Markus

Im zweitletzten Vers des Markusevangeliums, 16,7 – der Rest des Kapitels ist eine Anfügung von späterer Hand –, werden die Jünger und mit ihnen die ganze christliche Gemeinde am Ostermorgen auf den Einzug ins Reich Gottes geschickt: «Doch geht», spricht der weissgekleidete Jüngling am Grab zu Maria aus Magdala, Maria, der Mutter des Jakobus, und Salome, «sagt seinen Jüngern und dem Petrus, dass er euch vorausgeht nach Galiläa. Dort werdet ihr ihn sehen, wie er euch gesagt hat.» Nicht Jerusalem ist das Reich Gottes mit seinem erst innerlich (Markus 11,17), dann auch äusserlich kaputten Tempel, aus dem ausgezogen werden muss und der bei Abfassung des Markusevangeliums entweder kurz vor der Zerstörung steht oder soeben zerstört wurde. Sondern das Reich Gottes wird sich sehen lassen in «Galiläa», was in den Ohren vieler in Jerusalem und Umgebung zumindest halbwegs «Heidenland» hiess. Dort wird der Auferstandene, dessen Auferstehung nicht isoliert von seinen Jüngern zu denken und schon gar nicht zu sehen ist, sich ihnen zeigen – in ihrem eigenen Auferwecktwerden von den Toten.

Der Auszug aus Ägypten, bisher nicht ans Ziel gelangt, kommt also jetzt in seine letzte Phase, zum Übergang über den Jordan und Einzug ins Gelobte Land. Zum Auszug gehörte das Bundeszelt, Stiftshütte genannt, mit der Bundeslade darin, in welcher die zwei Tafeln mit den von Gott festgeschriebenen Zehn Geboten lagen. Nachdem Israel in Kanaan sesshaft geworden war, wurde das Zelt abgelöst durch den Tempel, in dessen Allerheiligstem die Bundeslade stand. Diese Stiftshütte aus Stein ist jetzt zerstört und die

Lade verloren. Die neue, im Vergleich mit der ersten noch mobilere Stiftshütte samt Bundeslade ist das Buch, das Markus schreibt. Das darin liegende Wort Gottes ist, nicht als Ersatz, sondern als die der vorgerückten Zeit (Markus 1,15) entsprechende Zuspitzung, der «Anfang des Evangeliums von Jesus Christus» (Markus 1,1).

Solches geht aus den Kapiteln Markus 11, 13, 14 und 15 hervor. Die «Tempelreinigung» (Markus 11) ist mehr eine Absprechung der Legitimität des Tempels. Denn der Tempel ist voller Schranken statt ein offenes Bethaus für alle Völker zu sein (Jesaja 56,7). Der Vorhang, der im Tempel die Lade verdeckt, zerreisst am Karfreitag (15,38). Was aber wäre zugänglicher als ein Buch! Darum wird der Tempel aus Stein abgebrochen werden: «Und als er aus dem Tempel hinausgeht, sagt einer seiner Jünger zu ihm: Meister, schau, was für Steine und was für Bauten! Und Jesus sagte zu ihm: Siehst du diese grossen Bauten! Hier wird kein Stein auf dem andern bleiben, jeder wird herausgebrochen.» (Markus 13,1f.) Und die falschen Zeugen im Prozess vor dem Hohen Rat, die böswillig zu lügen meinen und, ohne es zu wissen, die Wahrheit über Jesu Tod und Auferstehung sagen: «Ich werde diesen Tempel, der von Menschenhand gemacht ist, niederreissen und in drei Tagen einen andern aufbauen, der nicht von Menschenhand gemacht ist.» (Markus 14,58) Das halten ihm auch die schaulustigen Spötter vor, die am Kreuz vorbeispazieren und rufen: «Ha, der du den Tempel zerstörst und in drei Tagen aufbaust. Rette dich selbst und steige vom Kreuz herab!» (15,29f.)

In dieser neuerlich mobilisierten Stiftshütte geht der auferstandene Jesus Christus, verborgen gegenwärtig im Allerheiligsten und der Lade, will heissen in den Seiten und Buchstaben des Buches, die von seinem Leben und Sterben berichten, den Jüngern voraus in die heidnische Welt. Dort wird er sich ihnen, wenn das Evangelium allen Völkern verkündet ist, als der auferstandene und auf den Wolken kommende Menschensohn zeigen, mit dem der Himmel ganz auf die Erde gekommen sein wird.

Richten und Heilen

Zwei Grundmetaphern durchziehen insgeheim das Neue Testament und interpretieren in verschieden klarer Unterscheidung Jesu Wirken und Schicksal: das Gericht und die Heilung. Unter den Evangelisten steht Matthäus für die Betonung des Gerichts, Markus für die Betonung der Heilung. Johannes ist wie immer auch hierbei ein Fall für sich. Lukas, vielleicht ein Gefolgsmann des Paulus, kombiniert beides zugunsten seines Begriffs von Kirche.

Die Theologie des Paulus ist auch schon ein solcher Kombinationsversuch. Paulus, Pharisäer, der er ist, kommt von der Metapher des Gerichts her und erkennt, dass sie zur Interpretation des Kreuzes nicht genügt. Also lässt er die Metapher von der Heilung diejenige vom Gericht aufheben in dem doppelten Sinn von bewahren und überholen. Das Gesetz verurteilt, das Evangelium bringt begnadigend zurecht. Beides geschieht im «Wort vom Kreuz». Jesus Christus ist der Richter, der zwar den Schuldigen verurteilt, jedoch die Strafe aus lauter Gnade selbst übernimmt und den Verurteilten so vom Sündensold, welcher der Tod ist, befreit. Die passive Gerechtgkeit des Be- und Verurteilens wird gewendet in die aktive Gerechtigkeit des Zurechtbringens und Heilens, aber gnadenhalber, also im Rahmen der für Paulus ursprünglichen gerichtlichen Vorstellung. Das Gericht bleibt die Grundmetapher, weswegen es immer wieder zu Differenzen kommen wird darüber, was Gnade heisse.

Gegenstand einer Gerichtsverhandlung ist der Streit um verschiedene Versionen einer Geschichte. Der Spruch des Gerichts beendet den Streit, indem er festlegt, welches die gültige Version der Geschichte ist. Folgt auf den Schuldspruch die Begnadigung, gilt die Geschichte als erledigt.

Auch bei der Heilung ergeht ein Urteilsspruch, die Diagnose. Damit ist jedoch die Sache nicht erledigt, im Gegenteil. Die Diagnose bringt die Geschichte erst in Fahrt. Denn jetzt beginnt der Kampf um die Genesung in Form der Therapie. Dass die Geschichte gut ausgehe, steht dabei keineswegs fest.

Richten und Heilen sind nur schon darum schwer unter einen Hut zu bringen, weil die Metaphern verschiedene Zeiten ansagen. Der richterliche Urteils- wie Gnadenspruch ist eschatologisch; er setzt der Geschichte ein Ende. Der Begnadigte wird aus der Haft entlassen. Die Grundmetapher des Gerichtsspruchs, er sei begnadigend oder nicht, transponiert das Ziel der Geschichte in die Gegenwart. Am deutlichsten im Johannesevangelium. Was trotz des Endes der Geschichte weiterhin geschieht, bewirkt Verlegenheit. Zu beobachten in den Briefen der Paulusschüler im Neuen Testament, wo die Ermahnungen, am Gnadenspruch festzuhalten, überhandnehmen. Wodurch dieser ein Gesetz wird, das Entsprechung in Gehorsam verlangt, ein Angebot, das angenommen werden will. Das Heil ist da. Was also soll die weiterfliessende Zeit? Nicht verwunderlich, dass sich in diese Verlegenheit alsbald die Gnosis einnistete und das wider Erwarten immer noch Zeitliche als Teufelszeug interpetierte, dem es zu entkommen gelte. Und auch nicht verwunderlich, dass diese Verlegenheit viel später unter dem Vorzeichen historischer Kritik zum Problem der sogenannten Parusieverzögerung mutierte.

Anders die Grundmetapher der Heilung. Die Diagnose ist auch ein Urteil. Freilich ein vorläufiges. Denn die diagnostizierte Krankheit, selbst wenn sie als tödliche gilt, soll ja geheilt werden. Das ist das Ziel. Es liegt in der Zukunft. Keinesfalls ist es als Vollendetes in die Gegenwart transponierbar. Wer's versuchte, brächte die Zeiten durcheinander, erlitte Realitätsverlust, erläge also einer Ideologie. Denn gegenwärtig ist noch nicht der Sieg über die Krankheit oder gar über den Tod zu feiern, sondern sind von ärztlicher Seite Massnahmen dagegen zu ergreifen. Dem Patienten wird zugemutet, sich den Händen des Arztes zu überantworten, was Vertrauen braucht. Kein blindes, denn blindes Vertrauen gibt es nicht. Vertrauen stützt sich immer auf Gründe, Referenzen. Weil der Arzt einem Freund von mir in gleicher Lage geholfen hat, hat er mein Vertrauen verdient, und ich schenke's ihm und hoffe, er sei auch in meinem Fall erfolgreich. Die Diagnose beendet nicht die Geschichte, sondern mit der Diagnose beginnt eine Geschichte. Eine von Vertrauen geprägte, was jedoch nicht heisst, dass sie nicht in Vertrauenskrisen geraten kann, dann, wenn auf der einen oder andern Seite der Zweifel überhandnimmt, ob das Ziel zu erreichen sei. Auf Seiten des Patienten der Zweifel, ob der Arzt kann und will, was er versprochen hat. Auf Seiten des Arztes der Zweifel, ob der Patient gesund werden will und bereit ist, dazu die Strapazen der Therapie auf sich zu nehmen.

Beide, Arzt und Patient, haben ein Ziel: die Genesung des Kranken. Aus der Krankengeschichte soll eine Heilungsgeschichte werden. Es ist eine aufregende, dynamische Geschichte, kein verlegenes Treten an Ort wie nach der Begnadigung, auch wenn Verlegenheit darin vorkommt, sobald es den Anschein macht, es gehe mit der Heilung nicht vorwärts. An solchen Tiefpunkten muss es dem Arzt gelingen, den Patienten bei der Stange zu halten, sein Vertrauen zu behalten und zu bekräftigen. Das Vertrauen steht mit jedem Therapieschritt auf dem Spiel. Es muss fortwährend erworben und geschenkt werden, bis das Ziel, die Gesundheit des Patienten, erreicht ist. Erst dann wird der Patient uneingeschränkt seinen Arzt rühmen.

Der im Neuen Testament das eschatologische Ziel am konsequentesten in die Gegenwart transponiert, ist, wie gesagt, der Evangelist Johannes. Darum kann's bei ihm heissen: «Wer an ihn [den Sohn Gottes] glaubt, wird nicht gerichtet; wer aber nicht glaubt, ist schon gerichtet, weil er nicht an den Namen des einzigen Sohnes geglaubt hat.» (Johannes 3,18) Was aber wird aus der Gegenwart, die sich danach erstreckt? Durch welches Wort wird sie interpretiert? Der Hinweis auf die nachpaulinischen Briefe zeigt: Durch die Ermahnung, am ergangenen gnädigen Urteil festzuhalten. Ob das nicht ein Widerspruch in sich selbst ist? Denn aus dieser Ermahnung wird allgemeiner Moralismus: Die Lehre von der Gegenwart des Heils bewirkt die Vermoralisierung der christlichen Verkündigung. Das zeigt die Lehrgeschichte vom barmherzigen Samaritaner in Lukas 10.

Man darf sich vom Wort Samaritaner nicht auf falsche Fährte locken lassen. Ist einmal die Rolle Galiläas bei Markus erkannt, läuft Samaria oder Galiläa auf dasselbe hinaus. «Samaritaner» lässt sich ohne inhaltliche Verschiebung durch «Galiläer» ersetzen. Das aber zieht sofort einen Trennungsstrich zwischen die Geschichte und den lukanischen Rahmen und macht klar, dass das Gleichnis in seiner ursprünglichen Form keine ethische Lehre erteilt, sondern Jesus interpretiert. Und zwar ganz im Sinne des Markus: als den Heiler und Bringer des Heils. Im Samaritaner ist der Galiläer Jesus verborgen anwesend, der heilt und Heil bringt. Die Lehrgeschichte jedoch fordert Nächstenliebe. Nächstenliebe muss gefordert werden, weil sie abwesend ist. Die Transposition des endzeitlichen

Ereignisses aus der Zukunft in die Gegenwart ist Anlass zur Moralisierung des Evangeliums.

Moralisierung heisst: Streit ist verboten. Nicht nur müssen die Christenmenschen «ein Herz und eine Seele» sein (Apostelgeschichte 4,32), sondern auch Gott und seine Gemeinde. Am krassesten bei Johannes, dessen Gemeinde scharf von der «Welt» geschieden ist. Streit mit Gott unmöglich. «Glauben» heisst «Frieden haben mit Gott» (Römer 5,1). Wenn nur der anstössige Protestruf Jesu am Kreuz aus Psalm 22 nicht wäre, den Lukas und Johannes prompt unterschlagen. «Glauben» ist bei ihnen wie bei Paulus nicht mehr Vertrauen aufgrund von Erfahrung und Zusage. Glauben ist das endzeitliche Ereignis, das aus den widersprüchlichen weltlichen Zusammenhängen entrückt. Wohin? In den Mythos des Friedens mit Gott, der nicht vom verborgen anwesenden Gott redet, sondern vom abwesenden.

Verleugnung

Petrus kommt im Markusevangelium schlecht weg. Zwar ist er der erstberufene der Jünger Jesu, der Einzige, der eine deutliche Kontur hat als der Vorlauteste und das Sprachrohr der Jüngerschaft. Aber durch die Kontur gewinnt er nicht, jedenfalls kein Helden-, Heiligen- oder Halbgottprofil. Höchstens unsere Sympathie als einer, der, wie wir selbst, den Mund zu voll nimmt und nicht hält, was er verspricht. Wer Ansätze zu Verehrung und Material zu Mythen suchte, wäre beim markinischen Petrus an der falschen Adresse. Eine besonders schlechte Figur macht Petrus bei Markus in der Passionsgeschichte.

Es beginnt sogleich, nachdem er bekannt hat: «Du bist der Messias!» (Markus 8,29) Petrus protestiert gegen den Weg, den Jesus als den seinen vorhersagt: «Der Menschensohn muss viel leiden und von den Ältesten und den Hohen Priestern und den Schriftgelehrten verworfen und getötet werden und nach drei Tagen auferstehen.» (Markus 8,31) Worauf Jesus ihn vor allen Jüngern als «Satan» und zugleich als typisch menschlich tituliert (Markus 8,33).

Was dieses typisch Menschliche ist, zeigt sich genauer bei der Verklärung Jesu auf dem hohen Berg (Markus 9,2ff.). Weil es schön ist, dort mit Jesus, Mose und Elia zusammen zu sein, will Petrus Hütten bauen (Markus 9,5), um es sich gut gehen zu lassen, die Furcht (Markus 9,6) zu bannen und in vorgezogenem ewigem Frieden zu leben. Doch Jesus hat denen, die ihm nachfolgen, das Kreuz angesagt (Markus 8,34), und das Kreuz bedeutet – wie sich an ihm selbst zeigen wird (Markus 15,34) – Streit mit Gott.

Petrus will den Tod Jesu verhindern, um mit Gott Frieden haben zu können. Das könnte er nach seinem eignen Sinn; Jesu Gegenwart und heilendes Wirken wäre ihm dazu Grund genug. Es ist es aber nicht für Gott. Weil Jesus das schmerzlich weiss, so schmerzlich, dass er am Kreuz dagegen protestieren wird, nennt er den Versuch des Petrus satanisch, den Konflikt zwischen dem, was menschlich, und dem, was göttlich ist, zu lösen. Widergöttlich. Das Gegenteil der Wahrheit. Die Lüge. Wer eilfertig, grossmäulig Frieden mit Gott ausruft, fällt unter das Verdikt Jeremias: «Und nur scheinbar geheilt haben sie den Zusammenbruch meines Volks, als sie sagten: Friede! Friede! Doch da ist kein Friede.» (Jeremia 6,14)

Ist es möglich, hierbei nicht an Paulus und wiederum an Römer 5,1, den «Frieden mit Gott», zu denken? Und an das letzte Wort Jesu am Kreuz bei Lukas: «Vater, in deine Hände lege ich meinen Geist» (Lukas 23,46), ebenso wie an dasjenige bei Johannes: «Es ist vollbracht» (Johannes 19,30)? Und ist es möglich, nicht an die Auferstehungs- und Erscheinungsgeschichten zu denken und an die Glaubensgewissheit, deren Grund sie sein sollen? Etwa bei Paulus, der sein apostolisches Selbstbewusstsein daraus bezieht, dass er «Jesus, unseren Herrn gesehen» hat (1. Korinther 9,1). Markus weiss von keinem Sehen des Herrn als dem kommenden im Galiläa der Völker dann, wenn – gemäss demselben «Muss» wie bei Kreuzigung und Auferstehung – «unter allen Völkern» das Evangelium gepredigt worden ist. (Markus 13,10)

Obwohl Petrus den Tod Jesu verhindern will, behauptet er doch, anders als alle andern, dass er keinen Anstoss nehmen werde an dem, was kommt (Markus 14,29). Er missversteht, was sich anbahnt, und beweist es bei der Verklärung Jesu, wo er die Zeiten nicht unterscheidet, das Sein mit Jesus in einsamer Höhe als endgültigen Zustand interpretiert und Hütten bauen will, wo doch Jesus der ist, welcher nicht auf dem Berg bleiben kann (Markus 9,5). Dann begehrt Petrus für sich und seine Kollegen bevorzugte Behandlung (Markus 10,28), ähnlich wie die Söhne des Zebedäus (Markus 10,37). Als Jesus ihm sein dreimaliges Verleugnen vorhersagt, widerspricht er: «Selbst wenn ich mit dir sterben müsste – ich werde dich nicht verleugnen.» (Markus 14,31)

Dass Petrus in seinem Verleugnen der Repräsentant der Jüngerschaft ist, zeigt der darauffolgende Satz: «Und so redeten sie alle.» Aber dann vermag er im Garten Getsemani nicht wach zu bleiben, während Jesus betet, und wird dafür von ihm getadelt (Markus 14,37). Und schliesslich, im Palast des Hohen Priesters, verleugnet er Jesus dreimal wie vorhergesagt (Markus 14,66–72). Das letzte Wort über Petrus, bevor er am Schluss des Evangeliums, den andern Jüngern auffällig nachgestellt, noch einmal erwähnt wird, heisst: «Und er brach in Tränen aus» (Markus 14,72). Was könnte anderes über ihn gesagt werden?

Wer, wie Matthäus, nach alledem Jesus sagen lässt: «[...] auf diesen Felsen werde ich meine Kirche bauen» (Matthäus 16,18), will entweder das Petrusbild des Markus verdrängen oder muss eine gehörige Portion theologischer Ironie aufbringen. Um diese und die darin wirkende Dialektik ist es Markus in seiner Schilderung des Petrus zu tun, präzis gemäss der Maxime, die er von Jesus überliefert: «Wenn jemand der Erste sein will, dann soll er der Letzte von allen und der Diener aller sein.» (Markus 9,35) Wer Petrus herausheben will, muss wissen, dass im Erzählen vor allem menschliche Schwächen zum Vorschein kommen.

Was anderes kann hinter dieser exemplarischen Demontage stecken, als dass Markus der Tendenz wehren will, Petrus zum heiligen Heros zu machen und einen Petrusmythos zu entwickeln, der selbstverständlich alsbald trotzdem entsteht? Darin ist Markus mit Paulus in Galater 2 einer Meinung. Nur dass er trotzdem grundsätzlich anders denkt als Paulus. Dieser zeiht Petrus der Heuchelei und wirft ihm vor, gegen die Wahrheit des Evangeliums zu verstossen, welche die Gesetzesfreiheit sei. Damit verleugne Petrus, so die Meinung des Paulus, wenigstens in seiner Haltung in Antiochia die allen Christen gemeinsame Grundlage des Glaubens. Wie die Galater, die zur Beobachtung des Gesetzes zurückkehren wollen, exkommuniziere damit Petrus sich selbst.

Nicht so für Markus. Petrus missversteht zwar Jesu angekündigte Kreuzigung als Unheil und will sie nicht geschehen lassen, was ihm von Jesus das Verdikt «Satan» einträgt. Doch so wie er zu denken, ist zwar nicht göttlich, aber menschlich. So denken wir als Menschen, schwach und fehlerhaft wie die vielen Kranken und von unreinem Geist Besessenen, die zu Jesus kommen. Es bedeutet also nicht, aus der Geschichte Jesu ausgeschlossen zu werden. Gerade nicht! «Denn nicht die Gesunden brauchen den Arzt, sondern die Kranken.» (Markus 2,17) Wie jeder Kranke, der Jesus begegnet, Teil der Geschichte Jesu und damit Teilhaber seiner Heilsverheissung ist, so bleibt auch Petrus, trotz der dreifachen Verleugnung am Gründonnerstag, in der Geschichte Jesu als eine ihrer wichtigsten Gestalten. Umfangen vom Evangelium, welches die Zusage des kommenden Heils ist. Die Notwendigkeit seines Kommens zeigt sich am Ersten der Jünger Jesu in krasser Deutlichkeit.

In den Augen des Paulus kann Petrus in Antiochia nicht Repräsentant der Jüngerschaft Jesu sein. Der Petrus des Markusevangeliums hingegen ist es in seinem betonten Nichtseinkönnen. In der Aufforderung an die Jünger in Markus 16,7 ist er diesen als der einzige Herausgehobene nachgeordnet: «Doch geht, sagt seinen Jüngern und dem Petrus, dass er euch vorausgeht nach Galiläa.» Denn er ist eben kein Heros, sondern schwach wie ein Kind. Und er ist nicht überlegen, sondern ein Kindskopf. «Und er [Jesus] nahm ein Kind, stellte es in die Mitte, schloss es in die Arme und sagte zu ihnen: Wer in meinem Namen ein Kind aufnimmt wie dieses, nimmt mich auf, und wer mich aufnimmt, nimmt nicht mich auf, sondern den, der mich gesandt hat.» (Markus 9,36f.) Nichts vom paulinischen «Folgt meinem Beispiel!» (1. Korinther 4,16). Demjenigen des Petrus sollte tunlichst nicht gefolgt werden. Denn dessen Verleugnung seines Herrn und Meisters kann nach Markus nicht mit der Wendung nivelliert werden: Zwar hat er verleugnet, aber wer verleugnet nicht? Dazu wird sie von Markus viel zu konkret erzählt, während Paulus seine fragwürdige Vergangenheit immer in den Zusammenhang seiner besonderen Berufung stellt (1. Korinther 15,9; Galater 1,13–23). Petrus bleibt, wie sich's in Antiochia erweist, derselbe unsichere Kantonist, der er immer war, und er ist als solcher ein Zeuge Jesu Christi. Paulus hingegen ist ein anderer geworden. Darum erzählt Markus nicht die Geschichte des Petrus, sondern diejenige Jesu, während aus den Briefen des Paulus viel über die geschichtliche Gestalt des Paulus und nur wenig über die geschichtliche Gestalt Jesu zu erfahren ist. In dasselbe Kapitel gehört, dass Lukas in der Apostelgeschichte viel mehr über Paulus als über Petrus zu erzählen weiss, und dass er Paulus stärker als Petrus zum Glaubensheroen macht.

Markus sagt viel Schlechtes über Petrus, vielleicht in betonter Opposition gegen die Art, wie Paulus von sich redet. Petrus eignet sich nicht zum guten Beispiel und ist ausgerechnet dadurch exemplarisch für die Christen. In seinem völlig illusionslosen Blick auf die christliche Gemeinde und die in ihr Herausragenden sind die Erfahrungen des Evangelisten Markus fast mit Händen zu greifen. Erfahrungen mit den «Säulen» (Galater 2,9). Also vielleicht mit Paulus und Petrus, die er beide aufs Engste gekannt haben dürfte.

Die Rede des Paulus über sich selbst lässt keinerlei Streit mit Gott zu. Der Streit war früher, als Paulus meinte, in Gottes Auftrag zu handeln, wenn er die Gemeinde Jesu Christi verfolge. Dass es ein falscher Friede war, erkennt er hinterher. Jetzt hat er dadurch, dass er den «Herrn gesehen» hat, den richtigen Frieden gefunden. Jetzt gilt: «Sind wir nun aus Glauben gerecht gesprochen, so haben wir Frieden mit Gott durch unsern Herrn Jesus Christus.» (Römer 5,1)

Ob Petrus von sich auch gesagt hätte, er habe Frieden mit Gott, wissen wir nicht. Petrus konnte nicht schreiben, und kein anderer hat dazu etwas geschrieben, auch Markus nicht, jedenfalls nichts Direktes. Jedoch parallelisiert Markus Petrus den Kranken, vor allem den Besessenen, die Jesus heilt. Die haben, wie Jesus schon in der ersten Heilungsgeschichte feststellt, einen «unreinen Geist» (Markus 1,23). Also einen, der dem «reinen», dem heiligen, weil heilenden Geist Gottes widerstreitet, einen satanischen Geist wie Petrus in Markus 8,33, den Markus zugleich als menschlichen Geist bezeichnet. Es herrscht kein Friede zwischen dem Geist Gottes und dem Geist des Menschen; er wird erst versprochen: «Er geht euch voran nach Galiläa. Dort werdet ihr ihn sehen, wie er euch gesagt hat.» (Markus 16,7) Ehe es aber so weit ist, gilt noch: «Da gingen sie hinaus und flohen weg vom Grab, denn sie waren starr vor Angst und Entsetzen. Und sie sagten niemandem etwas, denn sie fürchteten sich.» (Markus 16,8)

Am Ostermorgen wird bei Markus nicht wie bei Lukas und Johannes der Friede mit Gott legitimiert, sondern der Streit. Jesus protestierte am Kreuz gegen Gott. Dieser Protest ist an Ostern legitimiert. Er wird vererbt bis zur Erscheinung des Auferstandenen in «Galiläa».

Markinischer Mehrwert

Als ich in den Religionsunterricht ging und auch noch, als ich selbst Religionsunterricht erteilte, hiess die Leitformel: Von Jesus zu Paulus. Sie prägte die Lehrpläne und war so selbstverständlich, dass sie nicht einmal ausdrücklich genannt zu werden brauchte. Gemeint war das Fortschreiten von den Geschichten zum Begreifen, von der Narration zur Argumentation. In Anlehnung an die Hermeneutik von Sophistik und Stoa: vom Mythos zum Logos. In den untern Klassen wurden also Geschichten aus dem Alten und Neuen Testament erzählt, in den obern wurden sie durch Paulus und manchmal im Konfirmandenunterricht noch durch den seinerseits paulinische Lehre systematisch darstellenden Katechismus auf den Begriff gebracht.

Dabei war vorausgesetzt, dass die Evangelisten nichts anderes erzählen wollen, als das, was sich in Jesu Leben ereignet hat. Diese Voraussetzung teilte die historische Kritik zwar nicht mehr, doch sie suchte mit Hilfe der Evangelientexte immer noch das historisch Zuverlässige aus dem Leben Jesu, jedoch nun hinter den Texten. Und machte die Erfahrung, die jeder macht, der eine Geschichte interpretiert, dass es vielerlei legitime Möglichkeiten dazu gibt. Was durch historische Sicherheit eine theologische verschaffen sollte, öffnete ein weites Feld möglicher Interpretation.

Damit, dass die historische Kritik grundsätzlich dasselbe voraussetzte wie die Lehrpläne des Religionsunterrichts (und überhaupt die naive Auffassung des neutestamentlichen Kanons), dass nämlich die Theologie des Paulus die legitime Logos-Fassung der in den Evangelien überlieferten Jesusgeschichten sei, betrog sich die historische Kritik um das, was der markinische Mehrwert genannt zu werden verdient: die theologischen Folgerungen aus ihrer Erkenntnis, dass Markus nach Paulus und möglicherweise in Opposition zu Paulus geschrieben hat. Womit Markus, was den Streit mit Gott angeht, bekräftigt, dass dieser zum Glauben gehört und nicht zuletzt als Streit der Christen untereinander um die Grundmetaphern des Glaubens in Erscheinung tritt.

Als in der Zürcher Israelitischen Cultusgemeinde ein neuer Rabbiner sein Amt antrat, wollte ich ihn predigen hören. Des Rabbiners Predigt begann mit den unvergessenen Worten: «Warum streiten wir Juden so viel miteinander? Weil wir einander so gern haben.» Warum streiten wir Christen so viel miteinander? Weil wir so stark an dem Jesus von Nazaret interessiert sind. Und warum streiten wir so viel mit Gott? Weil wir noch nicht im Reich Gottes sind, aber nicht vergessen können, dass es uns versprochen ist und Jesus das Versprechen mit seinem Tod besiegelt hat. Der Friede ist vorläufig noch nicht zu haben ohne den Streit, aber der Streit steht unter der Verheissung des Friedens. Auch hierbei die Zeiten präzis zu unterscheiden, ist markinischer Mehrwert.

Antwort auf Hiob

Ist ein Wort einmal ausgesprochen, können wir nicht mehr dahinter zurück. Wir können nicht hinter Hiob, aber auch nicht zu Hiob zurück. Wenn Hiobs Schreien das letzte – fragend klagende – Wort des Alten Testaments ist, dann ist der am Kreuz schreiende Jesus die Antwort darauf. Wir sollen, wenn wir uns Christen nennen, nicht so tun, als gäbe es sie nicht. Gewiss, Jesus nimmt mit dem 22. Psalm das Schreien Hiobs auf. Dennoch geht die Geschichte nicht gleich aus. Hiobs Schreie löschen alles Verheissungsvolle seiner Vorgeschichte aus. Darum muss es am Schluss des Buches wiederhergestellt werden. Eine Kreisbewegung; sie führt zu keinem neuen Ziel, schon gar nicht zu dem, was noch kein Aug gesehen und kein Ohr gehört hat, sondern an den Ausgangspunkt zurück, mit demselben Ziel: «Und Hiob lebte danach noch hundertvierzig Jahre, und er sah seine Kinder und Enkel, vier Generationen. Und Hiob starb alt und lebenssatt.» (Hiob 42,16f.) Er starb eben auch, einfach hundertvierzig Jahre später. Das ist nicht nichts; die grosse Verlegenheit des Todes jedoch ist damit nicht abgetan. Charakteristischerweise fehlt am Schluss von Hiobs Geschichte der Satz: «[…] und wurde mit seinen Vorfahren vereint.» So wie die Formel bei Abraham (Genesis 25,8) und weiteren heisst, dieser Ausblick auf die

Zusammenkunft aller in der grossen Volksversammlung der Auferweckten aus dem Tod.

Markus zeigt, wie anders es mit Jesus ist als mit Hiob. Der Schrei am Kreuz macht das Vorangehende – die Zusage des kommenden Reiches Gottes, die Heilungen als Pfand dafür – nicht zunichte. Im Gegenteil, er bekräftigt sie und macht sie dringender. Hiob sagt nicht wie Jakob am Jabbok: «Ich lasse dich nicht, es sei denn, du segnest mich.» (Genesis 32,27) Hiob gibt auf. Dafür steht die gewaltsame Allmacht Gottes in den Schlusskapiteln des Hiobbuches. Der arme Kerl ist ja auf den Gott geworfen, der sagt: «Das Gesetz bin ich.» Was bleibt Hiob anderes übrig, als nickend vor der Allmacht zu resignieren? Jeder Widerstand ist unsinnig. Allmacht macht alle Argumente zunichte. Der Schrei am Kreuz plädiert bis zuletzt gegen die gewaltsame Allmacht und für die Erfüllung des Versprechens vom Reich Gottes.

Der Streit mit Gott hört darum nicht auf. Die fragende Klage bleibt: Warum das elende «Muss», das die Passionsgeschichte des Markus durchzieht? «Maranata» – Unser Herr, komm, heisst der aktuelle Ruf (1. Korinther 16,22). Darin stecken Verlangen nach Trost und Antwort, grosses Drängen, starke Opposition. Nicht Frieden mit Gottt, sondern: Ich lasse dich nicht, bis zu mich segnest. Nämlich bis wir den Auferstandenen kommen sehen mit grosser Macht und Herrlichkeit.

IV Die Legitimierung

Das Taufkleid

Neulich wieder einmal eine Taufe. Das kleine Mädchen steckte in einem zweihundert Jahre alten Taufkleid. Auf der Brust gestickt der ursprüngliche Familienname und Bürgerort, darunter über die Weite des Röckleins verteilt die Namen aller Täuflinge aus der Familie seither mit Geburts- und Taufdatum samt Vater- und Mutternamen, beginnend mit «Johann Caspar Restelberg, 23.1./17.2.1815. Joh. Conrad + Elisabeth Hirzel». Das Menschlein, eingekleidet in die väterliche Familie, ins Vaterhaus als in ein Kleid. Mit dem Namen, bei dem es fortan gerufen werden sollte, hiess es Emma wie seine Urgrossmutter mütterlicherseits.

Die Rahmenhandlung von Jeremias Gotthelfs *Schwarzer Spinne* erzählt von einer ländlichen Taufe am Auffahrtstag. Gemäss herrschendem Brauch wird das Kind vor seinem achten Lebenstag getauft. Die Mutter kann es nicht in die Kirche begleiten; sie darf, ebenfalls gemäss dem Brauch, in der ersten Zeit nach der Geburt das Haus nicht verlassen. Mit ihr bleiben Grossmutter und Hebamme daheim.

Die ironische Zitierung eines Aberglaubens weist hier, wie bei Gotthelf häufig, auf Wesentlicheres. Die Anwesenheit der Mütter – Mutter, Grossmutter, Wehmutter – ist bei der Taufe nicht vonnöten. Denn das Verhältnis der Mutter zum Kind ist so sicher, dass es des öffentlichen, offiziellen Akts der Taufe nicht bedarf. Dafür, dass es mit der Geburt rechtens ist, stehen als deren zwei unmittelbare Zeuginnen die Hebamme und die Grossmutter ein. Sie hüten mit der Mutter zusammen das Geheimnis des Hauses. Abergläubisch an diesem Brauch ist nur seine Begründung.

In der Taufe soll das Kind öffentlich seinen Namen empfangen. Man hat aber, während die Taufgesellschaft sich an diesem Morgen im elterlichen Haus versammelte und schon tüchtig ass und trank, vergessen, der spät eintreffenden Patin den Rufnamen mitzuteilen. Erst auf dem Weg zur Kirche fällt dieser das Versäumnis ein. Und zugleich, dass es ihr verboten ist, danach fragen, soll das Kind nicht lebenslang krankhaft neugierig sein. Schon wieder das Zitat eines Aberglaubens. Die Patin müsste den Namen aber unbedingt wissen, denn es ist ihre Aufgabe, ihn bei der Taufe dem Pfarrer ins Ohr zu flüstern, damit dieser das Kind nicht auf einen falschen Namen und damit vielleicht gar auf das falsche Geschlecht tauft.

Es handelt sich um den *Ruf*namen des Täuflings; den Familiennamen kennt die Patin selbstverständlich. Den Rufnamen, den eigentlichen, persönlichsten Namen hingegen kann sie nicht von sich aus wissen und durch nichts zuverlässig erschliessen. Er ist schlechterdings kontingent. Zwar steht er fest. Aber wie die Geburt ist er ein Geheimnis. Denn er ist das erste Wort, das das Neugeborene empfängt. Er ist der Ruf ins Leben. Er ist der Segen fürs Leben. Die Hüterinnen des Geheimnisses sind die daheimgebliebenen Frauen. Der Mann, sagt der Aberglaube und meint damit Richtiges, kennt den Rufnamen, den intimsten Namen seines Kindes nicht. Er gehört nicht in seine Kompetenz.

Das Geheimnis des Rufnamens wird bei der Taufe gelüftet. Vom Pfarrer und in Anwesenheit des Vaters wird das Kind im Namen Gottes bei seinem Namen gerufen. Sein Geheimnis wird proklamiert. Dieses ist der Segen, welcher heisst: «Und so spricht der HERR, dein Schöpfer, der dich gebildet hat: Fürchte dich nicht, denn ich erlöse dich, ich rufe dich bei deinem Namen, du gehörst zu mir. Wenn du durch Wasser gehst – ich bin bei dir, und durch Flüsse – sie überfluten dich nicht. Wenn du durch Feuer schreitest, wirst du nicht verbrannt, und die Flamme versengt dich nicht. Denn ich, der HERR, bin dein Gott, der Heilige Israels, dein Retter. Du bist teuer in meinen Augen, geachtet, und ich habe dich lieb. Darum fürchte dich nicht, denn ich bin bei dir!» (Jesaja 43,1–5)

Der Vater bekommt bei der Taufe teil an dem gelüfteten Geheimnis; zur Bezeugung dessen gibt er seinen Familiennamen als Zunamen dazu.

Die furchtbare Sorge der noch nicht verheirateten und kinderlosen Patin ist unnötig. «Endlich sagte der Pfarrer ‹Amen›, und jetzt war der schreckliche Augenblick da, jetzt sollte es sich entscheiden, ob sie zum Spott werden sollte für Kind und Kindeskinder; jetzt musste sie das Tuch abheben, das Kind dem Pfarrer geben, den Namen ihm ins rechte Ohr flüstern. Sie deckte ab, aber zitternd und bebend, reichte das Kind dar, und der Pfarrer nahm es, sah sie nicht an, frug sie nicht mit scharfem Auge, tauchte die Hand ins Wasser, netzte des plötzlich schweigenden Kindes Stirne und taufte kein Mädeli, kein Bäbeli, sondern einen Hans Uli, einen ehrlichen, wirklichen Hans Uli.» Denn das Geheimnis des Namens als Segen, dessen Hüterinnen die Frauen sind, ist Gottes Sache. Er ruft den Menschen bei seinem Namen ins Leben. Die Taufe verkündet den Menschen als von Gott beim Namen Gerufenen, welcher in die Familie Gottes gehört.

Die Frauen kennen den Rufnamen. Sie kennen sein Geheimnis als Segen wie sie das Geheimnis von Zeugung und Geburt kennen. Sie allein wissen sicher, wer der Vater des Kindes ist. Und sie wissen das Wesentlichere dazu, nämlich, dass der Mensch in Wahrheit «aus Gott gezeugt» (1. Johannesbrief 4,7) und Gott sein wahrer Vater ist. «Wahrer» Vater heisst nicht selbstverständlich «guter» Vater. Es heisst zunächst nur «Erzeuger». Der Vater ist der Erzeuger und dem Erzeugten so nahe, dass er nicht ignoriert werden kann.

Insbesondere ist in solchen Geheimnissen die Hebamme bewandert, die im Französischen die *sage femme* heisst. Die weise Frau. Sie weiss mehr als andere, weiss vor allem von andern mehr als andere; mit ihr besprechen die Frauen Sachen, von denen sie ihrem Mann nichts sagen.

Die *sage femme* weiss, wie Leben in die Welt kommt und auch, wie es die Welt verlässt. Sie ist es ja vielerorts auch, die die Gestorbenen zum Begräbnis vorbereitet.

Zwar weiss sie, wie alle andern, nichts Genaues übers Woher und Wohin. Sie weiss aber besser als die andern, dass sie und die andern es nicht wissen. Das weiss sie möglicherweise auch besser als der Pfarrer, der gern vorgibt, im Besitz einer Landkarte des Jenseits zu sein. Die Hebamme begegnet an jenen zwei Schnittstellen, an denen sie tätig ist, unausweichlich dem Tun dessen, der Herr über beides ist, worüber wir nicht Herr sind, Leben und Tod. Und sie weiss, dass dieser eine und niemand sonst der wirkliche Täter ist. «Du bist es, der mich aus dem Mutterschoss zog.» (Psalm 22,10) Er ist der wahre Erzeuger und die wahre Hebamme. Er ist's auch, der die Menschen sterben lässt (Psalm 90,3). Die *sagesse* der *sage femme* besteht darin, diese Erfahrung am wenigsten ignorieren zu können und den Unheimlichen, der tötet und lebendig macht (1. Samuel 2,6), zu fürchten. Denn Gottesfurcht ist der Anfang der *sagesse*.

Der Rufname, der eigentliche Name, ist das erste Wort, das der Mensch von seiner Mutter hört. Es ist der Anfang seiner Identität, seiner Sprache, die darum «Muttersprache» heisst. Der Rufname ist das tätige Wort, das den Angeredeten zum Menschen macht. Bis er öffentlich verkündet wird, ist der Rufname das Geheimnis zwischen der Mutter und ihrem Kind.

Mit der Proklamation des Rufnamens steht der Vater zu dem Kind, legitimiert es, indem er den Rufnamen öffentlich verkünden lässt und seinen Familiennamen beifügt. Er nimmt das Kind in sein «Haus» auf.

An der Haustür steht der Familienname, nicht der Rufname. Aber im Innern des Hauses werden nur die Rufnamen gebraucht. Und die Geheimnisse des Innersten des Hauses, des Schlafzimmers, teilt der Mann zwar mit seiner Frau, aber beim grössten Geheimnis, bei der Geburt des Kindes, wird er hinausgeschickt; er stünde nur im Weg. Nicht verwunderlich deshalb, dass er sich in Selbstüberschätzung, die aus Erfahrungsmangel kommt, in eitlem Stolz für den alleinigen Erzeuger des Kindes hält.

Doch kann er's drehen und wenden wie er will, er hat die Nebenrolle, wie Josef in der Weihnachtsgeschichte, obwohl es sich nicht um eine Jungfrauengeburt handelt. Gezeugt ist das Kind allemal in Wahrheit von Gott. Weshalb auch der, und der in erster Linie, sich in der Taufe zu dem Kind bekennen muss.

Legitimationszwang

Einer betritt das Wartzimmer des Arztes. Darin sitzen schon drei. Sie kennen einander nicht. Keiner von ihnen kennt den Neuen, und der Neue kennt keinen von den dreien, die schon da sind. Wenn er ein gut erzogener Mensch ist, sagt er «Guten Tag», setzt sich und schweigt. Er braucht nicht zu erklären, warum er hier ist. Wer hier ist, ist krank; wäre er nicht krank, ginge er nicht zum Arzt. Was für eine Krankheit er hat, geht die drei andern nichts an. Was für eine Krankheit sie haben, ihn ebenso wenig.

Einer betritt das Wartzimmer des Arztes. Darin sitzen schon drei. Sie kennen einander nicht. Einer von ihnen kennt aber den Neuen, und der Neue kennt ihn. Wenn neben dem, der den Neuen kennt, ein Stuhl frei ist, wird der Neue sich zu ihm setzen und sogleich zu erklären beginnen, warum er zum Arzt geht. Er wird seine Krankengeschichte erzählen, und wenn er sie erzählt hat, fragen: «Und warum bist du hier?» Selbst wenn er nicht fragte, begänne der andere seinerseits, seine Krankengeschichte zu erzählen. Beide hätten das Bedürfnis, ihre Anwesenheit zu legitimieren.

Einer betritt das Wartzimmer des Arztes. Darin sitzen schon drei. Sie kennen einander nicht. Keiner von ihnen kennt den Neuen, und der Neue kennt keinen von den dreien, die schon da sind. Er sagt «Guten Tag», setzt sich und beginnt, halbwegs an seinen Nachbarn, halbwegs an alle gerichtet, zu erklären, wer er ist und warum er hier ist. Er erzählt nicht nur seine Krankengeschichte, sondern nennt auch seinen Namen, sagt, woher er kommt und breitet seine Lebensgeschichte aus. Den andern dreien ist es ein wenig peinlich. Sie hören mit gespielter Teilnahme und dem Anflug eines ironischen Lächelns zu. Sie wissen: Der Mann ist entweder nicht ganz richtig im Kopf oder er wohnt hinter den sieben Bergen. In seinem Kopf oder dort, wo er lebt, kurzum, in seiner kleinen Welt, gibt es keine Räume, wo ein Fremder seine Anwesenheit nicht begründen müsste.

Ein Mensch betritt die Welt. Das Neugeborene setzt seine Legitimität als selbstverständlich voraus. Darum erhebt es schreiend Ansprüche. Sich selbst legitimieren kann es nicht. Es hat noch kaum eine Geschichte und noch keine Sprache.

Für seine Geschwister ist die Legitimität des Neugeborenen nicht selbstverständlich. Vor allem nicht, wo Schmalhans Küchenmeister ist und es also nicht bloss eine Konkurrenz um die Zuwendung der Eltern, sondern auch eine um den Platz am Tisch gibt. Die Eltern müssen den andern Kindern gegenüber das Neugeborene legitimieren. Das ist manchmal nicht einfach. Die fünfjährige Tochter von Freunden meinte beim ersten Anblick ihres schreienden Brüderchens: «Den geben wir wieder zurück.» Und als man ihr erklärte, das gehe nicht, dekretierte sie: «Aber jetzt ist Schluss!»

Auch der Gesellschaft gegenüber muss das Neue legitimiert werden. Das erklärt, warum die Taufe der Christen alsbald eine Säuglingstaufe wurde. Sie wurde es nicht nur, weil das Seelenheil des Neugeborenen gesichert werden musste. Das war vermutlich sekundäre theologische Rationalisierung. Sie wurde es primär, weil die Legitimierung eines Neulings vonnöten ist. Die Gesellschaft will wissen, wer er ist, und wer für ihn die Verantwortung trägt.

IV

Die Gesellschaft duldet keine unbeschriebenen Blätter unter sich. Darum muss der Vater sein Kind anerkennen und ihm den Namen der Familie geben. Das ist nicht bloss eine Analogie, es ist ein Stück der Legitimität, die Gott uns zuspricht. Weshalb der bürgerliche Akt der Legitimierung und der religiöse zusammenwuchsen. Der bürgerliche wurde als Stückwerk des religiösen erkannt.

Wir stehen unter Legitimationszwang. Das gilt auch dort, wo der Hinterwäldler herkommt und jeder jeden kennt. Will dort einer Gemeindepräsident werden, muss er seine Bewerbung legitimieren, sogar dann, wenn seine Wahl unumstritten ist. Nach der Wahl, wenn die Leute ihm gratulieren, wird er, etwas verlegen, durch die Herzählung seiner Leistungen für die Gemeinde begründen, warum er gewählt wurde. Immer und überall müssen wir uns legitimieren, indem wir unser Hiersein begründen. Hoffentlich am seltensten in der Familie. Aber manchmal auch da. Wenn man etwas tat, was in ihren Augen ganz und gar nicht in Ordnung war, pflegte meine Grossmutter mit spitzen Lippen zu fragen – und es war eher eine rhetorische Frage: «Gehörst du eigentlich noch zu uns?» Man sah sich genötigt, bei ihr neue Legitimität zu erwerben.

Der Evangelist Markus will mit seinem Buch den Grund ausweisen, warum Jesus von Nazaret als der Christus Gottes für die Welt verkündet wird (Markus 1,1). Er will die christliche Verkündigung legitimieren, indem er Geschichten von Jesus erzählt. Er will damit Vertrauen zu Jesu Ankündigung des Reiches Gottes schaffen. Sein Evangelium ist eine Vertrauen bildende Massnahme im Hinblick auf das Kommen des Reiches Gottes.

Legitimität ist eine Frage des Vertrauens. Wo kein Vertrauen ist, gibt es auch keine Legitimität. Ist der Mann, der sich als Vater des Kindes erklärt, ein notorischer Lügner, dann ist es um die Legitimität des Kindes schlecht bestellt. Will einer sich mit abgelaufenem Ausweis legitimieren, kommt er nicht weit. Was übrigens auch zeigt, dass Legitimität zeitlich und örtlich bedingt ist. Als Karl der Grosse und Harun al Raschid einander Gesandte schickten, mussten sie sich voreinander durch Geschenke legitimieren, die nur von ganz Grossen kommen konnten. Das königlich Grosse war ihr gemeinsamer Nenner. Harun schickte Karl bekanntlich einen lebenden Elefanten.

Es braucht, damit zwei einander vertrauen können, ein Drittes, den gemeinsamen Nenner. Er vermittelt das Vertrauen zwischen zweien. Beispiel: Zwei wollen miteinander ins Geschäft kommen. Aber sie wissen nicht, ob sie einander trauen können. Sie haben ja als Vertrauensbasis nur die Erzählung des andern, die auch erlogen sein kann. Sagt der eine dann aber: «Sie kennen doch Hans. Ich kenne Hans auch; wir machen seit langem Geschäfte miteinander», dann ist das ein Argument zum Vertrauen. Es heisst ja: Du kannst dich erkundigen, ob ich verlässlich bin.

Markus wirbt um Vertrauen zu Jesus als dem Ansager und Anfänger des Reiches Gottes. Und erzählt, dass Jesus viele Kranke heilte. Jeder weiss, dass er ärztliche Hilfe braucht, wenn er ernstlich krank ist. Und jeder weiss ebenso, dass er jeden Augenblick ernstlich krank werden kann. Gut zu wissen also, dass da einer ist, der Kranke heilen kann. Wer solches von einem erzählt, schafft Vertrauen zu ihm. Als ich einen neuen Hausarzt suchte, erkundigte ich mich bei meinen Freunden über ihre Erfahrungen mit dem und jenem. Wurde von Besserung, vielleicht sogar von völliger Heilung erzählt, war ich geneigt, dem Neuen Vertrauen zu schenken.

Markus wirbt um Vertrauen zu Jesus unter dem gemeinsamen Nenner der Heilung. Paulus tut's unter dem gemeinsamen Nenner der Gerechtsprechung als Begnadigung. Im Gegensatz zu Markus, der den Nenner der Heilung als allen selbstverständlich gemeinsamen voraussetzt, kann Paulus das mit dem Nenner der Gerechtsprechung als Begnadigung nicht tun. Das Gewissen, auf das man dafür gern zurückgreift, gibt solche Selbstverständlichkeit nicht her. Es ist zu diffus und zu egozentrisch. Paulus muss den gemeinsamen Nenner der Gerechtsprechung als Begnadigung erst einführen und begründen. Er nimmt dazu den Mythos von Adams Fall zu Hilfe. So schafft er einen geschlossenen Kosmos der Argumentation, in den der Mensch hineinspringen beziehungsweise von Gott hineinversetzt werden muss, damit die Argumentation relevant für ihn wird.

Wer, wie Paulus und besonders Johannes, Jesus mit Gott eins sein lässt und ihn darum selbst zum vollkommenen Heil erklärt, verkürzt die Vertrauensbeziehung. Er streicht den gemeinsamen Nenner. Er macht die Vertrauensbeziehung aus einer vermittelten zu einer unvermittelten. Eine unvermittelte Beziehung ist eine kriterienlose Beziehung. Liebe ist keine kriterienlose Beziehung. Eine kriterienlose Beziehung zwischen zweien nennt die Psychiatrie eine *folie à deux*. Eine *folie à deux* ist Verhängnis und Unfreiheit. Blindes Vertrauen. Blindes Vertrauen ist keines. Blindes Vertrauen ist eine unerfüllbare Forderung, ein Gesetz. Blindes Vertrauen ist der Sprung in den Abgrund in der heroischen Hoffnung, eine geheimnisvolle Hand fange mich auf.

Was wir «Gewissen» nennen, ist das diffuse Bewusstsein, illegitim und darum legitimierungsbedürftig zu sein. Das Gewissen wird von nichts so stark angesprochen wie von Unglück, Krankheit und Tod. Sie stellen unsere Legitimation, hier zu sein, in Frage. Sie sagen: Du hast hier nichts zu suchen. Für dich ist hier kein Platz. Der Eindruck, hier keinen Platz zu haben, ist viel ursprünglicher als die Frage: Bin ich schuldig? Diese ist eine Rationalisierung, darum eine unangemessene Engführung jenes Eindrucks.

Kontrafaktur des Sündenfalls

Im *Rheinländischen Hausfreund – Calender auf das Jahr 1809* berichtet der Herausgeber Johann Peter Hebel, welcher zugleich von A bis Z der Verfasser ist, unter der Überschrift *Weltbegebenheiten* von den *Folgen des Tilsiter Friedens*. Unmittelbar davor steht im Kalender die Geschichte *Kayser Napoleon und die Obstfrau von Brienne*, und noch vorher eine Episode betitelt *Suwarow*. Diese lautet so:

> «Der Mensch muss eine Herrschaft über sich selbst ausüben können, sonst ist er kein braver und achtungswürdiger Mensch, und was er einmal für allemal als recht erkennt, das muss er auch thun, aber nicht einmal für allemal, sondern immer. Der russische General Suwarow, den die Türken und Polaken, die Italiener und die Schweizer wohl kennen, der hielt ein scharfes und strenges Commando. Aber was das vornehmste war, er stellte sich unter sein eigenes Commando, als wenn er ein Anderer, und nicht der Suwarow selber wäre, und sehr oft mussten ihm seine Adjutanten diess und jenes in seinem eigenen Namen befehlen, was er alsdann pünktlich befolgte. Einmal war er wüthend aufgebracht über einen Soldaten, der im Dienst etwas versehen hatte, und fieng schon an, ihn zu prügeln. Da fasste ein

Adjutant das Herz, dachte, er wolle dem General und dem Soldaten einen guten Dienst erweisen, eilte herbey und sagte: ‹Der General Suwarow hat befohlen, man solle sich nie vom Zorn übernehmen lassen.› Sogleich liess Suwarow nach, und sagte: ‹Wenns der General befohlen hat, so muss man gehorchen.›» (Hebel, *Sämtliche Schriften II,* S. 156f.)

Das Gesetz gilt auch für den Gesetzgeber – eine der Herzenangelegenheiten Hebels und Maxime gegen jederlei Absolutismus. Angewendet schon vom Propheten Natan, als er dem gesetzesvergessenen Ehebrecher David zurief: «Du bist der Mann!» (2. Samuel 12,7) Wenn der Gesetzgeber vergisst, was er dem von ihm gegebenen Gesetz schuldig ist, muss und soll er daran erinnert und es bei ihm eingeklagt werden. «Vergib uns unsere Schulden, wie auch wir vergeben unsern Schuldnern.» (Matthäus 6,12)

Im Tilsiter Frieden machte Napoleon die feindlichen Russen zu Verbündeten und hatte seither in Europa freie Hand. Im Gefolge der Episode mit Suwarow wäre zu erwarten, Hebel wolle mit seiner Geschichte von Napoleon und der Obstfrau, wie der Adjutant Suwarows diesen, den Empereur auf dem Höhepunkt der Macht an die Grenzen seiner Macht erinnern. Das wäre vergebliches Bemühen gewesen; Napoleon las sicher den *Rheinländischen Hausfreund* nicht. Nein, Hebel spricht nicht Napoleon, sondern seine Leser an. Suwarow lässt sich an die Grenzen seiner Allmacht erinnern, nimmt sich selbst beim Wort seines Gesetzes und steht davon ab, den Soldaten zu prügeln. Wer eine Ahnung von den biblischen Geschichten hat, wird an einen starken Zug des biblischen Gottes erinnert: Er bereut «das Unheil, das ich ihnen anzutun geplant habe» (Jeremia 18,8). Und so wird der General Suwarow nach der Weise der biblischen Gleichnisse zu einem Stückwerk der vollkommenen Gerechtigkeit des Reiches Gottes, in deren Vorschein die Weltbegebenheiten richtig, nämlich nicht als heillose Katastrophen, zu lesen sind. Das heisst freilich nicht, dass sie nach Frömmlermanier zu beschönigen seien. Wer Suwarow und Konsorten, wer überhaupt einen Menschen mit dem Reich Gottes metaphorisch verbindet, kommt nicht darum herum, auch von Gottes Schuld zu reden.

Das tut die Gleichnisgeschichte *Kayser Napoleon und die Obstfrau von Brienne*, die unmittelbar vor den *Weltbegebenheiten* steht

(Hebel, *Sämtliche Schriften II,* S. 159ff.). Sie erzählt rückschauend von den frühen Jahren Napoleons in der Kriegsschule von Brienne, wo er, «wie die Jugend pflegt», «gerne Obst ass». Solches kaufte er bei einer Frau auf dem Markt, häufig auf Pump. Als er aus Brienne versetzt wurde, sagte er zu ihr: «Fraulein, jetzt muss ich fort, und kann euch nicht bezahlen. Aber ihr sollt nicht vergessen seyn.» Die Obstfrau antwortete grosszügig: «O reisen Sie wegen dessen ruhig ab, junger Herr. Gott erhalte Sie gesund und mache aus Ihnen einen glücklichen Mann.»

Napoleon macht Karriere, wird erster Konsul und schliesslich Kaiser, «und noch hatte die gute Obstfrau in Brienne nichts, als sein Wort: ‹Ihr sollt nicht vergessen seyn!› Aber ein Wort noch immer so gut, als baares Geld und besser.» Eines Tages besucht Napoleon Brienne, kommt aber inkognito früher als erwartet, geht durch die Stadt und bleibt in einer Gasse plötzlich stehen, «legte den Finger an die Stirne, wie einer, der sich auf etwas besinnt, nannte bald darauf den Namen der Obstfrau, erkundigte sich nach ihrer Wohnung, so ziemlich baufällig war, und trat mit einem einzigen treuen Begleiter zu ihr hinein». Er bezahlt mit Zins und Zinseszins seine Schulden und sorgt fortan für die Frau und ihre zwei Kinder.

Man muss sich den Stellenwert einer solchen Kalendergeschichte klar machen und darf sie nicht mit den Augen des Literaturliebhabers lesen. Denn als Literatur ist sie trotz der offensichtlichen Konstruktion nicht gemeint, sondern als Bericht über eine wahre Begebenheit. Das unterstreicht das Bild, das ihr ihm Kalender beigegeben ist. Es ist das Jahr 1809, als die Leute den Kalender lesen. Europa steht völlig im Bann Napoleons. Zwar hat er, in Spanien und in Tirol, Niederlagen eingesteckt. Trotzdem bestimmt er als absoluter Herrscher das Schicksal des Kontinents. Die Menschen fürchten seine Entscheide; in den Augen vieler, auch solcher, die für die Französische Revolution Sympathien gehegt hatten, ist er das verkörperte Unheil. Und nun vernehmen sie aus dem Kalender, dass der, der willkürlich Abmachungen und Verträge bricht, sein Wort hält und begleicht, was er schuldig ist. Das ist ein Trost. Eine Hoffnung. Ein Stück des anbrechenden Gottesreichs, ein kleines Licht im grossen Dunkel. In seinem Schein sind die nachfolgenden *Weltbegebenheiten* richtig gelesen.

Und es ist eine sanfte Entmythologisierung Napoleons. Sogar dieser Mann hat, trotz allem, menschliche Züge, die zeigen, dass auch er «nur» ein Mensch, kein Heros, kein Halbgott und schon gar kein Gott ist. In seinen menschlichen Zügen, und mögen sie noch so rar sein, ist stückwerkhaft das Reich Gottes gegenwärtig. Darauf gilt es hinzuweisen, soll aus Napoleon nicht der mythisch Böse, der Teufel, und aus den Weltbegebenheiten nicht das höllische Dunkel werden. Das wäre geschehen, hätte Hebel versucht, Napoleon durch Suwarow an die Grenzen seiner Macht zu erinnern. Er hätte den Mythos Napoleon bestätigt, indem er an Napoleons Willen appelliert und diesen als absolut vorausgesetzt hätte. Was zeigt: Mythologie zeugt Moralismus.

Was Hebel tut, ist freilich nicht ohne Rückwirkungen auf die Rede von Gott. Seine Theologie sei nicht «kauscher», argwöhnte er selbst. Wer eine kauschere Theologie haben will, darf keine Gleichnisgeschichten erzählen. Er muss sich logisch geölter Argumentationsreihen bedienen wie die Bekenntnisse, die alles störende Beiwerk beiseitelassen. Andernfalls kommt er nicht darum herum, von Gottes Schuld zu reden. Hamann redete davon (Hamann, *Aesthetica in nuce,* S. 198), aber er war ja kein beamteter Theologe. Gotthelf, sobald er darauf zu reden kam, bog nicht selten im Sinn herrschender Orthodoxie ab, siehe die Bauern von Sumiswald, die unter der Knute des Komturs stöhnen, und deren Schuld der Autor dennoch immer offensichtlicher zu machen versucht. Was ihm freilich nur auf Kosten der Glaubwürdigkeit seiner Geschichte gelingt.

Erzählung kann nicht vermeiden, von Gottes Schuld zu reden; sie kann so wenig vom schuldlosen wie vom geschlechtslosen Gott reden. Der «Jahwist», der in den Augen des amerikanischen Literaturwissenschafters Harold Bloom «absolut inkommensurable Realitäten kollidieren» lässt, «die nicht aufgelöst werden können», erkannte es (Bloom, *Die heiligen Wahrheit stürzen*, S. 10). Er ist darum, besonders wenn's um Jahwe geht, «der ironischste aller Autoren» (S. 17).

IV

Der Löser

Das markinische «Muss» ist nicht zu verstehen! So wenig wie Noomi im Büchlein Rut versteht, warum eine Hungersnot sie und ihre Familie aus Betlehem nach Moab vertrieben hat und warum ihr Mann und ihre beiden Söhne dort sterben mussten. Noomi weiss, wer unerklärlicherweise der Schuldige ist; sie selbst begehrt, wie Hiob, «nicht schuld daran zu sein» (Matthias Claudius, *Kriegslied*). Darum will sie nicht «die Liebliche», sondern «Mara», die Bittere, genannt werden, «da doch der HERR gegen mich gesprochen, Schaddai mir Schlimmes angetan hat» (Rut 1,21). Erst als Gott es wieder gut und besser macht, Noomi wieder nach Betlehem zurückgekehrt und Rut mit Boas glücklich verheiratet ist und ein Kind von ihm hat, fällt auch Noomis Los «aufs Liebliche» (Psalm 16,6, Lutherbibel), so dass Gott gelobt werden kann: «Und die Frauen sprachen zu Noomi: Gelobt sei der HERR, der es dir heute an einem Löser nicht hat fehlen lassen; und sein Name soll angerufen werden in Israel. Und er wird dir Lebenskraft zurückgeben und im hohen Alter für dich sorgen. Denn deine Schwiegertochter, die dich liebt, hat ihn geboren, sie, die für dich mehr wert ist als sieben Söhne. Und Noomi nahm das Kind und hob es auf ihren Schoss und wurde seine Pflegemutter.» (Rut 4,14–16)

Das Gebot der Leviratsehe (Schwagerehe) (Deuteronomium 25,5–10) und das Gebot des Lösers (Leviticus 25,25f.) sind das zentrale Thema im Büchlein Rut. Ein Verwandter des kinderlos gestorbenen Mannes soll die Witwe heiraten, ein Kind mit ihr zeugen, das dann auch als das der Mutter des verstorbenen Mannes gilt, im Sinn eines Ersatzes für den Verlust des Sohnes. Das Gebot des Lösers verpflichtet zur Auslösung der Schulden Verwandter und zur Wiederherstellung des familiären Besitzstandes. Beide Gebote reden von Wiedergutmachung durch Überfluss. Noomis Ururenkel ist der von Lebenskraft und Unternehmungsgeist strotzende König David.

Hiob verliert Kinder und Herden. «Der HERR aber segnete Hiob danach mehr als zuvor.» (Hiob 42,12) Die Leiden der Vergangenheit werden «nichts bedeuten im Vergleich zur Herrlichkeit, die an uns offenbar werden soll» (Römer 8,18). «Denkt nicht an das, was früher war, und was vormals war – kümmert euch nicht darum. Seht, ich schaffe Neues, schon spriesst es, erkennt ihr es nicht?» (Jesaja 43,18f.) Von dem her gesehen, was sein wird, werden die Seufzer der Kreatur sich als Wehen herausstellen, Geburtsschmerzen des Neuen, Vollkommenen, des Reiches Gottes (Markus 13,8). Der Löser bringt «die herrliche Freiheit der Kinder Gottes» (Römer 8,21). Sie lässt alles Vorangegangene als zwar unbegreifliche, aber schliesslich überwundene Leiden auf dem Weg zum Ziel und, angesichts der Herrlichkeit des Ziels, als nicht mehr schmerzhaft erscheinen. Bei Markus deutlich in der Abendmahlsszene mit der abschliessenden Verheissung: «Amen, ich sage euch: ich werde von der Frucht des Weinstocks nicht mehr trinken bis zu dem Tag, da ich aufs Neue trinken werde im Reich Gottes.» (Markus 14,25)

Die exilisch-nachexilische Theologie bis zu Paulus und weit über Paulus hinaus beruft sich zur Erklärung des Unheils auf den mythischen Fall Adams. Das Büchlein Rut stellt dem die Gebote der Leviratsehe und des Lösers gegenüber. Sie sind keine Erklärung des Unheils, aber sie verheissen seine Überwindung.

Gott muss sich vorläufig noch fortwährend legitimieren. Denn noch ist er «Schaddai», der seinen Namen – jedenfalls im Büchlein Rut – vom hebräischen Verb *schadad* hat, das «vergewaltigen», «verheeren», «verwüsten» bedeutet. Der Himmel auf Erden, die Herrlichkeit, die an uns offenbar werden soll, wird Gottes volle Legtimierung sein, die sich selbst so überflüssig macht wie ein erfülltes Gesetz.

Das markinische «Muss», verbunden mit Jesu Verkündigung des anbrechenden Gottesreichs, mit Jesu Krankenheilungen und mit der Sendung seiner Jünger «nach Galiläa» entspricht genau den alttestamentlichen Geboten von Leviratsehe und Löser. Gott wird als Löser seiner Schöpfung auftreten. Schon sagt Boas zu Rut: «Geh nicht auf ein anderes Feld, um Ähren zu lesen, und geh auch nicht weg von hier […]. Und wenn du Durst hast, geh zu den Krügen und trink […].» (Rut 2,8f.)

Souveräne Demut

Der Eigenname des biblischen Gottes heisst *Jahwe*. Was der Name bedeutet, ist nicht mehr eindeutig klar; das macht ihn zum Eigennamen. Denn ein Begriff ist erst richtig der Eigenname einer Person, wenn seine ursprüngliche Bedeutung in Vergessenheit geraten ist, wenn wir also den Träger des Namens Schmied nicht mehr mit dem Schmiedehandwerk identifizieren. Eben das ist mit dem Namen *Jahwe* geschehen.

Doch geriet in der Folge auch der Name *Jahwe* selbst in Vergessenheit. Man könnte sogar sagen, er sei mit Eifer in die Vergessenheit gedrängt worden. Aus Scheu, Gott zu nahe zu treten, wurde untersagt, seinen Namen zu schreiben oder gar in den Mund zu nehmen. Stattdessen wurde Gott «der Gott Abrahams, Isaaks und Jakobs» genannt, wodurch die Erinnerung an deren Geschichten lebendig gehalten wurde, während der Name *Jahwe* verblasste. Die Ehre, die ihm erwiesen wurde, überantwortete den Namen *Jahwe* dem Vergessen. Im Neuen Testament spielt er überhaupt keine Rolle mehr.

Was aus ängstlicher Ehrerbietung geschah, hatte theologisch guten Sinn. Denn der Eigenname isoliert seinen Träger. Seine primäre Funktion ist, den Träger von andern zu unterscheiden. Wer Ernst heisst, heisst nicht Fritz.

Der Eigenname *Jahwe* ist erst dem Verschweigen, dann dem Vergessen überantwortet worden. Stattdessen lässt Gott sich «Gott» mit Beiwörtern nennen, und zwar mit solchen, die allesamt auf Geschichten von Menschen deuten.

«Gott» ist eine Gattungsbezeichnung. In der alttestamentlichen Tradition ist «Gott» ohne Beiwörter erst spät der Eigenname des Gottes Israels geworden. Das «Höre, Israel: Der HERR, unser Gott, ist der einzige HERR» steht im spät entstandenen Deuteronomium (6,4). Dass die Gattungsbezeichnung zum Eigennamen werden konnte, setzt einen strikten Monotheismus voraus, und zwar nicht den konkreten des ersten Gebots, sondern einen abstrakten. Denn das erste Gebot heisst ja nicht: «Du sollst keine andern Götter haben neben mir.» (Exodus 20,3) So konnte es erst unter bestimmten Bedingungen heissen, nämlich, als der Monotheismus Gesetz, mindestens gesellschaftliches, geworden war. Also beispielsweise als Kaiser Konstantin bestimmte, dass es nur einen Gott gebe und wer der sei. Das erste Gebot heisst aber: «Ich bin der HERR, dein Gott, der dich herausgeführt hat aus dem Land Ägypten, aus dem Sklavenhaus. Du sollst keine andern Götter haben neben mir.» (Exodus 20,2f.) Das ist, im Gegensatz zum abstrakten Allerweltsmonotheismus, der konkrete Monotheismus des Alten und des Neuen Testaments. Die Gattungsbezeichnung ist mit einer menschlichen Geschichte verbunden und dadurch als kontingent gekennzeichnet.

Der biblische Gott will keinen Eigennamen, der ihn von den Menschen isoliert. Der biblische Gott will auch nicht von andern Göttern isoliert werden. Darum lässt er sich nicht beim Eigennamen *Jahwe* nennen, sondern überantwortet diesen der Vergessenheit. Er soll mit der Gattungsbezeichnung «Gott», näher bestimmt durch menschliche Geschichten, genannt werden. Als derjenige also will der biblische Gott genannt werden, welcher mit Menschen verbunden ist und ohne diese Verbundenheit weder genannt noch gedacht werden will und kann, vielmehr, wird sie unterschlagen, sofort mit andern Göttern verwechselt wird. Er lässt sich in souveräner Demut mit demselben Gattungsnamen nennen wie sie, auf dass herauskomme, dass er tatsächlich anders ist als die angeblichen Kolleginnen und Kollegen. Der biblische Gott zieht sich nicht hinter die Mauern eines abstrakten, grundsätzlichen, imperialistischen Monotheismus zurück, indem er jedwede Begegnung und jeden Vergleich mit der Götterversammlung (Psalm 82,1) verweigerte. Wir sollen ihn ruhig mit andern vergleichen und ihn wie die andern «Gott» nennen. Und wir werden unsere Überraschungen dabei erleben. Die Gefahr, nivelliert zu werden, geht er ein; sie wird sich als irrelevant herausstellen.

Handwerkerehre

Als ich an meine erste Pfarrstelle gewählt wurde, brauchte ich einen Talar. Ich fragte einen Nachbarn meiner Eltern, einen alten Schneidermeister, ob er mir einen machen könne. Er habe noch nie einen Talar gemacht, war die Antwort, aber er versuche es gern.

Bei der Anprobe fand ich, das Ding passe mir gut. Doch zu meinem Schrecken riss der Schneider alles wieder auseinander. «Noch nicht in Ordnung», brummte er. Bei der nächsten Anprobe merkte ich, warum. Jetzt sass der Talar wie angegossen. Ich rühmte die Arbeit. «Man hat schliesslich seine Handwerkerehre», lautete der hörbar stolze Kommentar des Schneidermeisters.

IV

Gott ist mit seiner Schöpfung nicht zufrieden. Deswegen setzt er mehrmals neu an, probiert und korrigiert. Einmal, anlässlich der Sintflut, muss er sogar sich selbst überreden, nicht vor lauter Unzufriedenheit alles zu zerstören.

Gott irrt sich, wenn er meint, nach sechs Schöpfungstagen am siebten, langen, womöglich ewigen Sabbat «von all seinem Werk, das er gemacht hatte», ausruhen zu können (Genesis 2,2). Er bekommt sehr schnell wieder sehr viel Arbeit. Aber während seiner Arbeit durch die Abrahams- und Exodusgeschichte eine Linie und ein Ziel gesetzt wird, droht sie durch die Voranstellung von Genesis 1–3 disparat zu werden und sich – siehe Genesis 4–11 – im Kreis zu drehen.

In der zweiten Schöpfungsgeschichte sammelt Gott Erfahrungen mit seinem ersten Geschöpf, dem Menschen. Bemerkenswert, dass Gott in Genesis 2 erst mit seinem Werk und sich selbst zufrieden ist, als Adam, sein Geschöpf, sich für zufrieden erklärt. Die Zufriedenheit des Kunden legitimiert den Schneidermeister. Und wenn der Kunde zu schnell zufrieden ist, enttäuscht ihn der Schneidermeister zu des Kunden anfänglichem Erschrecken und lehrt ihn, was Qualitätsarbeit ist.

Im Garten stehen Bäume. Von allen dürfen Adam und Eva essen, nur vom Baum in der Mitte des Gartens nicht. Ist Gott so naiv, dass er erst erfahren muss, wie aufreizend ein Verbot wirkt? Die Sache läuft prompt aus dem Ruder; der Schöpfer muss Massnahmen ergreifen und tut das leider so, dass er seine Selbstcharakterisierung «Ich bin Gott und nicht irgendwer» (Hosea 11,9) Lügen straft. Der neue Anfang geht zu Lasten der Menschen; sie werden aus dem Paradies verbannt. Das Ansehen Gottes freilich nimmt dabei erheblichen Schaden. Denn fortan ist er nicht mehr fraglos Gott, sondern muss sich ziemlich umständlich erklären, ohne damit allgemein auf Vertrauen zu stossen.

Die Geschichte will sich perpetuieren: Verbot durch Gott, Übertretung durch die Menschen, Bestrafung durch Gott, und das immer erneut von vorn. So könnte es ad infinitum weitergehen, wenn's Gott nicht zu dumm würde. Er versucht es noch einmal anders und beginnt mit Abraham, in kleinerem Massstab, jedoch durchaus in globaler Absicht, eine neue Geschichte.

In der zweiten Generation nach Abraham ist schon wieder eine Sanierung nötig. Jakobs Sippe, in Not geraten, muss vor dem Hunger im magern kanaanäischen Südland Zuflucht suchen bei den Fleischtöpfen und Getreidesilos Ägyptens. Sklaverei für Essen, so lautet der Preis. Eine Blamage droht dem, welcher Abrahams Nachkommen Segen versprochen hat. Er kann's nicht zulassen. Darum steigt er herunter, schaut sich das Elend an und führt Israel in die Freiheit. Schon wieder ein Neuanfang, wenn er biblisch-redaktionell auch als Wiederholung und Wiederherstellung ausgegeben wird.

Es wird auch nach Exodus und Einzug im Gelobten Land in solchen Brüchen weitergehen. Das alles erweckt nicht den Eindruck, es sei ein Routinier am Werk. Es sieht eher nach dem Pfadfinder aus, der den Weg suchen muss und sich manchmal auch verläuft. Oder wie soll 586 v. Chr. verstanden werden, die Zerstörung Jerusalems und Deportation der obern Schichten durch die Assyrer? Dabei hatte Gott dem David ewige Dauer seines Königtums zugeschworen. Aber die Dinge scheinen Gott über den Kopf zu wachsen. Er muss die Bremse ziehen und zum wiederholten Mal neu beginnen. Wir erinnern uns an 70 n. Chr., als es mit dem nach der Rückkehr aus Babylonien wiederaufgebauten Jerusalem samt Tempel Schluss war, wenn vielleicht nicht für immer, so doch bis heute.

Und schliesslich Jesus. Noch einmal ein Anfang, wie die Evangelisten Markus und Johannes mit dem ersten beziehungsweise zweiten Wort ihres Evangeliums betonen. Zugleich versprechen sie, dass das der letzte sei. Gott hat endlich seine Linie gefunden; für Markus ist der gekreuzigte Jesus der Anbruch des Reiches Gottes, der Anfang der Vollendung von Gottes Plan.

Wie soll man all das verstehen? Improvisationen eines Überforderten? Hoffnungslose Löcherstopferei auf einem lecken Schiff? Oder als das unerschütterliche Qualitätsbewusstsein eines Meisters, der hohe Ansprüche an sich und sein Werk stellt, auch wenn's schwierig ist und mehr Arbeit gibt?

Der Meister, der mit seiner Arbeit nicht zufrieden ist, ist nicht zufrieden mit sich selbst. Stolz und Bescheidenheit in einem; es geht um das Werk. Er gibt sich selbst die Schuld am vorläufigen Misslingen und schiebt sie nicht ab, weder auf seine Gehilfen noch aufs Material. Beides wären faule Ausreden, die nicht von Meisterschaft, sondern von Feigheit zeugten. Mit einem eigenen Werk nicht zufrieden sein und nicht aufgeben, bis es vollkommen ist, das ist ein Zug der Meisterschaft. Pfuscher sind mit ihrem Werk schneller zufrieden als die Kunden. Nichtskönner wissen, wenn Komplikationen auftreten, nicht weiter und lassen das Angefangene liegen. Nur der Meister bleibt hartnäckig am Werk, bis es seinen Ansprüchen genügt. Denn er hat, zum Glück für die Kunden, seinen Stolz und seine Handwerkerehre.

Metapher und Legitimierung

Wer nicht selbstverständlich ist, muss sich legitimieren. Er muss sagen, wer er ist und warum er hier ist. Sich legitimieren, sagen, wer man ist, heisst nicht, sein Herz und Wesen enthüllen. Der Mensch kennt ja sein Herz und Wesen nicht; wie könnte er's enthüllen? Wer sich bis auf die Haut auszieht, weckt kein Vertrauen, sondern den Verdacht, seine Haut für sein Herz ausgeben zu wollen.

Sagen, wer man ist, heisst Referenzen beibringen, also Menschen und eigene Taten angeben, die für einen sprechen. Referenzen schaffen Vertrauen, das heisst Glauben.

Der in der Bibel bezeugte Gott bringt Referenzen bei; er erinnert an Geschichten und lässt Geschichten erzählen als Begründung des Vertrauens zu ihm. «Ich bin der HERR, dein Gott, der dich herausgeführt hat aus dem Land Ägypten, aus dem Sklavenhaus.» (Exodus 20,2) Es sind Geschichten, die von Menschen handeln und in denen Gott verborgen gegenwärtig ist.

Enthüllte Gott zuhanden der Menschen sein Herz und Wesen, legte das den Verdacht nahe, seine Verbundenheit mit den Menschen sei nicht ursprünglich, mache nicht sein Herz und Wesen aus, sondern sei sekundär. Jedoch wollen die beiden Schöpfungsmythen an Anfang der Bibel genau dies vermeiden. Gott tritt auf, als er mit der Schöpfung beginnt; es gibt kein Vorher und kein Darüber als Ort des Wesens Gottes. Darum sind Herz und Wesen Gottes den Menschen ebenso entzogen wie das eigne Herz und Wesen. Die Bibel begründet nicht, warum. Sie beginnt kommentarlos nicht mit Herz und Wesen Gottes, sondern mit: «Im Anfang schuf Gott

Himmel und Erde.» Das ist der Anfang der Referenzenliste Gottes, die ihn legitimieren soll.

Der biblische Gott ist nicht selbstverständlich. Wäre er's, brauchte er keine Referenzen beizubringen. Der biblische Gott ist wie jeder Gott unter Menschen umstritten. Selbstverständlich ist nicht einmal, ob es einen und nicht mehrere gibt, auch wenn in allem Polytheismus ein Zug zum Monotheismus zu finden ist.

Umstritten ist nicht, ob es ihn gibt oder nicht. Denn Gott ist der, der nicht nicht gedacht werden kann. Auch ein Atheist denkt Gott. Darüber lässt sich nicht streiten. Dass dennoch darüber gestritten wird, sagt nichts über die Rechtmässigkeit des Streits. Als ich in die erste Klasse ging, wollte ich der Lehrerin auch nicht glauben, dass zwei und zwei immer und überall vier sind. Freilich zweifelte ich, von heute aus gesehen, weniger an der Mathematik als an der Lehrerin, mit der ich auf Kriegsfuss stand.

So bezweifelt mancher, dass es einen Gott gibt. Er spricht jedoch, genauer besehen, Gott nicht die Existenz, sondern die Legitimität ab. Wie der, welcher sagt: «Ich habe keinen Vater.» Selbstverständlich hat er einen Vater und weiss das auch. Aber der Vater ist so schlecht, dass er in den Augen des Sohnes nicht legitimiert ist, sich Vater nennen zu lassen.

Dass nicht alle denselben Gott bekennen, zeigt, dass Gott zwar unvermeidlich, aber nicht selbstverständlich ist. Das ist er so lange nicht, wie die Schöpfung unvollkommen ist. Wäre sie vollkommen, brauchte sich ihr Schöpfer nicht zu legitimieren.

Gottes Unvermeidlichkeit und Gottes Legitimität müssen unterschieden werden, so wie des Menschen, beispielsweise des Vaters, Unvermeidlichkeit und Legitimität. Wenn ich unter einer Regierung stehe, heisst das noch lange nicht, dass sie meine legitime Regierung ist. Hierzu spricht Paulus in Römer 13,1 ein ungeschütztes Wort aus, mit fatalen Folgen: «Jedermann ordne sich den staatlichen Behörden unter, die Macht über ihn haben. Denn es gibt keine staatliche Behörde, die nicht von Gott gegeben wäre: die jetzt bestehen, sind von Gott gegeben.»

Jeder mit Gewalt an die Macht Gekommene möchte legitimiert werden und versucht, seine Legitimierung gewaltsam durchzusetzen. So tut manchmal auch der Gott der Bibel, etwa, wie schon gesehen, am Schluss des Hiobbuches. Man liest die letzten Kapitel, und es ist einem zumute wie nach einem fehlgeschlagenen Befreiungskampf. Das alte Regime ist wieder an der Macht; es wird die Schrauben noch mehr anziehen, und als sein Untertan kann man nur resigniert den Kopf senken.

Dass auch Paulus an eine gewaltsame Selbstlegitimierung Gottes denkt, wird deutlich in der bereits zitierten Stelle Römer 9,19ff. «Wer kann sich denn seinem [Gottes] Ratschluss widersetzen? O Mensch, wer bist du eigentlich, dass du mit Gott zu rechten wagst? Wird etwa das Werk zum Meister sagen: Warum hast du mich gemacht? Hat denn der Töpfer nicht Macht über den Ton?» Nicht zu überhören der resignative Unterton dieser Sätze.

Es ist wieder Anselms Trick. Eine Scheinlegitimierung Gottes. Wunschdenken des Potentaten, das er sich von seinen Untertanen an der Urne bestätigen lassen will. Doch wird er dadurch nicht deren Vertrauen erwerben und also auch keine Legitimität.

Vertrauen lässt den Urgrund Urgrund und das Wesen Wesen sein. «Quae supra nos nihil ad nos», soll Sokrates gesagt haben. Luther zitiert es öfter und zwar im Sinn von: Was jenseits des uns von Gott gezogenen Horizonts liegt, geht uns nichts an, denn es dient nicht dem Vertrauen. Der enthüllte Gott, der *Deus nudus*, kann nicht der Gott unseres Vertrauens sein, weil er der Gott unseres Wissens wäre. Vertrauen ist zwar auf Wissen angewiesen, aber es übersteigt das Wissen. «Der Friede Gottes übersteigt alles Verstehen» (Philipper 4,7).

Der biblische Gott legitimiert sich durch Metaphern. Das heisst durch menschliche Geschichten, in denen er verborgen gegenwärtig ist.

Nondum considerasti?

Und die Sünde? Selbstverständlich die Sünde. Wo ein Gesetz ist, ist auch Sünde. Denn wo ein Gesetz ist, wird dagegen verstossen, sonst brauchte es kein Gesetz. Das Gesetz ist der Hag, aufgestellt, nachdem die Ersten schon durchs Blumenbeet getrampelt sind. Die Sünde wuchert wie das Unkraut auch zwischen den schönsten Blumen. Die Liebe zum einen ist die Lieblosigkeit gegen den andern. Wie bei denen, die um ihres Freundes willen das Dach des Hauses abdeckten, wo Jesus war (Markus 2). Was werden die gesagt haben, die zuvorderst an der Tür standen und schon lange warteten?

Selbstverständlich ist die Sünde nicht zu vergessen. «Nondum consoderasti quanti ponderis sit peccatum?» (Hast du niemals erwogen, wie gewichtig die Sünde ist?) Anselm hat's uns eingeschärft. Luther nicht minder. Er wollte die Sünde gross machen («magnificare peccatum», Luther, *Römerbriefvorlesung*, S. 157), auf dass man nicht mit Gott ins Markten gerate wie im Kinderspiel: «Und was, wenn die Sünde noch grösser ist?» Darum Rechtfertigung des Gottlosen. Des Gottlosen, des bewusst, willentlich, mit Absicht oder nicht Gottlosen, dessen, der auf jeden Fall Strafe verdient. Das «Evangelium von der Rechtfertigung des Gottlosen als Zentrum des christlichen Glaubens» (Eberhard Jüngel).

Nur dass ich noch nie einen willentlich Gottlosen gesehen habe. Die willentlich Gottlosen sind unwillentlich Gottlose, aus Unwillen über Gott, aus Krankheit an Gott. Trotzdem: Wer könnte die Sünde vergessen?

Jedoch: Redet die Geschichte vom abgedeckten Dach nicht eher von Mangel? Auch die Liebe hat nur zwei Augen und nicht den Kopf rundum voll wie Argus. Und der die Tempolimite überfährt – ist er nicht das Opfer seiner naiven Freude am schnellen Auto oder der Verspätung, die er einholen will? Hitler, dessen Name man lieber ausspiee – war er nicht von einem unreinen Geist besessen?

Das Gesetz, so ist zu sehen, wenn wir konkret hinschauen, setzt weniger notorische Bösewichte voraus, wie ihm Paulus unterstellt. Das Gesetz meint eher Leute, die Leitlinien nötig haben, damit sie sich in ihren Mängeln nicht verlaufen, an der Verblendung durch die Vielfalt der Möglichkeiten nicht scheitern, nicht die Opfer des Verführerischen werden, das sich als Böses herausstellt. «Führe uns nicht in Versuchung.» Die den Teufel erfunden haben, hatten ein Stück weit recht. Das apodiktische Recht ist dafür Zeuge. Es lässt sich mit der Kasuistik, der an Satisfaktion und Sühnopfer gelegen ist, nicht unter einen Hut bringen. Dekalog und *ius talionis* sind zwei verschiedene Welten.

Der Teufel, der Böse, der Bösewicht – er ist ein Wicht. Keine Substanz. Blosse, nackte Negation. Ein Nichts wie die Götzen (Psalm 96,5). Der Inbegriff des Götzen. Die Lücke, wo etwas sein müsste. Ein schwarzes Loch. Löcher entwickeln einen Sog wie die fleischfressende Pflanze aufs Insekt. Man muss aufpassen, nicht hineingezogen zu werden. Wie in den Abgrund, der sich im Gebirge vor dir auftut. Bist du sicher, dass du nicht springst?

Den Bösen gibt es nicht. Der Teufel ist ein Hochstapler. Aber immerhin haben Hochstapler schon Konzerne zum Einsturz gebracht. Der Teufel ist ein Hungerleider. Hunger nach Anerkennung, krankhafter Hunger nach Macht. Fall für eine Heilungsgeschichte im Markusevangelium wie die unreinen Geister. Der Teufel ist nicht nur Mängelwesen, er ist der Mangel selbst. Das negative Luftwesen. Der unreine Geist, der lieber in die Schweine fährt und mit ihnen ersäuft, als geheilt zu werden. An ihm gibt's nichts zu heilen, da er das Nichtige ist. Das Böse hat kein spezifisches Gewicht.

Warum wehren sich die Theologen, seit Paulus über Augustin, Anselm, Luther bis heute so vehement gegen die Schwerelosigkeit des Bösen? Woher ihr Eifer, Gross- und Schwermacher der Sünde zu sein? Warum wollen sie's nicht den Mangel schlechthin sein lassen? Weil Gott dadurch ins Zwielicht geriete! Aber ist Gott etwa nicht in noch ganz anderem Zwielicht, seit Jesus am Kreuz protestierend Psalm 22 zitierte? Und ist das nicht die Aufnahme des Protestes Hiobs, bevor ihm besserwisserisch orthodoxe Redaktoren von der Art seiner Freunde inklusive Elihus das Protestieren austrieben?

Markus, das ist nicht zu übersehen, hält die Sünde für eine Krankheit, ein «dem AT vertrauter Gedanke» (ThWBNT, S. 288). Und das Verhalten des Petrus hält er für Mangel an Mut oder Charakter. Mängel allenthalben. Mängel sind Krankheiten. Krankheiten resultieren aus dem Mangel an Abwehrstoffen. Sie bedürfen nicht der Strafe, sondern der Therapie.

Bei Markus sind es Heilungen im Horizont des kommenden Heils. Das Wort spannt den Horizont auf, die Heilung ist stückwerkhafte Gegenwart des Heils. Gemeint ist nicht Wiederherstellungen des ursprünglichen Zustands: Gesund gewesen, krank geworden, verarztet und wieder gesund. Darum doch in Markus 2 die Alternative zwischen Sündenvergebung und Heilung! Die Sündenvergebung restituiert den Zustand Adams vor dem Fall. Die Heilung, das Heil vollendet Adam zu einem, wie ihn noch kein Ohr gehört und kein Aug gesehen hat. Was der Menschensohn mit grosser Macht und Herrlichkeit auf den Wolken daherbringt, ist nicht das Gehabte, sondern das Vollkommene. «Siehe, ich schaffe Neues, schon spriesst es.» (Jesaja 43,19)

Nicht einmal das Zeichen des Jona

Er ist der Einzige, der es strikt und stur durchhält und sich keinerlei Ausflug in den Mythos gestattet, auch nicht zum Zweck der Legitimierung. Bei ihm gibt es keinen Blick in das uns Entzogene, weil sich sonst entfernte, was verborgen gegenwärtig ist. Keiner ist so konsequent wie er. Auch Paulus nicht, der grossen Wert auf Erscheinungen des Auferstandenen legt, nicht zuletzt um der eigenen apostolischen Legitimität willen. Markus als einziger Evangelist erwähnt keine Erscheinung; er erzählt auch nicht deutlich vom leeren Grab. Er nennt dafür ausdrücklich keine männlichen Zeugen; nur solche wären zeugnisfähig gewesen. Und von den drei Frauen, die am Ostermorgen zum Grab kommen, ist nichts Eindeutiges zu erfahren ausser, dass der Stein am Eingang weggewälzt war. Sie können nicht behaupten: «Wir haben den Herrn gesehen.» Nicht einmal, dass das Grab wirklich leer gewesen sei, wird als Tatsache hingestellt. Und um zu unterstreichen, dass darauf kein Vertrauen zu gründen sei, verschliesst Markus den dreien zuletzt den Mund durch Angst und Entsetzen. Sie sollen den Jüngern eben nicht das leere Grab verkünden, sondern «dass er euch vorausgeht nach Galiläa. Dort werdet ihr ihn sehen, wie er euch gesagt hat.» (Markus 16,7) Wir sind noch nicht im Gelobten Land. Erst der Auszug ist beendet. Jetzt beginnt der Einzug mit dem Gang durch den Jordan. Noch ist nicht der grosse Friede ausgebrochen. Im Gegenteil: Jetzt wird's richtig turbulent.

Dass Markus Paulus, wenigstens Briefe von ihm und sein Beharren auf einer Erscheinung des Auferstandenen, nicht gekannt hätte, ist äusserst unwahrscheinlich, von den Geschichten über Erscheinungen vor Petrus und andern zu schweigen. Es macht ja schon bei Paulus den Eindruck, wer aus der Sicht der Nachgeborenen in der ersten Generation der Christen etwas habe gelten wollen, habe eine Erscheinung des Auferstandenen vorweisen müssen. Nicht für Markus. Er verliert über all diese Geschichten kein Wort. Sein «Galiläa» kennt keine geschehenen Erscheinungen, nur die eine verheissene kommende, eschatologische, wenn der Menschensohn mit grosser Macht und Herrlichkeit kommt, aller Welt sichtbar. Dann ist der Einzug beendet und das Reich Gottes auf Erden gekommen. Vorher ist der Auferstandene für niemanden sichtbar, auch nicht für Apostel. Denn wir «gehen noch unsern Weg» und das heisst «im Glauben, nicht im Schauen» (2. Korinther 5,7). Hierin ist Markus paulinischer als Paulus und entlarvt die Erscheinungsbehauptung als einen untauglichen Versuch der Selbstlegitimeriung. Denn wer «den Herrn gesehen» hat (1. Korinther 9,1), gibt in des Markus Augen vor, zu besitzen, was wir noch nicht besitzen können.

Den Herrn gesehen zu haben ist aber für Paulus wie für viele in der ersten Generation die entscheidende Legitimitätsfrage. Legitimität wofür? Dafür, dass er unter den Christen etwas Ausgezeichnetes ist; er nennt es «Apostel». Wenn doch alle Christenmenschen zu «Heiligen Berufene» oder vielleicht doch deutlicher «berufene Heilige» sind (Römer 1,7), kann es dann noch etwas darüber hinaus geben? Einen, «der durch den Willen Gottes zum Apostel Christi Jesu berufen wurde» (1. Korinther 1,1)? Zwischen den beiden Aussagen liegt jedenfalls viel Potenzial für Missverständnisse, Amtsphantasien und anmassende Machtansprüche. Ist es legitim, eine spezielle Berufung zu einem besonderen Amt neben der allgemeine Christenberufung zu postulieren? Markus ist entschieden der Meinung: nein, und räumt radikal damit auf. Schon durch die Art, wie er Petrus und seine Kollegen schildert. Was für eine Hintansetzung, dass keiner von ihnen gewürdigt wird, Zeuge des leeren Grabes zu sein! Frauen sind dort. Die wollen lediglich einen weissgewandeten Jüngling gesehen haben und nicht den Herrn selbst.

Es gibt kein Zeichen vom Himmel (Markus 8,11–13). Nicht einmal das Zeichen des Jona wie bei Matthäus und Lukas. Und es ist auch deutlich, warum es das Zeichen des Jona bei Markus nicht gibt. Weil die Jonageschichte, als solches genommen, auf Tod und Auferstehung Jesu gemünzt wird, als wäre die Auferstehung zu «haben» wie die Verschlingung und Rettung Jonas. «Und der HERR liess einen grossen Fisch kommen, der Jona verschlingen sollte. Und drei Tage und drei Nächte lang war Jona im Bauch des Fisches. […] Und der HERR sprach zum Fisch, und dieser spie Jona aufs Trockene» (Jona 2,1 und 11).

Schade dennoch, dass Markus nicht vom «Zeichen des Jona» redet. Denn der Akzent liegt ja in der Jonageschichte nicht darauf, dass der Fisch den unwilligen Propheten wohlbehalten an Land speit, wie Matthäus und Lukas voraussetzen, sondern, dass Jona nach Ninive geht, «in die grosse Stadt», ihr die Botschaft zuzurufen, «die ich dir sage» (Jona 3,2f.). Das ist genau, was Markus meint. Es gibt keinen Beweis der Auferstehung Jesu. Es gibt nur das eine Zeichen, dass die Glieder seiner Gemeindeversammlung «nach Galiläa» gehen, um allen die Mitteilung zu machen. Markus nennt sie im Titel seines Buches «das Evangelium», die glückliche Mitteilung. Das ist die einzige Sichtbarkeit des Auferstandenen, bis er auf den Wolken kommt mit grosser Macht und Herrlichkeit.

Auch hier bleibt Markus konsequenter paulinisch als Paulus selbst. Denn Paulus, wenn er die christliche Gemeindeversammlung den «Leib Christi» nennt (1. Korinther 12,27), macht nur indirekt, vor allem durch die Paränese, die ethischen Ermahnungen, deutlich, dass es sich um den gekreuzigten, zerrissenen Leib des Auferstandenen handelt. Und redet zwar von der eigenen Schwachheit (2. Korinther 12), stellt sich aber dennoch als moralisches Vorbild hin. Die Apostel bei Markus taugen nicht zum Vorbild.

Es gibt nur eine Legitimierung Jesu, und das ist sein Tod. Denn Legitimität ist eine Frage der vorläufigen Welt. Und die steht unter dem logisch nicht zu erklärenden, jedoch unvermeidlichen Gesetz des «Müssens». «Der Menschensohn muss vieles erleiden und von den Ältesten und den Hohen Priestern und den Schriftgelehrten verworfen und getötet werden und nach drei Tagen auferstehen.» (Markus 8,31) Die stärkste Legitimierung unter den Bedingungen der vorläufigen Welt ist es unbegreiflicherweise, wenn einer für seine Sache das Leben lässt. Und zwar nicht nur «für seine Freunde» (Johannes 15,13), sondern für alle, wie es die Sache Jesu, das kommende Reich Gottes, ist.

Nur das, nichts Überirdisches, das notgedrungen mythisch werden und dadurch in die Ferne rücken muss, kann Vertrauen schaffen. Darum gibt es für die Legitimität Jesu, des Gekreuzigten und Auferstandenen, nur ein Zeichen: das Vertrauen derer, die in seinem Namen versammelt sind. Ein Vertrauen, das sich den Geschichten von Jesus, dem mit Wort und Tat verkündenden und Wort und Tat durch seinen Tod legitimierenden verdankt. Deshalb schreibt

Markus sein Evangelium, das auf die Kreuzigung hinausläuft und auf den Protestruf Jesu am Kreuz: «Mein Gott, mein Gott, warum hast du mich verlassen!»

Markinische Christologie

«Anfang des Evangeliums von Jesus Christus» (Markus 1,1). Am Anfang des Evangelienbuchs ist diese Anfangsfeststellung vielleicht besser zu übersetzen mit: «Begründung, warum Jesus als der Christus verkündet wird». Die Geschichten, welche Markus erzählt, wollen das Vertrauen begründen, dass Jesus von Nazaret der Christus ist. Und zwar trotz seines Protestschreis am Kreuz. Im Gegenteil: Dass er für die Verkündigung des ankommenden Reiches Gottes schmerzlich das Leben lässt, macht diese und ihn als Christus vertrauenswürdig.

Der Christus ist der Ankünder des Reiches Gottes, und er wird, wenn er mit grosser Macht und Herrlichkeit kommen wird, der Bringer des vollendeten Reiches Gottes sein. Markus will offensichtlich vermeiden, was bei Paulus – siehe den Christushymnus in Philipper 2 – bereits geschehen ist und schliesslich zur klassischen Trinitätslehre führen wird, dass nämlich der Christus Jesus von der Seite der Menschen auf diejenige Gottes wechselt und aus ihm eine mythische Gestalt wird. Dann hätten wir in ihm nicht mehr den Menschen neben und mit uns, sondern ein göttliches Gegenüber. Darum die Benennung Jesu als «Menschensohn», darum nichts, was die Differenz zwischen Jesus und Gott am Kreuz relativierte oder gar aufhöbe. Er soll, besonders im Konflikt mit Gott, unser Nächster bleiben.

Dass Jesus wahrhaft der Christus, Gottes gesalbter Bote für die Welt und der Anfang des Reiches Gottes ist, wird, wie seine Auferweckung aus dem Tod, erst zweifelsfrei klar, wenn er die Fülle des Reiches Gottes bringt (Markus 13,10). Das Reich ist aber nicht sein Reich, sondern «das Reich unseres Vaters David» (Markus 11,10), welcher der Vater Jesu wie derer um ihn her ist.

Die Schriften sollen erfüllt werden

Schriftgemäss will jede christliche Theologie sein. In der Übereinstimmung mit der Heiligen Schrift besteht ihre Legitimität.

Schriftgemässheit wird meistens als die Methode verstanden, die Wirken und Schicksal Jesu im Neuen Testament nach Massgabe des Alten interpretiert. Anhand alttestamentlicher Belege wird nachgewiesen, «dass es so kommen musste», wie im Neuen Testament berichtet. Die Methode funktioniert nach dem Schema von Verheissung und Erfüllung: Was im Alten Testament prophezeit ist, tritt im Neuen ein. Sie wird «Schriftbeweis» genannt.

Der Schriftbeweis erscheint uns heutigen Bibellesern als ein Vorgang innerhalb der Schrift. Und zwar als einer auf Gegenseitigkeit. Altes und Neues Testament «beweisen» einander gegenseitig. Das Alte beweist, dass das Neue Testament die Erfüllung einer Verheissung ist. Das Neue beweist, dass die Verheissung des Alten Testaments nicht getrogen hat. Der Schriftbeweise spielt sich ganz innerhalb der Schrift ab.

Das ist mindestens für den Evangelisten Markus anders. Die Jesusüberlieferung war ja noch nicht verschriftlicht, jedenfalls noch nicht so verpflichtend, dass vormarkinische Schriften – mit der einen Ausnahme der Paulusbriefe – als solche Bestandteile des Neuen Testaments geworden wären. Die Jesusüberlieferung galt also vor Markus noch nicht als «Schrift» im qualifizierten Sinn. Sie war «Welt». Im Schriftbeweis interpretierte ursprünglich nicht die Schrift sich selbst («Sacra scriptura sui ipsius interpres», Luther, *Assertio*, S. 97), sondern die (alttestamentliche) Schrift legitimierte die Welt (Jesusüberlieferung), und die Welt (Jesusüberlieferung) legitimierte die (alttestamentliche) Schrift. Für den Kanon der Heiligen Schrift bedeutet das: Er ist kein Kosmos, auch kein geschlossenes Lehrsystem; er genügt sich nicht selbst. Er ist auf die Welt ausserhalb seiner verwiesen und angewiesen ebenso wie diese auf ihn.

Das hat entscheidende Folgen für die Anwendung des Schriftbeweises. Der Schriftbeweis als innerbiblische Methode setzt profundes biblisches Wissen voraus. Die Auslegung der Schrift ist darum Sache der Schriftgelehrten. Wenn die Schrift ihr eigener Ausleger ist, also sich selbst genügt, bedarf sie zu ihrem Selbstverständnis der Welt nicht. Aber die Welt bedarf der Schrift, um sich richtig zu verstehen. Die Schrift interpretiert autoritativ die Welt. Die Welt muss sich von den Schriftgelehrten sagen lassen, was gilt.

Der so verstandene Schriftbeweis ist eine Methode der Schriftgelehrten, der Wissenschaft, nicht des Volks auf Markt und Strasse. Deswegen erstaunt es nicht, dass Markus, besonders im Vergleich mit Matthäus, zurückhaltenden Gebrauch davon macht.

Zweimal kommt der Schriftbeweis bei Markus ausdrücklich als schriftgelehrter Beweis vor, einmal (Markus 14,49 bei der Gefangennahme Jesu) als Grundsatz, einmal als ausgeführter Beweis (Markus 15,28 bei der Kreuzigung). Beim ausgeführten Beweis, in Markus 15,27, sind die zwei Räuber erwähnt, die mit Jesus gekreuzigt werden. Der anschliessende Vers heisst: «Da ging das Schriftwort in Erfüllung: Und zu den Missetätern wurde er gerechnet.» Es ist der einzige ausdrückliche Schriftbeweis im Markusevangelium.

Die Zürcher Übersetzung von 2007 bringt Markus 15,28, nur als Fussnote, da der Schriftbeweis «wohl von Lukas 22,37 übernommen» worden sei. Aus inhaltlichen Gründen neigt man zunächst zum Widerspruch. Markus betont bei der Kreuzigung die Niedrigkeit Jesu. Sonst liesse er den Protestruf Jesu bei Markus 15,34 nicht stehen ohne Abschwächung und ohne Hinweis darauf, dass es sich um ein Psalmenzitat handelt. Dazu passt scheinbar dieser Schriftbeweis. Jedoch ist Markus 15,34 gerade ein Argument dafür, Markus 15,28 für nicht ursprünglich markinisch anzusehen. Denn durch den Schriftbeweis wird die Erniedrigung Jesu mit einer kanonischen Würde versehen, die ihr die Anstössigkeit nimmt. Die Erniedrigung erscheint durch den Schriftbeweis als verkleideter Hoheitsakt, Handlungselement in einem Ablauf, dessen siegreiches Ziel feststeht. Keine restlose Solidarität mit den Erniedrigten, nur beschränkte. Herunterlassung (Kondeszendenz), die nicht ganz unten ankommt, ähnlich wie im Christushymnus von Philipper 2. Darum stünde die durch den Schriftbeweis «erhöhte» Kreuzigung in Widerspruch zu dem – durch die aramäische Fassung ausdrücklich nicht als Psalmenzitat charakterisierten – Ruf Jesu. Und darum haben die Übersetzer der Zürcher Bibel von 2007 jedenfalls inhaltlich Recht, den Vers 15,28, der zudem in manchen alten Handschriften fehlt, in die Fussnoten zu verweisen.

Wenn der einzige im Markusevangelium ausgeführte Schriftbeweis also wahrscheinlich nicht auf den Evangelisten zurückgeht, kann man vermuten, dass Markus den Schriftbeweis meidet.

Damit steht nicht in Widerspruch, dass im Markusevangelium Jesus dreimal die Schrift als Beleg zitiert. Einmal in Markus 12,10f., in der Geschichte von den bösen Weingärtnern, und zweimal in Markus 12,18–27, einer Diskussion Jesu mit Sadduzäern um die Auferstehung der Toten. Alle drei Stellen sind dem Laien Jesus in den Mund gelegt. Der Schriftbeweis ist kein Monopol der Schriftgelehrten; der Laie Jesus verwendet ihn und widerlegt damit die Fachleute. Denn erstens steht die Schrift, im Gegensatz zum Tempel mit seinen Ständen der Geldwechsler und Taubenverkäufer, allen offen, worum Markus sich ja mit Form und Stil seines Buches besonders bemüht. Und zweitens muss Jesus sich und sein Evangelium nicht durch das Alte Testament und darum auch nicht durch das Schema Verheissung und Erfüllung legitimieren lassen. Das zeigen die Heilungsgeschichten. Sie nehmen ohne vorherige Uminterpretation das Begehren der Kranken auf und geben ihm durch die Heilung eine neue Dimension. Aber es wird nicht, wie beim schriftgelehrten Schriftbeweis und bei der Sünden- und Gnadenlehre des Paulus das Begehren des Menschen in einen Argumentationsrahmen hineingestellt, bevor darauf geantwortet werden kann.

«Aber die Schriften sollen erfüllt werden.» (Markus 14,49) Die einzige sichere Stelle, an der im Markusevangelium auf das Schema von Verheissung und Erfüllung angespielt wird: bei Jesu Verhaftung. Zugleich das letzte Wort Jesu an seine Jünger. Kein Schriftbeweis. Weder so, dass Jesu Verhaftung und Hinrichtung die Erfüllung einer einzelnen Stelle des Alten Testaments wären, noch so, dass überhaupt schon von Erfüllung geredet werden könnte. Die Erfüllung steht noch aus. Und auch Ostern wird sie nicht sein. Die Legitimierung Jesu und Gottes – und auch der Menschen – ist erst vollständig und fraglos und darum hinfällig, wenn Gottes Reich gekommen und Gottes Schöpfung vollkommen ist.

IV

Familie und Legitimität

Die Familie, die biologische wie die soziologische, ist kein Kosmos, sondern eine Geschichte mit Fortsetzung. Als solche ist die Familie die erste Legitimiererin des Menschen. Sie ist der Raum, worin der Mensch zuerst aufhört, illegitim zu sein. Die Mutter nimmt ihn selbstverständlich an und nährt ihn; der Mann an ihrer Seite erklärt den Menschen zu seinem Kind und sich zu seinem Vater.

Die Legitimität des Kindes ist für die Eltern normalerweise so selbstverständlich, dass es ihnen kaum in den Sinn kommt, sie könnten das Kind legitimieren müssen, indem sie sich ihm gegenüber legitimieren. Sie tun es aber fortwährend. Am schwierigsten ist es für die ältern Kinder. In ihren Augen ist das Neugekommene zunächst illegitim. Sie müssen lernen, es als legitimes anzunehmen.

Die Literatur ist der Exempel voll, wie schwierig es für die Familie ist, sich nicht als abgeschlossenen Kosmos zu verstehen, sondern ein von aussen neu Gekommenes als legitimes Glied anzunehmen. Die Bibel weiss, warum der Mann seinen Vater und seine Mutter verlässt, um seiner Frau anzuhangen (Genesis 2,25). Transmigration, wie sie bei Abraham im Grossen geschah, geschieht alltäglich im Kleinen, nicht weniger Einschneidenden.

Das Neugekommene muss, um Vertrauen zu verdienen und legitimiert zu werden, den Code der Familie so weit annehmen, dass er zwar verändert, jedoch nicht gesprengt wird. Und die Familie muss, was ihren Code betrifft, ohne ihn aufzugeben, so flexibel sein, dass das Neugekommene darin Platz hat und legitimiert werden kann. Nur durch solche Flexibilität ist die Familie stark genug, die vielfältigen Transmigrationen, die ihr zugemutet werden, zu bestehen, ohne dass eines ihrer Mitglieder verloren geht.

Um gegenseitig Vertrauen, Legitimität also, zu verdienen und geschenkt zu bekommen, bedarf es der gemeinsamen Geschichte. Es kann von niemandem erwartet werden, dass er sofort Vertrauen verdient. Und es kann niemand erwarten, dass er sofort Vertrauen geschenkt bekommt. Der Einbruch eines von aussen Kommenden in die Familie wird von deren Mitgliedern als Gewalttat eines Souveränen – der Liebe – erfahren, analog der Gewalttat, durch die staatliche Legalität zustande kommt.

Im Vergleich mit dem gewaltsamen Einbruch der staatlichen Souveränität in die Bürgerschaft ist der Einbruch der Souveränität der Liebe in die Familie dadurch abgefedert, dass ihr die Geschichte mindestens eines ihrer Mitglieder mit dem neu dazu Kommenden vorausgeht. Diese Geschichte ist meistens der Empfehlungsbrief zugunsten des neu dazu Kommenden.

Die Geschichte der Liebe muss es sich gefallen lassen, in die Familiengeschichte integriert zu werden, und die Familiengeschichte muss sich den Anspruch der Geschichte der Liebe gefallen lassen, in die Familie als Geschichte integriert zu werden. So bleibt die Familie als Geschichte durch fortlaufende Veränderung sie selbst und damit die Legitimierung ihrer Mitglieder.

Es ist die Liebe, die dieses Bleiben durch Veränderung vor dem resignativen Zynismus bewahrt, es müsse sich alles verändern, damit alles beim Alten bleibe. Die Familie bleibt nicht beim Alten; sie bleibt sich selbst, indem sie sich auf das Neue einlässt und durch es neu wird.

Die altkirchlichen Bekenntnisse

Der zweite Artikel des sogenannten Apostolischen Glaubensbekenntnisses, das älter ist als das Bekenntnis von Nicäa, heisst:

> «Und [ich glaube] an Jesus Christus,
> seinen eingeborenen Sohn, unsern Herrn,
> der empfangen ist vom Heiligen Geist,
> geboren von Maria, der Jungfrau,
> gelitten unter Pontius Pilatus,
> gekreuzigt, gestorben und begraben,
> niedergefahren zur Hölle,
> am dritten Tag wieder auferstanden von den Toten,
> aufgefahren gen Himmel,
> sitzet zur Rechten Gottes, des allmächtigen Vaters,
> von dannen er kommen wird zu richten
> die Lebendigen und die Toten.»

IV

Im Nicänischen Glaubensbekenntnis, 325 auf Befehl Kaiser Konstantins festgelegt vom Konzil von Nicäa, beginnt der zweite Artikel so:

«Und [wir glauben] an den einen Herrn Jesus Christus,
den Sohn Gottes,
der als Einziggeborener aus dem Vater gezeugt ist,
Gott aus Gott, Licht aus Licht,
wahrer Gott aus wahrem Gott,
gezeugt, nicht geschaffen,
eines Wesens mit dem Vater,
durch den alles geworden ist, was im Himmel und was auf Erden ist,
der für uns Mensch und wegen unseres Heils herabgestiegen und Fleisch geworden ist,
Mensch geworden ist,
gelitten hat und am dritten Tag auferstanden ist,
aufgestiegen ist zum Himmel,
kommen wird um die Lebenden und die Toten zu richten […].»

In den altkirchlichen Bekenntnissen fehlt, was im Markusevangelium und in seinem Gefolge bei den andern beiden Synoptikern – wenn auch dort schon mit etwas verändertem Stellenwert – Inhalt des Evangeliums ist und durch den Tod Jesu gesiegelt, legitimiert wird: Jesu Ankündigung des Reiches Gottes und seine Heilungshandlungen. Jesus hat in den Bekenntnissen seine Legitimität als «Christus» (Markus 1,1) nicht mehr darin, dass er das Kommen des Gottesreiches ausruft und den Ruf durch seinen Tod legitimiert, was der Anfang des Gottesreiches ist. Jesu Legitimität besteht jetzt darin, dass er in einem einzigartig vorgeschichtlichen, himmlischen, mythischen Verhältnis zu Gott steht. Das geht im Bekenntnis von Nicäa so weit, dass die Herabkunft Jesu Christi von jeglicher geschichtlichen Anspielung frei ist; Maria fehlt ebenso wie Pontius Pilatus. Die Synode von Konstantinopel (381), die das Bekenntnis von Nicäa sonst fast wörtlich übernimmt, sieht sich genötigt, die zwei Namen einzufügen, damit der, welcher für uns Menschen herabgestiegen und Fleisch geworden, Mensch geworden ist, auch ein wenig irdische Kontur habe.

Das Vertrauensverhältnis besteht in den altkirchlichen Bekenntnissen nicht mehr aus zwei Parteien, die einander unter einem Dritten, einer Bedingung, begegnen und vertrauen, wie etwa bei der Heilung des blinden Bartimäus in Markus 10,46ff. In den altkirchlichen Bekenntnissen gibt es nur noch die zwei Parteien, von denen die eine, Jesus, die Bedingung und der Inhalt des Vertrauens ist, je mehr er zur göttlichen und damit notwendigerweise mythischen Person wird, desto ausschliesslicher. Die Gewichtsverlagerung ist im Vergleich zwischen dem Apostolischen Bekenntnis und dem von Nicäa-Konstantinopel augenfällig. Der Jesus des Apostolicums steht uns viel näher als der des Nicäno-Konstantinopolitanums, der in himmlische Ferne gerückt ist, dort seinen gesetzlichen Wohnsitz hat und bloss zu einer Stippvisite auf die Erde kommt. Wo die Legitimierung durch menschliche Geschichten fehlt, muss Jesus mythologisch als der Christus legitimiert werden.

Der Evangelist Johannes sähe es geradezu als eine Beschränkung der Hoheit Jesu an, ihn mit seinem menschlichen Gegenüber unter ein gemeinsames Drittes zu stellen. Vielmehr stehen hier der Vater und der Sohn unter dem Dritten gemeinsamer Gottheit. Durchs Markusevangelium aber läuft das rätselhafte «Muss», das vor allem im Zusammenhang der Leidensgeschichte hervortritt, und dem auch Jesus sich unterzieht (Markus 8,31). Er tut es, weil nur so das von ihm angekündigte Kommen des Reiches Gottes die unter den Bedingungen dieser Welt stärkstmögliche Legitimierung erhält. Krassester Ausdruck dieser schmerzlichen Notwendigkeit, sich zu unterziehen, ist der Streit Jesu mit Gott am Kreuz.

Bei Johannes gibt es nichts, dem sich Jesus unterziehen müsste und weswegen er mit Gott in Streit geraten könnte. «Es ist vollbracht» (Johannes 19,30) ist ebenso eine Aussage souveräner Hoheit, wie das Kreuz Erhöhung ist. Beides steht an der Stelle des Protestrufs Jesu, den Johannes unterschlägt. Damit liegt im Johannesevangelium gewaltsame Selbstlegitimierung vor, in welcher ein Mächtiger allein kraft seiner Übermacht Vertrauen für sich fordert. Solches Vertrauen ist keines. Die «Legitimität», die aus gewaltsamer Selbstlegitimierung resultiert, ist allenfalls Legalität. Aus dem Bekenntnis des Glaubens wird ein Gesetz. Genau das ist in Nicäa und den folgenden Synoden geschehen.

Monotheismus

«Höre, Israel: Der HERR, unser Gott, ist der einzige HERR.» (Deuteronomium 6,4)

«Auch wenn da vieles ist, was Gott genannt wird, sei es im Himmel, sei es auf der Erde, – es gibt ja viele Götter und viele Herren –, so gibt es für uns doch nur einen Gott, den Vater, von dem her alles ist und wir auf ihn hin, und einen Herrn, Jesus Christus, durch den alles ist und wir durch ihn.» (1. Korinther 8,5f.)

«Ein Herr, ein Glaube, eine Taufe, ein Gott und Vater aller, der da ist über allen und durch alle und in allen.» (Epheser 4,5f.)

Das Kind hat *einen* leiblichen Vater. Soll es ein Vertrauensverhältnis zu ihm und zur Väterlichkeit entwickeln können, braucht es einen einzigen Mann, der sich als sein Vater erklärt; selbst wenn er's biologisch nicht wäre.

Wie gefährdet das Selbstbewusstsein des Menschen ist, wenn die eine väterliche Person fehlt, erzählt ebenso drastisch wie differenziert Jeremias Gotthelf in seinem ersten Roman *Der Bauernspiegel*, erschienen 1837. Mias, der Protagonist, ist ein Verdingkind; er kommt als «Güterbub» zu Bauern. «Schon war ich ganz einheimisch und wohlauf, als ich eben am dritten Abend den Bauern vor dem Stall sitzen sah, gerade wie der Vater es auch zu tun pflegte; ich spielte nicht weit davon, und der nachälteste Knabe stand beim Vater. Der Anblick heimelte mich, ein unwillkürlicher Zug riss mich zum Bauern hin, ich kletterte auf seine Knie und fragte ihn: ‹Ätti, hesch mi o lieb?› Ehe dieser noch antworten konnte, riss mich der Knabe herunter, stiess mich weg und sagte: ‹Das ist nit dy Ätti, du bist nume dr Bueb!›»

Weil er keinen Vater mehr hat, hat Mias auch keinen Namen mehr. «[…] nur eines ärgerte mich, dass man mir nämlich nie den Taufnamen gab, sondern dass ich nur der Bub hiess. Später erst merkte ich, dass ein auf ein Gut verdingtes Kind jeglichen Namen verliert, um Bub oder Güterbub zu heissen, das heisst, um ein Mensch zu werden, der niemandem mehr auf der ganzen Welt angehört als dem Gut, auf welchem er verpflegt wird.»

Der Mensch, der niemanden Vater nennen darf und deshalb auch keinen Namen hat, – denn der Vater ist es ja, wie Gotthelf in der Rahmenhandlung der *Schwarzen Spinne* zeigt, der sein Kind legitimiert, indem er bei der Taufe dessen Rufnamen öffentlich mit seinem Familiennamen kopuliert – ist Giorgio Agambens *homo sacer*, dieses namenlose «nackte Leben» vor der Gewalt der «souveräne[n] Macht», wie der Untertitel von Agambens Buch sagt. Damit der Mensch kein *homo sacer* sei, sondern eine konkrete Person, die einen Namen trägt, braucht er einen Vater, der einen Namen hat, den Menschen beim Rufnamen ruft und diesen mit seinem, des Vaters Familiennamen legitimiert. Das kann nur ein konkreter Namensträger tun; ein Plural kann es nicht, auch nicht eine Sippe.

Soll er vom «Bub» und *homo sacer* zum Namensträger werden, muss der Mensch einen Namensträger zum Namensgeber bekommen. Nur wenn ich weiss, mit wem ich es zu tun habe, stehe ich selbst auf festem Platz. Die Tante meiner Frau, eine alte Diakonisse, sagte auf dem Sterbebett situationsgerecht als Letztes und in der un-verschämten Gewissheit, die das *Gebet des Herrn* auszeichnet: «Jetzt will ich den Chef!»

Angesichts des Göttergewimmels, dessen undurchsichtige Unheimlichkeit der Altar des unbekannten Gottes in Apostelgeschichte 17 repräsentiert, könnte der Mensch kein anderer als der *homo sacer* – das nackte Leben vor der absoluten, ebenso nackten Macht – sein, rettete er sich nicht in die *ironische* Auffassung des Mythos. Ironie ist bekanntlich das Lachen über das, was einen kaputt macht.

Abraham war sesshaft im polytheistischen, mythenüberwucherten Chaldäa. Und liess es hinter sich, wurde zum Nomaden auf den eindeutigen Ruf eines einzigen Gottes hin. Nomaden haben kaum die Kapazität, ein Pantheon mit sich zu führen. Ein Auszug wie derjenige Abrahams und jener Israels aus Ägypten und wie der vom auferweckten Jesus durch den Jüngling den Jüngern am Grab gebotene Auszug bedarf eines Anführers, der den Weg kennt oder die Landkarte lesen kann oder sonst woher Vertrauen geniesst. Ein Komitee, das an jeder Wegkreuzung darüber berät, ob's nach links oder rechts weitergehen soll, und durch Abstimmung entscheidet, ist nicht erfolgversprechend. Der Auszug braucht eine Wolkensäule am Tag und eine Feuersäule in der Nacht (Exodus 13,21), ebenso wie die Expedition ins Gebirge einen Bergführer braucht und kein Leitungsgremium. Vertrauen verlangt nach dem *einen* Gott. Der Glaube will wissen, mit wem er's zu tun hat.

Das geht nur durch Reduktion des mythischen Gewimmels. Entmythologisierung. Jedoch: Ist «Gott» nicht selbst ein mythologischer Begriff, und stecken wir, ihn verwendend, nicht bereits mitten in dem Götter-Tohuwabohu, das Paulus in 1. Korinther 8 auf Erden feststellt? Es braucht Unterscheidung und neue Zusammenfügung, wie in der Schöpfung selbst. Dazu haben wir, Ebenbilder des durchs Wort schaffenden Gottes, die Sprache in Analogie zum «Gott sprach».

Dem eignen Sprechenkönnen voraus geht das Hören. «Höre Israel» – dann stellt sich heraus, wer dein Gott ist. Hören worauf? Auf die Geschichten. Der ist dein Gott, welcher dich beim Namen ruft, wie er Abraham beim Namen rief. Der sich darum «der Gott Abrahams, Isaaks und Jakobs» nennen lässt. Gott lässt sich durch irdische Namen, irdische Geschichten benennen. «Gott» ist wie «Bub». Entscheidend für die Legitimität ist der Familienname. Und der ist beim biblischen Gott kein olympischer, sondern ein irdischer: «Abraham, Isaak, Jakob». Jakobs Gott. Wie man im Appenzellerland heute noch sagt: «Nefs Albert». Was bedeutet, dass man die Familie Nef kennt, weiss, was mit denen los ist, um aus diesen Referenzen zu schliessen, ob dieser eine Nef vertrauenswürdig ist oder nicht.

Vertrauen braucht einen Bestimmten, dem ich vertrauen kann – «so gibt es für uns doch nur *einen* Gott», schreibt Paulus in 1. Korinther 8,6. Ist er für uns? Weiss er den Weg? Kann er die Landkarte lesen? Vier Augen sehen mehr als zwei, sagen wir. Aber es stimmt auch, dass zuletzt *einer* sagen muss, welcher Weg gegangen wird, wie Mose, wie Moses Gott.

Ich höre skeptisch fragen: «Führerprinzip?» Das ist tatsächlich die Gefahr. «Ein Herr, ein Glaube, eine Taufe, ein Gott und Vater aller» (Epheser 4,5) geht einem nach «Ein Volk, ein Reich, ein Führer» nicht ohne Hemmung über die Lippen. Und dennoch: Abrahams Auszug aus dem babylonischen Mythos ist unter der Leitung des Pantheons nicht denkbar. Denn das Pantheon zieht nicht aus. Das Pantheon bleibt in seinem Kosmos, worin alles seinen Platz hat und ihn nicht verlassen soll. Dass im Kosmos alles an seinem Platz bleibt, dafür sind die Götter verantwortlich, diese konservative Beamtenschaft. Eine Transmigration ist mit denen nicht zu machen, auch kein Exodus aus den starren hierarchischen Verhältnissen Ägyptens.

Abenteuer brauchen einen Anführer. Aber «Abenteuer» in seiner sprachlichen Verwandtschaft mit «Advent» setzt voraus, dass der Anführer kein Hasardeur und Verführer ist. Jesus, der zweite Josua, opferte das Leben, und zwar nicht fanatisiert das Martyrium suchend, sondern protestierend, um der Glaubwürdigkeit seines Aufrufs zum Abenteuer willen. Anders als der oberösterreichische Falschspieler, der das Leben «seines» Volkes opferte und sich davonmachte. Das ist der Unterschied zwischen Vollmacht und Machtmissbrauch.

Gnade

In der Verbindung mit «Gesetz», «Sünde» und «Glaube» ist «Gnade» einer der Hauptbegriffe der Theologie des Paulus. So wichtig ist ihm der Begriff, dass er sogar den traditionellen Gruss «Friede sei mit euch» durch «Gnade» erweitert: «Gnade sei mit euch und Friede von Gott, unserem Vater, und dem Herrn Jesus Christus.» (Römer 1,7) Und in 2. Korinther 13,13 prägt Paulus den Schlussgruss: «Die Gnade des Herrn Jesus Christus und die Liebe Gottes und die Gemeinschaft des heiligen Geistes sei mit euch allen.» Der ausdrückliche Bringer der Gnade ist Jesus Christus.

Charis, das griechische Wort für «Gnade», kommt im Neuen Testament bei Markus und Matthäus überhaupt nicht vor, einige Male bei Lukas, bei Johannes auch nicht oft, sehr zahlreich jedoch in den Briefen des Paulus und seiner Schüler.

Deutlich ist der Zusammenhang, in den die Gnade für Paulus gehört, in Römer 3,23–25: «Alle haben ja gesündigt und die Herrlichkeit Gottes verspielt. Gerecht gemacht werden sie ohne Verdienst aus seiner Gnade durch die Erlösung, die in Christus Jesus ist. Ihn hat Gott dazu bestellt, Sühne zu schaffen – die durch den Glauben wirksam wird – durch die Hingabe seines Lebens.»

Wenn alle ohne Ausnahme gesündigt haben, kann von der Sünde in abstrahierend kollektiver Einzahl gesprochen werden; der Einzelfall ist unwichtig, er löst sich in die Allgemeinheit der Abstraktion auf. Paulus sagt fast immer «Sünde» und nicht «Sünden». Von den – wenn ich richtig zähle – 41 Stellen, an denen im Römerbrief «Sünde» vorkommt, stehen nur zwei im Plural, ansonsten handelt sich's um keine konkrete Sünde, sondern um den allgemeine menschliche Sündigkeit meinenden Singular.

Der abstrakten Sünde entspricht die abstrakte Gnade. Sie begnadigt nicht einen bestimmten Menschen, der für eine konkrete Tat verurteilt worden ist. Die Gnade des Paulus begnadigt zwar nicht alle Menschen, sondern nur die, welche zu begnadigen es Gott gefällt und denen er als Zeichen dessen den Glauben schenkt. Diese aber sind, wie alle andern, für eine abstrakte Sünde verurteilt worden.

Verurteilt wird «der» Mensch nicht durch das Gesetz. Das Gesetz ist bloss dazu da, dass der Mensch zur Erkenntnis der Sünde gelange (Römer 3,20), nachdem das Urteil längst gesprochen und auch teilweise bereits vollzogen worden ist. Das Urteil heisst: Verlust der Herrlichkeit Gottes (Römer 3,23). Gesprochen worden ist es im Zusammenhang mit dem Fall des mythischen Adam, in dessen Sünde alle gesündigt haben. Eine Möglichkeit zum Widerspruch, ein Antragsrecht auf Wiedererwägung, eine Appellationsinstanz, die für Paulus selbst in einem konkreten Fall so wichtig war (Apostelgeschichte 25,11), gibt es nicht. An jedem einzelnen Menschen vollzogen wird das Urteil zum Ersten durch seine Geburt in die von Adams Sünde verdorbene Schöpfung. Zum Zweiten durch jedes einzelnen Menschen Tod; der Tod ist «der Sünde Sold» (Römer 6,23). Dazu gehört als Drittes die Ewigkeit des Todes.

Jedoch tritt hier die Gnade auf den Plan. Zwar wird die Geburt in die verdorbene Schöpfung nicht widerrufen. Es bleibt auch der Tod als Sold der Sünde. Doch wird dieser Sold nicht bis zum letzten Heller eingefordert. Vielmehr wird dem Delinquenten der Löwenanteil des Soldes, die Ewigkeit des Todes, erlassen. Das erinnert an Dostojewski, der am 22. Dezember 1849 erschossen werden sollte und erst auf dem Hinrichtungsplatz durch den Zaren begnadigt wurde.

Ist es wirklich ein Gnadenakt? Ein Akt aus lauter Gnade jedenfalls schon deshalb nicht, weil ein anderer, letztlich Gott selbst, an der Stelle des Delinquenten schon Sühne geleistet hat. Der Christus Jesus hat durch die Hingabe seines Lebens am Kreuz als «Sühnopfer» (die neue Zürcher Übersetzung meidet den Begriff, beispielsweise in Römer 3,25) Sühne geleistet und Gott mit seiner abtrünnigen Kreatur versöhnt. Jetzt kommt es darauf an, dass sich der Mensch seinerseits mit Gott versöhnen lässt (2. Korinther 5).

Nur denjenigen gilt die Gnade, die sich mit Gott versöhnen lassen, also glauben. Da das aber die Möglichkeiten des Menschen übersteigt, muss Gott durch die unwiderstehliche Kraft seines Geistes, welche in dem liegt, was er zu hören gibt (Römer 10,17), nämlich dem «Wort vom Kreuz», den einzelnen Menschen zur Annahme der Versöhnung bewegen. Darin liegt die Gnade.

Die ganze schwierige Konstruktion ist eingebettet in ein Gerichtsszenario. Des Menschen «natürliche» Situation ist, dass er als Angeklagter vor Gericht steht und den Argumenten des Anklägers, des Gesetzes, nichts Entlastendes entgegenzuhalten hat, weshalb das ergangene Urteil als gültig anzuerkennen ist.

Jedoch ist es ein seltsames Gericht, das, wie des Paulus eigene Berufung ans kaiserliche Gericht in Rom zeigt, vor dem Rechtsstandard jedenfalls des Römischen Reiches – und wohl auch jedes andern als gerecht empfundenen Gerichts – nicht bestehen kann. Es handelt sich nicht um eine Metapher; sie wäre nicht treffend, weil zu viele Retouchen an der Vorstellung eines nach menschlichen Massstäben gerechten Gerichts nötig wären. Wir haben es mit einem Mythos zu tun, der die für den Mythos charakteristischen Inkonsequenzen, nachträglichen Korrekturen und Begründungen aufweist.

Eins der schiefen Elemente in dieser Nichtmetapher ist ausgerechnet die Rede von der Gnade. Denn der von einem menschlichen Gericht verurteilte Verbrecher bleibt, auch begnadigt, ein verurteilter Verbrecher. Die Gnade spricht ihn nicht vom Verbrechen los, nur von der Strafe. Der Gnadenspruch vermag das Verbrechen nicht ungeschehen und aus dem Verbrecher keinen unschuldigen Menschen zu machen. Die Analogie, welche der Begriff der Gnade unterstellt, versagt im entscheidenden Punkt. Dieser Kritik kann nicht mit dem Einwand widersprochen werden, es handle sich ja beim Gnadenspruch nicht um ein menschliches, bloss feststellendes, sondern um ein göttliches, was es sage, auch tuendes Wort. Der Einwand zeigt gerade, dass wir's nicht mit einer Metapher, sondern eben mit einem Mythos zu tun haben.

IV

Der Mythos redet vom abwesenden Gott. Darum erreicht der Mythos weder in seiner ursprünglichen narrativen Form noch als «entmythologisierter» den konkreten Menschen. Er kann ihn nur überfahren, wie Gottes gewaltsame Allmacht am Ende Hiob überfährt. So dass es Hiob die Sprache verschlägt, wodurch er aufhört, ein mündiger Mensch zu sein. Wie uns Paulus mit seiner Rede von Töpfer und Topf mit der Frage überfährt: «Hat denn der Töpfer nicht Macht über den Ton?» (Römer 9,21) Darauf gibt es nichts mehr zu sagen; man kann nur resigniert nicken.

Der Mythos kann nicht vom Gegenwärtigen reden. Abstrakte Gnade eignet nicht zu, was sie zueignen soll. An der Abstraktheit von Sünde und Gnade hat Paulus jedoch ein vitales Interesse. Das gleiche wie die führenden Kreise Jerusalems im Exil, als sie die Abstraktion in der Form des Sündenfallmythos übernahmen. Zueignende Nähe aber ereignet sich nur da, wo es so konkret und unmythologisch zugeht wie bei Nathan und David: «Du bist der Mann!» (2. Samuel 12,7)

Aus missglückten Metaphern werden bösartige Mythen. Der als Sühnopfer hingestellte Christus Jesus löst die Menschen nicht aus dem Gerichtsszenario. Der Vorbehalt kristallisiert sich im Begriff Glauben, der «nicht jedermanns Sache» (2. Thessalonicher 3,2), sondern eine willkürliche Gabe Gottes ist, die durchs Hören des «Wortes vom Kreuz» (Römer 10,17) kommt. Das gibt dem Begriff des Glaubens bei Paulus die oftmals durchschimmernde Gesetzlichkeit und die dazugehörige Willkür, die er beide durch die Prädestinationslehre (Römer 9,21ff.) bannen will. Durch sie erscheint jedoch Gott erst recht als willkürlicher Richter, siehe die «Logik des Schreckens» (Kurt Flasch) bei Augustin und das *decretum horribile* bei Calvin. Damit ist der Begriff der Sünde völlig unkonkret gemacht und ausgehöhlt, so wie die Trinitätslehre, nach dem Vorwurf Schleiermachers, die Personen von Vater, Sohn und Geist unvorstellbar macht. Und damit wird – die Entwicklung der Prädestinationslehre zeigt's – «dem Eindringen spekulativer Elemente Tür und Tor geöffnet» (Schleiermacher, *Glaube*, S. 465).

Es muss aufhorchen lassen, dass Markus, der das abstrakte paulinische «Wort vom Kreuz» durch die konkrete Kreuzigungsgeschichte ersetzt, den in den paulinischen Briefen so zentralen Begriff der Gnade kein einziges Mal braucht. Sollte Markus tatsächlich der zeitweilige Begleiter des Paulus gewesen sein, ist das kaum anders zu verstehen, als dass er den Begriff bewusst vermeidet. Dann ist zu fragen, was er an dessen Stelle und an die Stelle der ihn bedingenden Gerichtsmetapher setzt, die bei Paulus zum Gerichtsmythos mutiert. Es sind die Krankenheilungen. Markus ersetzt mit grösster Konsequenz den Gerichts-und Gnadenmythos des Paulus, der den Menschen nie aus dem Einflussbereich des Gerichts zu entlassen vermag, durch die Metapher der Heilung. «Steh auf, nimm deine Bahre und geh nach Hause.» (Markus 2,10) Wie in dieser Geschichte von der Heilung eines Gelähmten Heilung gegen Sündenvergebung ausgespielt wird, ist markinische Opposition gegen den Gebrauch des Sündenfallmythos bei Paulus, den der Hörer zunächst begreifen muss, bevor er das Angebot des Heils begreifen kann. Eine Schranke, die bei Jesu Heilungen völlig wegfällt.

Der Begriff Gnade vermag nicht zu leisten, was Paulus von ihm erwartet. Er kann sich nicht aus dem Schatten von Gesetz und Gericht befreien, sondern trägt diesen immer mit sich herum. Darum ist er kein geeignetes Synonym für das schaffende Wort Gottes: Der Gnadenspruch einer gerichtlichen Instanz macht aus dem Begnadigten keinen Gerechten.

Pistis

Wo es in der deutschen Übersetzung «Glaube» heisst, steht im griechischen Neuen Testament *pistis*.

Pistis bedeutet Vertrauen, Zutrauen, Glaube; Ansehen, Geltung, Kredit; Treue, Zuverlässigkeit, Ehrlichkeit; Beglaubigung, Treuepfand, Versprechen; Bündnis, Bund, Vertrag. Die einfachste und allgemeinste Bedeutung ist: Vertrauen auf Grund erfahrener Treue. Erfahrung wird gesammelt in Geschichten.

Entgegen dieser Grundbedeutung von Vertrauen hat «Glaube» die Färbung eines Vertrauens ohne vorausgehende, das Vertrauen begründende Geschichten angenommen. «Glaube» wird allgemein als blindes Vertrauen verstanden, wie in dem Lied *So nimm den meine Hände*, wo die zweite Strophe heisst: «In dein Erbarmen hülle mein schwaches Herz und mach es endlich stille in Freud und Schmerz. Lass ruhn zu deinen Füssen dein armes Kind; es will die

Augen schliessen und glauben blind.» (Hausmann, *So nimm denn meine Hände,* in: *Gesangbuch,* Nr. 695)

«Blind» bedeutet hier nicht: die Zukunft nicht mit eigenen Augen sehend, jedoch aufgrund gemachter Erfahrungen dem Vertrauen schenkend, der in die Zukunft führt. Denn Erfahrungen fallen für den blinden Glauben nicht ins Gewicht. Dafür umso mehr die Schwäche und Armut des Kindes. Die Dichterin Julie Hausmann führt sich und ihre Mitsängerinnen und Mitsänger in eine eigenartig unrealistische – wer könnte in solchem Zustand noch singen! – äusserste Schwäche und Armut unter der Voraussetzung, dort müsse das rettende Du sich finden lassen. Damit gleicht ihre Rede auffallend derjenigen einiger Vertreter der Dialektischen Theologie, insbesondere Friedrich Gogartens, bei dem das letzte Wort Entscheidung heisst – nämlich Entscheidung des Menschen. Wodurch er in die Nähe Ernst Jüngers, Carl Schmitts und Martin Heideggers zu stehen kommt, die Christian Graf von Krockow mit dem Stichwort Entscheidung charakterisiert (Krockow, *Die Entscheidung*).

Einen Grund hat diese Rede vom Glauben in Verbindung mit Entscheidung in der paulinischen Definition des Glaubens als Gehorsam (Römer 1,5), womit Paulus auch das Kreuz Jesu interpretiert (Römer 5,19; Philipper 2,8). Dadurch steckt im Begriff des Glaubens ein aktives Element, das nicht unschuldig daran ist, dass Theologie – lehrmässig die katholische, faktisch längst nicht nur sie – den Glauben unter die Tugenden zählen kann, also unter die angemessenen ethischen Entscheidungen.

Hamann schreibt im *Fliegenden Brief*: «Das philosophische Genie äussert seine Macht dadurch, dass es, vermittelst der Abstraction, das Gegenwärtige abwesend zu machen sich bemüht; wirkliche Gegenstände zu nackten Begriffen und bloss denkbaren Merkmalen, zu reinen Erscheinungen und Phänomenen *entkleidet.*» (Hamann, *Entkleidung und Verklärung. Ein Fliegender Brief,* S. 382–384) Das ist die präzise Beschreibung dessen, was bei Paulus geschieht: Der Gekreuzigte, zum «Wort vom Kreuz» abstrahiert, wird statt zum Nächsten zu einem Fernen und muss durch weitere systematische Argumentation unter Zuhilfenahme des Adam-Christus-Mythos (Römer 5; 1. Korinther 15) nahe gebracht werden. Das kann darum nicht gelingen, weil der Einbezug Christi in den Adam-Mythos auch Christus zu einem Mythos und damit statt zu einem (verborgen) Anwesenden zu einem Abwesenden macht.

Pistis heisst bei Paulus nicht «Vertrauen», sondern bezeichnet eine eigene mythologische Kategorie göttlicher Machttat, die nur als Schaffung des neuen Menschen (2. Korinther 5,17) zu verstehen ist. Genau hier widerspricht ihm Markus. Für ihn ist Glaube keine besondere, womöglich mythologische Kategorie, weil er merkt, dass daraus nur geistliche Gewaltsamkeit resultieren kann. *Pistis* heisst für Markus ganz einfach Vertrauen aufgrund von Erfahrungen, also von Geschichten, und aufgrund der Tatsache, dass Jesus für das Kommen des Reiches Gottes, das diese Geschichten verkünden, mit seinem Leben eingetreten ist. Nicht heroisch, nicht zustimmend, sondern protestierend und klagend, aber eingetreten. So ist er der legitime Grund des Vertrauens, dass die Erlösung von allem Bösen im Kommen ist.

V Die Legitimierten

Konflikt der Perspektiven

An die Stelle des untergangenen Tempels von Jerusalem stellt der Evangelist Markus sein Buch. Wie der Tempel die Bundeslade enthält mit den Tafeln der Gebote als Erinnerung an den Exodus, Verheissung und Verpflichtung zugleich, so das Buch das «Evangelium von Jesus Christus», das aus den Geschichten Jesu von Nazaret mit der Ankündigung des Reiches Gottes und dessen Bekräftigung insbesondere durch die Kreuzigung besteht. Das Buch will zeigen, dass die Ankunft des Reiches Gottes mit Jesus, präziser mit seiner Kreuzigung, begonnen hat.

Das Buch ist zugänglicher als das Tempelgebäude. Man muss nicht mehr nach Jerusalem auf den Tempelberg reisen. Es stehen keine Tische von Händlern und Wechslern mehr vor den Zugängen. Es gibt keine Höfe mehr, die zu betreten den einen erlaubt, den andern verboten ist. Kein Vorhang hängt mehr vor dem Allerheiligsten; er ist am Karfreitag zerrissen. Der Gekreuzigte, ausserhalb des Tempels, auf Golgota hingerichtet, ist für alle sichtbar und erreichbar.

Jeder Mensch soll zu ihm treten, jeder Mensch soll die in dem Buch enthaltenen Geschichten und Aussprüche lesen oder als vorgelesene hören können. Jeder Mensch soll sich auch seinen eigenen Reim auf das Gehörte und Gelesene machen können. Darum befleissigt sich Markus einer einfachen Sprache, eines memorierbaren Aufbaus und schreibt sein Buch in der zugänglichsten Sprache seiner Zeit, Griechisch.

Es war diese unverstellte Offenheit und ungefilterte Öffentlichkeit, der die Reformatoren mit der Übersetzung der Bibel in die Volkssprachen gerecht werden wollten. Sie legten die Heilige Schrift ungeschützt in die Hände aller. Es ist bemerkenswert und vermutlich einzigartig, jedenfalls aber bedeutungsvoll, dass eine Religion ihr Allerheiligstes jedem, der will, überlässt und durch nichts schützt. Wie der Menschensohn in die Hände von Menschen ausgeliefert wurde, die ihn töteten (Markus 9,31), so liefert die Schrift, die von ihm handelt, sich aus.

Der Vorgang bekam noch verstärktes Gewicht durch den Buchdruck. Die Bücher wurden unvergleichlich zahlreicher und, obwohl längst noch nicht für alle erschwinglich, billiger als früher. Von nun

V

an konnte jeder, sofern er überhaupt lesen konnte, lesen, was in der Heiligen Schrift steht. Konnte er nicht lesen, konnte es ihm vorgelesen werden. Er konnte es memorieren und weitersagen. Und jeder konnte das Gehörte oder Gelesene selbst interpretieren.

Es ist denn auch nicht erstaunlich, dass in Zürich ein Lesezirkel aus Nichtstudierten sich just zu dem Zeitpunkt bildete, als 1522 Luthers Septembertestament von Christoffel Froschauer nachgedruckt wurde. Vorher hätte der Römerbrief kaum in einem solchen Kreis gelesen werden können, da die Sprachkenntnisse fehlten. Obwohl die zentrale Person des Kreises vielleicht Latein, möglicherweise sogar Griechisch konnte: Andreas Castelberg oder Castelberger, Kolporteur, also reisender Buchhändler, aus Graubünden stammend, in Zürich niedergelassen, mit Zwingli geschäftlich verbunden lange bevor der nach Zürich kam. Er erscheint in Ratsprotokollen als «der mit der Kruken», hinkte also. Denkbar, dass er ursprünglich für den geistlichen Stand ausersehen war, dann aber, der Folgen eines Unfalls wegen, nicht geweiht werden durfte, obwohl die entsprechende Vorbildung vorhanden war.

Castelbergs Lesezirkel bestand am Anfang nur aus Gewerbetreibenden und mindestens einem Bauern, Jakob Hottinger aus Zollikon. Erst später stiessen Konrad Grebel und Felix Manz, zwei Studierte, dazu. Sie waren zuvor Mitglieder von Zwinglis «Sodalität», einem nach Humanistenmanier aus Gebildeten zusammengestellten Lesekreis, gewesen. Grebel und Manz gehörten bald darauf zu den Anführern des in Zürich und Zollikon entstehenden Täufertums. Ihr Wechsel von der Sodalität zum Lesezirkel kann wohl als Frontwechsel verstanden werden.

Wechsel welcher Front? Derjenigen der Verständnisperspektive. Der Hermeneutik. Das wenige, was von Castelbergs Auslegungen überliefert ist, zeigt unmittelbarere, intensivere Nähe zu den weltlichen Fragen der Zeit als die Predigten Zwinglis, obwohl diese alles andere als weltfremd waren. J. F. G. Goeters schreibt: «In dieser Gruppe, einer um das Neue Testament versammelten Laienbewegung, [...] haben wir die Wiege des Täufertums unter den Stadtzürcher Bürgern zu sehen.» (Goeters, *Die Vorgeschichte des Täufertums in Zürich*, S. 255) Und an dieser Wiege steht eine Differenz in der Frage, wie die Bibel verstanden werden kann und soll. Unmittelbar, mittels des Geistes, wie man wohl sagte und damit den Geist der

Bibel meinte? Oder kann nur verstehen, wer die alten Sprachen kennt und in der Dogmatik bewandert ist?

Wer den Leuten die Bibel in ihre Sprache übersetzt in die Hand gibt, muss damit rechnen, dass die Leute auch selbständig interpretieren, was sie lesen. Die Doppelfrage, die Castelbergs Lesezirkel exemplarisch aufwirft, heisst: Welchen theologischen Stellenwert hat diese «Laienhermeneutik», und wie kann sie mit der «Theologenhermeneutik» vermittelt werden? Dass die Laien mit Recht die Bibel lesen, setzte Zwingli voraus. Denn als der Zirkel durch katholisch Gesinnte beim Rat verklagt wurde, ordnete dieser eine Untersuchung an und kam im Frühsommer 1523 zum Entscheid, die Sache sei ungefährlich. Die Leute durften weiterhin zusammenkommen. Hätte Zwingli anders gedacht, hätte der Rat wohl auch anders entschieden. Das tat er dann 1525; die Zusammenkünfte des Lesezirkels wurden verboten. Zwingli wird einverstanden gewesen sein.

Am letzten Tag der Zweiten Zürcher Disputation, am 28. Oktober 1523, hielt Zwingli eine Predigt über den Hirten. Im Druck erschien sie erweitert 1524. Ihr ist zu entnehmen, dass Zwingli jetzt nicht mehr daran dachte, die Laienhermeneutik zu berücksichtigen. *Der Hirt* ist das Dokument eines Scheiterns; es war nicht gelungen, Theologenhermeneutik und Laienhermeneutik zu vermitteln; die Theologenhermeneutik allein hat fortan das Sagen. Beleg dafür ist, dass Zwingli in dem Buch den Pfarrer als den Hirten seiner Schafe schildert und zugleich als den mustergültigen Christen, das Abbild Jesu Christi. Damit steht Zwingli in alter Tradition; für die Pastoraltheologie war der Priester als Mensch geistlichen Standes mindestens seit Ambrosius von Mailand der wahre Christ.

Nach der Lektüre des *Hirt* wird deutlich, dass die Entstehung des Täufertums weniger eine Frage des Gegensatzes von moderater und radikaler reformatorischer Haltung war, als vielmehr das Ergebnis des Unvermögens der Theologen, die Laienhermeneutik theologisch zu integrieren. Der Konflikt der hermeneutischen Perspektiven begleitet die Kirche seit ihren Anfängen, wie an den Differenzen zwischen Paulus und Petrus zu sehen ist. Die Reformation verstärkte ihn durch ihre Betonung der bibelgemässen Predigt und die Übersetzung der Bibel in die Volkssprache. Der Konflikt musste bei jeder gottesdienstlichen Versammlung aufbrechen. Und zwar nicht darüber, wer hier auslegen dürfe, sondern darüber, welchen Stellenwert die Predigt des Bibelfachmannes habe. Wenn Gottesdienst Verkündigung war, war dann die Versammlung der ganze Gottesdienst und die ganze Verkündigung?

Darauf läuft es im *Hirt* hinaus. Folge war, dass die bisherige Alleinherrschaft der Theologenhermeneutik in der Kirche fortbestand. Die «Prophezei», das Unternehmen der Zürcher Bibelübersetzung, beginnend 1525, war dann eine reine Theologenangelegenheit. Erst wenn die Übersetzung feststand, waren die Laien zugelassen, um eine Auslegung des neu übersetzten Textes aus Theologenmund zu hören.

Die Wege der Volkskirche und der Täufer trennten sich: Die Volkskirche wurde eine Theologenkirche; die Täufer wurden eine «Laienkirche». Beide begleitet seither der Schatten hermeneutischer Einseitigkeit. Die Differenz ist alt. Wir begegnen ihr schon im Neuen Testament selbst, am deutlichsten in der Auseinandersetzung des Paulus mit Petrus und des Markus mit Paulus.

Im Pietismus taucht die Frage nach der Integration der Laienhermeneutik wieder auf, ausdrücklich bei Philipp Jakob Spener und bei Nikolaus Ludwig von Zinzendorf. Beide kommen nicht über ein etwas verlegenes Nebeneinander der beiden Hermeneutiken hinaus. Erst Jeremias Gotthelf legt ein durchdachtes Konzept der Intergration der beiden Hermeneutiken vor, freilich charakteristischerweise in einer für die akademische Theologie befremdlichen Form, nämlich erzählend. Den Schlüssel dazu liefert Kapitel 3 des zweiten Bandes von *Anne Bäbi Jowäger*.

Das Buch der Bibel und das Buch der Welt müssen einander gegenseitig auslegen, sagt Gotthelf. Also gilt nicht nur, wie bei Hamann (*Aesthetica in nuce*, S. 198f.), dass die Bibel das Wörterbuch ist, um die Welt als Gottes Anrede zu verstehen. Die Welt ist ebenso das Wörterbuch, um die Rede der Bibel zu verstehen. Es braucht nicht nur Bibelkompetenz, um die Bibel und die Welt zu verstehen; es braucht auch Weltkompetenz dazu. Erst, wenn die beiden Kompetenzen einander zur Hand gehen und keine die andere usurpiert, können die Bibel und die Welt verstanden werden. Bibelkompetenz ist dabei eher Theologensache; Weltkompetenz eher Laiensache. Denn Bibelkompetenz vermag ein Einzelner wohl zu erlangen; für die Weltkompetenz braucht es die vielen.

Wie verkehrt es herauskommt, wenn die Theologie meint, ihre Bibelkompetenz allein vermöge Bibel und Welt schlüssig zu interpretieren, demonstriert Gotthelf an der Figur des Vikari in *Anne Bäbi Jöowäger*. Der zieht Stiefel an und läuft «auf Bern», um die Professoren zu fragen, wenn er einen Buchstaben in der hebräischen Bibel nicht versteht. Dann kommt er erleuchtet zurück und vergewaltigt mit den gewonnenen Erkenntnissen die Welt seines Dorfes, was in der Seelsorge dazu führt, dass die Bäuerin Anne Bäbi sich erhängen will. Der Doktor Rudi im selben Roman ist des Vikari Gegenbild. Er meint, ohne die Bibel, allein mit Weltkompetenz, auszukommen, übernimmt sich dabei und geht an der Aufgabe, die Welt aus eigner Kraft heilen zu müssen, zugrunde.

Praktisch sieht die Integration von Laienhermeneutik und Theologenhermeneutik bei Gotthelf so aus, dass sich die Theologenhermeneutik deutliche Grenzen gefallen lassen muss. In der Kirchenszene im letzten Kapitel des Romans *Die Käserei in der Vehfreude* stossen Theologenwort und Laienwort aufeinander. Als der Pfarrer in seiner Predigt eine kurze Pause einlegt, ist von der Empore herab aus dem Mund des schlafenden Felix deutlich zu hören: «Änneli, gimm mr es Müntschi!» Vor dem Wort der Liebe muss die Predigt verstummen. Denn sie ist als offizielle, öffentliche Rede nicht in der Lage, das Wort der Liebe zuzusprechen; sie kann nur über die Liebe reden. Verkündigung als verbindliche Zusage ist folglich ein unerlässliches Teamwork der beiden Hermeneutiken und ihrer Träger.

Der Vikari in *Anne Bäbi Jowäger* will das Dorf geistlich vereinnahmen und sich zum geistlichen Richter der Gemeinde aufschwingen; man denke an die dem Roman gleichzeitige *Praktische Theologie* von Carl Immanuel Nitzsch mit ihrem Untertitel *Allgemeine Theorie des kirchlichen Lebens*. Kirchliches Leben, das ist es, was der Vikari will, und Gotthelf macht sich mit den Bauern des Dorfes über ihn lustig. Der junge Mann, der die Welt erklären will, redet von «Korn setzen», wo doch jedes Kind weiss, dass man Korn sät, nicht setzt. Was er wohl sonst noch alles nicht wisse, wenn er das nicht wisse, fragt Gret, die Pfarrhausmagd.

Des Vikars Patron hingegen, der alte Pfarrer von Gutmütigen, entspricht Gotthelfs Vorstellung vom Pfarramt und wird von den Bauern respektiert. Er beschränkt sich strikt auf seine theologische

Aufgabe in Predigt, Kasualien und Unterweisung. Zwar weiss er über das Dorf gut Bescheid, da er, im Gegensatz zum Vikari, in und mit ihm lebt. Besuche jedoch macht er nur, wenn er gerufen wird, seine Meinung sagt er, wenn er gefragt wird. Daneben tut er so wenig, dass jede Kirchenpflege von heute ihn mit Schimpf und Schande entliesse. Das Dorfleben ist Leben genug; es braucht kein paralleles oder alternatives kirchliches Leben. Denn dieses wäre, wie am Vikari ersichtlich, nichts anderes als geistliche Diktatur und widerspräche der Mündigkeit der Christenmenschen, die keinesfalls des Pfarrers Schafe sind. Der Vikari, der sie dazu machen will, macht sich selbst darob zum Schafskopf.

Die Frage, wie die beiden hermeneutischen Perspektiven integriert werden können, ist bis heute nicht gelöst. Darum muss im Folgenden zweifach von der christlichen Gemeinde gehandelt werden: Als von den versammelten Legitimierten und als von den die ausserhalb der Versammlung Stehenden Legitimierenden.

Kirchliche Sozialisation

Häufig zur Kirche gingen meine Eltern nicht; ausser an hohen Feiertagen vielleicht drei- oder viermal im Jahr. Aber sie hatten Grundsätze, mein Vater noch ehernere als meine Mutter. Einer der Grundsätze meines Vaters lautete, dass er nichts von seinen Kindern verlangte, was er nicht auch selbst einhielt.

Als ich aus der ersten Stunde des Konfirmandenunterrichts nach Hause kam, sass die Familie schon beim Nachtessen. Voll Entrüstung teilte ich mit, der Pfarrer habe gesagt, wir müssten in diesem Jahr mindestens jeden zweiten Sonntag zum Gottesdienst gehen. Die Mutter zuckte mit den Schultern, die Schwester lächelte schadenfroh. Der Vater aber schwieg, dachte nach, dass es auf seiner Stirn zu sehen war, und sagte dann: «Das ist kompliziert; man muss sich jeden Sonntag fragen, ob man am letzten in der Kirche war oder nicht. Weisst du was? Du gehst in diesem Jahr jeden Sonntag in die Kirche.» Und noch ehe ich in Protestgeheul ausbrechen konnte, fügte er hinzu: «Ich komme mit.»

Und so geschah es. Sonntag für Sonntag marschierten wir, manchmal von der Mutter begleitet, meistens aber nur wir zwei, vierzig Minuten zur Kirche, sassen da nebeneinander im Gottesdienst, und während wir wieder heimmarschierten, besprachen wir die Predigt. Sie kam nicht immer gut weg. Am wenigsten gut die des einen Pfarrers, der ein wichtigtuerischer Langweiler war. Drei- oder viermal hörten wir ihn, dann war die Geduld meines Vaters am Ende. «Zu dem gehen wir nicht mehr.» Von nun an fuhren wir an den Predigtsonntagen des Bewussten in Nachbargemeinden.

Nach meinem Konfirmandenjahr behielt der Vater die Gewohnheit des allsonntäglichen Kirchgangs bei. Ich begleitete ihn nicht immer, aber oft, weil ich merkte, dass es ihm etwas bedeutete. Wie viel der Gottesdienst mir bedeutete, war mir selbst nicht recht klar. Viel bedeutete mir aber das kritische Gespräch über die Predigt auf dem Heimweg; mein Vater und ich lernten einander von ungewohnten Seiten kennen. Wahrscheinlich war das einer der Gründe, warum ich wider Erwarten schliesslich Theologie studierte und mein Berufsleben lang viel predigte.

Dass ich mich in der Kirche heimisch gefühlt hätte, kann ich nicht sagen. Nach der Konfirmation wurden wir in die kirchliche Jugendgruppe einladen. Ich ging ein paarmal hin, dann liess ich's. Warum sollte ich in kirchlichem Rahmen Bergsteigen, warum an kirchlichen Tanzabenden teilnehmen, warum eine kirchliche Kulturreise ins Elsass mitmachen? Das alles war andernorts auch zu haben, oft interessanter. Ich hätte gern über die grossen Fragen des Lebens diskutiert, die mich zunehmend beunruhigten. Doch davon war kaum einmal die Rede. Also schloss ich mich einem Bibelkreis von Mittelschülern an, die ein Theologiestudent leitete. Wir verhandelten mit Leidenschaft biblische Texte, kamen vom Hundertsten ins Tausendste; keine Frage war verboten, keine Antwort vorformuliert.

Als ich dann selbst Theologie studierte, bemerkte einer der Gemeindepfarrer mit tadelndem Unterton, ich nehme auch gar wenig am Leben der Gemeinde teil. Ich erwiderte, dass ich doch recht oft im Gottesdienst wäre, und dass ich mit zwei andern zusammen inzwischen jenen Bibelkreis leite. Er meine nicht Theologisches, hiess die Antwort; er meine eben das Gemeindeleben. Was er meinte, waren Gemeindeferienwochen, Unterhaltung für Jugendliche, Basare und solcherlei. Ich war in seinen Augen, merkte ich, ohne dass ich den Begriff schon gekannt hätte, nicht richtig kirchlich sozialisiert.

Seit Carl Immanuel Nitzsch in seiner *Praktischen Theologie* den unseligen Begriff des «kirchlichen Lebens» geprägt oder wahrscheinlich eher vom Konventikelpietismus übernommen und zu akademisch-theologischen Ehren gebracht hat, geistern «die lebendige Gemeinde» und «das kirchliche Leben» als das vornehmste aller Gesetze durch Kirchenpflegen, Pfarrkonvente und die Inserate, in denen kirchliche Angestellte gesucht werden. Die Kirche will ihre Sache durch die eigne Lebendigkeit beweisen und redet sich ihr Leben selbst ein.

Ich bin in einer Kleinstadt aufgewachsen, die bis zum Aufkommen der Eisenbahn in der ersten Hälfte des 19. Jahrhunderts geschlossen katholisch gewesen war. In meiner Jugend lebten da gleich viel Protestanten wie Katholiken. Einer der Hauptunterschiede zwischen Katholiken und Protestanten war, dass es in der katholischen Kirchgemeinde für alles und jedes einen katholischen Verein als Parallelverein zum entsprechenden «weltlichen» gab. Es gab eine katholische Blasmusik, es gab einen katholischen Frauenverein, katholische Männervereine vom Wander- über den Kegelclub bis zum Turnverein. Es gab vielleicht auch eine katholische Philatelistengruppe; sicher gab es eine katholische Literaturgruppe und einen katholische Schachclub. Es gab das ganze Spektrum des Vereinsweses in unserer Stadt doppelt, einmal «weltlich», einmal katholisch. Las man in der Zeitung am Freitag das katholische Wochenprogramm und verglich es mit dem reformierten, dann musste man den Eindruck bekommen, die katholische Kirchgemeinde sei lebendig, die reformierte halbtot. Dort lief sehr viel, hier fast nichts.

Das bewegte auch einen frisch gewählten reformierten Pfarrer, und er begann nun seinerseits allerhand Vereinsmässiges aufzuziehen. Beispielsweise eine protestantische Brockenstube, obwohl oder weil es eine «weltliche» und eine katholische schon gab.

Neulich war ich wieder einmal dort, wo ich aufgewachsen und «kirchlich sozialisiert» worden bin, traf einen alten Freund, der einst katholische Theologie studieren wollte, es dann aber liess, kam mit ihm auf solche Fragen und staunte nicht schlecht über seine Bemerkung: «Du bist eben nicht kirchlich, du bist theologisch sozialisiert worden.» Er traf den Nagel auf den Kopf. Es gibt im Gefolge von Nitzsch eine kirchliche Sozialisation, die mit Christentum, Religion, Theologie bestenfalls peripher etwas zu tun hat. Die Kirchenleitungen schwören darauf, die Gemeindeleitungen fördern sie. Wie eine Kirchenpflegerin einmal in guten Treuen sagte: «Gleich was, Hauptsache, es läuft etwas.» Das meistens unbewusste Fernziel dabei ist die Kirche als alternative und ideale Gesellschaft. Die Mönche versuchten es, einige Reformatoren («das Volk Gottes zu Zürich», «das Volk Gottes zu Genf») und ihre Gegner, die «Schwärmer» («das Reich Gottes zu Münster»), die Pietisten, Zinzendorfs Brüdergemeine, die Brüder von Taizé versuchten es und versuchen es teilweise bis heute. Und seit man weiss, dass «Volk» und «Kirchenvolk» nicht mehr deckungsgleich sind, gilt solches – ob von Nitzsch verschuldet oder nicht, das Schlagwort hat er geliefert – als das heimliche kirchliche Ideal. Die wiedererstandene Ideologie des Lukas, der gemäss die Gemeinde «ein Herz und eine Seele» ist. (Apostelgeschichte 4,32)

Es hat bisher nie funktioniert. Aber es wird in kirchlichen Ebbezeiten immer wieder reflexartig darauf zurückgegriffen. Die Alternative signalisierte Karl Barth mit der Parole, die er in Bonn ausgab, nachdem Hitler die Wahlen gewonnen hatte: Es gelte, nach wie vor und als ob nichts geschehen wäre Theologie und nur Theologie zu treiben (Barth, *Theologische Existenz heute*, S. 3).

Was für eine? Gotthelf, von dem Barth, weil er ihn zu wenig kannte, theologisch nicht viel hielt, sagt's: Es gilt die beiden Bücher durch einander zu interpretieren, die Welt durch die Bibel und die Bibel durch die Welt. Dazu braucht es zweierlei Kenntnis: Bibelkenntnis und Weltkenntnis. Weltkenntnis aber gewinnt man nicht, indem man die Welt in die Kirche hineinholt, sondern indem die Kirche in die Welt hinausgeht.

Kirchliche Sozialisation II

Ekklèsia, die griechische und als *ecclesia* direkt ins Lateinische übernommene Bezeichnung der christlichen Gemeindeversammlung ist ein politischer Begriff. *Ekklèsia* war in der antiken griechischen Stadt, der Polis, die Versammlung der freien mündigen Bürger.

V

Im Frühling 1969 trat ich im ausserrhodischen Urnäsch meine erste Pfarrstelle an. Damals gab es in Appenzell Ausserrhoden noch die Landsgemeinde. Am letzten Sonntag im April waren die stimmberechtigten Bürger – das Frauenstimmrecht war noch nicht eingeführt – in den Jahren mit gerader Zahl nach Trogen, in denen mit ungerader nach Hundwil zur Landsgemeinde aufgeboten. Stimmberechtigt war, wer Schweizer, männlich, im Kanton niedergelassen, mindestens zwanzig Jahre alt war und in bürgerliche Ehren und Rechten stand. Die Versammlung tagte unter freiem Himmel im sogenannten Ring, einem durch Seile abgegrenzten Bereich, den allein die Stimmberechtigten betreten durften, sofern sie als Ausweis ein «Seitengewehr», also einen Militärdolch, Säbel oder Degen mit sich führten. Vorne war der «Stuhl» aufgebaut, das Podium, auf dem die Regierung stand. Sprecher der Regierung war der Landammann; die Abstimmung führte der in den schwarzweissen Radmantel – die Standesfarben – gekleidete Landweibel durch.

Die Landsgemeinde wählte die Regierung und das Kantonsgericht und entschied über die wichtigsten Sachfragen des Kantons. Sie hat mich Grundsätzliches über Politik gelehrt und Wichtiges über die Kirche. Denn was war die Landsgemeinde anderes als eine *ekklèsia*, eine Versammlung der Herausgerufenen wie die Volksversammlung im griechischen Stadtstaat, von der die Kirche den Namen hat.

Ekklèsia im Neuen Testament

Ekklèsia ist in der Septuaginta, der griechischen Übersetzung des Alten Testaments, der gebräuchliche Begriff für das hebräische *qahal*. *Qahal* bezeichnet die konkrete Versammlung; *qohälät*, eine künstliche Bildung, ist der «Versammler», gewöhnlich übersetzt mit «Prediger», griechisch *kèryx*, «Herold, Rufer, Prediger», der, welcher die *qahal* einberuft und leitet.

Der Begriff *ekklèsia* kommt in den Evangelien nur zweimal vor, bei Matthäus, in Aussagen mit Blick auf die Zeit nach Ostern. Dass die Evangelisten den Begriff sonst nicht verwenden, ist begreiflich; sie reden ja noch nicht von der christlichen Gemeindeversammlung, die es erst nach Ostern gibt. Zahlreich jedoch finden wir ihn in der Apostelgeschichte des Lukas.

Beginnend mit dem ältesten überlieferten neutestamentlichen Brief, dem des Paulus «an die Ekklesia der Thessalonicher» (1. Thessalonicher 1,1), bis zum Römerbrief ist der Begriff *ekklèsia* in jedem der acht als zweifelsfrei echt geltenden Paulusbriefe enthalten, besonders zahlreich im 1. Korintherbrief. In den Briefen der Paulusschüler, den sogenannten Pastoralbriefen, fehlt er im zweiten Brief an Timotheus und im Brief an Titus. Auffällig ist, dass er im 1. und 2. Petrusbrief fehlt. Weiter fehlt er im 1. und 2. Johannesbrief und im Brief des Judas. In der Offenbarung des Johannes hingegen erscheint er oft.

Die Johannesbriefe stehen dem Johannesevangelium nahe, und dieses erwähnt *ekklèsia* nicht. Man kann sich fragen, ob das johanneische Schrifttum – mit dem 3. Johannesbrief und der Offenbarung als Ausnahmen – den Begriff bewusst vermeide, weil er zu weltlich ist.

Warum aber fehlt *ekklèsia* in den Petrusbriefen? Wo er doch, besonders in 1. Petrus 2, so nahe läge. Sollte es sich um «petrinische» Opposition gegen eine Tendenz handeln, die für uns greifbar mit Paulus einsetzt? Zwar nennt Paulus die konkrete Gemeindeversammlung, an die er einen Brief adressiert, *ekklèsia*, hierin ganz der griechischen Tradition verbunden, die er sicher in der Stadt seiner Jugend, dem kleinasiatischen hellenistischen Tarsos mitbekam. Wie stark er von der Polis und ihrem agonalen Geist geprägt ist, zeigt er mit 1. Korinther 9,24–27: «Ihr wisst doch: Die Läufer im Stadion, sie laufen zwar alle, den Siegespreis aber erhält nur einer. Lauft so, dass ihr den Sieg davontragt! Wettkämpfer aber verzichten auf alles, jene, um einen vergänglichen Kranz zu erlangen, wir dagegen einen unvergänglichen. Ich laufe also, aber nicht wie einer, der ziellos läuft; ich boxe, aber nicht wie einer, der ins Leere schlägt; vielmehr traktiere ich meinen Körper und mache ihn mir gefügig […]».

Jedoch geht *ekklèsia* bei Paulus über die lokale Bedeutung hinaus, erkennbar in den Aussagen zu seiner Vergangenheit. 1. Korinther 15,9: «Ich bin nämlich der geringste unter den Aposteln, der es nicht wert ist, Apostel genannt zu werden, weil ich die Gemeinde Gottes verfolgt habe.» Galater 1,13: «Ihr habt ja gehört, wie ich einst als Jude gelebt habe: Unerbittlich verfolgte ich die Gemeinde Gottes und suchte sie zu vernichten.» Und Philipper 3,6: Ich war «ein Verfolger der Gemeinde». Paulus kann hier kaum nur eine einzelne Gemeinde, etwa die in Jerusalem, meinen; *ekklèsia* wird ein Begriff für die überlokale «Gemeinde», die Kirche.

Diese Tendenz wird durch die paulinische Rede von der Gemeinde als dem Leib Christi stark gefördert. Wohl meint Paulus die Gemeindeversammlung in Korinth, wenn er 1. Korinther 12,27 schreibt: «Ihr […] seid der Leib des Christus.» Und das gilt ebenso für die Gemeindeversammlung(en) in Rom in Römer 12,4. Gilt es aber auch für die Gemeindeversammlung von Korinth in 1. Korinther 6,15: «Wisst ihr nicht, dass eure Leiber Glieder des Christus sind?»? Und 1. Korinther 12,12f.: «Denn wie der Leib *einer* ist und doch viele Glieder hat, alle Glieder des Leibes aber, obwohl es viele sind, *einen* Leib bilden, so auch Christus. Denn durch *einen* Geist wurden wir ja alle in *einen* Leib hineingetauft […]»? In der so verwendeten Metapher ist es nicht mehr zwingend, an eine konkrete Versammlung zu denken. Ausgerechnet die Metaphorik vom Leib Christi, obwohl sie Leiblichkeit unterstellt, verflüchtigt diese und löst den Begriff der *ekklèsia* von der konkreten Gemeindeversammlung. Dass es so ist, bestätigt exemplarisch der nachpaulinische Kolosserbrief: «Er [Christus] ist das Haupt des Leibes, der Kirche.» Hier hat *ekklèsia* aufgehört, eine konkrete Gemeindeversammlung zu sein.

Noch einmal gefragt: Könnte es ein Zeichen «petrinischer» Opposition gegen diese abstahierende Tendenz der paulinischen Rede von der Gemeineversammlung sein, dass der Begriff *ekklèsia* in den beiden Petrusbriefen fehlt, die zwar sicher nicht von Petrus geschrieben sind, jedoch ausdrücklich in seiner Nachfolge stehen wollen?

Lebendige Steine

Jerusalem und der Tempel sind zerstört; kein Stein ist auf dem andern geblieben (Markus 13,2). Auch die Christen – noch kann man sie als eine jüdische Sekte verstehen – haben mit dem Ort von Jesu Kreuzigung und Auferstehung den irdischen Orientierungspunkt verloren.

An die Stelle des Tempels aus Stein stellt Markus sein Buch mit den Geschichten von Jesus. Sie sind der Grund, warum Jesus mit Freude (das *eu* in *euangelion* heisst «gut», «glücklich») als der Christus, Bringer und Anfänger des Reiches Gottes, verkündet wird.

Der 1. Petrusbrief erzählt keine Geschichten, sondern argumentiert nach dem Vorbild des Paulus, redet aber ähnlich wie Markus von Steinen, freilich nicht von toten, sondern von lebendigen, und von dem einen, den die Bauleute als Anstoss und Ärgernis verworfen haben, der jedoch sehr kostbar ist (1. Petrus 2,6–8). Eckstein zu einem geistlichen Haus aus lebendigen Steinen ist er geworden, Grundlegung eines Hauses heiliger Priesterschaft, zu dem sich als lebendige Steine aufbauen lassen die, die zu dem Eckstein hinzutreten (1. Petrus 2,4f., vgl. Psalm 118,22).

Obwohl das Wort *ekklèsia* im 1. Petrusbrief fehlt, hat die Gemeindeversammlung hier Kontur wie nirgendwo sonst im Neuen Testament. Man bekommt den Eindruck, der 1. Petrusbrief knüpfe mit seinen Aussagen über Jesus Christus als Eckstein und die Mitglieder der Gemeindeversammlung als lebendigen Steinen direkt an Markus 13,1f. an. Die Bauten aus toten Steinen sind dahin; das geistliche Haus aus lebendigen Steinen, basierend auf dem lebendigen Eckstein, ist an seine Stelle getreten.

Was den Tempel aus toten Steinen ersetzt, ist die Versammlung der Gemeinde, die sich auf die Geschichten von Jesus beruft. Denn nur in diesen Geschichten hat sie Jesus Christus als den lebendigen Eckstein. In seinem Namen, auf ihm basierend, kommt sie zum geistlichen Haus zusammen. Das Haus aus toten Steinen ist abgebrochen. Gott selbst hat es durch das neue aus lebendigen Steinen ersetzt, das nicht unbeweglich auf dem Tempelberg von Jerusalem steht, sondern überall da aufgebaut wird, wo eine Gemeinde sich um die Geschichten von Jesus versammelt.

Ein Haus benötigt viele Bausteine. Die Ekklesia als das Haus aus lebendigen Steinen umfasst mehr Leute als bloss zwei oder drei, die im Namen Jesu versammelt sind (Matthäus 18,20). Das griechische Verb *synago* wäre hier mit «antreffen» und «zusammenführen» wohl besser übersetzt als mit «versammeln». Denn gemeint ist mit den Zwei oder Drei doch mutmasslich die missionarische Ursituation, die in den Briefen des Paulus und auch bei Lukas in der Apostelgeschichte zu kurz kommt. Denn die Predigt des Paulus stellt nicht die Ursituation selbst dar, sondern setzt sie und ihre Folge, die Versammlung einer Gemeinde, voraus, und für Lukas ist nur die Predigt eines Apostels vollgültige Weitergabe des Evangeliums. Jedoch kommt auch Lukas um die missionarische Ursituation nicht herum. Der erste Aussenstehende, den er zum Christen werden lässt, ist ein Hofbeamter der Königin der Äthiopier, den der Apostel Philippus – mit weniger als einem Apostel kann Lukas sich auch hier nicht zufrieden geben – zufällig auf der Strasse von Jerusalem nach Gaza antrifft, beziehungsweise mit dem er vom Heiligen Geist zusammengeführt wird. Durch die Auslegung von Jesaja 53,7f. wird der Äthiopier bewogen, die Taufe zu verlangen (Apostelgeschichte 8,26–40).

Dass die christliche Gemeindeversammlung für sich selbst die Bezeichnung *ekklèsia* und nicht Synagoge wählt, dürfte eine zweifache bewusste grundsätzliche Unterscheidung sein. Erstens soll unterschieden werden zwischen dem, was zur Ekklesia führt und dieser selbst. Denn wie die Geschichte von der Taufe des äthiopischen Hofbeamten zeigt, ist es normalerweise nicht die Versammlung der Gemeinde und das, was es dort zu hören gibt, was den Einzelnen bewegt, dazugehören zu wollen. Vielmehr wird dieser Wunsch ausgelöst dadurch, dass zwei oder drei, von denen einer ein Christenmensch ist, zufällig und inoffiziell, sozusagen privatim «auf der Strasse» zusammengeführt werden und aus dieser Begegnung beim Nichtchristen Vertrauen zum «Evangelium von Jesus» (Apostelgeschichte 8,35), entsteht und der Wunsch, getauft zu werden. Die Taufe ist das Verbindungsglied zwischen der Entstehung des Glaubens beim Einzelnen, die ausserhalb der Gemeindeversammlung geschieht, und dieser.

Zweitens verdankt sich die Wahl des politischen Begriffs *ekklèsia* für die christliche Gemeindeversammlung offensichtlich dem Bewusstsein der Christen, zur Polis, zur Welt, «nach Galiläa» geschickt zu sein. Die Synagoge ist die Zusammenkunft der Juden. Die hat zwar in neutestamentlicher Zeit in der Diaspora einen Kranz von nichtjüdischen Interessenten und Sympathisanten – die Proselyten – um sich. Aber sie versteht sich nicht als «nach Ninive, in die grosse Stadt» geschickt (Jona 1,2), sondern zu den Juden. Zum Selbstverständnis der christlichen Ekklesia hingegen gehört, was die Ekklesia der griechischen Polis aus Angst vor der Dynamik der Freiheit ausblendet, die Sendung zur Welt.

Durch den Eckstein ist die Gemeindeversammlung «ein auserwähltes Geschlecht, eine königliche Priesterschaft, ein heiliges Volk, das Volk, das er sich zu eigen machte, damit ihr verkündet die Wohltaten dessen, der euch aus der Finsternis in sein wunderbares Licht gerufen hat» (1. Petrus 2,9). In Aufnahme von Exodus 19,5–6 und Jesaja 43,20f. wird der Charakter der Gemeindeversammlung präzisiert. Das geistliche Haus könnte ja nach dem Vorbild der Volksversammlung in der Polis als eine auf sich selbst bezogene Institution verstanden werden; Herausgerufensein als Scheidung einer Elite vom grossen Rest, der Freien und Mündigen von den Unfreien und Unmündigen. In der christlichen Verwendung des Begriffs jedenfalls im 1. Petrusbrief aber schwingt das Bewusstsein mit, dass die Auserwählten Priester sind. «Priester» ist ein Beziehungsbegriff. Der Priester ist nicht Priester für sich, sondern für die andern, die nicht Priester sind. Priester sind Gesandte, und Gesandte sind aus der Gemeinschaft der Gleichen in die Fremde zu den Ungleichen gesandt. Das auserwählte Geschlecht ist zuhanden der Nichtauserwählten auserwählt. Auserwählt sein heisst also nicht: Der wird selig und die andern werden's nicht. Die Alternative kann hier – in Widerspruch zu 2. Korinther 2,15 – nicht «gerettet werden oder verloren gehen» heissen. Denn dem heiligen Volk ist aufgetragen, zu verkünden «die Wohltaten dessen, der euch aus der Finsternis in sein wunderbares Licht gerufen hat» (1. Petrus 2,9).

Wenn der Metapher vom Haus aus lebendigen Steinen kein Zwang angetan werden soll, kann es sich bei der christlichen Ekklesia nur um die konkrete Gemeindeversammlung handeln, in der die Überlieferung von Jesus gepflegt wird. 1. Petrus 2 betont das auch gegenüber Markus. Nicht ein Buch kann der Ersatz des Tempels von Jerusalem sein, nur das Haus aus lebendigen Steinen, fussend auf dem lebendigen Eckstein.

Die Ekklesia als Versammlung der Herausgerufenen

In der *ekklèsia* versammeln sich die mündigen Bürger der Polis, um das öffentliche Leben des Gemeinwesens zu regeln. Sie sind durch die Stimme des Sprechers (*kèryx*) herausgerufen – woraus? Aus dem naturhaften häuslichen Leben, der *zoè*, zum politischen, «künstlichen» Leben, dem *bios politikos*. Aus dem Leben, das uns lebt und in dem wir gelebt werden, zum Leben, das wir leben. Aus dem privaten ins öffentliche Leben. Aus dem Leben als blosser Lebendigkeit ins Leben als Kultur. Aus Familie und Sippenverband, wo die Funktionen der Natur über uns bestimmen, zur Volksversammlung, die bestimmt. Aus der Leibeigenschaft zur Freiheit des mündigen Bürgers.

Jedoch ist diese Freiheit sachlich, zeitlich und örtlich beschränkt. Denn die *ekklèsia* klammert die Familie aus als den Bereich der *zoè*, des Nichtöffentlichen, des häuslichen Dunkels, wo sich die fundamentalen Funktionen des Lebens ereignen: Zeugung, Geburt, Leiden und Tod. Die *ekklèsia* kann aber nicht existieren ohne den Bereich der *zoè*. Denn sie vermag zwar Leben zu gestalten, jedoch nicht Leben zu erzeugen. Die *ekklèsia* als reine Männerversammlung ist unfruchtbar. Das ist ihre *sachliche* Beschränkung.

Die *ekklèsia* ist *zeitlich* beschränkt, weil sie nur zu bestimmten Terminen zusammentritt, und weil auch ihre Beschlüsse nicht für immer gültig sind; sie können schon von der nächsten Volksversammlung wieder umgestossen werden. Die *ekklèsia* als Raum der mündigen Freiheit ist für ihren einzelnen Teilnehmer noch in anderer Hinsicht zeitlich beschränkt. Ist die Versammlung aufgehoben, kehrt er zu seinen täglichen Geschäften und in den Verband seiner Familie zurück. Hier ist er nach antiker Auffassung zwar der mächtige *pater familias*. Man wird sich seine Macht aber nicht als uneingeschränkte vorstellen können. «Freisein hiess weder Herrschen noch Beherrschtwerden. Innerhalb des Haushaltsbereichs konnte es also Freiheit überhaupt nicht geben, auch nicht für den Herrn des Hauses, der als frei nur darum galt, weil es ihm freistand, sein Haus zu verlassen» (Arendt, *Vita activa,* S. 42). Zudem: Was im Prinzip gilt, gilt noch lange nicht in jedem Fall. Es ist nicht anzunehmen, dass jedes athenische Familienoberhaupt eine kraftvolle Persönlichkeit und seine Frau eine ergebene Sklavin war. Sokrates und seine Xanthippe als Beispiel.

Das *ex (heraus)* im Begriff *ekklèsia* ist nicht als undurchlässige Grenze zu verstehen. Die *ekklèsia* ist keine Insel der Seligen. Was die Volksversammlung bespricht und beschliesst, ist ja kein Spiel, das für die Umgebung folgenlos wäre. Zwar wäre sie verblendet, wenn sie die Lebensgesetze der Familie, von Zeugung und Geburt und Leiden und Tod aus den Angeln heben wollte. Aber ihre Beschlüsse beeinflussen das Leben nicht nur der mündigen Bürger, sondern der ganzen Bewohnerschaft der Polis. Man denke an den Beschluss vor der Schlacht bei Salamis, die Stadt Athen zu räumen. Aus dem beschränkten Ort und der beschränkten Zeit der freien Bestimmung fliessen unzählige Bäche und Rinnsale, offizielle und noch mehr verborgene, ins alltägliche Leben der Polis, und mit ihnen fliesst mindestens eine Ahnung von Freiheit in die ganze Stadt. Im Licht dieser Ahnung erscheint die Scheidung von Freien und Sklaven als künstlich. Geahnt wird ein Leben (*zoè*), das keinen Zwängen mehr unterworfen ist. Darum heisst biblisch das ewige Leben nicht *bios aionios*, sondern *zoè aionios*. Die Scheidung von Leben und Freiheit ist im Reich Gottes hinfällig; was die Polis geschieden hat, wird Gott verbinden.

Die Ekklesia als *palaestra*

An der Landsgemeinde von Appenzell Ausserrhoden wurde seit dem 19. Jahrhundert nicht mehr diskutiert, nur noch abgestimmt; die Versammlung war zu gross und hätte zu lange gedauert. 1997 wurde die Landsgemeinde abgeschafft. In Appenzell Innerrhoden und in Glarus, wo es die Landsgemeinde noch gibt, kann jedermann, sofern er stimmberechtigt ist, zu einem Geschäft der Traktandenliste das Wort ergreifen und Anträge stellen.

Natürlich geht es bei solcher Diskussion oft hitzig zu. Wahrscheinlich hat die Landsgemeinde in den zwei Kantonen deshalb bis heute überlebt. Sie ist ein Kampfplatz, nicht von ungefähr heisst das Rund, in dem die Stimmbürger stehen, «der Ring» wie beim Ringen und Boxen.

Die *ekklèsia* der Polis war eine *palaistra*. Das griechische *palaiein* heisst «ringen». «Palaestra […] ist zunächst Ringkampf, dann Ort des Ringkampfs samt dem dazugehörigen Gebäude. […] Ursprünglich zur Vorbereitung auf die athletischen Wettkämpfe im Stadion betrieben, […] wird die Palaestra in hellenistischer Zeit Bildungsinstitution schlechthin. Mit der Leibesübung verbindet sich geistige

Bildung, die in der Rhetorik gipfelt» (Bader, *Psalterium affectuum palaestra,* S. 51).

Von der *palaestra* führte der Weg folglich direkt zur Volksversammlung; wer sich da Gehör verschaffen und etwas erreichen wollte, musste es dort lernen. Was dort sportlich gebrochener Ernst war, war hier ungebrochener politischer. Es ging auf diesem Kampfplatz ja um die Existenz der Polis und die eigene in deren Rahmen.

Die *palaestra* ist – Luther nennt den Psalter *affectuum palaestra*, was an einen Pleonasmus grenzt – ein Ort der Affekte. Wo leidenschaftlich gestritten wird, braucht sich eine Veranstaltung um das Interesse der Leute nicht zu sorgen. Ist für die Gemeindeversammlung ein heisses Geschäft traktandiert, reicht der Platz im Gemeindesaal schnell einmal nicht mehr. Und das affektive Engagement der Versammlungsteilnehmer will sich auch verbal äussern. «Wes das Herz voll ist, des geht der Mund über» (Matthäus 12,34, Lutherübersetzung). Die *affectuum palaestra* fördert die Mündigkeit.

Dass die Rede von Gottes und der Menschen Legitimierung ein heisses Geschäft ist, wissen wir aus den endlosen Streiten der Kirchen- und Theologiegeschichte. Es beginnt bereits im Neuen Testament, am deutlichsten in den Briefen des Paulus. Die *ekklèsia* ist eine *palaestra.*

Sie durfte es nicht mehr sein spätestens seit sie, zweckentfremdet, als Klammer des römischen Reiches dienen musste. Um sie zu befrieden, wurde von ihrem konkreten Ort, dem «Ring», abstrahiert; *ekklèsia* bedeutete jetzt die *ecclesia catholica.* Legal gestritten wurde allenfalls unter der Aufsicht des Kaisers zwischen ihren allermeist vom Kaiser ernannten Repräsentanten, und nur, bis der Kaiser wie in Nicäa das Machtwort sprach. Streit war, um der Kontrollierbarkeit willen, also nur zugelassen auf der offiziellen Ebene der Amtsträger. Wer «inoffiziell» und trotzdem öffentlich einen Streit um die christliche Lehre auslöste, bekam schnell die Fuchtel des Gesetzes zu spüren.

Das färbt bis heute in den Kirchen, auch denen der Reformation, ab. Seit den Wirren um die «Schwärmer» steckt deren Theologenschaft der Schreck vor dem «Herrn Omnes» (Luther) in den Knochen. Der evangelische Gottesdienst ist eine sehr einseitige Volksversammlung; es wird nicht diskutiert, nur zugehört und genickt oder der Kopf geschüttelt, dazu nach vorgegebenen Texten gesungen und gebetet. Vielleicht gehen nach der Veranstaltung die Emotionen hoch; in ihr selbst haben sie nichts zu suchen. Das ist schade, weil die Zulassung der Affekte nicht nur Interesse garantiert, sondern vor allem, weil durch die Beschneidung der Affekte eine falsche Vorstellung von kirchlicher Einheit kultiviert wird, die Ideologie von «ein Herz und eine Seele», die mit Lukas einsetzt (Apostelgeschichte 4,31). Auch Paulus, obwohl der erste Repräsentant der Zerstrittenheit der Kirche, denkt an strikte Einheit, sonst gäbe es bei ihm nicht die Bannflüche gegen Andersdenkende (Galater 1,8f.), Vorbild für die Verdammungsflüche am Ende der altkirchlichen Bekenntnisse. In Zürich und anderswo kam es in der ersten Zeit der Reformation häufig zu Störungen des Gottesdienstes dergestalt, dass Bauern und Handwerker, Laien also, das Wort ergriffen und den Priester oder Prediger unterbrachen und in eine Diskussion verwickeln wollten. Das waren Versuche, die absolute Herrschaft des Bibelverständnisses der Gelehrten mit dem des Volkes zu durchbrechen. Es stellte sich schnell heraus, dass auf diese Weise keine befriedigende Form für die Gemeindeversammlung zu finden war. Vielmehr hätten Gemeindeversammlung und Verkündigung neu definiert und gefragt werden müssen, ob sie wirklich identisch seien.

Lese ich in einer öffentlichen Bibliothek oder in anderem «weltlichen» Rahmen Geschichten vor, die gar nicht auf den ersten Blick theologisch angehaucht zu sein brauchen, landet die anschliessende Diskussion sehr schnell bei Theologischem, weil die Leute wissen, dass ich Theologe bin. Lese ich in kirchlichem Rahmen dieselben Geschichten vor, kommt oft nicht einmal eine schüchterne Frage. Das ist eine Folge der vom Kaiser verfügten und von der Kirche verinnerlichte Ordnung, dass es theologisch für Laien nichts zu diskutieren gebe, theologischer Streit schädlich und bestenfalls eine Sache der Schriftgelehrten sei. Diese Einstellung zerstört die Mündigkeit der Christenmenschen. Die *palaestra* schärft Redekompetenz und Denkfähigkeit.

Und auch der Kanon, welcher der Ekklesia ja sozusagen die Traktandenliste vorgibt, ist eine *palaestra*. Nicht bloss der Affekte, wie im Psalter, sondern auch der theologischen Positionen. Das Markusevangelium bekommt deutlichere Kontur, wenn es als Auseinandersetzung mit der paulinischen Theologie erkannt ist.

«Das Credo der Kirche gründet […] in der Botschaft der vier Evangelien und wird als kurze Zusammenfassung des einen Evangeliums verstanden.» (Lohse, *Vom einen Evangelium zu den vier Evangelien,* S. 75) Wer dem Kanon und der Behauptung widerspricht, dass es sich im Kanon zwar um mehrere Stimmen handle, die aber einen harmonischen Chor ergäben, dessen *cantus firmus* im Credo kurz und einvernehmlich gefasst werden könne, gilt als Häretiker. Ebenso, wer eine der verschiedenen Stimmen heraushebt, anstatt sie durch die andern relativieren zu lassen und so der Diskussion und dem Streit zu entheben.

Im Zeichen der Einheitsideologie wird der Ekklesia wie dem Kanon verwehrt, *palaestra* zu sein. Der Rock Jesu hat keine Naht und darf nicht geteilt werden (Johannes 19,23f.). Als ob der Rock des Gekreuzigten anders als zerrissen und zerfetzt sein könnte.

Der Ort der Ekklesia

Die Landsgemeinde tagte unter freiem Himmel. Gewiss auch wegen der vielen Teilnehmer, jedoch in erster Linie um der Öffentlichkeit der Versammlung willen. Alle, nicht nur die teilnahmeberechtigten Herausgerufenen, sollten sehen können, was vor sich ging. Denn rund um den Ring und in den offenen Fenstern der Häuser am Platz standen dichtgedrängt Leute und verfolgten die Versammlung. So war der Anspruch unterstrichen, dass, was da entschieden wurde, auch die betreffe, die nicht teilnehmen durften. Zugleich setzte sich die Landsgemeinde einem gewissen Einfluss und einer öffentlichen, jedoch nicht offiziellen Kontrolle durch eine Öffentlichkeit aus, die grösser war als ihre eigene. Ein beliebtes Bonmot zu der Zeit, als die Frauen noch nicht zur Landsgemeinde zugelassen waren, hiess: «Pass auf, was du stimmst; deine Frau schaut von ausserhalb des Rings zu.»

Bei solch offener Öffentlichkeit konnte von der Demokratie als institutionalisierter Verantwortungslosigkeit keine Rede sein. Dieser Souverän hatte ein Gesicht, und jeder, der dazu gehörte, musste es sich gefallen lassen, auf sein Verhalten als Teil des Souveräns angesprochen zu werden. Die Meinung, Wahlen und Abstimmungen müssten grundsätzlich und überall geheim sein, ist mir immer wie ein Plädoyer für die Feigheit vorgekommen. Als ob Mündigkeit nicht auch den Mut voraussetzte, aus seinem Herzen keine Mördergrube und von seiner Stimme öffentlich Gebrauch zu machen, sei es mit der Hand oder mit dem Mund.

Dass der Ort der Volksversammlung für jedermann einsichtig ist, nötigt zu einer Unterscheidung der Öffentlichkeiten. Die Volksversammlung an sich selbst ist öffentlich in offizieller, gesetzlich geregelter Öffentlichkeit. Dass sie von allen eingesehen werden kann, weist auf eine umfassendere, nicht offizielle Öffentlichkeit hin, in die die andere eingebettet ist. Es ist diejenige Öffentlichkeit, an der auch Nichtbürger, Unmündige, Fremde teilhaben, in der griechischen Polis vor allem die Frauen, die Kinder und die Sklaven. Und es ist die Öffentlichkeit von Platz und Strasse, wo das Alltägliche und Zufällige geschieht, das beim Hofbeamten aus Äthiopien schliesslich zur Taufe führt.

Der Raum der Ekklesia

Der Landweibel wurde in meinem Heimatkanton als einziger höherer Beamter durch die Landsgemeinde und nicht durch die Regierung gewählt. Der Grund war einfach: Er musste eine tragende Stimme haben, die im Ring verstanden wurde. Ob ihn alle verstanden, die Anspruch darauf hatten, ihn zu verstehen, konnten die im Ring Versammelten am besten beurteilen. Der Raum, den die Stimme des Weibels, des Rufers, des *kèryx,* ausfüllte, war mit dem Raum der Volksversammlung identisch insofern, als er nicht kleiner sein durfte als der, welchen die versammelten Bürger einnahmen. War er das, geschah Unrecht. Unvermeidlich war darum, dass auch Leute ausserhalb des Rings Zeugen dessen wurden, worüber sie nicht mitbestimmen konnten, was aber auch sie betraf. Es handelt sich beim Raum der Ekklesia um einen durchlässigen Raum, der die Tendenz hat, über seine Ränder hinauszugreifen und Leute zu ergreifen, die nicht dazu gehören. Diese hinausgreifende Durchlässigkeit verdankt der Raum der Ekklesia der Tatsache, dass er durch die lebendige Stimme definiert wird. Die Ekklesia ist der Raum der beamteten offiziellen lebendigen Stimme. Ihr Horizont ist der «Horizont unseres Hörens» (Pessoa, *Das Buch der Unruhe,* S. 538).

Die Zeit der Ekklesia

Im Johannesevangelium sagt Jesus zu den Jüngern: «Doch ich sage euch die Wahrheit: Es ist zu eurem Wohl, dass ich weggehe. Denn wenn ich nicht weggehe, wird der Fürsprecher nicht zu euch kommen; wenn ich aber gehe, werde ich ihn zu euch senden.» (Johannes 16,7)

Jesus muss weggehen, damit seine Jünger mündig werden können. So wie Vater und Mutter sterben müssen, damit ihr Kind ganz mündig ist. Immerwährende Gegenwart einer Autorität unterdrückt die, über welche sie Autorität hat.

Die Volksversammlung will freie Bürger. Tagte sie permanent, wäre das der Mündigkeit des einzelnen freien Bürgers abträglich. Die pausenlose Tagung der Volksversammlung war in der griechischen Polis kein Zeichen politischer Gesundheit, sondern der Degeneration. Der freie Bürger muss Luft haben, seine Freiheit zu leben und nicht nur zwischen Volksversammlung und Familienhaus zu pendeln, sonst ist es um seine Freiheit schlecht bestellt.

Um der Freiheit der Freien willen darf deren Versammlung nicht immer und überall tagen; sie hat zeitlich und örtlich begrenzt zu sein. Wird sie zur permanenten Institution gemacht, geht die Freiheit der Freien und die freiheitliche Ausstrahlung ihrer Versammlung in alle Bereiche des Lebens verloren.

Permanente Tagung der Volksversammlung hiesse, dass ihre offizielle Öffentlichkeit die nicht offizielle Öffentlichkeit zu verdrängen suchte. Diese ist aber – mehr noch als die Volksversammlung selbst – der Ort der Freiheit, weil sie der Ort freier Diskussion und Meinungsbildung ist. Die offizielle Öffentlichkeit der Volksversammlung muss der inoffiziellen Öffentlichkeit des Marktes, der Strasse, des Hauses, Raum lassen, weil die Freiheit auch der Volksversammlung selbst ohne diesen Raum verloren geht.

Der Zölibatär Paulus macht sein Apostelamt zu einer göttlichen Berufung (Römer 1,1), also zu einem unbefristeten, permanenten, lebenslangen. Ihm fehlt das Gegenüber der Familie, das zum Leben des Freien in der Volksversammlung der Polis gehört. Darum ist ihm, wie manche seiner Äusserungen zeigen, die Ekklesia Familienersatz und die «Ordination» eine göttliche Berufung auf Lebenszeit. Für Petrus wird es anders gewesen sein. Er hatte Familie, wie Markus (1,29ff.) betont, und scheint auf seinen Missionsreisen zumindest mit seiner Frau unterwegs gewesen zu sein. Er musste seine Zeit zwischen Ekklesia und Familie teilen.

Die Einrichtung lebenslanger ekklesialer Ämter hat einen logischen Trend zum Zölibat, und Zölibatäre haben die Tendenz, die Ekklesia zu ihrer Familie zu machen. Das ist eine Vermischung der Lebenssphären, und dadurch entstehen in der Ekklesia zwei verschiedene Stände mit unterschiedlicher göttlicher Berufung. Demgegenüber ist daran zu erinnern, dass jeder Christenmensch durch die Taufe lebenslang beamtet ist, während die Diener der Ekklesia durch diese, und zwar befristet, beamtet sind.

Der Apostel, die Ältesten und die Gemeinde

Noch einmal zum 1. Petrusbrief. Ein eigenartiges Schreiben. Will – wie der 2. Petrusbrief auch – vom Apostel sein (1. Petrus 1,1), hält sich aber an die von Paulus ins Christentum eingeführte Form des hellenistischen (Lehr-)Briefs. Er verlässt also die möglichweise von Petrus vorgegebene Linie der dem Evangelium von Jesus Christus angemessenen, weil Vertrauen begründenden erzählenden Rede, die zur Literaturform Evangelium führte. Ein Zeichen, dass in der Christenheit argumentative Rede die narrative zu verdrängen beginnt.

Dabei setzt der Verfasser implizit die narrative Rede als Grundlage der Evangeliumsverkündigung voraus. Denn wenn die Ekklesia ein Haus aus lebendigen Steinen und eine heilige Priesterschaft sein soll (2,5), dann kann sie nur eine redende sein und zwar so, dass jeder Stein redet. Und was für eine Rede liegt, als jedermann unbesehen seiner Bildung mögliche, näher als das Erzählen von Jesus?

Wenn Luther im *Sendbrief vom Dolmetschen*, den klassischen rhetorischen Stufenbau umstürzend sagt, dass dem Evangelium von dem Kind in der Krippe und dem Mann am Kreuz der niedrige Stil entspreche (Luther, *Sendbrief vom Dolmetschen*, S. 637), dann heisst das ja auch, der niedrige Stil sei denen gemäss, die dieses Evangelium in die Welt tragen, und denen, die es hören. Denn die zur Ekklesia Zusammengerufenen sind keine theologisch gebildete Elite, sondern *laos* (1. Petrus 2,19), gewöhnliches Volk.

Geschichten erzählen kann, besser oder weniger gut, jeder Mensch, gebildet oder ungebildet; Ungebildete erfahrungsgemäss eher besser als Gebildete. Argumentieren wie Paulus und wie der Abkömmling seiner Briefform, die evangelische Predigt, können die wenigsten. Es braucht dazu unter anderm, was der Fischer Petrus trotz seiner im Neuen Testament belegten Beredsamkeit nie, Paulus jedoch durch seine hellenistische Vorbildung und pharisäische Ausbildung hatte: rhetorische Schulung. Und die war längst aus einer Anleitung zu guter Rede eine solche zum guten Schreiben geworden.

Es muss mit der Betonung des Priestertums der ganzen Ekklesia zusammenhangen, dass im 1. Petrusbrief eine differenzierte Amtsstruktur der Ekklesia fehlt. Erwähnt sind einzig die Ältesten (1. Petrus 5,1ff.), die zwar als Hirten geschildert werden, aber durch ihr Amt nicht die geistliche Kompetenz der übrigen Mitglieder der Ekklesia begrenzen. Sie leiten die Gemeindeversammlung, haben dazu auch Kompetenzen, stehen aber in ihrem Dienst. Der Souverän, wenn wir an die politische Volksversammlung denken, sind nicht die Ältesten, sondern ist die Versammlung.

Der Gemeindeversammlung und ihren Ältesten gegenüber steht der Apostel (1. Petrus 1,1). Der Autor nennt ihn und setzt den Titel als bekannt voraus. Jedoch gewinnt das Apostelamt im Brief keinerlei konkretere Kontur. Gemeint ist mit dem Titel einfach der engste Zeuge von Jesu Wirken und Tod. Das erinnert an Markus. Irgendeine «Amtlichkeit» des Apostels ist nicht festzustellen. Im Vergleich mit Paulus in seinen Briefen tritt «Petrus» bescheiden und zurückhaltend auf. Denn der Brief will offensichtlich der Tendenz wehren, die geistliche Kompetenz von den in der Ekklesia Versammelten auf die Beamten der Ekklesia zu übertragen. Die Ekklesia ist die Versammlung der Priester, nicht stehen ihr priesterliche Amts- und Würdenträger gegenüber. Die Priester aber sind grundsätzlich zu aller Welt geschickt. Darum kann die Ekklesia die konkrete Gemeindeversammlung bleiben und muss nicht zur immerwährenden Institution mit vielen vollzeitlichen Ämtern wie im weltlichen Reich werden. Das Permanente ist nicht die Ekklesia, sondern die Gegenwart ihrer Mitglieder in der Welt ausserhalb der Versammlung. So wie die Freien in der griechischen Polis die meiste Zeit in ihrem Haus, ihrer Familie, auf dem Markt und nicht in der Volksversammlung verbrachten.

Apostelamt

Die frühesten neutestamentlichen Mitteilungen über Ämter in der christlichen Gemeinde finden sich bei Paulus. Und nirgendwo sonst im Neuen Testament ist so viel von Ämtern die Rede wie in den paulinischen und den nachaulinischen Schriften, wobei es mir geboten erscheint, die zwei Bücher des Lukas auch dazu zu zählen, sein Evangelium und die Apostelgeschichte. Die Hochschätzung der Ämter in der christlichen Ekklesia hat Paulus zum Gevatter.

Das ist nicht weiter erstaunlich, wenn man sieht, wie leidenschaftlich und auch trickreich Paulus um die Anerkennung als Apostel kämpft, obwohl er, falls man sich in der Frage auf Lukas verlassen kann, die Bedingung des Apostelamtes nicht erfüllt, nämlich Jesus «nach dem Fleisch» (2. Korinther 5,16) gekannt zu haben und vom irdischen Jesus eingesetzt zu sein (Lukas 6,12ff.). Darum muss Paulus die Bedingung ändern; er ist legitimiert durch eine ihm widerfahrene Berufung, in welcher er «Jesus, unsern Herrn, gesehen» hat (1. Korinther 9,2).

Damit die geänderten Bedingung des Apostelamtes keine Inflation von Aposteln zur Folge habe, setzt Paulus selbst eine Grenze: Er ist der letzte, dem der Auferstandene erschienen ist, und er ist eine «Missgeburt», ein ausserordentlicher Fall (1. Korinther 15,8). Denn auch nicht alle, die den Herrn gesehen haben, sind berufene Apostel; jene fünfhundert, denen nach 1. Korinther 15,6 der Auferstandene erschienen ist, doch wohl nicht. Die Sorge, die Spezialberufung des Paulus könnte das Apostelamt entleeren, ist auch bei Lukas deutlich spürbar. Darum seine doppelte Sicherung. Erstens müssen Apostel vom irdischen Jesus eingesetzt sein, und zweitens ist es seit der Himmelfahrt grundsätzlich unmöglich, den Herrn zu sehen. Folglich verwehrt Lukas auch dem von ihm verehrten Paulus vor Damaskus eine Vision, gesteht ihm nur eine Audition zu und spricht ihm damit den Aposteltitel ab. Man darf sich durch diese Unstimmigkeit zwischen Paulus und Lukas nicht täuschen lassen; Lukas ist der konsequente Fortsetzer dessen, was in Sachen Ämter innerhalb der Ekklesia bei Paulus beginnt.

Der Apostelitel – nicht nur des Paulus – ist der Punkt, von dem aus der Begriff der Ekklesia sich aus der Bezeichnung einer konkreten Versammlung zu der eines übergemeindlichen Instituts wandelt. Der «Leib Christi» meint in den nachpaulinische Briefen nicht mehr die einzelne Gemeindeversammlung, sondern die *ecclesia catholica*. Dies alles hat bei Paulus seinen Grund darin, dass die Erscheinung des Auferstandenen die einzige Legitimation seines übergemeindlichen, gesamtkirchlichen Apostolats ist.

Demgegenüber erlischt das Apostelamt bei Markus mit dem Tod der Zeugen des irdischen Lebens Jesu. Darum schreibt ja Markus, selbst kein solcher Zeuge oder höchstens ganz am Rand (siehe Markus 14,51f.), sein Evangelium, das er als Begründung für die Verkündigung von dem im Kommen begriffenen Gottesreich versteht.

Die Jünger haben für Markus nur darin ihre Autorität, dass sie die engsten Zeugen des irdischen Lebens Jesu waren, sonst in gar nichts. Darum gilt es, deren Zeugnis zu bewahren, jedoch keinesfalls eine anderweitige, sich auf sie berufende Amtsautorität. Denn das Zeugnis der Apostel hat nichts Exklusives. Es wird von Markus in ein Buch gefasst, das offenste, öffentlichste Medium, das es in seiner Zeit gibt, in gewisser Hinsicht noch öffentlicher als das der *viva vox*. Es braucht Vorleser, gewiss, und es braucht Übersetzer, Ausleger. Aber sie haben keinem einzigen ihrer Zuhörer eine Amtsautorität voraus. Auf Markus können kirchliche Amtsträger sich zu ihrer Legitimierung nicht berufen. Sie sind nicht mehr als der Landweibel in der Landsgemeinde und der Rufer in der Volksversammlung: Hilfspersonal, genau gleicher Würde wie jeder der Versammelten und in ihrem Dienst.

Im Sonderpostwagen nach Nicäa

Manche ihrer Vorgänger waren verhaftet, zum Tod verurteilt, den wilden Tieren vorgeworfen, gekreuzigt oder verbrannt worden. Und der eine und andere wird noch selbst Verfolgung und Diskriminierung erlitten haben. Anfangs Mai 325 jedoch fuhren die Bischöfe wie Fürsten und hohe Beamte in Sonderwagen der kaiserlichen Post nach Nicäa, einer alten Stadt nicht weit von der neuen Reichshauptstadt Konstantinopel entfernt. Der Kaiser selbst, Konstantin, hatte sie zu dem Konzil aufgeboten. Sie hatten von ihm nichts mehr zu befürchten. Wenigstens so lange, als sie der Majestät nicht offen widersprachen. Dieser Fall war auch gar nicht vorgesehen. Sie wussten es, und der Kaiser verliess sich darauf, dass sie es wussten. Weshalb er nach reichlicher Diskussion den Konzilsbeschluss diktierte, den schliesslich auch die unterzeichneten, welche in den verhandelten Lehrsachen nicht seiner Meinung waren – immerhin die Mehrheit. Der Kaiser hatte gesprochen und zwar, was bis anhin unerhört gewesen wäre, als der «Bischof der Bischöfe». Und sie gestanden es ihm zu, überrumpelt wohl von der neuartigen staatlichen Theologie und froh, dass die bösen Zeiten vorbei waren. Heim fuhren sie wiederum mit ehrenvoller Sonderpost, diesem Zeichen ihrer neuen Legitimität, die in Wahrheit gewaltsam erzwungene Legalität war. Sie hatten nun den Kaiser hinter sich. Sie konnten sich auf ihn berufen, auch denen in ihren Gemeinden gegenüber, die ihnen widersprachen. Solang sie selbst dem Kaiser nicht widersprachen.

Legalität ist nicht Legitimität. Denn Legalität ist ein Rechtsverhältnis, und Rechtsverhältnisse sind erstens durch Gewalttat errichtet und durch das Misstrauen der Verhältnispartner geprägt. Sonst brauchte es die kasuistische Versicherung nicht. Legitimität jedoch lebt vom Vertrauen.

Ein bisher nicht gekanntes Amtsbewusstsein muss die heimreisenden Bischöfe erfüllt haben. Man fragt sich, ob es allen dabei ganz wohl war. Abzusehen war jedenfalls, dass von nun an die Auswahl der Bischöfe anders verlaufen würde. Standhafte, mutige Männer hatte es bis dahin gebraucht; zum Bischof gewählt zu werden, hiess: mit einem Fuss im Grab stehen oder aber Schande gewärtigen müssen. Denn blieb einer in Verfolgung standhaft, war er schnell des Todes; fügte er sich dem staatlichen Diktat, war seine Glaubwürdigkeit dahin. Das änderte sich jetzt. Von nun an hatte als glaubwürdig zu gelten, wer die Meinung des Kaisers teilte. Und jetzt war's auch gesellschaftlich ein Aufstieg, Bischof zu werden. Eine staatlich verbürgte, legalisierte Ehre. Die Türen standen weit offen für Streber und Opportunisten. Es brauchte ja keiner mehr seine Standhaftigkeit durch die Hingabe seines Lebens zu beweisen. Leute wie der starrköpfige Athanasius von Alexandria, der um seiner Überzeugungen willen mehr im Exil als in seiner Bischofsstadt lebte, wurden Ausnahmen. Und auch Athanasius landete nicht vor den Bestien im Zirkus, sondern vergleichsweise komfortabel in der römischen Stadt Trier jenseits der Alpen. Zwar stritten die Bischöfe wie vorher um *theologica* und anderes, zwar wurde dem einen und andern auf einer Räubersynode der halbe Bart ausgerissen; aber Blutzeugen, Märtyrer, waren fortan selten. Und wenn es welche gab, waren es kaum höchste Amtsträger.

Natürlich gab's nun auch ganz andere Möglichkeiten der Mission. Genauer gesagt: Es brauchte keine mehr, denn bald schon trieb der Staat der Kirche auf dem Gesetzesweg die Leute scharenweise in die Arme. Wer, etwa als Beamter, Karriere machen wollte, musste wohl oder übel Christ werden. Es handelte sich nicht mehr darum, Leute zu überzeugen, sondern die vielen, die plötzlich dazu gehören wollten, kirchlich einigermassen zu sozialisieren.

Am auffallendsten veränderte sich die Öffentlichkeit der Ekklesia. Bis vor kurzem war ein Unterschied gewesen zwischen der staatlichen repräsentativen Öffentlichkeit und der repräsentativen Öffentlichkeit der Ekklesia. Nun wurden sie eines: Die Öffentlichkeit der Ekklesia wurde Teil der staatlichen. Dadurch wuchs die Autorität der Amtsträger gewaltig. Sie waren nicht mehr die Diener der Gemeinde, sondern ihre Spitzen, nicht mehr ihre Vertreter, sondern ihre Leiter und Vormünder. Was Repräsentanz bedeute, dazu lieferte fortan der Kaiser das Vorbild.

Legitimierung der Ekklesia durch politische Legalisierung bedeutet zwangsläufig, dass die verwandtschaftliche Liebe der Kinder eines gemeinsamen Vaters ersetzt wird durch gesetzliche Vorschriften. Die Konstantinische Wende machte aus der Ekklesia eine dem Staat parallele gesetzlich verfasste Institution. Ihren Dokumenten, allen voran den Bekenntnissen seit Nicäa und Konstantinopel, ist es anzumerken.

Übrigens: Ob Kaiser Konstantin es für sich selbst mit dem Christentum ernst meinte oder ob er es nur aus politischem Kalkül benützte, ist für die Perversion von Legitimität in Legalität unwichtig.

Die Ekklesia als Hort der Geschichten

So viele politische Geschichten wurden nie erzählt wie in den Tagen vor der Landsgemeinde. Die Landsgemeinde war ihr Kristallisationspunkt. Und sie versammelte die Geschichten unter eindeutigem Gesichtspunkt: als Befreiungs- und Freiheitsgeschichten.

So wurden vor der Landsgemeinde jedes Jahr in politischen Versammlungen, in den Wirtshäusern, auf der Strasse die Geschichten des Landes in Erinnerung gerufen. Nicht aufgewärmt wie kalter Kaffee, sondern mit gemäss den anstehenden Entscheidungen veränderten Akzenten. Sie waren das inoffizielle, jedoch in Wahrheit wichtigste Element der Legitimität des Staates. Offiziell an der Landsgemeinde selbst nicht zur Sprache kommend, trugen sie diese und die Politik des Landes.

Die christliche Gemeindeversammlung ist Hort der biblischen Geschichten. Denn nirgends als in diesen hat sie ihre Legitimität. Darum ist sie gut beraten, sie zu erzählen, auszulegen, zu sichten und sich dadurch bewusst zu bleiben, dass jeder ihrer Entscheide nichts anderes als eine exemplarische Interpretation dieser Geschichten sein kann.

So ist's gemeint bei Markus im Motto seines Evangeliums: «Anfang des Evangeliums von Jesus Christus» – Begründung, warum Jesus von Nazaret als der Christus verkündet wird. Und dann werden Jesusgeschichten erzählt und im Erzählen interpretiert. In solchem Tun versteht sich das Markusevangelium als der Zeit zwischen den Zeiten angemessenen Ersatz des Tempels von Jerusalem.

Drei auszulegende Thesen folgen daraus.

Erstens: Die Ekklesia als Gemeindeversammlung ist der Ort, wo die sie und jedes ihrer Mitglieder legitimierende Überlieferung – die Jesusgeschichten und was dazu gehört – erzählt wird.

Geschichten wollen erzählt werden. Denn Geschichten, nicht erzählt, sterben, auch wenn sie niedergeschrieben sind. Bücher sind Sarkophage, sofern ihr Inhalt nicht mündlich auferweckt, also gelesen, vorgelesen, nacherzählt, variiert, willkürlich oder unwillkürlich interpretiert wird.

Die biblischen Geschichten wollen zugesprochen werden. Sie sind, siehe Abraham, siehe Exodus, Befreiungsgeschichten. Als solche beanspruchen sie, nicht nur erzählt zu werden im Sinn einer

Darstellung (siehe Schleiermacher, *Darstellung*, § 313), sondern im Erzählen als Verheissung zugeeignet zu werden. Denn sie wollen Befreiung nicht bloss schildern, sondern bringen und erneuern.

Weil die die Gemeindeversammlung legitimierenden biblischen Geschichten erzählt und zugesprochen werden wollen, ist es die Aufgabe der Ekklesia, um die Erzählbarkeit der biblischen Geschichten bemüht zu sein. Hierzu gehören die theologischen Disziplinen; ihr erstes Ziel ist die gegenwärtige Erzählbarkeit der biblischen Geschichten als Legitimation der Ekklesia. Darum sind die theologischen Disziplinen Teil der Ekklesia.

Jede Nacherzählung einer Geschichte ist eine implizite Auslegung. Es ist nicht einzusehen, warum als Normalfall der Predigt die argumentativ explizite und nicht, wenigstens gleichberechtigt daneben, die narrativ implizite Auslegung gelten soll. Das Markusevangelium im Gegenüber zu den Paulusbriefen müsste da zu denken geben.

Ich halte dafür, es handle sich bei der Bevorzugung der Argumentation gegenüber der Narration um eine Autoritätsgebärde der ekklesialen Beamtenschaft. Fachleute im Dienst der Allgemeinheit schwingen sich kraft ihres Wissensvorsprungs auf einem bestimmten Gebiet gern zu Vormündern der Allgemeinheit auf. Die Prediger wollen der Mündigkeit ihrer Hörer, auf welche die Narration ihrem Wesen nach aus ist, Zügel anlegen, um sie unter Kontrolle zu halten.

Der allenthalben festgestellte Traditionsabbruch in Sachen biblische Geschichten hat zwar nicht seinen alleinigen, jedoch einen wichtigen Grund darin, dass die Ekklesia meinte, auf die narrative Pflege der sie legitimierenden Geschichten verzichten zu können, weil sie Legitimität von anderswoher, von der Logik ihrer Argumentation oder vom sie protegierenden Staat, bezog, der ihr die Schäfchen in die Hürden trieb. Darum leistete sich die Ekklesia den Luxus, die hörerfreundliche, zur Gemeinschaft sammelnde, der Mündigkeit der Hörer förderliche Narration durch die minder hörerfreundliche, die Hörerschaft in Interessengruppen dividierende, jedoch stärkere Kontrolle ermöglichende Argumentation zu verdrängen.

Wir sind, was die Form der Predigt angeht, dem Apostel Paulus aufgesessen und haben nicht begriffen, wie relevant die Korrektur seiner Position durch Markus ist. Kommt davon, wenn man im Neuen Testament nach einem einheitlichen Bekenntnis sucht, statt die Autoren miteinander diskutieren zu lassen.

Zweitens: Die Ekklesia ist der Ort, wo die biblischen Geschichten offiziell, also repräsentativ und exemplarisch erzählt und ausgelegt werden.

Die erzählende und argumentierende Interpretation der biblischen Geschichten in der Ekklesia kann nur exemplarisch sein. Die direkte Zusage der Verheissung muss die Ekklesia den dazu Berufenen überlassen. Das sind nach 1. Petrus 2,9 alle Mitglieder der Ekklesia, also ausnahmslos jeder Christenmensch in den vom zusammenführenden Geist arrangierten zufälligen Begegnungen. Beanspruchen die Diener der Ekklesia die Zueignung der Verheissung für sich, wird aus dem Evangelium eine Vorschrift und aus der Bibel ein verbotenes Buch.

Die Bibel soll aber, wie Markus mit seinem Evangelium zeigt, ein offenes Buch sein, zugänglicher als es der Tempel von Jerusalem war. Denn die Ekklesia soll nicht die Versammlung der herausgerufenen Freien im Gegensatz zur Masse der Unfreien bleiben. Ihre Mission ist es, zum «Menschenfischen» anzuleiten, also dazu, Unfreie zu Freien zu machen und zur Ekklesia hinzuzurufen. Weil die christliche Gemeindeversammlung das weiss, kann sie ihre offizielle, repräsentative, darum beschränkte Öffentlichkeit nicht mit derjenigen des Evangeliums verwechseln. Das Evangelium lässt sich nicht, wie die Freiheit der griechischen Polis, aus dem Dunkel des Hauses des alltäglichen Lebens ausschliessen, sondern erhellt es, indem es «die im Land tiefsten Dunkels leben» (Jesaja 9,1) «beim Namen ruft» (Jesaja 43,1). Das geschieht nicht durch den Ruf des die Volksversammlung leitenden Beamten, sondern durch den des Freien, der aus der Ekklesia in die Unfreiheit der Lebensnotwendigkeiten zurückkehrt. Dort stellt der griechische *pater familias* das Licht der Freiheit unter den Scheffel, denn es ist nichts für seine Hausgenossen. Anders der Christenmensch. Ihm ist aufgegeben, das Licht ins Haus zu tragen und auf den Leuchter zu stellen, damit es allen im Haus leuchtet (Matthäus 5,15).

Die konkrete Zueignung des Evangeliums, und das heisst: die konkrete Interpretation der Welt durch die Schrift und der Schrift durch die Welt, ist Sache jedes einzelnen Christenmenschen an seinem Lebensort, und der ist ausserhalb der Gemeindeversammlung. In dieser, gegenüber der offiziellen Öffentlichkeit der Ekklesia viel breiteren, inoffiziellen, trivialen Öffentlichkeit soll der Christenmensch seinen Mund überfliessen lassen von dem, dessen sein Herz voll ist. Das wird vorzugsweise in der Form einer kolportierten Geschichte geschehen wie in den Gleichnissen Jesu.

Drittens: Die Ekklesia ist der Ort, wo die sie legitimierenden Geschichten gesammelt und gesichtet werden.

Es gibt nur interpretierte Geschichten. Wer Geschichten sammelt, sammelt Interpretationen. Und wer Geschichten sichtet, entscheidet darüber, welche Interpretationen tauglich sind und welche nicht. Die Entstehung des Markusevangeliums und die Bildung des neutestamentlichen Kanons sind Ergebnisse solcher Diskussionen und Entscheide in der Ekklesia.

Das Markusevangelium ist das Paradebeispiel dafür, dass Sammeln zugleich Sichten bedeutet. Markus war, soweit erkennbar, der erste, welcher Jesusgeschichten nicht nur sammelte, sondern in eine biografieähnliche Reihenfolge stellte. Lange Zeit galt das Markusevangelium als gekürzte Fassung des Matthäusevangeliums, weil auffiel, dass bei Markus, nimmt man Matthäus oder Lukas zum Massstab, empfindliche Lücken klaffen. Markus kennt, um nur die auffälligsten zu erwähnen, keine Weihnachtsgeschichten und keine Geschichten von Erscheinungen des Auferstandenen an und nach Ostern. Man ging also davon aus, Markus habe gesichtet und, aus welchen Gründen auch immer, bestimmte Geschichten weggelassen.

Dann wurde Markus als der älteste Evangelist erkannt. Und die Formengeschichte machte Markus zu einer Art Redaktor, der ihm vorliegendes Material in einen Zusammenhang stellte. Die Sichtung trat in den Hintergrund; es wurde stillschweigend unterstellt, Markus habe verwendet, was er gekannt habe, was bei ihm fehle, sei ihm eben unbekannt gewesen. Das bedeutete einen Rückschritt im Verständnis des Markusevangeliums.

Dessen zwei wichtigste Lücken im Vergleich mit den andern Evangelisten zeigen, dass Markus mit der Sichtung des Materials der Mythisierung Jesu wehren wollte. Darum nichts von der wunderbaren Zeugung und Geburt Jesu und nichts von Erscheinungen des Auferstandenen. Diese dezidierte Sichtung macht das Markusevangelium zu einem ausserordentlich profilierten Diskussionsbeitrag im Neuen Testament.

Die Landsgemeinde zeigt, wie die Bildung eines Kanons legitimierender Geschichten vor sich geht und sich auch selbst korrigiert. Die Geschichten, die in ihrem Umfeld erzählt werden, stehen unter dem Akzent der Befreiung. Und sie müssen gut, die Zuhörer ansprechend erzählt werden, wenn sie Aufmerksamkeit gewinnen wollen. Hebt einer in der Runde am Stammtisch ab und erzählt in märchenhaften Übertreibungen, wird er sogleich auf den Erdboden zurückgepfiffen. Und auch wenn einer destruktiv erzählt, fahren ihm die andern über den Mund. Was in den Kanon gehört und was nicht, entscheidet sich durch Diskussion. Das ist der Auswahl anzumerken; sie ist ein Kompromiss aus Heldenverehrung und nüchterner Egalisierung durch gesunden Menschenverstand. Weil Erzähler und Zuhörer die Helden letztlich als ihresgleichen betrachten, setzen sie aller Verehrung zum Trotz bei ihnen verständnisvoll lächelnd auch die eigenen Schwächen voraus.

Als Ergebnis von Diskussionen und Kompromissen trägt dieser inoffizielle Kanon den Grund zu neuen Diskussionen in sich. Seine alljährliche Entstehung aber heisst, dass jede Versammlung das vorläufige Ende der Diskussion ist; man muss ja zu einem Ende kommen, weil die Versammlung zu bestimmter Zeit stattfindet. Das Ende der Diskussion ist jedoch in Wahrheit nur ein Unterbruch und keinesfalls der endgültige Schluss. Es gibt keine autoritäre Stimme, die diesen dekretieren könnte. Spätestens vor der nächsten Versammlung hebt die Diskussion wieder an. Die Sammlung der Geschichten ist vorläufig. Sie muss im Gebrauch ihre Tauglichkeit bewähren, indem sie das Raster abgibt für neu auftauchende Fragen. Darum stehen auch nicht immer dieselben Geschichten im Vordergrund. Je nach Zeitumständen ist's einmal die, einmal jene. Jedoch ist die Auswahl überblickbar, und neu auftauchende Geschichten haben es schwer, Vertrauen zu erwerben.

Der Kanon des Alten und Neuen Testaments sollte nicht als Ende der Diskussion verstanden werden. Er will ein überblickbares Diskussionsfeld schaffen, damit die Auseinandersetzung bei der Sache bleibt und nicht zerflattert, wie's bei unbegrenztem Diskussionsfeld zwangsläufig geschähe. Der Kanon ruft mit seinen Grenzen zur Sache. Aber so, dass er zur Diskussion über die Sache ruft und nicht zu deren Abbruch.

Das änderte sich spätestens mit dem Konzil von Nicäa, 325. Denn nun sass einer oben am Verhandlungstisch, der das Interesse und die Macht hatte, die Diskussion zu beenden: der Kaiser. Darum nehmen die auf Nicäa folgenden Bekenntnisse immer stärker kasuistisch definierenden Charakter an. Sie wollen keine Diskussionsfelder mehr sein, die im Interesse sachlicher Auseinandersetzung Grenzen ziehen. Sie sind nun präzis formuliertes Reichsgesetz. Über ihre Gültigkeit wird nicht mehr frei verhandelt, sondern bestenfalls noch konsultativ zuhanden des Machthabers. Seiner absoluten Macht entspricht die ihm gegenüber begrenzte, innerkirchlich jedoch ähnlich absolute Macht seiner Berater, der Bischöfe, welche Repräsentanten von Gemeindeverbänden sind. Der Kanon hört auf, Hilfe – sozusagen Traktandenliste – für die Diskussion der Gemeindeversammlung zu sein. Er wird kirchliches Gesetz.

Da der Kanon in Wahrheit aber ein vorläufig abgestecktes Diskussionsfeld ist, sind die einzelnen biblischen Schriften exemplarische Diskussionsbeiträge auf diesem Feld. Sie stehen miteinander in Auseinandersetzung und sind als Diskussionsteilnehmer zu verstehen. Die Ekklesia als Hort der Geschichten ist ein Ort der Diskussion, der Auseinandersetzung und des Streits um diese Geschichten und ihren «Sinn». Dass es anders nicht geht, erfuhren sogar die christlichen Kaiser. Ihren Bemühungen zum Trotz gelang es ihnen nie, *causa finita* zu machen.

Zueignende Öffentlichkeit

Es ist der Sonntag vor Pfingsten. Der Friede im Haus von Christen und Änneli in Liebiwyl ist gestört. Seit die Eheleute aufgehört haben, abends vor dem Einschlafen miteinander das Unservater zu beten, dient die Sprache im Haus nicht mehr der Verständigung, sondern stiftet Missverständnis und Streit. Auch an diesem Sonntagmorgen. Wegen einer Lappalie geraten Christen und Änneli aneinander. Resli, der Sohn, mahnt: «Vater, Vater […] denket, es ist heute heiliger Sonntag, und was werden die Leute sagen, wenn sie hören, dass wir wieder Streit haben!» (Gotthelf, *Geld und Geist*, S. 72)

«Änneli wollten Reslis Worte, was die Leute sagen würden, nicht aus dem Kopf. Was werden sie erst sagen, wenn heute an einem heiligen Sonntag niemand in die Predigt geht? Da erst werden sie uns verhandeln und allerlei lügen, warum wir nicht gegangen. Jemand muss doch gehen. Aber Änneli fand niemand, den es senden konnte; es musste, wenn ihr Haus repräsentiert sein sollte in der Kirche, Hand an sich selbsten legen, das heisst sich des Hauses, in welches es wollte, würdig kleiden.» (A. a. O., S. 73)

Auf dem Weg zur Kirche trifft Änneli keinen einzigen Menschen. Und als sie vor der Kirche steht und die Klänge des beginnenden Gottesdienstes hört, ist es ihr, «als höre sie aus den Tönen heraus eine Stimme als wie eines Richters Stimme, die sie riefe vor Gericht.

Angefüllt war die Kirche, kein Platz schien mehr für Änneli da; sie stund im Türwinkel. Sieh, wenn es dir so ginge, wenn du sterben würdest, dachte sie, und kämest unter des Himmels Türe, und kein Platz wäre mehr da für dich, und du müsstest stehen, müsstest wieder gehen, weil kein Platz für dich da wäre, weil du zu spät gekommen, alle voran gelassen, im Wahne, du kämest noch früh genug. Und wieder nun wuchs ihr Angst ums Herz, denn es gibt Augenblicke, wo unser Herz angstvoll ist und alles auf sich bezieht, wo die Angst um die Seele zuvorderst ist, und alle Augenblicke die Augen voll Wasser sind. Da winkte ihr eine Taunersfrau, welcher sie auch manche Guttat unters Fürtuch gegeben; aber Änneli merkte es nicht, bis im nächsten Stuhl eine ihr einen Mupf gab und deutete. Da sah sie, wie die arme Frau ihr ängstlich winkte, den andern deutete, dass sie noch näher zusammenrücken sollten, und ihr dann ein Plätzchen frei machte im Stuhle. So machte die arme Frau der reichen Platz in der Kirche, und diese trat demütig näher und nahm jetzt auch eine Wohltat an.» (A. a. O., S. 74)

Nach der Predigt empfindet Änneli, der Pfarrer habe «in ihr Herz gesehen und die Worte gerade auf sie gerichtet, als eine schöne Verheissung […]». (A. a. O., S. 76)

Damit das Wort des repräsentativen Gottesdienstes – Gotthelf redet ausdrücklich von «repräsentieren» – zueignend wirken kann, braucht es eine Veränderung von dessen Öffentlichkeit. Die offizielle Öffentlichkeit des repräsentativen Gottesdienstes vermag es nicht zu leisten. Nötig ist die darreichende Geste der Taglöhnersfrau, die Änneli einen Platz in der Kirche anbietet. Nicht einmal die Taufe hat hier die Kraft dazu. Es braucht die Handbewegung der Frau, die macht, dass das an die Allgemeinheit der Gemeinde gerichtete Wort des Pfarrers zueignende Anrede für Änneli wird.

Damit das «Wort Gottes» seine Kraft entfalten kann, muss die offizielle, repräsentative Öffentlichkeit durchbrochen werden von der inoffiziellen, nicht repräsentativen, kontingenten Öffentlichkeit. Nur da, und also nur durch Vermittlung der einzelnen Mitglieder der Ekklesia, wird aus dem Vortrag des Schriftgelehrten zueignende Anrede. Nur so hört das Wort auf, Wort über etwas zu sein; nur so gibt das Wort, was es sagt.

Das Entréebillet in die Ekklesia

Die Reichweite der Stimme des Rufers ist in der griechischen Polis der Raum der Versammlung der Freien. Der Stand macht den Freien zum Adressaten des Rufes; sein Stand legitimiert den Freien, den Ruf auf sich zu beziehen und an der Ekklesia teilzunehmen. Für alle andern ist der Ruf gegenstandslos; sie sind nicht gemeint. Was manchen nicht daran hindert zu wünschen, er wäre gemeint. Dem Ruf zur Volksversammlung eignet eine Tendenz zur Erweiterung seines Geltungsbereichs. Das ist ein Indiz für die Dynamik der Freiheit, die jedoch, wie etwa *Die Perser* des Aischylos zeigt, dem griechischen Stand der Freien unheimlich war, weil er seine Freiheit nur auf Kosten der Unfreien leben konnte.

Nicht so in der christlichen Ekklesia. Nur wenn Weltabgeschiedenheit für das wahre christliche Leben ausgegeben wurde, befand man sich wieder in der alten Zwickmühle der griechischen Freien, dass man im «richtigen» Leben auf die Kreide derer zechte, die ein «falsches» Leben führten. Jedoch ist auch für die christliche Gemeindeversammlung zu fragen, wer die Adressaten des Rufes – des Kerygmas – seien. Wer kann sich bei der Anrede «Liebe Gemeinde» dazuzählen?

Um die Dinge nicht durcheinanderzubringen, ist zu beachten, dass weder der Ruf des *kèryx* in der Polis noch die gottesdienstliche Predigt persönliche Anreden sind. Die Predigt redet die Gemeinde als Kollektiv an. Daran ändert nichts, wenn Prediger «Du» sagen oder versuchen, die Hörerschaft bei Persönlichem anzusprechen.

Immerhin zeugen solche Versuche von der Ahnung, dass die kollektive Anrede beim Einzelnen die Gewissheit voraussetzen muss, sie auf sich beziehen zu können. Wie aber gelangt der Einzelne zu dieser Gewissheit? Durch Selbstlegitimation? Dann ist er dem Kind zu vergleichen, das in Abwesenheit der Mutter selbst entscheiden muss, ob es das Stück Kuchen auf dem Tisch essen darf oder nicht – ein Beispiel meines theologischen Lehrers Ernst Bizer. Das Kind, pflegte er zu sagen, wird nicht ruhigen Gewissens essen.

Ist dem Hörer unklar, ob er mit dem Gesagten gemeint ist, dann verkehrt sich ihm Evangelium in Gesetzlichkeit. Die Legitimierung zum Hören kann aber keine allgemeine sein, weil sie sich sonst selbst aufhebt. Sie muss Legitimierung *ad personam* sein. Die wird gegeben durch die Taufe. «Ich bin getauft» heisst: Ich bin legitimiert, das in der Predigt Gesagte auf mich zu beziehen. Damit hört die Predigt auf, eine allgemeine Anrede zu sein; sie wird durch die Voraussetzung der Taufe zur Anrede an die Ekklesia; jedem ihrer Mitglieder ist persönlich gesagt und besiegelt worden, dass es zur Teilnahme legitimiert ist.

Jedoch wäre es falsch, die Taufe nach dem Muster des athenischen Bürgerrechts als Zugehörigkeit zu einem exklusiven Stand aufzufassen. Die Ekklesia ist keine exklusive Veranstaltung; es findet keine Eingangskontrolle statt, jedermann hat Zutritt. Die Taufe soll im Gegenteil die Exklusivität der Gemeindeversammlung verhindern, weil sie verhindert, dass jemand sich zur Teilnahme an der Gemeindeversammlung selbst legitimieren muss und deshalb darüber nur ungewiss sein kann.

Darum beharrt die Ekklesia einerseits auf der Taufe und ist andererseits weitherzig bei ihrer Erteilung. So weitherzig, dass ihr gelegentlich unseriöser Umgang mit der Taufe vorgeworfen wird. Der Vorwurf trifft nicht. Die Ekklesia darf für die Erteilung der Taufe keine Schranken aufrichten. Sie muss sie jedem, der sie verlangt oder für den sie verlangt wird, geben, so wahr es zur Heilung durch Jesus keine andere Bedingung brauchte als das Begehren des Kranken oder seiner Nächsten.

Die Taufe ist zwar nicht oder nicht mehr, wie Heinrich Heine kalauerte, das Entréebillet in die europäische Kultur (Heine, *Pro-*

sanotizen, S. 313). Sie ist aber das Entréebillet zur legitimen Teilnahme an der christlichen Gemeindeversammlung, von deren Verhandlungsgegenstand, dem «Evangelium von Jesus Christus» (Markus 1,1) selbst gefordert, damit es auch als repräsentative Rede Befreiung des Gewissens und nicht dessen Belastung sei.

Die Taufe macht zugleich klar, dass das Verlangen, legitim zur Ekklesia zu gehören, höchstens ausnahmsweise im Rahmen der Gemeindeversammlung entsteht, gewöhnlich jedoch ausserhalb ihrer. Mit Blick auf die Verhältnisse in der griechischen Polis gesagt: nicht im öffentlichen Raum, sondern im privaten, nicht in repräsentativer Öffentlichkeit, sondern in zueignender, nicht durch offizielle Rede, sondern durch persönliche Anrede «im Alltag der Welt».

Die Predigt als offizielle öffentliche Rede in der christlichen Gemeindeversammlung redet die Getauften als legitim zur Gemeindeversammlung Gehörende an. Sie kennt die eigenen Grenzen und weiss, dass sie als öffentliche Rede den Einzelnen nur dann dem Evangelium gemäss erreichen kann, wenn er als Voraussetzung seine Mitgliedschaft zur Gemeinde durch die Taufe verliehen bekommen hat.

Keinem, dessen Ohr der Ruf erreicht, soll verwehrt werden, an der Gemeindeversammlung teilzunehmen. Die mit dem Ruf zur Versammlung und der Anrede in der Versammlung Gemeinten aber sind die Getauften, weil sie legitimerweise die Anrede als an sie gerichtet verstehen. Die andern, die Interesse haben an dem, was in der Versammlung verhandelt wird, sollen sich deshalb zu ihrer eigenen Gewissheit die Legitmation geben und sich taufen lassen. Und die Gemeindeversammlung soll keinem, der sie wünscht, die Taufe abschlagen.

Die Vorspeise des Hochzeitsmahls

Gott kommt als Bräutigam zur Welt, um mit seiner Schöpfung Hochzeit zu halten (Markus 2,19; Matthäus 25). Verlobt ist er seit langem mit ihr (Hosea 2,19f.); insgeheim ist er seit jeher bei ihr, wie der Geliebte heimlich bei der Geliebten ist.

Doch jetzt soll es öffentlich und allen erkennbar werden, dass Gott die Welt zur Frau nimmt. Ein Fest beginnt, das alle Vorstellungen übersteigt und nie mehr endet, so wie eine richtige Ehe eine immerwährende Hochzeit ist. Das ewige Fest des Lebens soll es werden, an dem tanzen werden, die jetzt noch hinken; singen, die jetzt noch eine schwere Zunge haben; verständliche Worte reden, denen es jetzt noch die Sprache verschlagen hat; staunend um sich schauen, denen jetzt noch schwarz vor den Augen ist. Und die hungern, werden von dem gedeckten Tisch das Brot des Lebens essen und nie mehr Hunger haben. Und die dürstet, werden vom lebendigen Wasser trinken und sich für immer an die Erlösung von der Qual des Durstes erinnern. Markige Speisen werden aufgetischt – und machen weder dick noch krank. Und alte, geläuterte Weine werden kredenzt, und alle werden trinken und trunken sein vor Lust und Freude, aber kein einziger wird betrunken sein und dem trunkenen Elend verfallen oder nachher Kater haben. Und «der Tod wird nicht mehr sein, und kein Leid, kein Geschrei und keine Mühsal wird mehr sein; denn was zuerst war, ist vergangen» (Offenbarung 21,4). Vernichtet ist der Tod auf ewig (Jesaja 25,8) und abgewischt jede Träne von jedem Angesicht (Offenbarung 21,4). Und man wird sagen unter allen Völkern: «Der HERR hat Grosses an ihnen getan.» (Psalm 126,2)

Die Einladungen sind verschickt; die ersten Gäste finden sich schon ein. Sie sollen nicht verlegen herumstehen müssen und den Eindruck bekommen, unwillkommen zu sein, auch wenn die Vorbereitungen noch nicht abgeschlossen sind und das Festessen noch nicht beginnt. Noch sitzt niemand am grossen Tisch im Saal. Darum wird denen, die schon kommen, ein Apéritif serviert: Brot und Wein. Die Grundlebensmittel der alten Welt. Zugleich die Erstlinge und die Grundlegung jeglicher Kultur. Das Gewachsene wird zermalmt, das Korn zu Mehl, die Traubenbeeren zu Saft. Dann wird's ins Verderben gegeben, in die Gärung; freilich nicht ihr anheimgegeben, sondern so, dass das Verderben beherrscht wird, nicht überhandnehmen kann, dass es der Entstehung des Guten, den Leib Nährenden, das Herz Erfreuenden dienen muss: Brot und Wein (siehe Hörisch, *Brot und Wein*).

Diese zwei werden den ankommenden Gästen gereicht im Vestibül des Hauses des Bräutigams, in das er seine Braut heimführen wird, bevor die Tür zum Festsaal aufgeht und alle hereingebeten werden. Seid willkommen, heisst das. Ihr werdet erwartet.

Brot und Wein, die an das letzte Mahl Jesu mit seinen Jüngern vor der Kreuzigung erinnern, als er das Brot nahm, den Lobpreis sprach, es brach, den Jüngern gab und dazu sagte: «Nehmt, das ist mein Leib.» Und dann den Kelch nahm, das Dankgebet sprach und ihn ihnen gab, worauf alle daraus tranken, während er sagte: «Das ist mein Blut des Bundes, das vergossen ist für viele. Amen, ich sage euch: Ich werde von der Frucht des Weinstocks nicht mehr trinken bis zu dem Tag, da ich aufs Neue davon trinken werde im Reich Gottes.» (Markus 14,22–25)

Jetzt bekommen wir's zu essen und trinken, denn mit dem Apéritif beginnt das Fest, und bald werden wir mit dem Hochzeiter und der Braut anstossen. Wir sind schon im Haus, wenn auch noch nicht im Saal und am Tisch. Aber wir haben schon das Glas in der einen, das Gebäck in der andern Hand. Denn er, der uns die Einladung brachte, ist dadurch, dass er sie mit seinem Leben besiegelte, für uns zu Brot und Wein geworden. Zu den Grundnahrungsmitteln fürs Leben. Zum Entrée des grossen Festes. Das ist das Abendmahl.

Realpräsenz? Gewiss! Denn das alles ist ja kein Mythos, redet nicht vom ausgebliebenen, sondern vom kommenden Bräutigam. Also wird aus dem Brot Jesu Fleisch und aus dem Wein Jesu Blut? Doch eher umgekehrt! Aus dem Fleisch Jesu wird Brot, aus dem Blut Jesu Wein. Das Gebäck des Lebens und der Wein der Freude für uns. Die Vorspeise des Mahls aus markigen Speisen und alten, dekantierten Weinen, das Gott, der Ehemann der Schöpfung, uns im Festsaal seines vollendeten Hauses ausrichten wird. Die Türen gehen jeden Augenblick auf.

Die Taufe – das Entréebillet zur Ekklesia in dieser vorläufigen Welt. Das Abendmahl – der Apéritif, der bekräftigt, dass wir an der Schwelle zum Fest des Lebens stehen. Jedem wird's gereicht, der's haben will. Keinem wird's verweigert. Die Getauften essen und trinken mit beruhigtem Gewissen. Denn sie sind ja vorher schon, eben in der Taufe, bei ihrem Namen gerufen worden (Jesaja 43,1). Und wer von den Übrigen auch in ruhiger Gewissheit essen und trinken will, der lasse sich taufen.

Änneli, gimm mr es Müntschi!

«So z'leerem hatte der Pfarrer sicher noch nie gepredigt als an jenem Sonntage. Aus der Kirche brachte kein Mensch etwas anderes heim als: ‹Änneli, gimm mr es Müntschi!›» (Gotthelf, *Die Käserei in der Vehfreude,* S. 462)

Was dachte der Pfarrer Bitzius, als Jeremias Gotthelf das schrieb? War Gotthelf alias Bitzius in die Zeit des *Bauernspiegels* zurückgefallen mit der Kritik an der leeren, den Glauben nicht pflanzen könnenden Predigt, so dass man gescheiter Geschichtenerzähler am Wirtshaustisch wird, als Pfarrer auf der Kanzel?

Keine Spur! Die Szene an Sonntagmorgen in der Kirche der Vehfreude ist eine minutiöse Präzisierung dessen, was am Schluss des *Bauernspiegels* erst undifferenziert aufblitzt. Das Konzentrat von Gotthelfs harter theologischen Arbeit seither und den daraus gewonnenen Erkenntnissen betreffend der begrenzten Fähigkeiten der Predigt und der Unverzichtbarkeit der Rede jedes Christenmenschen.

Junger Mann, königliche Erscheinung, wie der aufstrebende David mit angeborenen Führungsqualitäten, darum Führung auch selbstverständlich beanspruchend als «Herzog der Nachtbuben» des Dorfes, geht Felix am Sonntag zur Kirche, wie es sich für den einzigen Sohn des Ammanns und reichsten Bauern der Vehfreude gehört. Dort nimmt er in der Mitte der Vorlaube Platz wie auf einem Thron. Nur, dass er an diesem Sonntagvormittag alsbald einschläft.

Worüber der Pfarrer predigt, wird nicht extra erwähnt. Worüber wohl! Wenn er's schlecht macht, über die Moral. Wenn er's recht macht, über die Liebe. Die Liebe Gottes zu den Menschen, die in Jesus Christus unter uns erschienen ist. Wir trauen ihm zu, er habe es recht gemacht, wenn auch nicht so spannend, dass Felix wach geblieben wäre.

Denn bei währender Predigt hört man Felix schnarchen. Kein Wunder. Nacht für Nacht steht er vor Ännelis Fenster, des armen, scheuen Mädchens ohne Herkunft, das bei Verwandten gnadenhalber Aufnahme gefunden hat. Felix hat Änneli auf der Strasse gegen eine Lausbuben-Gang beschützt, dann mitgeholfen, es zu retten, als es bei einer wilden Verfolgungsjagd, an der er massgeblich beteiligt war, von einem Pferdefuhrwerk angefahren wurde. Und hat sich prompt in das Mädchen verliebt, er, der so viele und so reiche haben könnte. Das Mädchen liebt ihn auch, auf scheue, es sich und ihm nicht eingestehen könnende Art. Nach dem Brauch der Gegend klopft der Verliebte nächtens an Ännelis Fenster. Das Mädchen wagt kaum, das kleine Fensterchen zu öffnen, geschweige denn, ihn zu sich hereinzulassen; es fleht, er solle gehen. Felix verspricht es, wenn es seine Bedingung erfüllt, welche lautet: «Änneli, gimm mr es Müntschi!» («Müntschi» ist nicht, wie ein Berliner Verlagslektor seinerzeit als Fussnote anmerkte, ein Gebäck, sondern ein Kuss.) Was bleibt dem Mädchen anderes übrig, als zu tun, was Felix fordert? Es stirbt fast dabei und tut's doch liebend gern. So geht es wochenlang, bis, «was noch so fein gesponnen, […] unter Donner und Blitz an die Sonnen» kommt (a. a. O., S. 453), getreu der biblischen Zusage, dass es der HERR den Seinen im Schlaf gebe (Psalm 127,2). Dergestalt nämlich, dass «als der Pfarrer eine Pause gemacht, plötzlich von der Vorlaube her eine Stimme gekommen sei […]» (a. a. O., S. 456). Von der Vorlaube, die der Kanzel gegenüber auf deren Höhe schwebt. Was die Stimme sagte, wissen wir. Gotthelf wiederholt das inkriminierte Sätzchen wie einen Refrain. Es ist ja auch der Refrain des Wortes der Liebe, welches sich, einmal ausgesprochen, gegen das viel wiederholte Wort *über* die Liebe durchsetzt und dieses vorübergehend zum Schweigen bringt. Denn das Wort der Liebe kann der Pfarrer in offizieller öffentlicher Rede nicht aussprechen, das verletzte nur schon die Intimität, die zu diesem Wort gehört. Darum kann's auch Felix nur im Schlaf tun; wach bringt er's allein bei Änneli über die Lippen.

Womit zugleich «an die Sonnen» kommt, wie sich's mit der Predigt des Pfarrers und den Alltagsworten der Gemeindemitglieder verhält. Der Pfarrer redet über die Liebe, die Gemeindeglieder sprechen, wenn's ernst gilt, das Wort der Liebe aus. Er lehrt von der Liebe, sie leben sprechend und entsprechend handelnd die Liebe; der Pfarrer, wenn er nicht auf der Kanzel steht, hoffentlich auch. Und wie beziehen sich nun die zwei aufeinander? So, dass der Pfarrer die Liebe auslegt. Nicht die Liebe Gottes in Analogie zur Liebe von Felix und Änneli, sondern, metaphorisch, die Liebe von Felix und Änneli als verborgene Anwesenheit der Liebe Gottes. So wie im Gleichnis Jesus die Perle als die verborgene Gegenwart des kommenden Gottesreiches zu erkennen gibt.

Es sind zwei verschiedene Sorten Rede, die des Pfarrers ab der Kanzel und die von Felix ab der Vorlaube gegenüber der Kanzel. Die ab der Vorlaube ist Teil einer Alltagsgeschichte, die ausserordentlich dadurch wird, dass sie sich an einem Ort direkt zu Wort meldet, wo sie normalerweise nichts zu suchen hat, wo es aber letztlich um sie geht. Die Rede ab der Kanzel ist Teil der Interpretation einer biblischen Geschichte. Beide, miteinander verbunden, sind die zueignende Ansage des Gottesreiches, das begonnen hat.

Gewöhnlich kommen die beiden Redesorten nicht in der Kirche zusammen, schon gar nicht so wie an jenem Sonntag in der Vehfreude. Denn die Alltagsgeschichten spielen sich auf der Gasse ab, noch mehr daheim und dort, wie in *Geld und Geist*, im Schlafzimmer oder eben am Fensterchen des geliebten Mädchens. Darum kann nicht bei jeder Geschichte, auch nicht bei jeder, die es nötig hätte oder sich besonders gut eignete, der Pfarrer dabei stehen und sie als Metapher interpretieren. Das müssen die Laien schon selbst tun. Sie sind es ja auch, die mit ihrer Weltkompetenz die Eignung einer Geschichte dazu erkennen. Damit sie's können, unterweist sie der Pfarrer. Dazu ist die Predigt da. Das ist die eine Seite ihrer Aufgabe.

Und die andere: Es sind Getaufte, die unter des Pfarrers Kanzel in den Kirchenbänken sitzen. Leute, die zum Zutritt in die Ekklesia legitimiert sind. Die beim Gesagten nicht fragen müssen: Ist das für mich? Für sie ist es, wenn auch weniger zudringlich als für Änneli an jenem Sonntagvormittag. Also muss die Predigt Lehre von der metaphorischen Rede und Zusage des kommenden Gottesreichs an die anwesenden Legitimierten zugleich sein. Nicht, dass die Predigt sie nach ihrer Legitimität fragte. Sie setzt sie voraus. Fragt jedoch das Gewissen die Zuhörenden inquisitorisch nach ihrer Legitimität, dann können sie antworten: «Ich bin getauft!» Und sind sie's nicht, sollen sie sich zur Vergewisserung des Gewissens taufen lassen.

Der Gemeindegottesdienst als zusprechender Unterricht. Zu schulmeisterlich, zu kopflastig, zu wenig festlich? Vergessen wir nicht, dass Lernen ein Fest ist. Die Freude des Mündigwerdens!

Mater ecclesia

«Die Vorstellung von der Mutter Kirche sitzt tief», stellt Eberhard Jüngel fest und fährt hörbar resigniert fort: «Kann man sie nicht tilgen, so muss man sie zumindest vor Missverständnis bewahren.» (Jüngel, *Metaphorische Wahrheit*, S. 329)

Die Rede von der Kirche als Mutter kommt bei den Kirchenvätern auf. Cyprian, seit 248 Bischof von Karthago, 257 verbannt, 258 bei der Rückkehr enthauptet, schreibt in *De catholicae ecclesiae unitate*: «Habere non potest Deum patrem, qui ecclesiam non habet matrem.» (Niemand kann Gott zum Vater haben, der nicht die Kirche zur Mutter hat.) Auch die Reformatoren reden von der Mutter Kirche.

Cyprian wirkte in der Zeit der christologischen Streitigkeiten, in denen es um die Frage ging, inwiefern Jesus Christus Gott und inwiefern er Mensch sei. Darauf folgten die Auseinandersetzungen um die Trinität. Im Schatten der offiziellen Trinitätslehre, die sich Gott als eine rein männliche und darum unfruchtbare Versammlung aus Vater, Sohn und Geist vorstellte, ähnlich der Ekklesia in der griechischen Polis, entwickelte sich eine andere Trinität, eine familiäre aus Gott als Vater, der Kirche als Mutter und uns, den Kindern der beiden.

Die theologiegeschichtliche Vorstufe der Trinitätsdiskussionen waren die um die menschliche und die göttliche Natur Jesu Christi. Fraglich war dabei die Legitimität Jesu Christi, des Sohnes Gottes. Ist die Legitimität des Sohnes fraglich, ist es auch die des Vaters, denn es ist der Vater, der den Sohn legitimiert und dadurch selbst legitimiert wird.

Die Mutter aber kann – wie in Gotthelfs *Schwarzer Spinne* – bei der Taufe daheim bleiben. Ihre Legitimität steht nicht in Zweifel. Begreiflich also, dass man sich an sie hält, solange nicht feststeht, wessen Kind sie geboren hat und wessen Familienname dem Kind gebührt.

Nur: Wer ist die Mutter? Die Ekklesia? Sie hat keine Kinder. Sie besteht zwar nicht nur aus Männern, wie die Volksversammlung der Polis, aber aus Schwestern und Brüdern. Und sie könnte sich auch nicht recht um die Kinder zu kümmern; sie ist ja zeitlich und örtlich eingeschränkt. Nein, unsere Mutter ist die Schöpfung. Sie hat uns geboren, «bevor sie zusammengekommen waren» (Matthäus 1,18), zu verstehen nicht als jungfräuliche Empfängnis, sondern: bevor sie und ihr Mann, der Schöpfer, offiziell verheiratet waren. Das werden sie erst sein, wenn Ekklesia und Schöpfung identisch sind, wenn alle Kreatur aus Elend und Tod herausgerufen und «alles neu» gemacht ist (Offenbarung 21,9). Dann wird Gott unser Vater, die Schöpfung unsere Mutter und Jesus Christus unser erstgeborener Bruder sein.

VI Die Legitimierenden

Gleichnis oder System

Das theologische «System» Jesu lässt sich in zwei Sätze fassen. Der Grund-Satz heisst: «Erfüllt ist die Zeit, und nahe gekommen ist das Reich Gottes.» Und daraus folgt: «Du sollst Gott lieben von ganzem Herzen und deinen Nächsten wie dich selbst.» Die dem entsprechende Predigtform Jesu ist das Gleichnis, also die kleine Geschichte, zugefallen aus der Umwelt, aufgegriffen und, «ins Wort gefasst», als Stückwerk des im Kommen begriffenen Gottesreiches erkennbar gemacht. Gott setzt seine Herrschaft durch; es zeigt sich an ihrer vielfältigen stückwerkhaft Gegenwart.

Die Gottesherrschaft als im Kommen begriffene ist also nicht als Analogie gegenwärtig. Denn «Gleichnis» heisst eine Geschichte zwar, weil sie eine Metapher ist; jedoch ist eine Metapher nicht in erster Linie eine Analogie, und ebenso wenig ist es das Gleichnis als Metapher. Der Wolf ist im Wolfsmann, der Löwe in Achill nicht analogisch, sondern realiter gegenwärtig. «Gleichnis» heisst eine Geschichte, weil sich im Erzählen Analogie zwischen ihr und vielen andern einstellt: Eine Geschichte ruft via Analogie der andern; darum stehen Gleichnisse meistens in Gruppen beisammen.

Für die Verkündigung in Gleichnissen sind klare Augen und ein reger Verstand nötig. Nur wer sich vor dem biblischen Wort die Ohren nicht zuhält, erkennt die Ansätze des kommenden Gottesreiches in der Welt. Und nur wer sich auf die Welt einlässt, starrt sie nicht blöde an wie die Kuh das neue Tor – sprichwörtliche Wendung, bei Luther ebenso begegnend wie bei Gotthelf. Typisch für seine Verkündigungsart, dass Jesus kein Schriftgelehrter war, sondern ein Handwerker, als Ältester eines Zimmermanns vermutlich selbst gelernter Zimmermann. So einer hat von Berufs wegen einen Blick für die Welt, sonst kommt er nicht weit. Und wer Blick und Verstand für die Welt hat, hat sie auch für seinen Nächsten.

Ein leuchtender Wintertag. Ich sitze im Postauto von St. Moritz nach Sils Maria. Nach mir steigen zwei orthodoxe Juden ein. Kaum haben sie sich gesetzt, ziehen sie schmale Hefte mit hebräischen Texten aus der Tasche und vertiefen sich darein. Hin und wieder tuscheln sie miteinander. Für die Welt jenseits der Seitenränder haben sie keine Augen. Sie sehen keine Mitreisenden, keine Berge, keine Seen, weder die Sonne noch den blauen Himmel. Sie erkennen keine Gleichnisse. Sie sehen nicht, dass die Welt voll der Belege für ihren Text ist.

In Champfèr steigt einer ein und setzt sich mir gegenüber. Erst als er die Sonnenbrille abnimmt, erkenne ich ihn; Pfarrer wie ich, fast ein Freund zu nennen. Publizierte neulich einen alarmierenden Artikel über das absehbare Ende der reformierten Kirche; ich wollte ihm darauf einen Brief schreiben. Wir haben also reichlich Gesprächsstoff. Und versinken so darin, dass ich um ein Haar in Sils Maria sitzen geblieben wäre. Die beiden Bibelleser müssen unterwegs ausgestiegen sein; ich habe es nicht bemerkt.

Das Gleichnis ist die Rede derer, die weder allein in die Welt noch allein in die Bibel blicken. Das System ist die Rede derer, die nur in die Bibel blicken, was die Bibel papieren und die Welt verheissungslos macht. Jesus redete in Gleichnissen. Paulus, bei dem Gleichnisse keine Rolle spielen, schrieb mit dem Römerbrief ein Buch, das die Bezeichnung «System» verdient. Darin war er der grosse Kollege der vier Schriftgelehrten im Postauto, die keine Augen für die Welt hatten, sondern alles aus ihren Texten sogen.

Gründlich ins Buch zu blicken und dabei systematisch vorzugehen, ist richtig; es war die Aufgabe des Paulus, es ist die Pflicht jedes Schriftgelehrten. Problematisch ist hingegen, dass Paulus das, was bei ihm dabei herauskommt, «sein Evangelium» (Römer 2,16) nennt, das der Grund des Glaubens sei (Römer 10,17). Aus der Bibel droht so ein selbstreferenzielles System zu werden, ein Kosmos, der in sich selbst ruht. Verkündigung wird dann ausschliesslich als dessen aktualisierende Darstellung in offizieller öffentlicher Rede verstanden, von der man alles erwartet. Paulus vererbt damit denen, die sich in diesem Stück auf ihn berufen, die grundsätzliche Schwierigkeit der Vermittlung der Perspektiven von Schriftkompetenz und Weltkompetenz.

Laien und Gleichnisse

Wenn das Vorbild christlicher Verkündigung der Nichtschriftgelehrte Jesus mit seinen Gleichnissen ist und nicht der Schriftgelehrte Paulus mit seinen Lehrbriefen, dann kann diese nicht mit der schriftgelehrten Kanzelrede identisch sein. Vielmehr ist die

Kanzelrede eine – freilich unerlässliche – Unterrichtung im Hinblick auf die Verkündigung in Gleichnissen. Der Rahmen, in dem die Kanzelpredigt gehalten wird, die Ekklesia, ist der Instruktionsort für den «Gottesdienst im Alltag der Welt», die *logikè latreia*, den «vernünftigen Gottesdienst» wie Paulus schreibt (Römer 12,1). Wobei in «vernünftig» (*logikos*) *logos*, «Wort», steckt, der vernünftige Gottesdienst also kein wortloses Tun sein kann. Er soll die Welt stückwerkhaft «ins Wort fassen», das heisst die Anzeichen der beginnenden Gottesherrschaft aufweisen. Das aber ist das Amt jedes mündigen Christenmenschen, so wahr er eine Zunge zu reden hat. Die Anzeichen sind zu vielfältig, als dass es zu ihrer Fassung ins Wort nicht alle brauchte, die reden können.

Die Opposition der Schriftgelehrten gegen Jesus zielte offensichtlich nicht nur auf den Inhalt seiner Verkündigung, sondern – eigentlich selbstverständlich, da Inhalt und Form nicht getrennt werden können – darauf, dass Jesus in den Augen der Schriftgelehrten mit den Gleichnissen Sphären und Kompetenzen vermischte. Die Sphären insofern, als er in den Gleichnissen Bibel (Reich Gottes) und Welt (Fund einer Perle) aufeinander bezog. Vermischung der Kompetenzen, weil er nicht allein Bibelkompetenz, sondern auch Weltkompetenz für die Ansage des biblischen Gottes und seines im Kommen begriffenen Reiches für unerlässlich hielt. Es genügt nicht, im Besitz des Schlüssels zu sein. Man muss auch wissen, wo die Truhe steht, zu der der Schlüssel passt.

Das Gleichnis ist die Form der Rede des «Gottesdienstes im Alltag der Welt». Es hört in dem Augenblick auf, die Grundform christlicher Verkündigung zu sein, als unter dem Eindruck, die Vollendung des Reiches Gottes verziehe, aus dem Jesus, der das Kommen des Reiches Gottes predigte, derart der gepredigte Jesus wird, dass er den Inhalt der Verkündigung, die im Kommen begriffene Herrschaft Gottes, verdrängt. So dass Jesus Christus nicht mehr der Anfang des kommenden Gottesreiches ist, sondern dessen Fülle. Paulus: «Jetzt ist der Tag des Heils.» (2. Korinther 6,2) Johannes: «Wer an den Sohn glaubt, hat ewiges Leben.» (Johannes 3,36) Jetzt braucht es keine Gleichnisse mehr, die Spurensuche ist überholt; wann das Reich kommt, ist nicht mehr fraglich, denn es ist mit Jesus Christus gekommen. Damit entfällt auch die Notwendigkeit, die Welt ins Wort zu fassen und die Voraussetzung dazu, die Weltkompetenz derer, die keine Schriftgelehrten sind. Jetzt heisst es, zwar noch nicht im Johannesevangelium, aber im späteren 1. Johannesbrief (2,15): «Liebt nicht die Welt.» Die christliche Ekklesia ist nicht länger zeitlich eng begrenzt aus der Welt hinausgerufen, um erst recht zur Welt geschickt zu werden, sondern unbegrenzt, um die Welt hinter sich zu lassen. Folge davon: Die theologische Systematik beginnt zu wuchern, und die Gleichnisgeschichten werden von ihr verdrängt. Denn die theologische Systematik muss möglichst lückenlose Schanzen gegen die eindringende Welt aufrichten. Es entsteht, siehe schon die Schilderungen der ersten Christengemeinde in der Apostelgeschichte des Lukas, eine heile Gegenwelt gegen die unheilige Welt «draussen». Verkündigung hört auf, Sache jedes mündigen Christenmenschen an seinem Lebensort zu sein, sondern wird Sache der schriftgelehrten Spezialisten für die Insider und erschöpft sich, wie es sich in den nachpaulinischen Briefen des Neuen Testaments bereits abzeichnet, mehr und mehr in der Ermahnung, bei der Stange zu bleiben.

Zur wuchernden Systematik gehört auch, dass die typische Form der Verkündigung Jesu, das analoge Geschichten anziehende Gleichnis, nun in sich selbst als Analogie verstanden wird und schliesslich als überflüssige Redensart verschwindet. Denn es weist nicht mehr prophetisch die vielfachen, verborgen gegenwärtigen stückwerkhaften Anfänge des Gottesreiches auf, sondern lehrt als kanonischer Text, wie das Gottesreich als vollendetes sein wird. Damit hört seine die Entdeckerfreude anregende Fruchtbarkeit auf, die bewirkt, dass ein Gleichnis die Augen für weitere öffnet. Und es fällt die Zeitansage – «Nahe gekommen ist das Reich Gottes!» – dahin; sie wird in zeitlose dogmatische Lehre verwandelt. Nicht ist die wunderbare Perle ein Stück gegenwärtiger Gottesherrschaft, sondern wenn die Gottesherrschaft gekommen sein wird, wird es sein, als hätte man eine wunderbare Perle gefunden. Diese Interpretation ist darum eine versteckte Tautologie, weil jedermann weiss, wie die Gottesherrschaft sein soll. Die Frage ist, wann sie kommt.

Der schriftgelehrte Trick bei dieser Gleichnisinterpretation besteht darin, den Laien die Kompetenz zur Rede vom kommenden Gottesreich wegzunehmen, wie sie sich im Neuen Testament etwa in den Bitten von Kranken um Heilung äussert, und sie zur Sache von theologischen Fachleuten zu machen. Wäre das in seinem Sinn, hätte Jesus die Bitten um körperliche Heilung nicht «Glauben» nennen können, sondern den Bittenden erst beibringen müssen, was es mit dem Gottesreich und dem Glauben auf sich habe. So wie Paulus den Hörern seines Evangeliums erst beibringen muss, dass sie allzumal Sünder und auf die Gnade, den Inhalt christlicher Verkündigung, angewiesen sind (Römer 1–4). Es fällt doch auf, dass solche «Korrektur» in den Jesusgeschichten keine Rolle spielt, sondern dass die «Korrektur» – siehe die Geschichte von der Heilung eines Gelähmten, Markus 2,5ff. – korrigiert wird.

Öffentlichkeit

«Öffentlichkeit» ist ein diffuser Begriff. Meistens meinen wir damit die offizielle Öffentlichkeit, die aber nur beschränkt öffentlich ist, während wir das, was den Namen «Öffentlichkeit» wahrhaft verdient, als nicht öffentlich beurteilen, weil es nicht offiziell öffentlich ist. Wir müssen zwischen offizieller und nicht offizieller Öffentlichkeit unterscheiden.

Offizielle Öffentlichkeit ist nie vollständige Öffentlichkeit. Sonst hiesse sie nicht auch repräsentative Öffentlichkeit. Repräsentiert muss nur werden, was selbst nicht ganz anwesend ist. Bei einem Staatsakt, und sei's in der freiheitlichsten Demokratie, kann nie das ganze Volk anwesend sein. Darum ist seine Öffentlichkeit repräsentativ, also beschränkt. Eine Volksversammlung ist repräsentativ, weil Bedingungen erfüllen muss, wer an ihr teilnehmen will. Einen amerikanischen Gast, den ich seinerzeit an die Landsgemeinde nach Trogen mitnahm, und der von dieser demokratischen Einrichtung hell begeistert war, musste ich enttäuschen. Er durfte den Ring nicht betreten und nicht mitstimmen.

Offizielle Öffentlichkeit ist legale Öffentlichkeit, vom Staat oder einer andern Instanz gesetzlich definiert. Gesetz aber basiert auf Macht und Gewalt. Das Recht und die von ihm geschützte Ordnung werden in letzter Instanz gewaltsam gesetzt.

Inoffizielle Öffentlichkeit hingegen ist die, wohin in der Polis der *pater familias* aus der Volksversammlung geht. Auf dem Weg nach Hause unterhält er sich mit Nachbarn, trifft Sklaven und Beisassen, grüsst eine Frau, gibt einem fragenden Kind Antwort.

Die inoffizielle Öffentlichkeit ist der kaum zu überblickende und schwer zu kontrollierende, da vorwiegend aus kontingenten Begegnungen bestehende tägliche Umgang im Haus, auf der Gasse, auf dem Markt, siehe die entsprechende Trias in Luthers *Sendbrief vom Dolmetschen*: «[…] den man mus nicht die buchstaben inn der lateinischen sprachen fragen, wie man sol Deutsch reden, wie diese esel thun, sondern, man mus die mutter jhm hause, die kinder auff der gassen, den gemeinen man auff dem marckt drumb fragen, und den selbigen auff das maul sehen, wie sie reden, und darnach dolmetzschen, so verstehen sie es den und mercken, das man Deutsch mit jn redet.» (Luther, *Sendbrief vom Dolmetschen,* S. 637). An dieser Öffentlichkeit hat jeder teil, auch der Unmündige. Und wenn die unmündig Gehaltenen sich protestierend zusammenfinden wie in der DDR vor und während der friedlichen Revolution, und es in der Kirche tun, dann zeigen sie damit eine Spur von Bewusstsein, dass die Repräsentanz der Öffentlichkeit der Ekklesia eine andere ist als diejenige der staatlichen Öffentlichkeit. Und dass um ihrer Legitimität willen die repräsentative Öffentlichkeit der Ekklesia enger als die des Staates an die inoffizielle, nicht repräsentative Öffentlichkeit gebunden ist.

Die Lehre vom Priestertum jedes Christenmenschen ist der Hort des Bewusstseins, dass die inoffizielle, nicht repräsentative Öffentlichkeit der Ort ist, wo das Vertrauen zu Gottes Verheissung entsteht, und dass die Christen, bis der Menschensohn auf den Wolken kommt mit grosser Macht und Herrlichkeit, wohl zeitlich und räumlich beschränkt zur Ekklesia zusammengerufen sind, aber nur, um von da aus nach «Galiläa» geschickt zu werden.

Die Schriftgelehrten bangen um ihr Monopol

An Markus 2,1–12, der Heilung eines Gelähmten, fällt dreierlei auf:

Erstens: Der grosse Andrang zu Jesus. Alles, was krank ist, will sich heilen lassen.

Zweitens: Die Konkurrenz zwischen den Schriftgelehrten und Jesus. Die Schriftgelehrten bangen um ihr Monopol. Denn sie sagen, dass Gott allein Sünden vergeben kann. Und sie sind seine alleinigen Sprachrohre.

Drittens: Sündenvergebung ist richtig. Aber nur, wenn Vergebung als Heilung und Sünde als Krankheit, Besessenheit verstanden wird.

Paulus – siehe den Römerbrief – muss den Menschen nachweisen, dass sie Sünder sind. Das geschieht mittels der Schrift. Es braucht dazu den Schriftbeweis. Und für den Schriftbeweis braucht es Schriftgelehrte. Da Glaube ohne Sündenerkenntnis nach Paulus unmöglich ist, ist der Glaube für seine Entstehung auf Schriftgelehrte angewiesen. Mit seinem Beharren auf dem Aposteltitel unterstreicht Paulus das.

Anders, wenn Sünde Besessenheit, Krankheit ist. Da muss niemandem etwas nachgewiesen werden. Merkt's der Kranke nicht, dann seine Umgebung. Und das Bedürfnis nach Heilung braucht auch nicht erzeugt zu werden. Hat's der Kranke nicht, dann sicher seine Umgebung. Nicht ein Schriftbeweis ist gefragt, sondern ein Arzt, und der ist kein Schriftgelehrter, sondern ein Laie, einer aus dem Volk, dem *laos*, wie Jesus.

Darum ist nicht das Predigen, Beten, Singen in versammelter Gemeinde die Grundsprache des Glaubens. Die Grundsprache des Glaubens ist die der Frau im Haus, der Kinder auf der Gasse, des gemeinen Mannes auf dem Markt. Die Sprache also, die da gesprochen wird, wo der Geist «zufällig» zwei oder drei im Namen Jesu zusammenführt. Das, was die Schriftgelehrten in der Ekklesia lehren, wird in nichtoffizieller Öffentlichkeit dem Einzelnen als für ihn geschehen zugeeignet. Das schafft Vertrauen. Und dieses Vertrauen ist der Grund, warum einer zur Ekklesia gehören will.

Markus 2,1–12 bricht eine Lanze für die zueignende Kompetenz der Laien gegen das Sprachmonopol der Schriftgelehrten, wie's bei Paulus insgeheim zu herrschen beginnt und bei Lukas institutionalisiert wird. Gewiss braucht's die Schriftgelehrten, denn die Texte, auf die sich der vertrauende Glaube beruft, sind alt und stammen aus einer unvertraut gewordenen Welt. Aber was sie lehren, kann nur Vertrauen schaffen, wenn's durch den Mund des Nächsten als direkte, eben nicht repräsentative Zusage weitergegeben wird. Der offizielle Gottesdienst ist der Nebenschauplatz des Gottesdienstes. Er rüstet die Träger des allgemeinen Christenamts aus, damit sie sein können, was sie sind. Denn die Hauptsache des Gottesdienstes passiert ausserhalb der Ekklesia, da, wo die Leute leben und arbeiten und zwei oder drei durch den Geist im Namen Jesu zusammengeführt werden.

Gottesgeburt

«Aus mütterlichem Mund lässt
sich gebären der Gott auf dass
er fortzeuge ins hörende Herz und
es voll werde seiner und
überfliessend der Mund wiedergebäre
ihn der vorangeht bis an-
gekommen sind alle wo
nicht ausgeht das Mehl im Krug noch
das Öl in der Flasche und versammelt
um den grossen Tisch zum Brot
des Lebens und dem Wein
der Freude»

Kolluthos von Lykopolis (5./6. Jahrhundert)

Das Vertrauen kommt aus dem Hören dessen, was als von aussen kommendes, anredendes Wort zugesprochen wird. Und das Vertrauen als solches Angesprochensein spricht selbst. Es spricht anderen den verborgen anwesenden Gott zu, indem es der Wirklichkeit mehr zuspricht, als sie selbst aufweisen kann.

Menschenmund bringt die Götter zur Welt. Der Gott Israels scheut sich nicht, wie alle andern Götter «Gott» genannt zu werden, und ist sich nicht zu schade, wie alle andern Götter durch Menschenmund geboren zu werden.

Aus Menschenmund kommen die Götter wie die Teufel zur Welt. Für alle unvermeidlich ein Akt der Demut, zu dem sie nicht stehen mögen und, sich gewaltsam selbst legitimierend, in den Mythos flüchten. Entscheidend unterscheidet den Gott Israels von ihnen, dass er zu seiner Geburt aus Menschenmund steht, sich nicht gewaltsam selbst legitimiert, sondern um das Geschenk des Vertrauens bittet durch den Hinweis auf das, womit er's verdient hat: «Ich bin der HERR, dein Gott, der dich herausgeführt hat aus dem Land Ägypten, aus dem Sklavenhaus.» (Exodus 20,2)

Es widerspräche der souveränen Demut des Gottes Abrahams, Isaaks, Jakobs und Jesu Christi, wenn er sich nur durch besonders ausgezeichnete Münder zur Welt bringen liesse. Die einzige Auszeichnung eines den biblischen Gott zur Welt bringenden Mundes ist, dass – siehe Markus über die Apostel – unerklärlicherweise eben dieser Mund gewürdigt ist, Gott zur Welt zu bringen. Wäre es anders, handelte es sich beim zur Welt Kommenden nicht um den Gott des Evangeliums (Markus 1,1), sondern um einen tötender Gesetzlichkeit. Wer das priesterliche, nämlich zueignende, Vertrauen schaffende Amt jedes Christenmenschen nicht als ihr Zweck ins Zentrum der Ekklesia stellt, verkehrt Evangelium in Gesetzlichkeit. Er lästert den heiligen Geist; das heisst: für ihn, nach seiner Logik, «gibt es in Ewigkeit keine Vergebung» (Markus 3,29). Nur, dass seine Logik nicht gilt, sondern die, welche nach seiner Logik unmöglich ist, die der souveränen Demut Gottes.

Mündigkeit

«Das Gebet, das Jesus uns gelehrt hat», lehrt, als mündige Menschen zu Gott zu reden. Gebete pflegen verschämt zu sein – siehe das von Lukas als vorbildlich gelobte verschämte Gebet des Zöllners: «Gott, sei mir Sünder gnädig!» (Lukas 18,13) Nicht so das Unservater.

> «Unser Vater im Himmel.
> Geheiligt werde dein Name.
> Dein Reich komme.
> Dein Wille geschehe, wie im Himmel, so auf Erden.
> Unser tägliches Brot gib uns heute.
> Und vergib uns unsere Schuld,
> wie auch wir vergeben unsern Schuldigern.
> Und führe uns nicht in Versuchung,
> sondern erlöse uns von dem Bösen.
> Denn dein ist das Reich und die Kraft
> und die Herrlichkeit in Ewigkeit.
> Amen.»

Einem nach allgemeinen religiösen Vorstellungen frommen Menschen müssten ob dieses Gebets die Haare zu Berg stehen, wenn es nicht so selbstverständlich geworden wäre, dass es uns wie geölt über die Lippen kommt. Es steckt voll von Respektlosigkeiten, um nicht zu sagen: Frechheiten. Das ist nicht die Rede eines, der die Augen niederschlägt und sie nicht zum Himmel zu erheben wagt. Hier schlägt sich keiner an die Brust und seufzt: «Mea culpa, mea maxima culpa», und hier salbadert erst recht niemand von einer «glücklichen Schuld» (*felix culpa*). Hier sprechen Menschen Gott an wie Kinder ihren Vater, von dem sie gewiss sind, dass er sie von ganzem Herzen liebt, das Beste für sie will und alles dafür tut.

Nicht einmal «Und vergib uns unsere Schuld, wie auch wir vergeben unsern Schuldigern» wirkt geknickt. Obwohl die Übersetzung hineinträgt, was im Text nicht steht, nämlich den Mythos des Paulus von der uns durch Adam vererbten Schuld in mythologischem Singular, worauf typischerweise das gespreizte, exklusiv religiöse «Schuldigern» folgt. Im griechischen Text steht «Schulden» und «Schuldner», und das können finanzielle, moralische und wer weiss was sonst für Schulden sein. Das eben, was wir einander, aus welchen Motiven auch immer, schuldig bleiben. Im Normalfall vergeben Menschen einander; wer für immer beleidigt bleibt, macht sich auf die Länge lächerlich. Kinder sagen erst zu ihrem Vater: «Mit dir rede ich mein Leben lang kein Wort mehr!», um alsbald gebieterisch zu bitten: «Jetzt sei doch nicht mehr böse!»

So redet das ganze Gebet. Nur schon der Anfang: «Unser Vater.» Kein Zweifel daran, dass es den Betern zusteht, so zu sprechen. Sie kennen den Vater. Sie sagen Du zu ihm. Sie stehen in einem Vertrauensverhältnis zu ihm, wie es gut ist zwischen Kindern und ihrem Vater.

Darum steckt in «Geheiligt werde dein Name» nicht nur Respekt, sondern auch ein Verlangen. Denn der Name Gottes hat mit Abraham, Isaak und Jakob, mit Mose und dem Exodus, mit Jesus Christus zu tun. Mit Befreiungsgeschichten hat dieser Vater sich seinen Namen gemacht. Und vollends geheiligt wird sein Name sein, wenn die vollkommene Freiheit Wirklichkeit geworden ist. Sie werde es!

Darum: «Dein Reich komme.» Es ist nämlich noch nicht hier. Aber du hast es versprochen. Halt dein Wort! «Dein Wille geschehe» nicht nur im Himmel, sondern endlich auch auf Erden, damit die Kluft zwischen Himmel und Erde zugeschüttet und die Erde der Himmel wird. Gib uns, was wir zum Leben brauchen und sei nicht nachtragend, du bist ja doch nicht wie ein verstockter Mensch, der nicht aufhören kann, die beleidigte Leberwurst zu spielen.

Schick uns nichts, was deinem Versprechen der Erlösung vom Bösen so krass widerspricht, dass wir an dir und deinem Versprechen verzweifeln. Tu, was du angesagt hast, und vollend die Schöpfung zu deinem Reich. Denn nur du kannst es, nur du hast die Kraft dazu, nur dir ist Licht ohne Schatten, Gutes ohne Böses, Leben ohne Tod möglich.

Wer so redet, dem verschwimmt die Differenz zwischen Reden von Gott und Reden zu Gott. Ihm hat's nicht, wie dem Zöllner, die Sprache verschlagen. Er redet mit vom in Aussicht stehenden Glück erweckter Zunge. Er ist ein mündiger Mensch, der seinen Mund brauchen kann und darf und soll. Er redet in der vorläufigen Welt davon, dass die endgültige wird. Er ist der Fürsprecher geschehener Glücksfälle und hält an der Gewissheit fest, dass das vollkommene Glück im Kommen ist.

Die Freien zwischen Ekklesia und Haus

Ekklèsia ist in der griechischen Polis die Versammlung der aus der Sklaverei zur Freiheit Herausgerufenen. Der einzelne Berufene ist berechtigt, die Grenze zwischen den Zwängen der Lebensnotwendigkeit, deren Ort das Haus ist, und dem künstlichen, kulturellen Raum der Freiheit zu überschreiten.

Wo einer eine Grenze überschreiten darf, läuft unvermeidlich Konterbande mit. Auch dann, wenn der Grenzgänger kein bewusster Schmuggler ist; ein unbewusster, unfreiwilliger ist er allemal. Denn seine Person und ihre Freiheit allein sind schon Schmuggelgut. Das Mitglied der *ekklèsia* trägt einen Hauch von Freiheit in den Zwang des Hauses und eine Spur von Licht in dessen Dunkel. Am Grenzgänger zwischen Zwang und Freiheit wird deutlich, dass Freiheit letztlich auf alle zielt, weil sie wie das Unkraut ist, das aufschiesst, wo es will; einmal im Garten, lässt es sich schwer eindämmen.

VI

Das Neue Testament macht diese kaum beachtete weil ungewollt mitlaufende Seite der politischen Versammlung zu einem unverzichtbaren Aspekt der christlichen. Im Gegensatz zur *ekklèsia* der Polis wollen die Teilnehmer der christlichen Ekklesia nicht unter ihresgleichen bleiben.

Aus den Fischern vom See Gennesaret werden Menschenfischer. Der des Lesens kaum und des Schreibens so gut wie sicher nicht mächtige Petrus, der zu wenig Griechisch kann, als dass er in hellenistischer Umgebung keinen Dolmetscher brauchte, missioniert möglicherweise bis nach Rom. Der bekehrte Pharisäer Paulus fährt unermüdlich in der Welt herum und setzt sich ihr damaliges geografisches Ende, Spanien, zum Ziel.

Es beginnt schon vorher. Die Jünger werden von Jesus ausgesandt. Im Markusevangelium (Markus 6,7ff.) in die Welt hinaus, bei Matthäus hingegen mit der Weisung, die Strassen der Heiden und die Städte der Samariter zu meiden und sich auf die verlorenen Schafe es Hauses Israel zu konzentrieren (Matthäus 10,5f.). Aufschlussreich ist Lukas. In Lukas 9,1ff. werden die Zwölf ausgesandt, die ja bei Lukas den exklusiven Status des Apostels haben. In Lukas 10,1ff. folgt jedoch die Aussendung der zweiundsiebzig Jünger, was ja wohl sagen will, dass nicht nur die Apostel Ausgesandte sind, ihr Titel also in dieser Beziehung nicht exklusiv zu verstehen sei, sondern jeder Christenmensch. Für Lukas allerdings nur im Gefolge der Apostel und mit deren Approbation.

Am deutlichsten wird das für die Ekklesia Konstitutive, die Sendung der Christen in die Welt, am Schluss des Markusevangeliums, als der weissgewandete Jüngling am Grab Jesu den Jüngern und Petrus durch die Frauen gebieten lässt, nach Galiläa als die Welt aus Juden und Heiden zu gehen.

Die *ekklèsia* der griechischen Polis als Versammlung der Freien ist da für sich selbst; sie ist die Polis; der Rest, ein Vielfaches grösser als die *ekklèsia*, fällt politisch, das heisst öffentlich und offiziell, nicht ins Gewicht.

Die christliche Ekklesia ist konstitutiv bezogen auf die Welt ausserhalb. Gesandt nach Galiläa, zu Juden und Heiden, wird sie mit diesen zusammen den gekreuzigten Herrn als Auferstandenen sehen, wenn allen Völkern das Evangelium vom anbrechenden Reich Gottes gepredigt ist.

Salz und Licht

Die christliche Gemeindeversammlung kann, im Gegensatz zur Volksversammlung der griechischen Polis, die es um ihrer Identität willen tun muss, um ihrer Identität willen nicht von ihrer Umwelt abstrahieren. Sie hat eine Mission. Klare Kontur bekommt diese Mission durch Metaphern wie «Salz der Erde», «Licht der Welt» (Matthäus 5,13f.), «Senfkorn» und» Sauerteig» (Matthäus 13,31ff.), um die wichtigsten zu nennen.

«Ihr seid das Salz der Erde.» «Salz ist etwas Gutes» (Markus 9,50); es macht Speisen essbar und schmackhaft. Auch bewahrt das Salz Verderbliches mindestens eine Zeitlang vor der Fäulnis, weshalb es zur Desinfektion von Wunden verwendet wird. Aber es ist nicht nur unnütz, wenn es «salzlos wird», sondern auch, wenn es für sich und alles in allem sein will. Denn lebt der Mensch nicht vom Brot allein (Matthäus 4,4), so kann er vom Salz allein erst recht nicht leben.

Das ist jedoch erst ein Aspekt des Salzes, denn «Salz» ist eine ergiebige Metapher. Der andere Aspekt: Des Salzes Schicksal ist es, sich als kleine Prise in die grosse Menge der Speise hinein aufzulösen. Das Salz muss, soll es seinen Zweck erfüllen, bereit sein, seine sichtbare Identität zu opfern. Will es sie bewahren, ist es ebenso nichtsnutzig, wie wenn es fad geworden wäre. Salz ist seinem Wesen nach Minderheit und zur Verborgenheit unter anderem bestimmt. Auch so soll es die kleine Prise bleiben. Will es die grosse Menge heimlich dominieren, statt nur zu würzen, macht es kaputt, was es essbar machen soll.

«Ihr seid das Salz der Erde» heisst: Ihr gebt der Welt Würze. Ihr macht sie geniessbar. Wie ist die Ekklesia Salz?

Es ist kaum schöner zu demonstrieren als mit dem kleinen Wörtlein «Wehen» am Schluss von Markus 13,3–8. «Ein Wörtlein kann ihn fällen» (Luther), denkt man beim Lesen. Das Wörtlein «Wehen» macht in Markus 13 aus dem Weltuntergang die Geburt des Reiches Gottes. Ebensolches geschieht in den Gleichnissen vom Schatz im Acker und der Perle. Beides Glücksgeschichten, wie sie profaner, banaler auch, kaum vorstellbar sind. Boulevardfutter. Doch das kurze Satzfragment «Das Reich Gottes ist [...]» macht daraus Indizien fürs Zurweltkommen des Himmelreichs.

VI

Die Wörter, Sätze, Geschichten, welche die Ekklesia zur Versammlung der Herausgerufenen machen, sie sind das ihr auf die Lippen gelegte Salz der Erde zuhanden derer, aus welchen sie herausgerufen ist. Die Ekklesia redet in neuen Zungen (Markus 16,17), so wie an Pfingsten Feuerzungen auf dem Kopf jedes der Herausgerufenen erschienen sind (Apostelgeschichte 2,3). Salz brennt wie Feuer.

In neuen Zungen reden heisst nicht, eine neue Sprache erfinden, schon gar nicht eine sakrale Gegensprache gegen die weltliche. Es heisst, die Wörter unserer gemeinen Sprache neu kombinieren, in unüblichen, «gesalzenen», «erleuchtenden», «durchsäuernden» Verbindungen mit Wachstumspotenzial, ungewohnten, dem Lauf der Welt widersprechenden, neue Horizonte öffnenden Metaphern, die dem Weg vom Kreuz zur Auferstehung, aus der Knechtschaft in die Freiheit, vom Tod zum Leben Rechnung tragen.

Wollen sich die neuen Zungen hingegen nicht mit der alten Welt gemein machen, unter sich bleiben oder selbst alles in allem sein, dann wird Spiritualismus und geistliche Diktatur daraus, und die schneiden die Atemluft ebenso ab wie zu viel Salz, verbrennen die Zunge und verderben den Magen. Darum steht ja «loqui in novis linguis» in Luthers Thesen zur *Disputatio de sententia: Verbum caro factum est* (Das Wort ist Fleisch geworden), wo die letzte These heisst: «Affectus fidei exercendus est in articulis fidei, non intellectus philosophiae. Tum vere scietur, quid sit: Verbum caro factum est.» (Luther, *Disputatio de sententia,* S. 5) «Die Leidenschaft des Glaubens ist zu üben in den Artikeln des Glaubens, nicht die Einsicht der Philosophie. Dann wird richtig erkannt, was das ist: Das Wort ward Fleisch.) Die «verrückte» Wahrheit, dass das Wort Fleisch geworden ist, muss gesagt werden.

Jedoch nicht in Zungenreden, die keiner versteht. Hinter dem Phänomen mag der Geist stecken, muss ja ein Geist stecken. Doch gibt es Geist und Geist. Ein Geist, der sich nicht erklärt, seinen Namen verschweigt, ist nur für Insider und wie aufgespartes Salz. Paulus: «Komme ich jetzt zu euch, liebe Brüder und Schwestern, und rede in Zungen, was nützt es euch, wenn ich nicht mit einer Offenbarung, einer Erkenntnis, einer Prophetie oder einer Lehre komme und zu euch rede!» (1. Korinther 14,6) Der Heilige Geist hingegen nennt Namen und treibt in die Welt hinaus. Der weissgekleidete Jüngling am Grab ist Sprachrohr des Heiligen Geistes, als er am Ostermorgen die drei Frauen zu den Jüngern schickt und diese durch sie nach Galiläa (Markus 16,7). Und sie sollen, wie schon vorher den ausgesandten Apostel geboten, «nichts auf den Weg mitnehmen ausser einem Stab, kein Brot, keinen Sack, kein Geld im Gürtel», auch kein zweites Kleid, «nur Sandalen an den Füssen» (Markus 6,8f.). Die Mitglieder der Ekklesia, nach der zeitlich und örtlich beschränkten Versammlung in ihre Lebenswelt (zurück)gesandt, haben nichts als das Wort, das ihnen als Salz der Erde auf die Lippen gelegt ist.

Damit das Salz seine Nützlichkeit unter Beweis stellen kann, muss es unter die Speisen gemengt werden. Geschieht das nicht, ist seine Nützlichkeit eine blosse Behauptung.

Jeremias Gotthelf redet von dieser Vermischung in seiner hermeneutischen Theorie, die er im Kapitel 2 des zweiten Bandes seines grossen und grossartigen Romans *Anne Bäbi Jowäger* darlegt. Wie Gott dem Menschen zwei Augen gegeben hat, so auch zwei Bücher. Das Buch des Lebens und das Bibelbuch. Erst wenn sie einander gegenseitig interpretieren, einander durchdringen, hört das Leben auf, verheissungslos zu sein und die Bibel papieren. Die Mission der Ekklesia an die Welt ist keine Einbahnstrasse – ohne sich tief mit der Welt einzulassen wäre die Ekklesia nichtig wie fad gewordenes Salz.

«Ihr seid das Salz der Erde» heisst: Die Ekklesia ist nichts für sich allein. Begehrt sie eine Insel in *splendid isolation* oder ein Gegenentwurf zur bestehenden Welt zu sein, ist sie unnütz wie Salz, das nicht gebraucht wird. Und beansprucht sie, die Welt zu dominieren, ist sie wie Salz, welches das alleinige Nahrungsmittel sein will.

Salz wird da gewonnen, wo es in Konzentration vorkommt. Aber Salz allein ist nicht essbar und Salzwasser nicht trinkbar. Es muss hinaus aus den Salzschichten und aus dem Meer, muss die Konzentration auf sich selbst verlassen und sich mit anderem vermischen, damit es seine schmackhaft machende, erhaltende, heilende Kraft entwickeln kann.

Die Konzentration des «Salzes der Erde» ist die Ekklesia als Gemeindeversammlung. Darin hält's kein normaler Mensch lange aus. In solch starker Konzentration ist «das Salz der Erde» auf Dauer nicht bekömmlich. Darum ist kein immerwährendes Bleiben in der

Ekklesia. Der Ruf aus der alltäglichen Welt hinaus bezweckt einen zeitlich beschränkten Aufenthalt in der Gemeindesversammlung. Diese Beschränkung ist gut. Klosterleben ist ebenso versalzen wie das «kirchliche Leben», das seit dem 19. Jahrhundert fest zum protestantischen Kirchen- und Theologievokabular gehört. Viel zu viel Salz aufs Mal! Eine «lebendige Gemeinde» ist der Versuch kirchlicher Selbstbestätigung, ebenso falsch, wie wenn das Salz alleiniges Lebensmittel sein wollte. Darum ist's besser, statt «Gemeinde» «Gemeindeversammlung» zu sagen. Sonst wird aus der Ekklesia eine Parallel- oder gar Konkurrenzgesellschaft zur Polis. Die Ekklesia ist aber nicht als Alternative zur Polis da, sondern als das Salz für sie.

Durch die Metaphern von Salz, Licht, Sauerteig und Senfkorn wird die Ekklesia auf das reduziert, was ihr auf die Lippen gelegt ist, weil sie's zu hören bekommen hat und ihr Herz voll ist davon, sodass der Mund davon übergeht: das «Evangelium». Was für Markus die Geschichten von Jesus heisst. Geschichten lösen die Zunge der Hörer und provozieren sie zur Mündigkeit. Denn Geschichten animieren zum Nacherzählen oder zum Antworten mit analogen Geschichten.

Logischer Gottesdienst

Paulus redet schlecht von Petrus. In seiner kurzen Schilderung des Streits in Antiochia (Galater 2), der einer des Paulus mit Petrus, nicht dagegen des Petrus mit Paulus gewesen zu sein scheint, ist das Überlegenheitsgefühl des Gebildeten dem Ungebildeten gegenüber deutlich zu merken. Der Fischer vom See Gennesaret mochte ein unentbehrlicher Zeuge und guter Erzähler sein, ein Prediger, gemessen an dem, was Paulus darunter verstand, war er nicht. Er sprach ja nicht einmal anständig Griechisch! Und schreiben konnte er auch nicht. Vor allem aber war er des Logos nicht fähig. Genauer des *logos tou staurou*, des Wortes vom Kreuz.

Darunter verstand Paulus keineswegs die Erzählung von der Kreuzigung Jesu. Das zeigt er selbst. Nirgends in seinen Briefen nimmt die Kreuzigung konkrete Gestalt an. Auch der Gekreuzigte nicht, obwohl Paulus von der Kreuzesgestalt schreibt (Römer 8,29;

Philipper 3,10). Gekreuzigter wie Kreuzigung bleiben abstrakt. Begriffe, kein Fleisch an den Knochen. Einzige Verkörperung dessen, was er mit der Kreuzesgestalt meint, ist in einigen Ansätzen der Apostel selbst.

Der *logos tou staurou* meint nach Paulus: Die Logik des Kreuzes. Seine theologische Entwicklung und Systematisierung. Dazu ist Petrus nicht in der Lage. Denn dazu ist Petrus auch nicht berufen wie Paulus, dessen Apostolat ein ausserordentliches ist. Paulus lässt es Petrus merken und spart nicht mit Abschätzigkeit.

«Den Gekreuzigten predigen» (1. Korinther 1,23) heisst für Paulus nicht, Geschichten von der Kreuzigung Jesu zu erzählen, sondern die dem Kreuz Jesu innewohnende Logik zu entfalten. Dazu ist Paulus von Christus gesandt, das ist sein Evangelium (1. Korinther 1,17). Das setzt keine Kenntnis näherer Umstände bei der Kreuzigung voraus, schon gar nichts Anekdotisches.

Wenn Paulus schon Petrus gegenüber so unterscheidet, den er doch als apostolische Autorität anzuerkennen nicht umhin kann, wie dann erst gegenüber andern, die keine Apostel sind? In der Begegnung mit dem spätberufenen Apostel hat einer das Wort, und das ist dieser selbst. Niemand sonst. Denn sein Wort, sein Logos, seine Lehre vom Kreuz, ist vom auferstandenen Jesus Christus selbst autorisiert. Wer einen andern Logos, ein anderes Evangelium lehrt als Paulus, sei verflucht (Galater 1,8f.). Darum sein autoritäres Auftreten in den Einleitungen seiner Briefe. Allen Gleichheitsbeteuerungen zum Trotz: in Sachen Logos gibt es keine Gleichheit. Da gilt strikt die Metapher vom Leib und den Gliedern (Römer 12,4f.). An diesem Leib ist einer allein der Mund und hat das Sagen. So ist es vom Herrn selbst durch die Verschiedenheit seiner Gaben (Römer 12,6), bei Paulus durch seine ausserordentliche Berufung geordnet.

Mit einem allgemeinen Priestertum im Sinn von Mündigkeit aller Christenmenschen in der Rede des Glaubens ist bei Paulus nichts. Bei ihm hat keinem vollen Herzen der Mund überzugehen. Und wenn die Zungen der Glaubenden zu lallen beginnen, dann braucht es Interpreten, damit an der Sache etwas sei (1. Korinther 14,28).

Paulus lässt sich vom Auferstandenen selbst exklusiv zum Logos berufen sein. In jeder Hinsicht exklusiv. In Hinsicht auf die nur zur

Heiligkeit (Römer 1,1) und zum Gehorsam Berufenen (Römer 1,5) wie in Hinsicht auf die Apostel. Deren Berufung ist nur schon zahlenmässig kommuner als seine, erst recht in der Art. Denn während sie vom Irdischen wie vom Auferstandenen im Zwölferpaket berufen wurden, ist er's vom Auferstandenen als Einziger. «Die Letzten werden die Ersten sein» bewahrheitet sich am Letzten der Apostel.

Darin ist, präzis gemäss der Metapher vom Körper und den Gliedern, Ungleichheit begründet. Denn wovon lebt der Glaube, wenn nicht vom Wort? Gemeindeleitung, Finanzverwaltung – geschenkt! Alles hängt am Wort. «Der Glaube kommt aus der Verkündigung» (Römer 10,17). Und dazu ist in einer Exklusivität sondergleichen Paulus berufen.

Worin besteht diese Exklusivität inhaltlich? Paulus ist dazu berufen, die Kreuzeslogik zu formulieren. Das ist seine *logikè latreia*, sein vernunftgemässer Gottesdienst. Der der übrigen ist es, sich gemäss der durch Paulus entwickelten Logik des Kreuzes dem Gekreuzigten gleichgestalten zu lassen (Römer 8,29; Philipper 3,10). Also ihren Leib als Opfer darzubringen (Römer 12,1). Das ist näher bei der Lehre vom allgemeinen Priestertum des Thomas von Aquin (von Aquin, *Summa* III q.82a.1), die in Bezug aufs Priestertum zwei Stände in der Kirche unterscheidet, als bei Luthers Aussagen in der Schrift *An den christlichen Adel.*

Das dreifache Amt jedes Christenmenschen

Die Lehre vom allgemeinen Priestertum hat in der protestantischen Theologie eine leidige Geschichte. Zuerst ein mutiger reformatorischer Vorstoss, verkümmerte sie bald zum eher widerwillig jedoch pflichtschuldigst wiederholten Schlagwort. Zwar schreibt Luther: «[…] den die tauff, Evangelium und glauben, die machen allein geistlich und Christen volck. […] Dem nach szo werden wir allesampt durch die tauff zu priestern geweyhet, wie sanct Peter i. Pet. ij. sagt ‹yhr seit ein kuniglich priesterthum, und ein priesterlich kunigreych› und Apoc. (5,19) ‹Du hast uns gemacht durch dein blut zu priestern und kunigen›.» Und auf der nächsten Seite: «Dan was ausz der tauff krochen ist, das mag sich rumen, das es schon priester, Bischoff und Bapst geweyhet sey […]». Doch folgt noch im selben Satz die Relativierung, die einem Widerruf gleichkommt: «[...] ob wol nit einem yglichen zympt, solch ampt zu uben.» (Luther, *An den Christlichen Adel,* S. 407f.) Seither hat sich kaum jemand mehr gründlich des Themas angenommen, auch Philipp Jakob Spener nicht, trotz Ansätzen in *Das Geistliche Priesterthum* (1677).

Der einzige weit und breit, der eine schlüssige Lehre von allgemeinen Priestertum bietet, und zwar nicht in lehrhafter, sondern in narrativer Form, nämlich so, dass sie die Sprachform seiner Theologie bestimmt, ist Jeremias Gotthelf.

Das Profil der Lehre vom allgemeinen Priestertum ist in der von der Reformation herkommenden Theologie auch deshalb schwach geblieben, weil strukturell niemand über die Unterscheidung Thomas von Aquins zwischen Priestern und Laien hinauskam. Bei Thomas ist die Darbringung des Altaropfers Sache des geweihten Priesters, wohingegen die Sache der Laien Selbstopferung im täglichen Leben ist. Die Repräsentanten, könnte man zynisch anmerken, sorgen immer und überall dafür, dass es andern und nicht ihnen selbst ans Lebendige geht. Im Protestantismus bleibt es für die «Laien» grundsätzlich gleich: Ihre Sache ist die Selbsthingabe durch die Tat. Die der Inhaber des Predigtamtes ist das Wort und die Hingabe an das Wort.

Für die Profilierung und Strukturierung des Amtes jedes Christenmenschen nimmt Gotthelf die Lehre vom dreifachen Amt Jesu Christi – königliches, prophetisches, hohepriesterliches – zu Hilfe, wie er es mindestens durch den *Heidelberger Katechismus* (Frage 31) kennen lernte, der zu seiner Zeit und in seiner Kirche offizielles Lehrbuch des Konfirmandenunterrichts war. Das Priestertum jedes Christenmenschen ist im Gefolge Jesu Christi ein dreifaches.

Das königliche Amt: Jeder Mensch ist irgendwo König. Er kann etwas besonders gut, ist auf einem Gebiet vom Fach, hat einen «Beruf». Das ist sein königliches Amt.

Das prophetische Amt: Jeder Mensch kann sprechen. Selbst, wenn er nicht sprechen kann, ist er als Mensch ein sprechendes Wesen. Darum ist er berufen, auch von dem zu reden, was ihn und seine Mitmenschen am allermeisten betrifft, vom Grund seines Vertrauens.

Das hohepriesterliche Amt: Jeder Mensch ist berufen, das, was er spricht, mit seinem Leben zu bezeugen, zu bekräftigen, zu besiegeln, wie Jesus, was er verkündete, mit dem Tod am Kreuz besiegelte.

An den Gestalten des Bodenbauern in *Uli der Knecht* und des Ammannssohnes Felix in *Die Käserei in der Vehfreude* macht Gotthelf besonders deutlich, was das heisst.

Der junge Felix ist eine königliche Gestalt. Sohn des reichsten Bauern im Dorf, Herrscher über die Jugend des Dorfes, ein strahlender Held, der sich nichts befehlen lässt, der auf dem Triumphwagen daherfährt (16. Kapitel), der die Peitsche schwingt (7. Kapitel), der in der Kirche in der Mitte der Vorlaube wie auf einem Thron dem Pfarrer gegenüber sitzt. Auf andere Weise ist auch der Bodenbauer, Ulis Meister, königlich. Klug, überlegt und überlegen, beruflich ein Könner, deshalb ein König. Felix wie der Bodenbauer haben königliche Autorität. Die wird vom prophetischen Amt in Dienst genommen.

Denn dieser Autorität wegen hört der Knecht Uli in der «Kinderlehre während der Nacht» auf seinen Meister, mehr als er jemals auf einen Pfarrer gehört hat, und diese «Kinderlehre» wird zum Anfang seiner Umkehr. Felix schläft in der Kirche ein, und im Schlaf entwischt ihm das richtige Wort zur richtigen Zeit, das prophetische Wort, das den Knoten löst.

Bekräftigen müssen sie ihr Wort hohepriesterlich mit ihrem Leben. Der Bodenbauer muss, nachdem durch sein Wort aus einem lausigen ein guter Knecht geworden ist, auf diesen verzichten. Er empfiehlt ihn, damit der Knecht etwas Rechtes werden könne, einem Verwandten weiter, der einen grossen Hof besitzt und einen Meisterknecht sucht. Felix wird Änneli heiraten. Dazu muss Felix einen Teil seiner Souveränität hergeben. Fortan wird er nichts mehr ohne seine Frau entscheiden.

Das dreifache Amt ist die Existenzform der Christen in dieser Welt. Zu ihr ist jeder Christenmensch durch die Taufe ordiniert, so wahr er da, man höre Luther, zum Priester, Bischof und Papst geweiht wird.

Die Gleichnisse Jesu, das Gleichnis Jesus und die Struktur der Bibel

Unter «Gleichnis» (griechisch *parabolè*) wird im Neuen Testament Unterschiedliches verstanden. Das Gleichnis vom verlorenen Sohn (Lukas 15) und das Gleichnis von der Perle (Matthäus 13,45) sind kaum unter den Hut einer gemeinsamen Gattung zu bringen. Das erste ist eine allegorische Lehrerzählung, das andere ist mit seinem Zwillingsgeschwister vom Schatz im Acker Musterbeispiel des originären neutestamentlichen Gleichnisses. Dieses Gleichnis besteht aus einer kleinen alltäglichen Geschichte, die kein Wort über Gott oder das Reich Gottes verliert, und einem argumentierenden Vorspann, der vom kommenden Reich Gottes redet.

Wie ist das Gleichnis von der Perle zu verstehen? Dass der Begriff des «Gleichnisses» sich auf eine Analogie bezieht, ist unbestritten. Zu fragen bleibt freilich, auf welche. Ist das Gleichnis in sich selbst eine Analogie, oder weist die Analogie über das Gleichnis hinaus? Eberhard Jüngel, Hans Weder und andere interpretieren die Gleichnisse als Metaphern und meinen damit, dass es sich beim Gleichnis um ein inneres Analogieverhältnis zwischen dem argumentierenden und dem narrativen Teil handle. So verstanden, wird in dem Gleichnis wohl gesagt, wie das Reich Gottes ist, jedoch zeitlos und unkonkret.

Auf dem Markt eine wunderbare Perle finden, beim Pflügen auf einen im Acker vergrabenen Schatz stossen, das sind Indizien dafür, dass die Ankunft des Reiches Gottes begonnen hat. Die gefundene Perle und der ausgegrabene Schatz sind Stücke des im Kommen begriffenen Gottesreiches.

Nur so verstanden werden die Gleichnisse nicht spiritualistisch verdünnt. Durch die Geschichte wird der argumentierende Vorspann konkret. Die Argumentation macht Perle und Schatz zu leiblichem Wort. Die Analogie herrscht also nicht als Metapher im Gleichnis selbst. Im Gleichnis herrscht Identität zwischen dem Reich Gottes als stückwerkhaft verborgen anwesendem und der Perle als sichtbar anwesender. Jedoch ruft das einzelne Gleichnis analogen andern. Was schon die Tatsache zeigt, dass ein Gleichnis kaum allein steht; vielmehr gibt eines das andere. Erzähl eine dieser kleinen Geschichten, und du provozierst eine ganze Reihe, die Mühe hat, an ein Ende zu kommen. Das eine Gleichnis öffnet Augen und Verstand, so dass weitere erkannt werden und die Welt eine grosse Anzeige ihrer begonnenen Vollendung wird.

Derart verstanden, macht das Gleichnis klar, dass Jesus durch seinen Tod selbst der Beginn des Reiches Gottes und also *das* Gleichnis geworden ist.

Der Evangelist Markus verwendet in Bezug auf Jesus präzis die Kombination aus Argumentation und Narration, die für die Gleichnisse charakteristisch ist. Wie der im Acker verborgene und gefundene Schatz nicht selbst von sich als einem Indiz für den Beginn des Reiches Gottes redet, sondern durch ein Wort Jesu als solches bezeichnet werden muss, so gilt es für Jesus selbst. Dem historischen Jesus war nicht anzusehen, dass er der Christus und nicht ein blosser Heiler war. Es brauchte ein Wort von anderswoher, ein *verbum externum*, das ihn als solchen bezeichnete. Das lässt Markus in 1,11, der Taufe, und in 9,7, der Verklärung, geschehen.

Gleichnisse wie das vom Schatz im Acker und von der Perle bringt Markus nicht. Was *er* unter Gleichnissen versteht, sind Anleitungen zum Verständnis der Rede Jesu. Dem ältesten Evangelisten genügt das eine Gleichnis, Jesus, das aber, wie vor allem sein Nachfolger Matthäus zeigt, nicht allein bleiben kann. Denn die Herrschaft Gottes zieht die ganze Welt in sich hinein. Die Anfänge spriessen nach *dem* Anfang überall. Die Welt wird durch die Gleichnisse aus einer seienden zu einer *werdenden*. Stückwerk unterwegs zur Vollkommenheit.

Die Gleichnisse Jesu lassen Jesus als *das* Gleichnis erkennen und die ganze Schrift als gleichnishaft strukturiert, nämlich bestehend aus durch Argumentation unterbrochener Narration. An deutlichsten im Neuen Testament mit seinen beiden Hauptblöcken, den erzählenden Evangelien und den argumentierenden Briefen.

Diese Kombination aus Narration und Argumentation ist die Form zueignender Rede, die deutlich macht, was unter dem Sichtbaren verborgen gegenwärtig ist, und das so sichtbar Gemachte als Anfang des Reiches Gottes zu erkennen gibt. Die Perle ist nicht *wie* das Reich Gottes, und schon gar nicht ist das Reich Gottes wie die Perle. Was das Reich Gottes, das Gelobte Land, die vollkommene Schöpfung ist, weiss jeder, so wahr jeder eine Vorstellung vom Paradies, vom Garten Eden, vom Schlaraffenland hat. Es ist

Wasser in den See getragen, wenn erklärt wird, das Gleichnis vom Schatz im Acker wolle sagen, das Reich Gottes sei Freude. Das ist – ausser einigen Theologen und den vielen, denen sie es ausgetrieben haben – allen klar. Nicht von vornherein klar aber ist, dass das Reich Gottes unter uns angefangen hat, und dass das Glück, eine wunderbare Perle zu finden, ein Aspekt dieses Anfangs ist.

Die Thebäische Legion, Columban und Beatus

Die drei wichtigsten Legenden von der Christianisierung Helvetiens zeigen deutlich die allmähliche Entmündigung der Laien durch das Sprachmonopol der kirchlichen Beamten und parallel dazu die Ablösung der zueignenden durch die repräsentative Öffentlichkeit.

Gegen Ende des 3. Jahrhunderts schickt Kaiser Maximian eine Legion aus der Gegend des oberägyptischen Theben unter ihrem Kommandanten Mauritius über die Alpen nach Gallien; hier soll sie die weitere Ausbreitung des Christentums verhindern. Der römischen Militärverwaltung scheint entgangen zu sein, dass die Soldaten dieser Legion samt ihrem Kommandanten selbst Christen sind.

Als die Truppe in der Gegend des heutigen Saint Maurice im Wallis ankommt und vernimmt, was ihr Auftrag ist, meutert sie. Sie wird dreimal dezimiert, ohne dass es gelingt, ihren Widerstand zu brechen. Darauf ergeht der Befehl, alle zu töten. Auch Maurtitus wird umgebracht. Einige Soldaten und Leute aus dem Begleittross können fliehen, so Urs und Victor, denen Verena, Victors Verlobte, folgt, nach Solothurn, Felix mit seiner Schwester Regula nach Zürich. Beiderorts werden die Entflohenen wegen ihres christlichen Bekenntnisses von den römischen Autoritäten gefangengesetzt und hingerichtet.

Die Legende hat mindestens so weit einen historischen Wahrheitskern, als das Christentum, auch diesseits der Alpen, zuerst nicht von Klerikern verbreitet wurde, sondern von Händlern und allerlei anderem fahrenden Volk, auch von Soldaten und denen, die ihnen nachliefen, kurzum: von Laien. Schöne Ironie: Der Kaiser will mit Hilfe der Armee die weitere Zunahme der Christengemeinden verhindern, doch die Armee ist selbst von Christen durchsetzt, und diese gehören zu den stärksten Verbreitern des inkriminierten Glaubens. Mission als eine Sache jedes Christenmenschen; weit und breit kein Apostel, Kleriker, Priester, Theologe.

Dass dabei auch Fragwürdiges weitergegeben wurde, ist selbstverständlich. Dennoch oder deshalb war diese Mission offensichtlich die wirksamste und eindrücklichste in der Geschichte des Christentums. Ihre Protagonisten gaben für den Glauben oftmals das Leben hin. Keinem andern Missionar sind in der Schweiz so viele Kirchen geweiht wie Mauritius und seinen Glaubensgenossen und -genossinnen von der Thebäischen Legion. Und zwei Orte in der Schweiz tragen sogar den Namen des tapfern Kommandanten.

Ganz anders die Legende vom irischen Wandermönch Columban im 6./7. Jahrhundert. Waren es wirklich Heiden, auf die er in Tuggen am oberen Zürichsee traf, deren Idol er ins Wasser warf, und denen er die Hölle heiss machte? Oder war's nicht eher ein wildes, wohl synkretistisch mit allerhand heidnischen Elementen durchsetztes Christentum wie im Frankenreich, wo die Bischöfe über den rigorosen Eindringling alles andere als erbaut waren, sich sogar in Rom über ihn beschwerten? Dem fränkischen König freilich war der streng auf kirchliche Richtigkeit pochende Mönch genehm – kaum aus uneigennützigen Gründen. Der Geistliche wollte im Schutz der weltlichen Macht die reine Lehre durchsetzen, der Weltliche mit geistlicher Hilfe unter dem Vorwand der reinen Lehre seine Macht befestigen. Anders ist das gewaltsame Vorgehen Columbans schwer zu verstehen, der sich ans Vorbild von Eljias Auseinandersetzung mit den Baalspriestern auf dem Karmel gehalten zu haben scheint. Wenn nicht alles täuscht, mochte Gallus, Begleiter Columbans, solches auf die Länge nicht mitmachen, wurde krank und blieb in der Nähe des spätern St. Gallen zurück. Jedenfalls scheint das Auftreten Columbans, des Mannes, der aus dem Kloster kam, eher eine Episode des Machtkampfs um die Sprachhoheit in der Kirche gewesen zu sein als ein Stück Basismission. Der Wildwuchs, den die Soldaten, Marketenderinnen und reisenden Händler gesät hatten, sollte jetzt zur geordneten Baumschule getrimmt werden, wo die Spalierbäumchen gehorsam in Reih und Glied stehen.

Angeblich früher als Columban und Mauritius, jedoch erst seit dem 12. Jahrhundert verehrt, ist der heilige Beatus. Beatus sei als schottischer Königssohn Suetonius nach Rom gepilgert, dort von

Petrus selbst zum Priester geweiht und zurück über die Alpen geschickt worden. Hier sei er am Thunersee auf einen Drachen gestossen, der in einer Höhle gehaust und die Gegend unsicher gemacht habe. Beatus habe ihn mit Hilfe des Kreuzes und der Beschwörung im Namen der heiligen Dreieinigkeit derart erschreckt, dass der Drache sich brüllend kopfüber in den See gestürzt habe und ertrunken sei. Worauf die Gegend, glücklich über die Befreiung, sich zum Christentum bekehrt und Beatus seinen Lebensabend in der nunmehr ungefährlichen Höhle des Drachen verbracht habe.

Bis 1947, als er von Niklaus von Flüe abgelöst wurde, galt Beatus als Schutzpatron der Eidgenossenschaft. In seiner Legende ist alles vorausgesetzt, was später selbstverständlich werden sollte: Der Priester handelt als exklusiver Segensbringer für das ganze Volk. Dieses wird als ganzes christlich, aber so, dass es ohne Priester weder sein kann noch darf. Von der Aussendung der Kirche in die Welt keine Spur mehr. Die Welt ist Kircheninnenraum geworden, und die Verwaltung dieses Raums liegt in der Händen eines besonderen Standes vollkommener Christen, während alle übrigen mangelhafte sind. Wenn Kirche und Welt identisch werden – wovon die Mauritiuslegende nicht ausgeht, was in der Columbanlegende der Mönch und der fränkische König aus unterschiedlichen Motiven anstreben, und was in der Beatussage als selbstverständlich gilt –, dann muss in der Kirche zwangsläufig zwischen wahren und nicht ganz wahren Christen unterschieden werden. Die Sprachkompetenz des Glaubens kann dann nur bei den wahren Christen, welche die Kleriker sind, liegen.

Die drei Missionslegenden aus der Schweiz erzählen wünschbar deutlich vom Fortgang dessen, was bei Lukas beginnt. Ist einmal die erste starke Missionswelle vorüber, müssen sich Spezialisten um die kirchliche «Sozialisation» der Massen bemühen. Und haben die weltlichen Autoritäten dabei die Hände mit im Spiel, wird die Aussendung der zweiundsiebzig Jünger (Lukas 10) storniert.

Matryrium

Wer grosse Worte in den Mund nimmt und Versprechungen macht, muss dafür gerade stehen. Er muss sich der Widerrede stellen und um Vertrauen werben, sonst werden seine grossen Worte und wird mit diesen er selbst unglaubwürdig.

Wer ganz grosse Worte in den Mund nimmt und wunderbare Versprechungen macht wie Jesus, als er sagte: «Das Reich Gottes ist im Kommen», der muss seinen Kopf dafür hinhalten und bereit sein, mit seinem Leben dafür zu bürgen. So macht er seine grossen Worte und wunderbaren Versprechungen zwar nicht sicher – sichere Versprechen sind keine Versprechen. Aber er macht seine Worte und mit ihnen sich selbst glaubwürdig. Seine Sache wird legitimiert und über sie auch er selbst. Jesu Tod macht seine Ankündigung des Reiches Gottes zum Anfang des Reiches Gottes.

Das ist die Wirkung von Jesu Kreuzigung. Anders als durch dieses Martyrium können seine grossen Worte nicht vertrauenswürdig werden. Daher auch die zentrale Bedeutung des Martyriums in der Alten Kirche. Sie hört auf, als die Theologie mythologisch und der Glaube staatliches Gesetz wird. Das Kreuz wird abgelöst durch das Christusmonogramm im Siegeskranz.

Fortan erleiden die Ketzer das Martyrium und die Rechtgläubigen kasteien sich. «Il semble que les tendances ascétiques aient pris peu à peu la place du martyre dans l'expression de la recherche de la sainteté lorsque les persécutions des chrétiens ont diminué ou cessé.» (Agacinski, *Métaphysique des sexes,* S. 221) Die als Aufklärungsprodukt aus dem Mythos kommende Metaphysik hat ihre Bewahrheitung – trotz Sokrates – nicht in der Hingabe des Lebens, sondern in der Zustimmung der Vernunft. Die Vernunft selbst aber mit ihrem Drang, dem Anfang und Grund aller Dinge auf die Spur zu kommen, zwingt die Theologie zum Mythos, wie sich bei Paulus zeigt.

Will die Theologie den Fängen der Metaphysik und der Monarchie der Vernunft entkommen, muss sie in Anknüpfung an Kanon und Alte Kirche eine Lehre des Zeugnisses, des Martyriums, entwickeln. Dazu ist bei Gotthelf, etwa am Schluss von *Geld und Geist,* zu lernen, dass es nicht geht, ohne dass das Priestertum als undelegierbares dreifaches Amt jedes Christenmenschen ernst genommen wird.

Abenteuer

Merchant adventurers wurden die Überseekaufleute im spätmittelalterlichen und frühneuzeitlichen England genannt. Eine besonders treffende Bezeichnung für solche, bei denen die Verheissung des kommenden Gottesreiches als Konterbande mitlief.

«Abenteuer» – ein in der Theologie kaum gebräuchliches Wort. Als Kategorie erst recht nicht. Das erstaunt. Denn das Wort ist voll biblischer Anklänge.

«Abenteuer» kommt vom lateinischen *adventura*, was «das, was herankommt», «das Ereignis» heisst, während *adventus* «Ankunft» bedeutet, griechisch *epiphaneia*. Gemeint ist vor allem die Ankunft, der Besuch eines hohen Amtsträgers. Die Ankunft bei den Kleinen mag für den Grossen auch ein Abenteuer sein, viel mehr jedoch ist's eins für die Kleinen, siehe Jonathan Swifts *Gullivers Reisen*. Das Grosse, Neue, noch nie Dagewesene und Gesehene, bisher bloss Angekündigte oder gänzlich Unerhörte, das, was man sich nur stückwerkhaft vorstellen konnte und dennoch immer erhoffte, das Unerwartete, aber insgeheim Ersehnte, kommt an, wird Realität, steht plötzlich vor einem, und man weiss ohne Zweifel: Das ist, was kommen musste.

Abenteuer heisst also: Das Neue, Überraschende kommt zu mir. Ich kann's weder erwandern noch ersteigen noch erlangen. Entweder es kommt zu mir, oder ich entbehr's für immer, auch wenn ich nicht weiss, was es genau ist.

Abraham ging's derart abenteuerlich, Mose mit dem Volk Israel im Gefolge ebenso. Und denen, die einige Jahrzehnte nach der Eroberung von Jerusalem aus dem babylonischen Exil zurückkamen? Das hatte andere Qualität, war Heimkehr ins Gekannte und Vertraute, nicht Abenteuer ins Neue. Da waren ja wohl gar noch solche dabei, die in Jerusalem das Licht der Welt erblickt hatten. Wie sehr es nichts Neues, sondern Heimkehr und Wiederherstellung des Gewesenen sein sollte, zeigt die Ausbildung jener Lehre von der allgemeinen, unvermeidlichen und als solche unvermeidlich abstrakten Schuld.

Rückkehr, Heimkehr. Bei Mose und den Israeliten nicht auch? Aus Ägypten nach Kanaan? Eben nicht. Denn die Ankuppelung des Exodus an die Geschichten von Abraham, Isaak und Jakob ist schwach, trotz der Josefsgeschichte. Derart schwach, dass der Exodus, so sehr es in der Absicht exilischer Redaktion gelegen haben mag, nie als Rückkehr, immer aber als Gründungsabenteuer Israels verstanden wurde. Der umherirrende Aramäer (Deuteronomium 26,5–10) kommt nicht aus Kanaan nach Ägypten. Von unterwegs müssen Kundschafter nach Kanaan ausgesandt werden, damit man eine Ahnung habe, was im fremden Land zu erwarten ist. Und dann, im Gelobten Land angekommen, gibt's nichts wiederaufzubauen; erobert muss werden und gesiedelt dort, wo vorher noch niemand wohnte. Das stärkste Indiz dafür sind die Zehn Gebote. Sie reden von einem Land, wo man noch nie wohnte. Die Heimkehr aus Babylon war nicht der zweite Exodus; die Gleichung ist falsch – mit Folgen.

Derlei Gleichungen, Typologien, sind ebenso geschichtstheologisch fruchtbar wie ideologiegefährdet. Man nehme die reformatorische Gleichung von alttestamentlicher Prophetie und Predigtamt. Sie erlaubt – siehe Luthers Übersetzung von «Hören», wie's im Griechischen dasteht (Römer 10,17) mit «Predigt» – den Schmuggel undeklarierter Ware, im vorliegenden Fall des vom paulinischen Vers keineswegs gedeckten geistlichen Beamtentums. Hier wird, was nur ein kontingentes Abenteuer sein kann, zur beamteten Routine gemacht; bei der Rückkehr aus Babylon wurde, was kein Abenteuer war, dafür erklärt. Beide Male auf Kosten des Abenteuers als des Unterwegsseins zu dem, was noch kein Aug gesehen und kein Ohr gehört hat.

Der Theologie, mindestens der des europäischen Westens, ist anzumerken, dass sie seit Konstantin von Beamten formuliert ist. Für solche bedeutet Abenteuer Störung. Und der Einzelne, als nicht auf Allgemeinheit zu Abstrahierender, gilt ihnen als illegitim.

Demgegenüber: Was für ein abenteuerliches Leben führte Paulus, seit er ein Christ und christlicher Prediger geworden war! Und erst Petrus samt Fischer- und andern Genossen, nachdem Jesus sie zu seinen Jüngern berufen hatte!

Abenteuer ist Reise, Exodus. Auf die Reise nimmt man tunlichst nicht zu viele Bücher mit. Fürs abenteuerliche Unterwegs reichen ein paar Grundsätze, apodiktisch gültig, möglichst mnemotechnisch so arrangiert, dass alle sie behalten können. Weil sie mit scheinbar so wenig Kasuistik auskommen, gelten Abenteurer als nur beschränkt seriös, kaum zu unterscheiden von Räubern und Wegelagerern. Und der Roman, der ihre Geschichten erzählt, ist eine Räuberpistole, gehandelt unter dem Ladentisch, gelesen im Versteckten und nicht von den honorigen Leuten.

Das änderte sich, als Geheimräte Romane zu schreiben begannen. Jetzt handeln sie nicht mehr von Leben oder Tod, sondern davon, wie der Protagonist zu einer bürgerlichen Karriere kam. Dazu durfte der Hauptakteur bei aller Gefährdung keinesfalls ein Kapitalverbrechen begehen; für Mörder ist die Gesellschaftsfähigkeit dahin. Also musste sich, was gesellschaftlich wahrhaft gefährdend hätte werden können, in des Protagonisten Innerlichkeit abspielen. Das Abenteuer auf Leben und Tod aber wurde in ein eignes Genre ausgelagert; die Kriminalliteratur erbte das zweifelhafte Renomee des Romans.

Der neue seriöse Roman hat stark zirkuläre Struktur. Daniel Defoes Robinson kehrt zwar auch zurück, ebenso Swifts Gulliver; schliesslich sollen sie ihre Geschichte ja jemandem erzählen. Doch wird die zirkuläre Struktur mit zunehmender Bürgerlichkeit ausgeprägter. Gut sichtbar bei Gottfried Kellers *Grünem Heinrich*, der, heimgekehrt, in gehöriger Resignation statt ein Künstler ein Beamter wird. Was als Weg zu einem fernen Ziel begann, stellt sich als Rundweg heraus, der dort endet, von wo man auszog, und wo man sich von jetzt an bis ans Lebensende im Kreis des Immergleichen bewegt. Der Exodus ist gescheitert; der Mythos vom geschlossenen Kosmos hat gesiegt.

Wie dem Roman ergeht's der Theologie. Als Albert Bitzius, der spätere Jeremias Gotthelf, 1821/22 zwei Postgraduatesemester an der theologischen Fakultät von Göttingen zubrachte, hörte er beim alten Jacob Gottlieb Planck, der insbesondere als Kirchenhistoriker einen hervorragenden Ruf genoss. Doch schrieb dieser Professor auch und ohne Einbusse an Reputation zwei Romane, durchaus ernst gemeint als Beitrag zur (Pastoral-)Theologie; es ist wahrscheinlich, dass er Bitzius, der in seinem Haus verkehrte und seinen Töchtern die *honneurs* machte, damit fernhin anregte.

Doch so sehr der Roman sich inzwischen anstrengte, honorig zu sein, ganz zum Verschwinden brachte er die Zweifel an seiner Ernsthaftigkeit nicht. Gleichzeitig mit Goethes Bemühen, den Roman salonfähig zu machen, ging Wilhelm von Humboldts Bestreben, ihn und die ganze Erzählerei ein für allemal aus der ernsthaften Wissenschaft zu verbannen. Kern der 1810 neugegründeten Universität Berlin war nicht mehr, wie bisher bei Universitäten üblich, die Rhetorik, enthaltend auch die Lehre vom Erzählen, sondern die Philosophie. Die erzählt nicht, sie argumentiert. Bei Schleiermacher ist's ersichtlich. Die *Reden über die Religion an die Gebildeten unter ihren Verächtern* sind ein hochgradig rhetorisches Unternehmen. Narrative Versuche folgen. Doch dann, auf dass die Theologie in der neuartigen Universität zu Berlin nicht ihren Platz unter den Wissenschaften verliere, bald nur noch Systematik, grossartige zwar, aber eine, die mit dem erzählten Jesus von Nazaret ihre liebe Mühe hat.

Und alsbald gilt der Theologie, die den Zeitgeist um der akademischen Besitzstandswahrung willen beflissen nachbetet, nichts Erzählendes mehr als ernsthaft theologisch. Johann Peter Hebel bekommt den theologischen Ehrendoktor von Heidelberg nur in zweiter Linie der Gedichte und des *Schatzkästleins* wegen, in erster für seine Bemühungen um die von ihm nicht geliebte, aber als Kirchenbeamter gehorsam durchgeführte badische Kirchenunion. Und der Basler Kirchenhistoriker und Sytematiker Karl Rudolf Hagenbach verspricht seinem Freund Gotthelf für *Anne Bäbi Jowäger* einen medizinischen Ehrendoktor, was nicht zustande kommt. Dass es angesichts des auszuzeichnenden Buches ein theologischer hätte sein müssen, fiel dem Schleiermacher-Schüler nicht ein.

All das will sagen: Was abenteuerlich begann, landete im Beamtenstatus und bei den Redensarten vom Pfarrer und seinen Pfarrkindern, von Hirt und Herde. Bei den pensionsberechtigten Propheten. Mit dem Amt jedes Christenmenschen geht auch die theologische Kategorie Abenteuer verloren.

Dünne Lippen

«[...] der Mund
Vom Allerweltswort dünngeschliffen»

Sarah Kirsch im Gedicht *Glashaus*

Man sieht sie vor sich, die Schriftgelehrten, denen das Allerweltswort, die Abstraktion, Entkonkretisierung, Entmaterialisierung, Verallgemeinerung, Farblosigkeit die Lippen dünngeschliffen hat. Denen es bei jedem Wort, das ein Nichtfachmann, eine Outsiderin, ein Nichtordinierter oder eine nicht rechtmässig Berufene sagt, den Mund zusammenzieht, als tränken sie Essig. Man sieht sie vor sich in ihrer abschätzig lächelnden Verlegenheit, womit sie sich für die schämen, welchen es an Bildung fehlt, so dass ihre Reden sind wie unbeschnittene Bäume, wo sie selbst doch nur von streng genormtem Spalier ernten. Man kennt sie, weil, ist man Theolog, einer mit vom Allerweltswort dünngeschliffenem Mund in einem selbst steckt.

Allerweltswort. Lateinisch *loci communes*. Melanchthon, der *Praeceptor Germaniae*, alleweil Schulmeister, schrieb die ersten 1521, kaum hatte die Reformation richtig angefangen. Und Luther rühmte das Büchlein über den grünen Klee, als käm's gleich nach der Heiligen Schrift. Ein Erziehungsprogramm für Theologen, sie zu lehren, was und was nicht sie in der Schrift zu suchen und zu finden und den Leuten zu predigen hätten. Nukleus aller protestantischen Dogmatiken. Voraussetzung dazu war der ominöse Satz Luthers in der Schrift *An den christlichen Adel* vom Jahr davor, der jedem einzelnen Christenmenschen in Sachen des Glaubens Mündigkeit, also Rederecht gab, um es ihm nach dem Komma gleich wieder zu entziehen. So war man denn, wie früher, unter sich, in Konventen, Kapiteln, Dekanatskonferenzen, Synoden, Konzilien. Unter Pfarrerstöchtern, wie der Volksmund sagt. Ein Wort, erst recht, wenn es schon auf vorreformatorische Zeit zurückgehen sollte, das nach Illegitimität schmeckt. Melanchthons Buch markierte den Beginn der endlosen Reihe von Zusammenkünften schriftgelehrter Herren, in denen besprochen und entschieden wurde, was am Glauben «kommun» zu sein habe und was nicht, und bei denen die Pastoren, Professoren, Pröpste, Dekane, Bischöfe sich ob der mangelnden Bewegung, des fetten Essens und des sauren Weins ihre Berufskrankheit holten, Gallensteine. Wo doch der Glaube gerade keine kommune Sache ist (2. Thessalonicher 3,2).

Luther schrieb keine Dogmatik. Und versuchte auch sonst und trotz des überschwänglichen Lobs für Melanchthons *Loci*, Gegensteuer zu geben. Beispielsweise im *Sendbrief vom Dolmetschen*, 1530, wo er die traditionelle rhetorische Stufenordnung für die Rede des Evangeliums auf den Kopf stellt. Dem Gott in der Krippe, dem Gott am Kreuz ist der niedrige Stil, das *genus humile*, angemessen, nicht das *genus grande* und auch nicht die Mittellage, welche die Redeweise des Bürger- und Beamtentums ist. Schriftgelehrte sind, soziologisch, Bürger. Gibt es etwas Bürgerlicheres als den Stil der Durchschnittspredigt? Sprechen hingegen wie «die Mutter im Haus, die Kinder auf der Gasse, der gemeine Mann auf dem Markt», das ist das Richtige. Luther folgert daraus, man müsse dem Volk «auff das maul sehen».

Und schon wird die Sache schief. Denn Luther, er mochte oft und aus vollem Hals fluchen wie ein Pferdeknecht und mit Invektiven um sich schmeissen, dass es eine Art hatte, Sprichwörter, im Gegensatz zu Erasmus mit Vorliebe unzivilisierte, zitieren, Metaphern prägen und Anekdoten erzählen, er, Luther war eben doch nicht der gemeine Mann auf dem Markt, von Meister Philippus, dem Kollegen Melanchthon, ganz zu schweigen. Auf den Markt ging Frau Käthe und verhandelte über die Schweine, die sie gemästet hatte, während der Herr Doktor im Studierzimmer sass und schrieb und schrieb. Und bei Tisch war die Zunge zwar locker, gewiss auch vom Wein. Aber niedriger Stil war's trotzdem nicht. «Dem Volk aufs Maul sehen» wird verstanden als: So tun, als rede einer aus dem Volk. Das muss einen falschen Zungenschlag geben, und falscher Zungenschlag ist das Kennzeichen nicht gelingender Herunterlassung. Daraus wird Herablassung. Will man's vermeiden, muss man schon dem Hans und der Grete selbst das Wort geben.

Man hätte es vielleicht nicht so soziologisch sehen dürfen. Also nicht so eng ans Muster der sozialen Schichten: Unterschicht, Mittelschicht, Oberschicht, angelehnt. Das war wohl eine Ausweichbewegung, um nicht mit dem ominösen Nebensatz nach dem Komma in der Schrift *An den christlichen Adel* in Konflikt zu geraten: «[...] ob wol nit einem yglichen zympt, solch ampt zu uben.» Was sich im *Sendbrief* soziologisch gibt, würde nur dann nicht falsch, wenn es weniger den Unterschied der traditionellen rhetorischen Genera meinte, als vielmehr einen anderen: den Unterschied zwischen der Sprache derer, denen es «zympt, solch ampt zu uben», und den andern, denen es nicht ziemt. Nur wenn erkannt ist, dass die Rede derer, denen es nicht ziemt, theologisch für ebenso wichtig zu achten ist wie die derer, denen es ziemt, ist erfüllt, was Luther will. Also nur, wenn das Wort kein Allerweltswort ist, weil es nicht aus dünngeschliffenem, abstrahierendem Mund kommt. Kurzum: Wenn dem Christenvolk seine ihm verliehene Mündigkeit und mit ihr sein un(ab)geschliffenes, manchmal auch reichlich ungewaschnes Mundwerk als für die Verkündigung des Evangeliums unverzichtbar zugestanden wird. Der im Stall in der Krippe liegt und nicht im Himmelbett des Königspalasts, redet die Welt weniger durch dünnlippige Hochsprache von Schriftgelehrten an als durch das Mundwerk des Stammtischs, durch Milieuslang und Geschwätz. «Schwätzer vom Heil», nannte sich der kirchlich unbeamtete, jedoch sich durch die Taufe von Gott als mündiger Christ zum Reden legitimiert wissende Zöllner Johann Georg Hamann in Königsberg in Preussen.

Jesus nahm für sich zum Ärger der Dünnlippigen diese Mündigkeit in Anspruch, und redete mit vollen Lippen aus vollem Herzen in der Sprache der Strasse und in trivialen Geschichten wie der vom Perlenhändler. Und die Leute waren überwältigt von seiner Rede, «denn er lehrte sie wie einer, der Vollmacht hat, und nicht wie die Schriftgelehrten» (Markus 1,22).

Wer weiss, ob nicht Frau Käthes Gespräche auf dem Schweinemarkt ebenso viel zur Verbreitung des Evangeliums in Wittenberg und Umgebung beigetragen haben wie ihres Mannes Predigten. Immerhin soll, wenn einst ein junger Pfarrer in den Stand der Ehe trat, im Oberkirchenrat zu Stuttgart erleichtert festgestellt worden sein, er habe seinen «Weltbezug» geheiratet.

Diakonie

Die Diakonie ist Sache jedes Christenmenschen und nicht der Ekklesia. Denn die Diakonie ist, wie am Beispiel Jesu deutlich, unlösbar mit der Zueignung des Evangeliums verbunden. Predigt ohne Diakonie ist möglich. Zueignung des Evangeliums ohne Diakonie nicht. Und Diakonie wiederum ist nur solche in Verbundenheit mit der Zueignung des Evangeliums. Sie ist tätige Hilfe für den Nächsten, «ins Wort gefasst». Die Zueignung des Evangeliums aber ist Sache des einzelnen Christenmenschen, und so wenig wie sie ist die Diakonie eine repräsentative Handlung, sondern eine konkrete. Denn Liebe ist niemals repräsentativ, niemals von offizieller Öffentlichkeit, darum ja auch nicht delegierbar. Gotthelfs schwerster und treffendster Vorwurf an Hegel war, er spekuliere mit der Liebe.

Das ist so zu verstehen: Im Gegensatz zu seiner Rede vom Licht der Welt (Matthäus 5,14–16) sagt Jesus übers Almosengeben, man solle es im Verborgenen tun. «[…] lass deine Linke nicht wissen, was die Rechte tut.» «Und dein Vater, der ins Verborgene sieht, wird es dir vergelten.» (Matthäus 6,1–4) Offensichtlich verkehren sich sonst die Zwecke. Zweck des Almosens ist's, dem Bedürftigen zu helfen. Zweck des öffentlichen Almosengebens ist's, dem Almosengeber zu helfen; der Bedürftige wird zum Zweck der Selbsthilfe des Gebers gemacht. Bei offizieller Öffentlichkeit der Diakonie, wie sie unvermeidlich ist, wenn Diakonie Sache der Ekklesia selbst ist, geht's nur so, dass die Linke weiss, was die Rechte tut.

Es gehört zum Amt jedes Christenmenschen, dass er, wie die Anrede an den Nächsten, so auch die tätige Hilfe an den Nächsten niemandem abtreten kann, auch nicht an die Ekklesia, weil dadurch mit der Liebe spekuliert, sie folglich in ein Gesetz verwandelt und die Mündigkeit des einzelnen Christenmenschen beschnitten würde. So wenig Lukas bei seiner Veramtlichung des Apostolats gefolgt werden kann, so wenig auch bei derjenigen der Diakonie in Apostelgeschichte 6.

Die im 19. Jahrhundert aufgebauten Diakoniewerke übrigens waren durchwegs private Gründungen. Man war sich offensichtlich dessen bewusst, dass die Diakonie nicht an die Ekklesia delegiert werden durfte, wenn ihr Charakter nicht verfälscht werden sollte.

Sprache Kanaans

Tun Welt und Ekklesia so, als wären sie deckungsleich, dann ist die Kirche nicht Ekklesia, Versammlung der Herausgerufenen, denn sie ist zu niemandem geschickt. Dann stehen Ekklesia und Welt einander nicht mehr gegenüber, sondern Kirche und Welt gehen wie ein altes, desillusioniertes, durch Gewohnheit und Vernunft verbundenes Ehepaar Arm in Arm nebeneinander her, ohne dass sie einander noch viel zu sagen hätten. Die Welt wird nicht durch die Bibel und die Bibel nicht durch die Welt interpretiert. Die Sprache der Bibel reibt sich nicht mehr an der Sprache der Welt, so wenig wie die Sprache der Welt sich an der Sprache der Bibel reibt. Die Welt redet ihren weltlichen Dialekt; die Kirche redet ihren kirchlichen Dialekt. Doch ist dieser noch nicht die Sprache Kanaans.

Während die Welt sich mit ihrem weltlichen Dialekt begnügt, hat die Kirche immer noch eine Ahnung davon, dass sie Ekklesia und zur Welt geschickt ist. Sie mimt Zuwendung, indem sie floskelhaft Redensarten des Dialekts der Welt aufgreift und mit ihrem kirchlichen Dialekt vermischt, ohne sich damit auseinanderzusetzen. Dieses Gemisch nennen wir die Sprache Kanaans.

Die Sprache Kanaans ist also nicht kirchlicher Dialekt, sie ist eine Lüge. Denn sie gibt vor, sich der Welt zuzuwenden, und tut das gerade nicht. Und sie gibt gleichzeitig vor, in ihrer Zuwendung die Welt mit dem zu konfrontieren, was ihr, der Ekklesia, aufgetragen sei. Dabei hat sie durch die bloss floskelhafte Aufnahme von Elementen des Diaklekts der Welt die Bibel und die Welt schon verraten. Sie betrachtet die Welt nicht als ein legitimes Gegenüber, sondern als Objekt der Unterwerfung unter ihre Sprachhoheit.

Das hat freilich zur Folge, dass die Elemente des Dialekts der Welt, die die Kirche unreflektiert aufnimmt, innerhalb der Sprache Kanaans, deren Teil sie sind, unkontrolliert Einfluss entfalten. So dass die Kirche zwar meint, von ihrer Sache im Gegenüber zur Welt zu reden, in Wahrheit jedoch unkritisch bloss von der Sache der Welt redet. Der Dialekt der Welt aber redet, wenn er sich nicht am Dialekt der Ekklesia reiben muss, vom geschlossenen Kosmos. Und so beginnt als Folge auch der Dialekt der Kirche vom geschlossenen Kosmos zu reden. Abrahams und Israels Aufbruch daraus wird vergessen.

Das ist exemplarisch am *Gesangbuch der Evangelisch-reformierten Kirchen der deutschsprachigen Schweiz* von 1998 zu sehen, wo in den Kapitelüberschriften die Zeit nur als Kreis vorkommt: «Gottesdienst im Jahreskreis», «Gottesdienst im Tageskreis», «Gottesdienst im Lebenskreis». Man ist erstaunt, dass das letzte Kapitel «Gottesdienst in der Welt» heisst und nicht: «im Weltkreis». Ohne sie zu reflektieren, sind gängige Begriffsverbindungen mit «Kreis» aus dem Dialekt der Welt aufgenommen worden, vermutlich, weil die Geschlossenheit des Kreises mit Geborgenheit assoziert wird. Was da Geborgenheit in einem Ganzen, Runden vorspiegelt, ist in Wahrheit – jeder Leser kennt's aus Gottfried Kellers oder Theodor Fontanes Werken – durch tiefe Resignation über die Verfasstheit dieses Ganzen geprägt, gegen die nur ein Kraut gewachsen wäre: die Verheissung des Auszugs. Der jedoch ist mit Verlassen des Kreises und Ungeborgenheit verbunden. Gott zu Abraham: «Geh aus deinem Land und aus deiner Verwandtschaft und aus dem Haus deines Vaters in das Land, das ich dir zeigen werde.» (Genesis 12,1)

Stattdessen holt das Gesangbuch in seinen Kapitelüberschriften Trost bei den Fleischtöpfen Ägyptens und treibt seine Benutzer tagein jahraus im Kreis herum wie ägyptische Aufseher die israelitischen Sklaven in den Ziegeleien des Nildeltas. Hier herrscht mehr babylonische Astralreligion als biblisches Vertrauen. Als ob Matthäus nicht von den Sterndeutern aus dem Morgenland erzählte, die zwischen den ewigen Bahnen einen Irrläufer entdeckten, den sie nur als Vorboten eines Verhängnisses interpretieren konnten, und der sich, da sie ihm folgten, als der Morgenstern des anbrechenden Gottesreiches herausstellte. Sprache Kanaans ist, wie der Name sagt, eben die des heidnischen, auf seinen Höhen opfernden und nicht die des Gelobten Landes. Sie heuchelt nur, es zu sein, bringt insgeheim dem Baal und seiner Aschera die Hoffnung des Gelobten Landes zum Opfer und sagt, einmal jenseits des Jordans ansässig geworden, lieber immer wieder «immer wieder» statt den verheissenden Ruf weiterzutragen: «Mache dich auf in das Land, das ich dir zeigen werde!»

Auffallend, dass ausgerechnet der «Spermologe», «Schwätzer vom Heil» und «Magus in Norden», Johann Georg Hamann, der den komplexesten Text darüber verfasste, *Die Magi aus Morgenlande, zu Bethlehem* – ein Kabinettstück gegenseitiger Interpretation von Bibel und Welt –, am Anfang seiner Autorschaft selbst zeitweilig in den kanaanäischen Jargon fällt. Aufdringlich in dem Gebet, das am Schluss seiner *Londoner Schriften* steht. Das plappert, wenn es nicht Bibelstellen zitiert, daher wie eine Gebetsmühle: Lass und lass und lass. «Lass dir befohlen sein», «lass dir wohlgefallen» und so fort (Hamann, *Londoner Schriften,* S. 441–446).

Hamann, der das Gebet in London unter dem überwältigenden Eindruck schrieb, dass ihm die Bibel seinen Lebenslauf als Gottes

Geschichte mit ihm und Gott als deren Autor zu erkennen gab, redete betend so zu Gott, wie er gelehrt worden war. Das trieft von pseudobiblischer Sprache, in scharfem Gegensatz zu dem, was dem Gebet vorausgeht, worin all die weltlich interpretierte Bibel und biblisch interpretierte Welt schon enthalten ist, welche die spätere Autorschaft des «Magus» prägt. Hamann, eigner, angemessener Gebetssprache noch nicht fähig, ist in der Lage jenes Knaben in Gotthelfs *Wassernot im Emmental*, welcher in der Stube beim Lernen des Katechismus von den reissenden Wassern überrascht wird und sich auf den Brückstock rettet. «Auf dem Brückstock lernte derselbe nun fort und fort in Todesangst und Todesschweiss, bis die Not vorüber war, im Fragenbuch. Das war ein heisses Lernen! Der Knabe nennt es Beten […].»

Es brauchte auch eine Wassernot, den liturgischen Texten, wie sie gegenwärtig *à la mode* sind, die Sprache Kanaans auszuschwemmen. Es beginnt mit den erwähnten Fehlübersetzungen im Unservater: der Singular «Schuld», wo Schulden gemeint sind; «Schuldiger», wo richtig «Schuldner» stehen sollte. Oder in der deutschen Fassung des Apostolicums. Wo es früher «Niedergefahren zur Hölle» hiess, sprechen wir jetzt: «Hinabgestiegen in das Reich des Todes», als handle sich's um eine bequeme Treppe mit sicherndem Handlauf. Jeder denkt beim Hersagen doch an die Hölle, aber keiner wagt sie beim Namen zu nennen. Alle verdrängen sie, und das Bekenntnis hilft eilfertig mit. Wie aber die nicht näher bezeichnete Schuld furchtbarer ist als die präzis benannte, so ist das scheinbar harmlosere Reich des Todes furchtbarer als die Hölle. Vermeintliche Domestizierungen haben die Folgen, welche sie vermeiden wollen.

Die narrativen Teile der Gleichnisse reden von tätigen Menschen. Vom Mann, der doch vermutlich beim Umgraben des Ackers ist, als er den darin verborgenen Schatz findet; vom Perlenhändler, der eifrig sucht, bis er findet; vom Hirten und seinem verlorenen Schaf; von den Arbeitern im Weinberg. Der Dialekt der Welt kann von keinen andern verantwortlich Handelnden reden als nur von den Menschen. Und er kann von den Menschen nur als von Handelnden reden. Darum läuft der Verrat des Dialekts der Ekklesia an dem der Welt immer auf Moralismus hinaus. Dessen Kennzeichen ist, dass Rede von Gott im Appell an den tätigen Menschen gipfelt.

Das zeigt sich noch dort, wo in der Sprache Kanaans angeblich nur von Gott und gar nicht von den handelnden Menschen die Rede ist, in ihrem charakteristischen «Gott will». Gott tut nicht, Gott will tun. Gott hilft nicht, Gott will helfen. Gott erlöst nicht, Gott will erlösen. Vorausgesetzt ist immer: Sofern du, Mensch, sein Angebot annimmst. Gott reagiert auf deine Aktivität. Gott kommt auf dich zu, sofern du den ersten Schritt auf ihn zu machst. Und damit wäre dann alles für die Katz gewesen: die Rechtfertigungslehre des Paulus, das Beharren des Markus auf den Geschichten von Jesus, die Entdeckung der zueignenden Sprache durch die Reformation.

Sprache des Volkes

Luther rät: Man muss dem Volk aufs Maul sehen. Gotthelf weiss: Geschichten sind näher beim Volk als theologische Abstraktionen im Stil des *Heidelberger Katechismus*, dem er die theologische Qualität übrigens nicht abspricht.

Wie spricht das Volk? Wie sprechen wir, wenn wir am Stammtisch sitzen, Freunde anrufen, der Kollegin das Neueste erzählen?

Wir erzählen Geschichten. Jedoch nicht nur. Es sind mit argumentierenden Einschüben durchsetzte Geschichten, Einschüben sowohl aus dem Mund des Erzählers wie aus dem seiner Zuhörer.

Reine Narration ist ebenso künstlich und künstlerisch wie reine Argumentation. Beides redet von einer in sich verschlossenen Welt, dem fertigen Kosmos. Narration in Verbindung mit Argumentation ist die Sprache der neutestamentlichen Gleichnisse. «Das Himmelreich ist gleich» (Argumentation) gefolgt von «einem im Acker verborgenen Schatz, den ein Mensch fand [...]» (Narration). Gleichnisse sind Metaphern. Sie sind zueignende Sprache, denn sie sprechen von dem, was verborgen anwesend ist, und sprechen es uns zu. Und eben das ist die Struktur unserer Sprache, wenn wir mit der Familie am Tisch sitzen, uns mit Arbeitskollegen unterhalten, einander etwas erzählen. Die Sprache des Volkes. Sie redet von der noch nicht abgeschlossenen, der werdenden Welt.

VII Die familiäre Trinität

Das Wunder

Das Wunder schlechthin und das Alltäglichste zugleich, inmitten des Alten das Neue: «Und der Mensch erkannte Eva, seine Frau, und sie wurde schwanger und gebar Kain, und sie sprach: Ich habe einen Sohn bekommen mit Hilfe des HERRN.» (Genesis 4,1)

«Erkennen» umfasst alles, was zusammengehört: sehen, angesprochen werden und ansprechen, Gefallen aneinander finden, sich ineinander verlieben, einander entdecken und kennen lernen, einander beiwohnen und ein Leib werden und ein Kind bekommen.

Mutter, Vater Kind – diese Trinität steht für das Wunder des Lebens als das Banalste und Basalste der Welt, das Wunder, das uns umgibt und an dem wir teilhaben. Ohne dass Frau und Mann einander derart erkennen, gibt es das Wunder des Lebens nicht. Dieses Wunder ist menschlich und göttlich zugleich. «Was Gott zusammengefügt hat, soll der Mensch nicht scheiden.» (Markus 10,9) Wer Ohren hat, auf Liebesgeschichten zu hören, merkt das unzertrennliche Beieinander göttlicher und menschlicher Eigenschaften (die *communicatio idiomatum*) darin auf Schritt und Tritt. Und wenn tausendmal Kinder im Reagenzglas gezeugt werden, Mutter und Vater sich scheiden lassen, die Kinder sich von den Eltern entfremden, die Trinität Mutter, Vater, Kind ist unauflöslich.

Familiäre Trinität

Gerhard Ebeling weist in seiner *Dogmatik* das familiäre Verständnis der Trinität vehement ab. Mit erstaunlich windigen Argumenten:

> «Bei der Ausbildung der Trinitätslehre hat die Suche nach Analogien und nach vestigia trinitatis eine wichtige Rolle gespielt. Man dachte [...] an das zwischenmenschliche Geschehen der Liebe in ihrer Struktur von Liebendem, Geliebtem und Lieben. Im Weiterspinnen dieser letzten Triade ist wiederholt die Frage aufgetaucht, ob es nicht angemessen wäre, gegen das vermeintlich einseitige männliche Prinzip des christlichen Gottesgedankens in der Trinität auch das weibliche Prinzip zur Geltung kommen zu lassen und sie nach dem Vorbild einer Familie zu denken. Jedoch sollten sich solche Überlegungen von

daher erledigen, dass in Jesus Christus nicht mehr gilt: Mann oder Frau (Gal 3,28). Man könnte auch sagen, dass hier Mann und Frau völlig zum Menschsein integriert sind. Wenn dies aber vom Menschen gilt, wie töricht ist es dann, in der Vaterschaft Gottes nicht das vereint zu wissen, was dem Menschen Vater und Mutter miteinander sind.» (Ebeling, *Dogmatik des christlichen Glaubens,* S. 542)

Der Stil verrät den Autor. Hier in seinem Bewusstsein, sich auf Glatteis zu bewegen. In der Trinitätslehre, dekretiert er darum, seien «Metaphysik und Geschichte in eine denkerische Beziehung» getreten, «ohne dass beides seine Eigenart verlor und ins Mythische umgebogen wurde» (Ebeling, *Dogmatik des christlichen Glaubens,* S. 532). Schiere Behauptung.

Vorsicht angesichts des Mythischen ist angebracht; Angst davor ist schlecht. Sie perhorresziert das Mythische und lässt erst recht in seine Fallen tappen. Auf den Begriff gebrachte Mythologie hört nicht auf, welche zu sein, unerkannt und darum unkritisch rezipiert. Entmythologisierung entpuppt sich dabei als Flucht aus den Verflochtenheiten ins Konkrete der Erde in den Himmel der Abstraktion. Da werden Mann und Frau derart zum «Menschsein integriert», dass sie aufhören, Mann und Frau zu sein. Als ob Menschsein denkbar wäre ohne die Unterscheidung und Verbindung von Mann und Frau. Nur unmenschliche Rede kann Mann und Frau «völlig zum Menschsein» integrieren.

Gilbert Keith Chesterton, witziger Kopf und kluger Kenner der Familie, betitelt diese mit dem schönen theologiehaltigen Begriff «Abenteuer» (Chesterton, *Ketzer,* S. 183ff.). Das Abenteuer sei ein Leben «in unbequemen Verhältnissen» (S. 186), eine «Geschichte» (S. 185).

Unbequeme, undurchsichtige, unlogische, durch Vernunftschlüsse nicht aufklärbare Verhältnisse sind der Wesenstheologie ein Horror ebenso wie dem sich in Verwandtschaftslisten ergehenden Mythos. Und weil es in der Welt von solchen Verhältnissen wimmelt, muss Gott davor bewahrt werden, sich allzu sehr in sie zu verstricken. Das Abenteuerlichste an der Welt ist die geschlechtliche Liebe. Besonders vor ihr muss Gott nach Meinung der Abstraktionsliebhaber behütet werden. Darum darf's in seiner engsten Umgebung nur Menschsein geben, jedoch keinesfalls Frauen und

Männer. Zwar wird Gott, da es anders nicht geht, wenn man nicht, töricht genug, in «das Göttliche» ausweichen will, sprachlich als Mann behandelt; dass er aber ausser dem grammatikalischen auch sonst noch ein Geschlecht hätte – da sei er selbst vor! Lieber soll er nicht ganz zu uns kommen, seine Herabkunft eine halbbatzige sein wie in der Gleichnisinterpretation, dass es eine Analogie zum Himmelreich sei und nicht ein Stück Himmel auf Erden, wenn ein armer Schlucker das banale Glück hat, einen Schatz im Acker zu finden.

Der «Magus» der Herabkunft, «Prediger in der Wüsten» der theologischen Abstraktionen, Johann Georg Hamann schreibt am Pfingstmontag, 23. Mai 1768, aus Königsberg seinem Freund Herder – man kann es nicht genug wiederholen: «[...] meine grobe Einbildungskraft ist niemals im Stande gewesen, sich einen schöpferischen Geist ohne genitalia vorzustellen.» Wissend, wie stark er sich damit in die Nesseln setzt, fügt er in Klammern hinzu: «(Ich hoffe, dass Sie so klug seyn werden, secretis arbitris mich zu lesen, und unter dieser Bedingung will ich fortfahren so lange ich kann.)» Und fährt fort:

> «Da der Anthropomorphismus auf ein Ohr, Auge, Hand und Mund sich nicht allein erstrecken kann, so können wir einen schöpferischen Geist mit eben dem Euphemismo uns in einer Figur denken, zu deren Verstand wenigstens ein Schlafrock oder eine orientalische Kleidung nöthig ist, wenn wir uns dasjenige vorstellen wollen, was die Mystiker ausdrücken: *seine Füsse decken.* Dadurch also, dass ein schöpferischer Geist seine Füsse deckt, entsteht dasjenige, was den ästhetischen Nasen unter dem deutschen Namen D..., und den philosophischen Nasen unter einem andern, der moralischer oder metaphysischer klingt, so viel Runzeln zuzieht.» (Hamann, *Briefwechsel 2,* S. 415)

Hamann geht einen Schritt über Luthers Rede hinaus, dass Gott ihm die Lehre von der Rechtfertigung «auf diss Cloaca eingeben» habe (Luther, *Tischreden 2*, Nr. 1681). Gott kann nur anthropomorph gedacht werden; er kann nicht anders gedacht werden denn als einer, zu dem, wie zum Menschen, der Stoffwechsel ebenso wie das Geschlecht gehören. Weswegen er sich die Füsse mit dem Schlafrock deckt. Denn es gibt Dinge, die man zwar voneinander weiss, deren direkter Zeuge man aber nicht sein muss. Das gilt vom Ehebett wie von der Kloake als dem Ort, wohin sprichwörtlich sogar der Kaiser alleine geht.

Der Anthropomorphismus redet vom gewussten Geheimnis der Person, das in Diskretion gewahrt werden muss, soll der Mensch nicht das Menschsein verlieren und «völlig integriert», nämlich zum Abstraktum und *homo sacer* gemacht werden. Und wie dem Menschen um des Menschseins als Mann und Frau willen sein Geheimnis zu lassen ist, so Gott auch. Es ist keineswegs erlaubt, ihm unter den Schlafrock blicken oder gar sein Herz sezieren zu wollen, und sei's mittels der sterilsten Trinitätslehre. In der Diskretion, ohne die weder Liebe noch Vertrauen sein können, liegt die Autorisation zur Rede von der familiären Trinität.

Dass Ebeling selbst ja dann doch nicht umhin kann, wenn auch «menschlich geredet», Gottes «Herz» zu erwähnen, muss dreifach zu denken geben. Erstens dahingehend, dass es kaum einen mythisch aufgeladeneren Begriff gibt als «Herz». Zweitens, dass nicht einzusehen ist, warum vom Herz, aber nicht vom Geschlecht Gottes geredet werden darf. Und drittens, dass, wer dem andern, Mensch oder Gott und übrigens auch sich selbst, ins Herz sieht, offensichtlich im Schauen wandelt und nicht mehr im Glauben. Was wir aber, laut Paulus, (noch) nicht tun (2. Korinther 5,7).

Ebelings antimythischer Affekt ist verständlich, wenn man an die mörderische Aggressivität primitiver «völkischer» Mythologisiererei denkt, deren Abwehr Ebelings theologische Anfänge, nicht zuletzt als Schüler Bonhoeffers, prägte. Trotzdem: Er macht sich's aus Angst vor den Abgründen des Mythos mit der Verwerfung der familiären Trinität zu einfach. Sonst könnte er im Zusammenhang mit der Trinität nicht von der Familie reden, ohne ein einziges Wort über die Kinder zu verlieren, die ein Paar erst zur Familie machen. Und es wäre ihm unmöglich, die paulinische Gemeinderegel in Galater 3,28 («Da ist weder Jude noch Grieche, da ist weder Sklave noch Freier, da ist nicht Mann und Frau») derart zu verabsolutieren, dass er damit ausgerechnet in die Nähe des Mythos von der mannweiblichen Ganzheit gerät. Galater 3,28 bezieht sich gar nicht auf den Geschlechterunterschied als solchen, sondern auf seine gesellschaftliche Rolle.

Was Gerhard Ebeling ebenso kurz wie rabiat verwirft, dieses «Törichte» wird hier versucht: Die menschliche Familie als Stück des ankommenden Gottesreichs zu verstehen und das vollendete Gottesreich nach dem Vor-Bild der menschlichen Familie.

Mehr als zuvor

«Der HERR aber segnete Hiob danach mehr als zuvor.» (Hiob 42,12) Ob Hiob über den vierzehntausend Schafen, sechstausend Kamelen, tausend Joch Rinder und tausend Eselinnen, den sieben Söhnen und den drei wunderschönen Töchtern Jemima, Kezia und Keren-Happuch seine umgekommenen Töchter und Söhne, die verlorenen Esel, Rinder, Kamele und Schafe vergass und die Trauer um sie?

Und Noomi im Büchlein Rut. Überwand sie die Bitterkeit darüber, dass ihr der Mann und die zwei Söhne in Moab weggestorben waren?

Die Gebote des Lösers (Leviticus 25,25ff.) und der Leviratsehe (Deuteronomium 25,5ff.) versuchen, so gut es unter den Bedingungen dieser Welt möglich ist, Wunden zu verbinden, Verletztes zu heilen, Übel wiedergutzumachen. Narben bleiben. Übers Gesicht der Lebenden geht jedesmal ein Schatten, wenn die Toten erwähnt werden, auch nach Jahrzehnten. Allein die Auferweckung der Toten löste ihn auf. Aber immerhin: Die zwei Gebote, die zwar das Verlorene nicht wiederbringen, jedoch die Lücke zu füllen suchen, sind Handgeld darauf.

Ich bin deshalb ein entschiedener Freund des Leichenmahls. Oftmals ist es die kräftigere Seelsorge als das vorher Gepredigte. Schon manches schmackhafte Leichenmahl machte aus einer schwachen Trauerfeier doch noch etwas Rechtes. Die Leute kommen wie verstörte Lämmer aus der Kirche. Dann sitzen sie im Wirtshaus um die Tische, essen, trinken, erzählen; sie leben auf, bekommen Boden unter die Füsse, sehen im Dunkel ein Licht aufleuchten. Und wenn der Wirt nicht schlösse und man nicht nach Hause gehen müsste, wo's jetzt leerer ist als vorher, bliebe man noch lange sitzen, vergässe die Trauer und feierte das Leben.

Es wäre ein Unrecht gegen die Toten, sie der Vergessenheit anheimzugeben. «Denkt nicht an das, was früher war, und was vormals war – kümmert euch nicht darum.» (Jesaja 43,18) Paradoxe Formulierung. Das Paradox jedes Gesetzes. Aufforderung, weil nicht ist, was sein sollte. Wie wenn einer nicht an einen Bären denken darf. Unmöglich.

«Mehr als zuvor» darf's schon sein. Aber nur, wenn das zuvor Verlorene wiedergefunden, das Zerstörte wiederhergestellt, das Kranke geheilt, das Tote zum Leben auferweckt ist. Nur am Wiedergefundenen gibt's ein gültiges Mehr, nicht an dem, was das Verlorene ersetzen soll. Ohne Auferweckung der Toten wäre das Reich Gottes nicht die vollendete Schöpfung und bliebe auf der Herrlichkeit Gottes ein böser Schatten liegen

Auferwecktwerden aus dem Tod zum Leben nicht als das Stückwerk, das wir jetzt noch sind, sondern als Vollendete. Aber *wir* als Vollendete, keine andern. Nur das ist «mehr als zuvor».

Die Gebote des Lösers und der Leviratsehe sind ein schwacher Anfang dazu. Jedoch ein Anfang. Noomis Ururenkel ist David, und David wird das Muster des Messias. «Gepriesen sei das Reich unseres Vaters David, das da kommt», riefen die, welche Jesus beim Einzug in Jerusalem vorausgingen und hinterhergingen und ihre Kleider auf dem Weg ausbreiteten (Markus 11,8–10).

Übrigens: Sie riefen «Vater» David, nicht «König» David. Aus dem König muss der Vater werden, damit sein kommendes Reich auch das Reich für uns ist. Aus dem Löser muss der Erlöser werden. Das ist das «Mehr als zuvor».

Das verrückte Projekt

Es ist kein Experiment. Die Rede vom *experimentum mundi* (Ernst Bloch) ist, zieht man die Bibel in Betracht, die falsche Kategorie. Denn hier sammelt keiner Erfahrungen, auf dass er klug werde (Psalm 90,12), und ist er's geworden, wirft er das Versuchsmaterial möglicherweise gar weg, weil es ob der Versuche unbrauchbar geworden ist und nicht weiter interessiert. Am Schluss des Tierversuchs sind die Tiere tot und werden entsorgt.

Hier verwirklicht keiner sich selbst, indem er sich ein Gegenüber schafft, um zu sich selbst zu kommen. Diesem hier geht's nicht um sich, sondern um sein Werk. Er ist von seiner Handwerkerehre beseelt; sie hängt daran, dass er verwirklicht, was er sich vorgenommen hat. Er liebt das Material, mit dem er arbeitet. Das Bestmögliche will er herausholen – das Bestmögliche für das Material. Und ist's ihm gelungen, steht sein Werk im Zentrum. Er tritt dahinter zurück, geht in es ein. Jedoch ohne, dass er darin aufginge und es in ihm.

Es ist ein verrücktes Projekt. Verrückt nach allen bekannten Massstäben. Grenzfall des Denkbaren, weil noch nicht ganz, erst als Stückwerk gegenwärtig. Deshalb nicht ohne Mythen sagbar. Ein familiäres Verhältnis zwischen Gott und den Menschen wie in der Paradiesesgeschichte (Genesis 3,8a, bevor 8b andere Saiten aufzieht). Das Unservater setzt eben dieses Verhältnis als im Werden begriffenes voraus.

Verrückt auch darum: Als Gott zuerst «Es werde Licht» sagte, wollte er, dass alles lichterfüllt werde. Selbst die Nacht sollte leuchten wie der Tag (Psalm 139,12). Wer kann sich das vorstellen? Als Gott zu Abraham sagte: «Geh aus deinem Land und aus deiner Verwandtschaft und aus dem Haus deines Vaters in das Land, das ich dir zeigen werde», müssen sich alle Vernünftigen in Ur oder Haran an den Kopf gegriffen haben. Eine solche Verwegenheit! Als er einem ganzen Volk versprach: «Ich führe euch [...] in das Land, das von Milch und Honig fliesst», stand denen, die's hörten, der Verstand still. Wo gibt's ein solches Land? Und dann liess er Jesus von Nazaret sagen: «Nahe gekommen ist das Reich Gottes.» Der Himmel kommt auf die Erde, damit aus der Erde der Himmel werde. Und zum Anfang werden alle, die's hören, an einem Tisch versammelt. Jesus gibt ihnen Brot und Wein und sagt: «Das ist mein Leib; das ist mein Blut.» Will heissen: In diesem Brot und diesem Wein sind mein Leib und Blut in ihrer Kraft verborgen gegenwärtig. Da sie zerbrochen und vergossen wurden zur Bekräftigung der Ansage vom Kommen des Reiches Gottes, wodurch mein Tod selbst der Anfang dieses Reiches ist.

Es ist kein Experiment. Ein Experiment kann abgebrochen, aufgegeben oder mit anderem Material neu begonnen werden. Ein Experiment behält alleweil etwas Virtuelles. Das hier nicht. Das hier ist der Gang übers hohe Seil ohne Netz. Das hier ist der Schliff des einen, einzigen, unersetzlichen Diamanten. Der Handwerker, der Künstler tut alles, damit sein Werk gelingt. Sein Werk ist ihm wichtiger als er selbst.

Der familiäre Mensch

Kein Mensch zeugt sich selbst. Kein Mensch gebiert sich selbst. Kein Mensch bringt sich aus eigener Kraft durch die ersten Jahre und überhaupt durchs Leben.

Niemand kann ohne andere sein, und wären die anderen, mythisch wie bei Romulus und Remus, wilde Tiere. Auch der Eremit kann nicht ohne die andern sein. Wüsste er nicht, dass es jenseits seiner Klause andere Leute gibt, käme er vor Angst und Schrecken um.

Monastische Lebensform setzt, schon rein um des Weitergehens des Lebens willen, nichtmonastische voraus. Behauptet monastische Lebensform, die wahre zu sein, gesteht sie mit demselben Atemzug, davon zu leben, dass es die falsche gibt. Das ist der innere Widerspruch einer als der wahren behaupteten, unfamiliären Lebensform, auf den die Reformation aufmerksam machte. Die Ekklesia kann niemals die einzige Lebensform sein. Ohne die Familie ist sie nicht lebensfähig. Es braucht dazu Frauen und Männer, nicht nur Schwestern und Brüder.

Ehe der Einzelne ist, ist die Familie. Wir kommen aus der Familie und gehen auf eine neue Familie zu, welche der Umsturz und zugleich die Fortsetzung der alten ist. Familiengeschichte ist nur mit Brüchen; zur Familie gehört permanente Transmigration. Hörte diese auf, wäre auch die Familie am Ende. Jedoch gehen wir, glaubt man dem Alten Testament, selbst in der Transmigration schlechthin, dem Tod, nicht in die Vereinzelung. Wir kommen auch dabei aus der Familie und gehen auf die neue zu. «Und Abraham verschied und starb in schönem Alter, alt und lebenssatt, und wurde mit seinen Vorfahren versammelt.» (Genesis 25,8) Das sind Grossväter und Grossmütter, nicht bloss Stammesgenossen oder Schwestern und Brüder. Sterbend verlassen wir Söhne und Töchter und hangen denen an, die mit und vor uns waren.

Im *Versuch einer Sibylle über die Ehe* schreibt Hamann:

> «Ich sehe in Ihren zärtlichen, vertraulichen Blicken den kleinen tiefsinnigen Gott der Liebe, der mit sich selbst zu Rath geht, über das Meisterstück seiner Werke, das er beym Ausgange aller Entwürfe, Eroberungen und blinden Ebentheuer im Schilde führt und welches darauf hinausläuft: Lasst uns Menschen machen, ein Bild, das uns gleich sey.» (Hamann, *Versuch einer Sibylle über die Ehe,* S. 199)

Und gleichenorts fügt er kurz darauf an:

> «Woher kommt es nun, dass wir uns jener Gleichheit mit GOTT als eines Diebstalls und Raubes schämen?» (ebd.)

Vermutlich von Augustin. Weil ihm das Geborenwerden an unfeinem Ort – das Dictum «inter faeces et urinam nascimur» wird ihm wohl fälschlicherweise, jedoch mit gewissem Recht zugeschrieben – Fanal der Erbsünde ist, verlegt er die Ähnlichkeit mit dem trinitarischen Gott in den Einzelmenschen. «Gott sagte nämlich: ‹Lasst uns Menschen machen nach unserem Bilde und Gleichnis›; ein wenig später aber heisst es: ‹Und es schuf Gott den Menschen nach dem Bilde Gottes.› ‹Unser› würde es, da es eine Mehrzahl besagt, sicherlich nicht mit Recht heissen, wenn der Mensch nach dem Bilde einer einzigen Person geschaffen würde [...]. Vielmehr heisst es ‹nach unserem Bilde›, weil er nach der Dreieinigkeit geschaffen wurde.» (Augustinus, *De trinitate*, Buch 12, Kapitel 6)

Womit der Einzelne unerhörte Dignität bekommt. Man wird diese auch im Auge behalten müssen, wenn Augustin verehrend von der Autorität der Kirche redet. Die *mater ecclesia* verliert, trotz aller Bereitschaft zur Unterwürfigkeit ihr gegenüber, für Augustin nie ganz einen kongregationalistischen Zug. Es bleibt ein Vorbehalt des Individuums, das das Gleichnis des dreieinigen Gottes in sich trägt und deshalb im Allerletzten nicht auf die Mittlerschaft der Kirche angewiesen ist. Ist das der stillschweigende Vorbehalt eines *overprotected son* seiner dominanten Mutter gegenüber?

Denn wenn der Geist des Menschen das Gleichnis für die unteilbare göttliche Trinität ist, wenn in ihm die Gottebenbildlichkeit des Menschen besteht, ist der einzelne Mensch selbst unteilbar – Individuum. Er hat als Einzelner eine unantastbare, göttlich beglaubigte Würde. Darum interessiert Augustin seit den *Selbstgesprächen* nur zweierlei wirklich: Gott und die Seele. Beziehungsweise, wie er in *De trinitate* sagen wird, der vernunftbegabte Geist, in dem die Erkenntnis Gottes stattfinden kann.

«Vernunft ist Sprache», schreibt Hamann (*Briefwechsel* 5, S. 177), und Reden ist Übersetzen. Darum gilt für den Menschen, das sprechende Wesen, generell, was für Schriftsteller und Leser im Besonderen gilt: Sie «sind zwo Hälften, deren Bedürfnisse sich aufeinander beziehen, und ein gemeinschaftliches Ziel ihrer Vereinigung haben.» (Hamann, *Leser und Kunstrichter,* S. 347) Bei der Frage, was das Ziel ihrer Vereinigung sei, ist mit der Bibel zu antworten: «Lasst uns Menschen machen.» Darauf läuft's hinaus. Darauf nämlich, dass Zeugung des Menschen durch beides, die geschlechtliche Vereinigung und die Sprache geschieht, und dass also der Spracherwerb das Geborene zu dem macht, was es ist, ein Mensch. Denn: «Keines ist ein Induviduum, das in sich selbst bestehen könnte.» (Bayer, *Zeitgenosse im Widerspruch*, S. 23) Die Sprache, die den Menschen vor allen andern Lebewesen auszeichnet und darum seine Gottebenbildlichkeit ausmacht, ist das Kennzeichen der Familiarität des Menschen.

Nichts Traurigeres als ein Kind, das sein Elternhaus verliert und nicht weiss, wohin es sich wenden soll. Gotthelf redet davon im *Bauernspiegel*, wo Mias, der familienlose Verdingbub, nicht bei seinem Namen gerufen wird, sondern nur «der Bub» heisst. Nichts Verheissungsvolleres jedoch als der junge Mensch, der Vater und Mutter verlässt wie Abraham, der in seinem Alter jung war, und seinem Weibe anhängt, um mit ihr zu ziehen «in das Land, das ich dir zeigen werde».

Um Augustin mit seinen eignen Waffen zu schlagen: Es heisst: «Lasst uns Menschen machen», nicht: Lasst uns *den* Menschen machen. Wir sind Stückwerk. Jedoch nicht so, dass wir in der Vereinigung vollkommen würden. Zwei Stückwerke geben nicht das Ganze. Sie ergäben's nur, wenn sie im Anfang, wie bei Platon, ein Ganzes gewesen wären, das dann auseinanderbrach, wenn sie also Fragment, nicht Stückwerk wären. Wir sind auch in der Vereinigung Stückwerk, und das Produkt der Vereinigung ist es ebenso. Im Familienverband sind wir unterwegs «in ein Land, wo Milch und Honig fliessen» (Exodus 3,8). Allein schafft es keines. Dort aber werden wir als Frau, als Mann, als Kind, als Paar und als Familie ganz sein.

Die Familienmetapher

Es stimmt nicht, dass Adam und Eva keinen Nabel hatten. Was ein Mensch ist, ist von einem Vater gezeugt und von einer Mutter geboren und hat einen Nabel. Wer keinen Nabel hat, ist kein Mensch, sondern ein Wesen, dem zum Menschen Entscheidendes fehlt. Ein mythisches Wesen, verloren zwischen Himmel und Erde. Eine Abstraktion, deshalb bei sich in Abstraktionen ergehenden Dogmatikern so beliebt, dass die Schöpfungs- und Sündenfallmythen zu theologischen Angeltexten wurden, eine Bedeutung, die ihnen innerbiblisch nicht zukommt. Denn das *Wè*, mit dem Genesis 12 beginnt, stempelt das Vorhergegangene zum Überwundenen, zu dem, woraus Abraham und Israel ausgezogen sind.

Keinen Nabel hätte legitimerweise allein Gott, von keinem Mann gezeugt, von keiner Frau geboren. Nur dass ihm das nichts nützt, jedenfalls nicht bei Johann Georg Hamann, der, da sein Denken Sprechen und sein Sprechen Denken ist, Gott nicht geschlechtslos zu denken und zu nennen vermag, sondern von seinem «poetischen Gemächte» (Hamann, *Philologische Einfälle*, S. 45) redet und in einem Brief an Herder schreiben kann, «die Pudenda» seien «als das einzige Band zwischen Schöpfung und Schöpfer» anzusehen (Hamann, *Briefwechsel* 5, S. 139). Was sich all jene ins Stammbuch schreiben können, die meinen, ein Neutrum helfe aus der Zwickmühle. Den unbenabelten Gott können wir ebenso wenig denken wie nicht denken. Gott ist der, den wir nicht nicht denken können. Denken können wir ihn nur metaphorisch, als unter den Dingen dieser Welt verborgen gegenwärtig, zu denen allen voran Weiblein und Männlein gehören, die samt und sonders einen Nabel haben.

Wer sagt, Adam und Eva hätten keinen, da sie ja von Gott geschaffen, nicht gezeugt worden seien, zeigt, dass er die metaphorische Rede nicht versteht. Denn die metaphorische Rede will nicht Gott erklären, wodurch sie lauter mythische Wesen konstruierte, nabellose Menschen, Zentauren, Minotauren und dergleichen unglückselige Missgeburten.

Die metaphorische Rede will die Welt mit Hilfe des im Kommen begriffenen, als werdendes verborgen gegenwärtigen, mit Jesu Kreuz angefangenen Reiches Gottes erklären. Was dieses Reich Gottes ist, ist jedermann klar, so er sich nicht weigert, zu sein wie ein Kind: Das grosse Glück, die Erlösung von allem Bösen, das Paradies, der Garten Eden, der Himmel auf Erden, das ewige Heil. Darum wäre es Wasser in den See Gennesaret getragen, wollte Jesus mit dem Gleichnis von der Perle sagen, wie das Reich Gottes ist und wie wir darauf reagieren. Natürlich ist's wunderschön, selbstverständlich haben wir Freude daran und geben alles dafür hin. Ansonsten verdiente es nicht die Bezeichnung Reich und wäre Gott nicht Gott. Jesus erklärt mit dem Gleichnis aber nicht das Reich Gottes, sondern den Fund der Perle und die damit verbundene Freude. Er sagt: Schaut her, dieser Fund und seine Freude sind ein Stück des ankommenden Reiches Gottes, des Himmels auf Erden.

Sprechen von Gottes Schaffen kann von irdischer Zeugung und Geburt nicht absehen. Zeugung und Geburt sind, wie nach Hamann die Sprache, göttlich und menschlich zugleich. Wer anders vom Schaffen Gottes redet, redet nicht metaphorisch vom verborgen gegenwärtigen, sondern mythologisch vom abwesenden Gott und von den vorzeitlichen, darum ebenfalls abwesenden, nicht erreichbaren ersten Menschen, die nicht sind wie du und ich. Und zu denen wir vom Tod nicht als zu den Stammesgenossen versammelt werden, die uns also nicht zum Segen gereichen wie Abraham nach Genesis 12,2f., sondern durch die von ihnen geerbte Schuld zum Fluch.

Weshalb die Lehre von der Jungfrauengeburt ein trostloser Mythos ist. Er macht Jesus Christus zu einem Zentauren oder Minotauros, zu einem jedenfalls, der nicht zu uns gehört und zu dem wir nicht gehören. Er redet vom auf dem Olymp abwesenden menschenlosen Gott und von den auf Erden wesenden gottlosen Menschen und von Jesus Christus als von einem die Erde auf einer Stippvisite besuchenden und alsbald wieder davonfahrenden unglückseligen Monster.

In solcher Mythologie hat die Familienmetapher keinen Platz. Wohl aber, wenn wir ganz auf der Erde bleiben.

Darum noch einmal Paul Fussell: «I hoped that the effect of the book on such readers might persuade them that even Gooks [ein abschätziger Name für indochinesische Soldaten] had feelings, that even they hated to die, and like us called for help or God or Mother when their agony became unbearable.» (Fussell, *The Great War and Modern Memory*, S. 341)

Ich war nicht im Krieg. Aber Fussells von Kriegserfahrung gesättigte Bemerkung deckt sich mit meinen Erfahrungen beim Begleiten Leidender und Sterbender, insbesondere Dementer und Alzheimerkranker. Auch sie riefen in der Not nach der Mutter. Dass ich jemals einen nach dem Vater um Hilfe schreien gehört hätte, ist mir nicht erinnerlich. Wir schreien in der äussersten Not nicht nach dem Vater; wir protestieren allenfalls gegen ihn, wie Jesus am Kreuz. Und wir schreien dann auch nicht mehr nach Gott, sondern nur noch nach der Mutter.

Die Rollen in der Familie sind nicht austauschbar. Die Kinder können weder an die Stelle der Eltern treten noch die Eltern an die Stelle der Kinder. Auch wenn Vater und Mutter alt und, wie man früher sagte, an Kindes statt sind, sind sie eben an Kindes statt, *wie* Kinder, aber nicht *die* Kinder ihrer Kinder. Genauso wenig kann der Vater der Kinder ihre Mutter sein oder die Mutter der Vater.

Nicht austauschbar auch die Stellung der Kinder. Das Erstgeborene wird nie das Zweitgeborene sein, und wie sehr das Zweitgeborene sich auch wünschen mag, das Erstgeborene zu sein, es kann es niemals werden, auch dann nicht, wenn das Erstgeborene stirbt.

Weil die Rollen in der Familie derart feststehen, wäre die Ansicht absurd, in der Familie seien alle gleich. Nicht einmal in der Liebe sind innerhalb der Familie alle gleich. In der Familie gibt es sehr verschiedene Lieben.

Und dennoch sitzen, wenn's in der Familie mit rechten Dingen zugeht, beim Essen alle an *einem* Tisch. Der Vater oben, vielleicht auch die Mutter. Für die Kinder eine untrennbare Einheit. Die Kinder begegnen beiden mit der vertrauensvollen Un-verschämtheit des Unservaters, die nicht mit Unverschämtheit zu verwechseln ist.

Eine sehr komplexe Einheit, spannungsvoll, aus lauter Ungleichen, aber eine Einheit, ein Bild des Friedens. Das hebräische *schalom* meint nicht, dass alle gleich seien. Das Verb *schalam* bedeutet «genug haben». Am Familientisch herrscht Frieden, weil und solange alle genug haben und keinem etwas mangelt. Weder macht der Vater der Mutter, noch die Mutter dem Vater die Rolle streitig, noch streiten die Kinder um ihre Plätze. Alle haben genug, darum sind alle vergnügt. Die so nicht vereinerleite, jedoch vereinigte Familie ist ein Stück des anbrechenden Gottesreichs.

Die Verborgenheit des Schöpfers

Keiner, der etwas auf sich hält, lässt sich für ein Werk feiern, das er noch nicht vollendet hat. Der Maler, der ringend an seinem Bild arbeitet, kann keine Zuschauer brauchen. Nur Virtuosen ohne Schwierigkeiten, weil sie, wie der Mythos, immer das Gleiche machen, haben's gern, wenn Bewunderer um sie herumstehen. Der Autor schweigt lieber von dem, was er in Arbeit hat, und er zögert, mit dem Unfertigen aufzutreten. Tut er's doch, ist es oft ein Signal der Resignation; er bringt das Ganze nicht zustande.

Der biblische Gott lässt sich nicht von Angesicht zu Angesicht schauen, und er verbittet sich, abgebildet zu werden. Denn jedes Bild hat einen Rahmen, das es von der Umgebung abgrenzt und isoliert. Der biblische Gott will aber nicht von seiner Umgebung abgegrenzt und isoliert werden. Im Gegenteil; er ist mit ihr verbunden wie der Vater mit der Mutter und den gemeinsamen Kindern. Darum ist die biblische Rede von Gott zwar keine absolute Entmythologisierung, jedoch eine strenge Sichtung und starke Eindämmung des Mythologisierens, das die Tendenz hat, an seiner eignen Üppigkeit genug zu haben.

Der biblische Gott wird sich von Angesicht zu Angesicht sehen lassen, wenn sein Werk vollendet ist. Erst im Licht der Herrlichkeit der vollkommenen Schöpfung wird er vor uns erscheinen; erst da werden wir ihn sehen.

Der Schöpfer, der um Vertrauen und Geduld bittet, setzt sich dem Verdacht aus, ein Hochstapler und Betrüger zu sein. Der Jesus des Markusevangeliums hat ihn am Kreuz mit seinem Protestschrei darauf angesprochen. Seither steht Gott erst recht in der Pflicht zu zeigen, was er kann. Seither erwarten wir die Vollendung des Reiches Gottes, welches das Reich der Menschen, das Reich des Lebens sein soll.

Epitaph für Paulus von Samosata

Er ist mir einer der liebsten unter den Vätern. Dabei wird er gewöhnlich gar nicht unter die Väter gezählt. Seine Kollegen jedenfalls hätten ihm den Ehrentitel vehement abgesprochen. Sie gaben keine Ruhe, bis er abgesetzt und von Kaiser Aurelian aus Antiochia vertrieben war, auf Nimmerwiedersehen. Nach dem Fall des Reichs der Zenobia von Palmyra, 272, verliert sich seine Spur noch gründlicher als die der Königin. Während wir von dieser wissen, dass sie als Gefangene im Triumphzug durch Rom mitgeführt wurde, und fürs Weitere die Varianten angeboten werden, man habe sie im Gefängnis verhungern lassen oder aber sie habe einen reichen römischen Senator geheiratet und sei als römische Matrone alt geworden, gibt es Ähnliches für Paulus von Samosata nicht. Ich male mir aus, er sei, in Antiochia unmöglich geworden, von Stadt zu Stadt gezogen und habe auf den Märkten Geschichten von dem Jesus aus Nazaret erzählt und in Gleichnissen geredet.

Fast nichts Schriftliches gibt's von ihm, und auch das wenige Überlieferte ist nicht von seiner Hand, sondern aus Polemiken gegen ihn. Er «scheint gegenüber einer Logos-Sarx-Christologie der Gegner im Schema Logos-Mensch zu denken» (RGG[3], Sp. 191). Sohn des Vaters ist nicht der Logos, sondern der Mensch Jesus. Friedrich Loofs will es genauer wissen und schreibt Paulus von Samosata eine grundsätzliche Opposition gegen die Naturenlehre zu, mit deren Hilfe man Jesus wie ein Puzzle zusammensetzen zu können meinte (Loofs, *Dogmengeschichte,* S. 140f.). Bei Wolfhart Pannenberg ist Jesus für Paulus von Samosata «als Geistträger nur dem Grade nach von Mose und den Propheten verschieden» (Pannenberg, *Grundzüge der Christologie*, S. 119).

Aber im Grund wissen wir bloss etwas einigermassen sicher: Der Mann war in Sorge, dass der konkrete Mensch Jesus sich in den überirdischen Logos verflüchtige. Denn dann gäb's trotz aller «logischen» Beschwörung nichts mehr von ihm zu erzählen, nur noch entweder philosophisch über ihn zu argumentieren oder mythologische Genrebilder von ihm zu malen. Daher auch des Paulus grösseres Interesse an den Synoptikern als an Johannes in einer Zeit, die von Logos-Spekulationen im Anschluss an den Prolog des Johannesevangeliums nicht genug bekommen konnte. Für Paulus, vermute ich, musste der Christus der erzählbare Jesus bleiben, weil er sonst zum Begriffsmythos würde.

Wann Paulus geboren ist, wissen wir nicht, jedoch wo. In Samosata am Oberlauf des Euphrat, einer Stadt, gebaut und befestigt zum Schutz des Flussübergangs an einer Handelsstrasse von Osten nach Westen. Diese wurde in Samosata gekreuzt von der Route, die von Susa einerseits und von Damaskus andererseits via Palmyra heraufkam und weiter nach Norden, nach Armenien und ans Schwarze Meer lief. Paulus soll in seiner Jugend Ziegen gehütet haben. Man weiss so gut wie nichts von ihm, ehe er 260 Patriarch von Antiochia wurde.

Er muss eine farbige Persönlichkeit gewesen sein. Kolportiert wird einerseits seine Lebenslust; er verdiente viel Geld, weil er neben seinem kirchlichen Amt eine Art Unternehmensberatung betrieben haben soll, und pflegte, wenn das nicht üble Nachrede neidischer Asketen ist, in einer Kutsche herumzufahren. Andererseits habe er den Stand der Jungfrauen in der Kirche gefördert, heisst es. Das half ihm nichts, wenn's auch dem kirchlichen Zeitgeist mehr entsprach als die Vereinigung von Geistlichem und Weltlichem in einer Person. Je stärker der Hellenismus – nicht zuletzt gefördert durch die drohende Gnosis, die man abwehrte, und der man insgeheim doch entgegenkam – die Theologie dominierte, desto undenkbarer war solche Verbindung von Wort und Fleisch.

Auch sonst schlug Paulus von Samosata aus der damals gängigen Art. Er ist schwer fassbar, weil er nicht schulmässig argumentierte. War er von einer andern Kultur geprägt als von der hellenistischen, die eine argumentierende, philosophierende war? Der frühere Ziegenhirt kam ja aus sicher noch stark nomadisch geprägter Umgebung, wenn man an die Handelsrouten denkt. Wo sich Strassen kreuzen, werden neben Waren auch Nachrichten und Geschichten ausgetauscht. Paulus wird also eher in einer Erzähl- als in einer Erklärkultur aufgewachsen sein. Er habe sich beim Predigen – das tat man damals sitzend – auf die Schenkel geschlagen, was nicht von einer feinen Erziehung zeugt. Es würde aber erklären, warum ihm an philosophischen Wortklaubereien nicht viel lag, so dass er einmal diesen und einmal jenen Begriff gebrauchte, die doch inzwischen alle parteitheologisch konnotiert waren. Ein Grenzgänger, ein kaum Berechenbarer, wohl gar eine Gefahr, weil nicht von griechischer Kultur imprägniert. Einer, der eher in Geschichten predigte, ein narrativer Theologe, der sich darum fast immer quer zu den dogmatischen Fronten bewegte.

Er wird als theologischer Fremdkörper empfunden. Schon 264 berät eine Synode über ihn. Vier Jahre später setzt eine ebensolche ihn ab. Inzwischen ist ein weiteres Ärgernis hinzugekommen: Der Patriarch von Antiochia, der viel von Finanzen versteht, ist im Nebenamt Finanzminister oder wenigsten Finanzberater der Königin Zenobia im Wüstenstaat Palmyra geworden. Zenobia hat sich unlängst selbst auf den Thron geputscht, indem sie ihren Mann beseitigen liess. Sie ist dabei, ihr Reich auszudehnen, das eingeklemmt ist zwischen dem Römischen im Westen und Persien im Osten. Schon steht Antiochia unter ihrer Herrschaft, und sie macht sich das Talent des dortigen Kirchenoberhaupts zunutze, obwohl sie keine Christin ist, sondern Heidin und eher fürs Judentum Sympathien hegt. Den Bischofskollegen des Paulus und den ihm untergebenen Klerikern ist das unerträglich. Was mehr: die Kombination des geistlichen Amtes mit einem weltlichen, erst noch finanzpolitischen, die Freundschaft des Klerikers mit einer Heidin oder die über Zenobia sich ergebende Nähe des christlichen Patriarchen zum Judentum, zu dem ja durch die christologischen Konstruktionen die Brücken abgebrochen sind?

Selbstverständlich sagt das alleweil unter die Gürtellinie zielende Gerücht Paulus auch ein regelrechtes Verhältnis zu der königlichen Heidin nach. Er wird von einer Synode 268 des Amtes enthoben, denkt aber nicht daran, seinen Stuhl zu räumen. Das kann auch niemand erzwingen, solange Zenobia an der Macht ist.

Deren Expansionsgelüste ärgern die Römer mehr und mehr. Schliesslich führt Kaiser Aurelian ein Heer gegen Palmyra; 272 fällt die Wüstenstadt und mit ihr das ganze Reich der Zenobia.

War Paulus von Samosata, der Ziegenhirt vom oberen Euphratlauf, vielleicht der letzte Hierarch vor dem Sieg der Logos-Christologie auch im Orient? Also bevor Jesus von Nazaret für die christliche Lehre aufhörte, ein konkreter Mensch mit irdischer Geschichte zu sein und ein Begriff innerhalb eines Begriffsmythos wurde? Weniger als die meisten Theologen seiner Zeit von griechischer philosophischer Tradition geprägt, darum mit Begriffen einigermassen sorglos hantierend, war Paulus wohl empfindlicher in der Frage der sprachlichen Formen. Einer, der merkte, was es bedeutete, wenn man in der Kirche zu erzählen aufhörte und nur noch mit abstrakten Begriffen hantierte. Der letzte Erbe der markinischen, vielleicht damit petrinischen, wahrhaft apostolischen Tradition auf einem Bischofsstuhl? Dann verdiente Paulus von Samosata hier ein kleines Denkmal. Es ist mir ein lieber Gedanke, es sei so.

Warum der biblische Gott keine Göttin zur Frau hat

Der biblische Gott ist ausdrücklich männlich. Aber er hat keine göttliche Frau. Warum nicht? Die Auskunft, dass damit die Fruchtbarkeit im Zentrum seines Tuns stünde, er nur noch dafür zuständig wäre, dass auf den Winter der Frühling und auf den Sommer eine reiche Ernte folge, er also ein auf den Zirkel von Saat und Ernte Beschränkter wäre, hat etwas für sich. Der biblische Gott ist nicht der Baal, der den Fruchtbarkeitskreis verwaltet und garantiert; er ist der Schöpfer, der seine Schöpfung aus dem Nichts ins Leben führt. Damit ist er offensichtlich noch nicht fertig, denn nicht einmal der alte Herr Leibniz behauptete, dass der gegenwärtige Zustand der Welt der vollkommene Sieg des Lebens über das Nichts sei.

Die Alternative hier der Fruchtbarkeitsgott, da der Exodusgott, wäre schief, wenn der Exodus Auszug aus einer Ecke der fertigen Schöpfung in die andere wäre und nicht Einzug der ganzen Schöpfung in die Vollendung. Gottes Reich, von Jesus angekündigt, ist der neue Himmel und die neue Erde als das Neue, das in die Welt kommt und die Welt – nicht durch Entwicklung, nicht durch Extrapolation des schon Bestehenden, sondern durch das von vorn, «auf den Wolken» kommende Neue – vollendet. «Seht, ich schaffe Neues, schon spriesst es, erkennt ihr es nicht? Durch die Wüste lege ich einen Weg und Flüsse durch die Einöde.» (Jesaja 43,19)

Jedoch meint das nicht Ersatz des Alten durch ganz anderes, als folge eine zweite vollendete Schöpfung auf die vollendet gewesene, verpfuschte und deshalb verworfene alte. So etwas hiesse Experiment. Das Neue ist Heilung, Erlösung vom Bösen, Vollendung des Stückwerks zum Ganzen. «Dann werden die Augen der Blinden aufgetan und die Ohren der Tauben geöffnet. Dann wird der Lahme springen wie der Hirsch, und die Zunge des Stummen wird jubeln, denn in der Wüste brechen Wasser hervor und Flüsse in der Steppe. Und die glühende Hitze wird zum Schilfteich, und aus dem Trockenland wird ein Land voller Quellen.» (Jesaja 35,5–7)

Das betrifft auch den Fruchtbarkeitszyklus. Er wird nicht negiert, jedoch hinausgeführt aus seinem Kreisen in sich selbst, worin er alles in allem, das Grundgesetz des Kosmos ist. Täte Gott das, wenn er eine Göttin zur Frau hätte? Wären den beiden ihre Freude aneinander im göttlichen Schlafzimmer aus Frühling, Sommer, Herbst und Winter nicht genug, so dass sie keinen Grund hätten, sich weiter mit der Erde zu befassen als etwa für einen Seitensprung?

Die Scheu vor der Geschlechtlichkeit wird weniger der Grund für himmlisch zölibatäres Leben des biblischen Gottes sein. Sie ist eher griechisch-hellenistischen als israelitischen Ursprungs. Für das griechische Denken gehören die Affekte zur Knechtschaft des Lebensnotwendigen, und die spielt sich im Bereich des Familiären ab.

Freilich kommt die Scheu vor dem Geschlecht auch im nachexilischen Israel auf, als (Ab-)Scheu vor fremdländischen Frauen. Isaak und Jakob müssen Frauen aus der zurückgelassenen mesopotamischen Verwandtschaft holen; es dürfen keine Nichtisraelitinnen sein. Womit Israel eben doch in die Nachbarschaft Baals und seiner göttlichen Aschera gelangt und all der andern Religionen, deren Götter und Göttinnen unter ihresgleichen bleiben und sich höchstens einen Seitensprung mit einer Menschenfrau, einem Menschenmann, gestatten. Aus derlei unstandesgemässen Verbindungen gehen bekanntlich allerlei Monster hervor.

Der biblische Gott hingegen will und kann nicht einmal erkannt und genannt werden abgesehen von seiner Schöpfung. Er begehrt nicht, sich selbst zu genügen. Darin ist er durchaus Adam in Genesis 2 zu vergleichen, von dem sein Schöpfer findet, es sei nicht gut, dass er allein sei.

Der biblische Gott verzichtet auf seinen Eigennamen und lässt sich «Gott» nennen. Wer sich männlich «Gott» nennen lässt, gibt damit zwar zu erkennen, dass er einer Frau bedarf. Doch meint der biblische Gott nicht wie die andern Götter, dass es eine Göttin sein müsse. Im Gegenteil, er verneint ausdrücklich, dass es eine Göttin sein solle. Seine Schöpfung soll seine Frau sein. Er ist mit seiner

Schöpfung seit langem verlobt (Hosea 2,19f., 2. Korinther 11,2). Jetzt ist die Zeit der Hochzeit gekommen (Markus 2,19).

Die traditionelle Trinitätslehre ist ein kümmerlicher, unfruchtbarer, zölibatärer Ersatz für die Formel des Lebens: Vater, Mutter, Kind. Wer immer dafür zuständig ist, dass das Hohelied in den Kanon kam, ahnte etwas von dem drohenden Manko.

Mit der Familie fehlt in der traditionellen Trinitätslehre auch das Element der Zeit. Die Trinität ist zeitlos; sie ist von Ewigkeit zu Ewigkeit. Die Familie aber ist wie kein anderer Menschenverband zeitbezogen und zeitbeständig zugleich. Die Familie ist eine Geschichte, die verspricht, ins Glück zu führen.

Was für den Bürger der Polis zur Sklaverei des Lebensnotwendigen gehört, dem sich die Freien ebenso zu entziehen suchen wie die Götter: die Freien in die Ekklesia, die Götter in den Olymp, ist für die Familie substanziell. Gott, indem er die Welt nicht als fertigen Kosmos geschaffen hat, sondern noch daran ist, sie zur Vollendung zu führen und dabei vorausgeht, begibt sich in die familiäre «Sklaverei». Er hat sich mit seiner Schöpfung verlobt und will sie um der Liebe und des Lebens willen heiraten, und er wird sie ehren als seine geliebte Ehefrau, und er wird die Kinder, die sie zur Welt bringt, anerkennen als seine legitimen Töchter und Söhne.

Das Reich Gottes wird eine ebenso komplexe und differenzierte Liebesbeziehung sein wie die Familie.

Der Geist

«Credo in spiritum sanctum
sanctam ecclesiam catholicam
sanctorum communionem
remissionem peccatorum
carnis resurrectionem
vitam aeternam.»

Apostolisches Glaubensbekenntnis

Der erste Artikel des Apostolischen Glaubensbekenntnisses redet vom unsichtbaren «Schöpfer Himmels und der Erde», und das

Bekenntnis von Nicäa-Konstantinopel präzisiert: «alles Sichtbaren und Unsichtbaren». Der zweite Artikel redet vom sichtbar gewesenen und unsichtbar gewordenen Jesus von Nazaret. Der dritte Artikel redet von der sichtbaren Wirksamkeit des unsichtbaren Geistes.

Das Bekenntnis führt von der Unsichtbarkeit Gottes zur Sichtbarkeit der beginnenden Vollendung seines Werks. Es führt von der Unerkennbarkeit der Bestimmung der Schöpfung zu ihrer zunehmenden Erkennbarkeit als der in Vollendung begriffenen. Es führt damit zugleich von der Rätselhaftigkeit Gottes angesichts seiner sichtbaren Schöpfung zur werdenden Sichtbarkeit seiner Herrlichkeit.

Der Geist macht sichtbar. Er macht am Sichtbaren das ohne ihn Unsichtbare, nämlich die Bestimmung, sichtbar. Er macht aus dem Unbestimmten ein Bestimmtes. Der Geist macht am Sichtbaren das noch Unsichtbare als Werdendes sichtbar. Das Ziel des Geistes ist die Sichtbarkeit. Beim schwäbischen Theologen Friedrich Christoph Oetinger, 1702–1782, heisst es: «Leiblichkeit ist das Ende der Wege Gottes» (Oetinger, *Biblisches und Emblematisches Wörterbuch*, S. 407). Für sich selbst genommen ist der Geist nichts. Der Geist *ist* nur in Verbindung mit Sichtbarem; er ist nur als Verkörperer im Verkörperten.

Mater semper certa est, lautet die Sentenz des römischen Rechts. *Certus* kommt von *cerno*, was «scheiden», «unterscheiden», (deutlich) «sehen», «erkennen» heisst. Die Mutter ist gewiss, weil sie leiblich sichtbar, erkennbar ist. Sie ist das Gewisse, Zuverlässige des Geistes. Sie bringt das Kind zur Welt, das sichtbare Neue, welches weder in seinem Dass noch in seinem Wie berechenbar ist. Soll das Kind leben, muss die Mutter gegenwärtig sein; ohne ihre Gegenwart überlebt das Kind nicht. Des Vaters Gegenwart jedoch ist nicht vonnöten.

Der Geist ist die im Werden begriffene vollendete Schöpfung. Demgemäss nennt das Apostolische Glaubensbekenntnis das Werk des Geistes, die Stückwerke der werdenden vollendeten Schöpfung: die Ekklesia als die Versammlung der Heiligen, die Vergebung der Sünden (man beachte, dass auch hier nicht von «der Sünde» in generalisierender Einzahl die Rede ist) und das Ziel des Werdens: Auferstehung des Fleisches und ewiges Leben.

«Credo in spiritum sanctum sanctam ecclesiam […]» ist also keine Addition. Nach «spiritum sanctum» steht logisch ein Doppelpunkt. «Ich glaube an den heiligen Geist, welcher ist die heilige allumfassende Kirche, welche ist die Gemeinschaft der Heiligen, welche nicht anderes ist als Vergebung der Sünden als Anfang der Auferstehung des Fleisches und des ewigen Lebens.»

Eine Familiengeschichte

Wer nicht die Trinitätslehre und damit den Frieden zwischen Vater, Sohn und Geist als gegeben voraussetzt, sondern auf die Ansätze eines Redens von familiärer Trinität im Neuen Testaments achtet, gerät in einen Familienstreit zwischen Sohn und Vater, in dessen grellem Licht Teile des Neuen Testaments streckenweise als angestrengte Beschwichtigungs- und Friedensbemühungen erscheinen. Man sehe nur die letzten Worte Jesu am Kreuz in den vier Evangelien daraufhin an.

Markus akzentuiert den Streit am schärfsten. Sein Evangelium liest sich als die Geschichte eines innigen Verhältnisses zwischen Sohn und Vater, das in die Krise gerät, weil der Vater den Sohn im entscheidenden Augenblick, als er zu ihm stehen sollte, im Stich lässt. Es ist sozusagen die Umkehrung der Geschichte vom verlorenen Sohn bei Lukas (Lukas 15,11ff.). Hier verliert der Vater seinen Sohn. Bei Markus verliert der Sohn den Vater.

Die markinische Familiengeschichte beginnt damit, dass der Vater sich in der Taufe zu seinem Sohn bekennt. Gott sagt, wie es ein menschlicher Vater in der Taufe auch tut: «Du bist mein geliebter Sohn; an dir habe ich Wohlgefallen.» (Markus 1,11) Damit geht der Vater dem Sohn gegenüber eine Verpflichtung ein.

Hier schon ist eine Vermittlerin zwischen Vater und Sohn dabei, die Taube als Gestalt des (Heiligen) Geistes. «Geist», *pneuma*, ist im Griechischen ein Neutrum; seine Verkörperung, die Taube (*peristera*), ist feminin. Das wird kein Zufall sein. Der Geist heisst im Hebräischen *ruach* und ist ebenfalls feminin. In der Geschichte von Jesu Taufe ist also die Familie versammelt: der Vater, der Sohn und die Taube des Geistes, die Mutter als die Vermittlerin zwischen Vater und Sohn.

Vierzehn Mal wird im Fortgang des Markusevangeliums Jesus «der Sohn des Menschen» genannt. Dabei handelt es sich immer um Aussagen, die sich auf Jesu Bedeutung für die Menschen beziehen. Markus, gleichgültig, ob er die Aussagen mit «der Sohn des Menschen» übernommen hat oder nicht, braucht den Titel als Signal von Jesu Verbundenheit mit den Menschen. Als Sohn dieses Vaters ist Jesus der Mensch für die Menschen. Das heisst: Die Familie aus Vater, Sohn und Geist umfasst durch Jesus alle Menschen. Die Menschen gehören durch den Sohn des Menschen zu dieser Familie. Trinität ist nicht ohne die Menschen, so wahr eine Familie sich gegen die Geschwister des Sohnes nicht verschliessen kann. Eine Familie, welche die Geschwister des Erstgeborenen ausschliesst, hört auf, eine Familie zu sein. Der sie dazu macht und in der Krise als Familie zusammenhält, ist der taubengleiche mütterliche Geist.

Im *Ersten Blumenstück* von Jean Pauls *Siebenkäs* leugnet der tote Christus den Schöpfer. Darauf sagt der Protagonist: «[Ich] erschrak [...] über den giftigen Dampf, der dem Herzen dessen, der zum erstenmal in das atheistische Lehrgebäude tritt, erstickend entgegenzieht. Ich will mit geringern Schmerzen die Unsterblichkeit als die Gottheit leugnen; dort verlier' ich nichts als eine mit Nebeln bedeckte Welt, hier verlier' ich die gegenwärtige, nämlich die Sonne derselben [...]». (Jean Paul, *Rede des toten Christus vom Weltgebäude herab, dass kein Gott sei,* S. 274) Die mütterliche Schöpfung bezeugt gegen Christus den Schöpfer, weil der tote Christus mit seiner Rede, «dass kein Gott sei», sie dazu provoziert.

Der Geist ist die mütterliche Schöpfung, die im Konflikt zwischen Sohn (und dessen Brüdern und Schwestern) und Vater vermittelt und dafür sorgt, dass die Familie nicht zerbricht. Die Vermittlung ist so lange nötig, bis der Vater kommt und endlich seine Braut, die Mutter seiner Kinder, heimführt, zu den gemeinsamen Kindern steht, und alle, Vater, Mutter und Kinder, miteinander viel zu feiern haben.

VII

Verbannung der Liebe

«Wir glauben […] an den einen Herrn Jesus Christus,
Gottes einziggeborenen Sohn,
vom Vater gezeugt vor aller Zeit;
Gott von Gott, Licht vom Licht,
wahrer Gott vom wahren Gott,
gezeugt, nicht geschaffen, eines Wesens mit dem Vater;
durch ihn ist alles geschaffen.»

Bekenntnis von Nicäa-Konstantinopel

Benedikt XIV., mit bürgerlichem Namen Prospero Lambertini, Papst von 1740 bis 1758, besucht ein Frauenkloster in Bologna, dessen Äbtissin seine Schwester ist. Bei der Messe können die Nonnen nicht genug tun mit dem Singen des Credos; unaufhörlich wiederholen sie «genitum, non factum» (gezeugt, nicht geschaffen). Der Papst wird unruhig. Schliesslich wendet er sich dem Volk zu und beendet den Singsang mit dem Ruf: «Sive genitum sive factum, pax vobiscum!» (Ob gezeugt oder geschaffen: Friede sei mit euch!)

Die Anekdote soll der Göttinger evangelische Theologe Albrecht Ritschl von dem Münchner katholischen Theologen Ignaz von Döllinger gehört und daran seine helle Freude gehabt haben.

Eine herrlich komische Szene. Zölibatäre unter sich, Leute, denen es mit Berufung auf die Ehelosigkeit Jesu untersagt ist, ihre Geschlechtlichkeit auszuleben. Und die einzige offen sexuell aktive Person weit und breit ist der Heilige Geist, der mit der jungen Frau Maria den Sohn Jesus zeugt. Zeugung – eine rein göttliche Angelegenheit, ähnlich wie bei Baal und Aschera und in der babylonischen Tempelprostitution? Denkt man an Genesis 1 und 2 und beider Geschichten offensichtliches Bemühen, Geschlechtlichkeit von Gott fernzuhalten, kann man nur sagen: Die Schlange beisst sich in den Schwanz. Im Fortgang wird die Vorsicht, die in Israel mit den Propheten einsetzt und als Abgrenzung gegen babylonische wie kanaanäische Fruchtbarkeitsreligion gute Gründe hatte, in Verbindung mit hellenistischen Einflüssen theologische Prüderie, die sich auch beim hellenistisch beeinflussten Pharisäer Paulus in Vorbehalten allem Geschlechtlichen gegenüber zeigt. Diese Prüderie läuft darauf hinaus, dass Sexualität von einer weltlichen schliesslich zu einer göttlichen Sache wird.

Der Papst reagiert theologisch richtig mit einer impliziten Sachkritik am Bekenntnis von Nicäa-Konstantinopel. Durch die Präzisierung «gezeugt, nicht geschaffen» verkehrt das Bekenntnis aus theologischen Gründen nämlich eine Metapher in einen Mythos, indem es die Metapher unmetaphorisch «eigentlich» versteht. Das Motiv dazu wird gleich mehrfach unterstrichen: «Gott von Gott, Licht vom Licht, wahrer Gott vom wahren Gott, [...] eines Wesens mit dem Vater», darum «einziggeboren, vom Vater gezeugt vor aller Zeit». Wobei der letzte Halbsatz eindeutiges Indiz von Mythisierung ist; der Mythos handelt notorisch von Geschehnissen vor aller Zeit. Darum ist er ein Tummelfeld narrativer Phantasie; auf Begriffe gezogen hingegen muss er derart modifiziert werden, dass dieses ewige Zeugen eines «näheren Typus, nach dem wir es vorstellen können» völlig entbehrt (Schleiermacher, *Glaube*, S. 465). Gott und Jesus Christus geraten dadurch ungewollt in weite Ferne; statt verborgen anwesend, wie die Metapher es will, sind sie nach Art des Mythos abwesend.

Die Evangelisten Lukas und Johannes reden anders, als es dem Bekenntnis recht sein kann. Lukas lässt in der Apostelgeschichte Paulus in seiner Rede vor den Autoritäten auf dem Areopag in Athen griechische Dichter zitieren, die gesagt hätten: «Ja, wir sind auch von seinem Geschlecht.» (Apostelgeschichte 17,28) Und Paulus stimmt nach der Apostelgeschichte ausdrücklich zu, indem er im Vers 29 unterstreicht: «Da wir also von Gottes Geschlecht sind [...]». Interessant ist die unmittelbare Folgerung daraus: «[...] dürfen wir nicht denken, das Göttliche sei vergleichbar mit etwas aus Gold oder Silber oder Stein, einem Gebilde menschlicher Kunst und Erfindungsgabe.» Von Gottes Geschlecht, also von Gott gezeugt zu sein, bedeutet nicht, was das Bekenntnis befürchtet, die Verwischung des Unterschieds zwischen Gott und Mensch durch den Menschen. Von Gott gezeugt zu sein, befähigt den Menschen nach Lukas im Gegenteil zur angemessenen Unterscheidung zwischen Gott und sich selbst. Weil er von Gott gezeugt ist, erkennt und akzeptiert der Mensch die ihm entsprechende Stellung Gott gegenüber. Gott der Vater, der Mensch das Kind.

Das ist auch so in den johanneischen Schriften des Neuen Testaments. Nur, dass insofern eine Verschiebung stattfindet, als Jesus Christus hier das zeugende Wort Gottes des Vaters ist. Wir sind also nicht von Natur aus, wie bei Lukas, göttlichen Geschlechts, wir werden's erst durch den Glauben, welcher Gottes Zeugung ist. Johannes 1,12f.: «Die ihn aber aufnahmen, denen gab er Vollmacht, Gottes Kinder zu werden, denen, die an seinen Namen glauben, die nicht aus Blut, nicht aus dem Wollen des Fleisches und nicht aus dem Wollen des Mannes, sondern aus Gott gezeugt sind.»

Der Prolog steht im Johannesevangelium da, wo bei Matthäus und Lukas die Weihnachtsgeschichten mit ihrer Voraussetzung, der Zeugung Jesu durch den Heiligen Geist, stehen. Aufschlussreich ist der Unterschiede zwischen den beiden Synoptikern. Für Lukas ist diese Zeugung nichts Einzigartiges; auch Elisabet, die Mutter Johannes des Täufers, ist auf ausserordentliche Weise schwanger geworden. Damit ist sie in der guten alttestamentlichen Gesellschaft von Sara, Abrahams Frau, und Hanna, Samuels Mutter: «Denn bei Gott ist kein Ding unmöglich.» (Lukas 1,37) Es handelt sich, wie Lukas 1,58 zeigt (und er hat die alttestamentlichen Stimmen auf seiner Seite), um eine Barmherzigkeitstat Gottes gegenüber Elisabet. Der Vergleich Marias mit ihr und ihren alttestamentlichen Vorgängerinnen hinkt insofern, als Jesus nicht, wie der Täufer, Isaak und Samuel, spät geboren wird, sondern zu früh. Den Heiligen Geist bemüht Lukas in der Vorgeschichte der Weihnacht eher bloss nebenher, in nachgetragener Erklärung (Lukas 1,35). Mit Blick auf Lukas 1,67ff., den Lobgesang des Zacharias, könnte man jedoch sagen: Die Frauen werden vom Heiligen Geist schwanger und die Männer des Lobes voll. Es beträfe Zacharias gleichermassen wie Abraham und wie Samuels Vater Elkana.

Was für das Matthäusevangelium entschieden nicht zutrifft. Josef denkt nicht daran, Gott zu loben, als er merkt, dass seine Verlobte Maria schwanger ist «noch bevor sie zusammengekommen waren» (Matthäus 1,18). Trennung ist die einzig vorstellbare Konsequenz, jedoch soll keine Affäre daraus gemacht werden, da Josef «gerecht war und sie nicht blossstellen wollte». Darum «erwog [er], sie in aller Stille zu entlassen» (Matthäus 1,19). Was auch geschehen wäre, hätte ihn nicht ein Engel im Traum eines Bessern belehrt mit den Worten: «Josef, Sohn Davids, fürchte dich nicht, Maria, deine Frau, zu dir zu nehmen, denn was sie empfangen hat, ist vom heiligen Geist.» (Matthäus 1,20) Die neue Zürcher Übersetzung von 2007 steht mehr auf der Seite der Nonnen von Bologna als die ältere. Dort hiess es noch unvorsichtig: «[...] denn was in ihr gezeugt ist, das ist vom heiligen Geist.» Damit ist die ältere Zürcher Übersetzung näher beim griechischen Text des Matthäusevangeliums. Der Vers gibt keine Belegstelle für das Bekenntnis von Nicäa-Konstantinopel und die Lehre von der Trinität ab.

Der langen Rede kurzer Sinn – und Schleiermacher hat ihn mit der zitierten Kritik getroffen: Wo von Sohn und Vater die Rede ist, ist's ohne Zeugung für unsereins nicht vorstellbar.

Sprache und Geschlechtlichkeit sind engstens verbunden, weil durch die Unterscheidung des Masculinums und des Femininums geprägt. Johann Georg Hamann behauptet, die «communicatio göttlicher und menschlicher idiomatum» sei «ein Grundgesetz und der Hauptschlüssel aller unserer Erkenntniss und der ganzen sichtbaren Haushaltung» (Hamann, *Des Ritter von Rosencreuz letzte Willensmeynung*, S. 27). Darum ist Sprechen so göttlich und menschlich zugleich wie Zeugen. Und wie die zeugende Sprache durch die verrufene Zunge (siehe das «kleine Glied», Jakobus 3,5f.) das Kommen des Reiches Gottes zuspricht, so sind auch die Pudenda des Menschen «lebendige Glieder [...], die, Römer 8, nach ihrer Auflösung und Verklärung schmachten» (ebd.). Unter der irdischen Unehre der schambesetzten Glieder ist die göttliche Ehre verborgen gegenwärtig, im Sprechen wie im Zeugen. Das ist metaphorische Rede.

Solche wird jedoch in einen Mythos verkehrt mit der angeblichen Präzisierung «gezeugt, nicht geschaffen». Hier ist von Gott nicht mehr geredet in der Verbundenheit durch lebendige Glieder mit der Schöpfung, sondern getrennt von ihr. Gott darf nicht der Mann der Erde sein und sie zur Mutter Erde machen.

Was verliert das Bekenntnis, wenn es sich die Geschlechtlichkeit als Metapher versagt? Hamann hätte geantwortet: den Mittelpunkt der Vereinigung von göttlicher und menschlicher Natur. Und das einzige Band zwischen Schöpfung und Schöpfer. Zu beachten: Sind die Pudenda für Hamann das einzige Band, dann denkt er Gott als nicht nur seinen einziggeborenen Sohn zeugend, sondern, wie

Paulus in Apostelgeschichte 17,28, die Menschen überhaupt. In der menschlichen Zeugung ist Gott verborgen gegenwärtig.

Eine Theologie, die auf die Rede von der Geschlechtlichkeit Gottes verzichtet, verzichtet auf die Möglichkeit, metaphorisch von der engstmöglichen Beziehung zwischen zwei Lebewesen zu reden. Von der Beziehung, die zudem den Unterschied zwischen den beiden nicht aufhebt, sondern ihn bestehen lässt und als unverzichtbar für die Verbindung betont. Sie nimmt Gott etwas Wesentliches weg, indem sie vorgibt, ihn näher beschreiben und vor Missverständnis schützen zu müssen. Nicht das ist jedoch die Aufgabe der metaphorischen Rede, sondern die nähere Bestimmung des Menschen, nämlich so, dass sie seine Geschlechtlichkeit nicht als Verwandtschaft zum Tod interpretiert, sondern als Gottes Pfand seiner Verbundenheit mit den Menschen und also als Pfand des ewigen Lebens. «Was Gott zusammengefügt hat, soll der Mensch nicht scheiden.» (Markus 10,9) Wer an dieser Verbindung herumflickt, wie das Bekenntnis von Nicäa-Konstantinopel tut, verspielt auch die Möglichkeit, Gott und Mensch angemessen zu unterscheiden.

Was angemessene Unterscheidung Gottes und des Menschen ist, zeigt das Unservater: das unverkrapfte Verhältnis des Kindes zu seinem Vater, wie es ihn ausdrücklich besitzanzeigend nennt. Dadurch werden keine Unterschiede verwischt; es werden die Rollen geklärt. Der Vater ist der Vater des Kindes, das ihn niemals überholen und Vater seines Vaters werden kann.

Es handelt sich zwischen biblischer Rede von Gott und derjenigen des Bekenntnisses um eine grundsätzliche Differenz. Biblische Rede von Gott, als metaphorische, geht aus von der Verbundenheit Gottes mit seiner Schöpfung, als verborgene Gegenwart Gottes in, mit und unter seiner Schöpfung. So denkt das Bekenntnis nicht. Es fügt nach mythischem Muster Gott und Mensch als ursprünglich getrennte Wesen nachträglich zusammen. Dabei muss es darauf achten, dass es Gott und Mensch nicht zu Gleichen macht. Um das zu verhindern, läuft es in die falsche Richtung. Statt von der untrennbaren Verbindung auszugehen, deren Metapher die sexuelle Vereinigung zweier Ungleicher ist, verbietet sich das Bekenntnis diese Metapher; als einziger Ausweg bleibt ihm der Mythos.

Warum das? Zu vermuten ist: aus griechischem Einfluss. Die *ekklèsia* ist in der Polis der Bereich der Freiheit und der Gleichheit, die Familie der Bereich der Zwänge und Ungleichheit. Freiheit und Gleichheit bedingen einander. In der *ekklèsia* sind alle gleichen Geschlechts und gleichen Rechts.

Das Gegenteil dieser gleichmacherischen ist die familiäre Freiheit. Sie lebt von den nicht aufzuhebenden Unterschieden und ohne die Absicht, sie aufzuheben. Jedes in der Familie ist anders, keines ist gleich einem der andern. Und eben diese Ungleichheit ist das Fundament der familiären Freiheit. Denn sie kommt aus der schenkenden Liebe, während die Freiheit der Gleichen aus dem fordernden Gesetz kommt. Die Liebe ist die Verbundenheit der Ungleichen in Freiheit.

Das Bekenntnis von Nicäa-Konstantinopel ersetzt, indem es vor der Gefahr der Vermischung von Mensch und Gott Zuflucht sucht im Mythos, das Geschenk der Liebe durch die Forderung des Gesetzes. Das ist nicht erstaunlich, wenn wir bedenken, dass die Bekenntnisse seit Nicäa dazu dienten, als eindeutige Formeln die ideologische Klammer des Römischen Reiches zu sein.

Plädoyer gegen den kulturellen Code des Abendlandes

Ob die Theologie des Paulus, wie der Religionsphilosoph Jacob Taubes behauptete, ein Gegenentwurf zum Römischen Reich sein will und die Pax Augustana bewusst mit der Pax Jesu Christi konterkariert (Taubes, *Die Politische Theologie des Paulus*), bleibe dahingestellt. Dass das theologische Programm des Paulus faktisch darauf hinausläuft, lässt sich kaum bestreiten. Wodurch es in Gefahr gerät, aller Betonung der Gnade zum Trotz in Gesetzlichkeit zu enden.

Schon möglich, dass Markus, gleich seinem vermutlichen theologischen Lehrer Petrus in Antiochia, die lauernde Gefahr einer neuen Gesetzlichkeit erkannt hat, sozusagen einer Gnadenlosigkeit im Namen der Gnade, und ihre Wurzel, die theologische Grundmetapher vom Gericht. Unübersehbar ist jedenfalls, mit welcher Radikalität Markus sich auf eine andere Grundmetapher beruft: Heilung statt Gnade, Therapie statt Gericht. Den Begriff Gnade verwendet Markus kein einziges Mal. Dafür erzählt er Heilungsgeschichten zuhauf. Er will nicht das Römische Reich durch das Reich Christi ersetzen. Er will das Herz der hellenistischen Welt ersetzen. Dieses – ich habe es den kulturellen Code genannt – ist die Tragödie, herkommend vom Bocksgesang, dem Chor bei der Opferung des Ziegenbocks während der Dionysosfeiern.

Tragikos heisst «bockig», «bocksartig». Das Tragische ist das Bockige, Widerspenstige, das, was im Kosmos nicht aufgeht, der Sand in seinem Getriebe. Zeichen dafür ist der Ziegenbock, der abgetan werden muss, damit der Kosmos rund und in sich geschlossen bleibe und kein Leck bekomme. Die Tage des Bocksopfers sind also sozusagen Schalttage, damit der Jahreslauf wieder im Lot sei.

Von Paulus her legt sich sogleich die Assoziation an den Sündenbock nahe (Leviticus 16); Jesus Christus, den Gott als Sühnopfer hingestellt hat (Numeri 29,11; Römer 3,25). Es braucht dieses Opfer, damit der Kosmos systematischer Argumentation schlüssig bleibt. Denn die Schlüssigkeit ist in der Argumentation der Grund des Glaubens.

Davon unterscheidet Markus sich fundamental. Grund des Vertrauens ist bei ihm nicht die Schlüssigkeit der theologischen Argumentation, die die Generalisierung einer mythischen Schuld erfordert und die Opferung von einem, dem diese bockige Störung des ansonsten perfekten Kosmos aufgeladen werden kann. Grund des Vertrauens ist für Markus die Ankündigung des Reiches Gottes und die Tatsache, dass der, welcher es ankündet, dafür mit seinem Leben einsteht. Jesus ist dadurch selbst der Anfang des angekündeten Reiches geworden. Von einem geschlossenen Kosmos der Welt kann ebenso wenig die Rede sein wie von einem solchen der Argumentation. Markus hält seine Erzählung betont offen; er schickt die Christen am Ostermorgen auf den Weg nach «Galiläa», wo sie gemäss der Zusage den gekreuzigten Jesus als Auferstandenen sehen werden, der die Vollendung des Reiches Gottes bringt. Die Geschichten sind die Begründung des *euangelion*, der glücklichen Ankündigung, dass das Reich des Lebens mit dem Gekreuzigten angebrochen ist und die Schöpfung heil wird. Jetzt ist die Zeit der Heilungen, nicht der mythischen Schuld- und Gnadensprüche. Denn Gott ist nahe und nicht mehr fern.

Die Tragödie bewegt sich in den Gefilden des Mythos, weil nur durch vorzeitliche Schuld die Zerrüttung des Kosmos zu erklären ist und die Schuld generalisiert werden kann. Beides ist unerlässlich, soll der Kosmos der Argumentation keine Lücke haben.

Markus setzt an die Stelle des Mythos das unerklärliche «Muss» (Markus 8,31). Ein vorläufiges Geheimnis Gottes, Zeichen, dass die Vollkommenheit des Reiches Gottes noch aussteht. Es wird in der im Kommen begriffenen Vollkommenheit ebenso hinfällig werden wie die Frage schicksalhafter Schuld. «Denkt nicht an das, was früher war, und was vormals war – kümmert euch nicht darum.» (Jesaja 43,18)

Ein im Mythos unmöglicher Gedanke. Im Mythos holt die schuldige Vergangenheit immer die scheinbar unschuldige Gegenwart ein und fordert Tribut von Menschen, die selbst Schuld auf sich laden, indem sie sie erben. Ein Erbe, das keiner ausschlagen kann; versucht er's, verwickelt er sich erst recht in die Schuld und wird zum Übeltäter wie Ödipus.

Der als Sühnopfer gekreuzigte Jesus von Nazaret passt bei Paulus widerspruchslos in den theologischen Argumentationskosmos als dessen Schlussstein. Markus, wohl wie Paulus Diasporajude und vom Code der hellenistischen Kultur mitgeprägt, merkt die Gefahr. Aus dem in sich selbst geschlossenen Kosmos gibt es kein Entrinnen. Markus muss es gewesen sein, als kehrten Israel nach Ägypten und Abraham nach Babylonien zurück. Schliesslich findet man sich in der besten aller möglichen Welten, welche das Opfer des Sündenbocks braucht, damit sie es bleiben kann.

Markus hingegen redet vom Werden des Neuen. «Schon sprosst es; erkennt ihr es nicht?» (Jesaja 43,19) *Euangelion* heisst Auszug aus der Tragik, wie Abraham auszog aus dem babylonischen Mythos, der gebetsmühlengleich Schuld und Strafe repetierte und perennierte. Auszug aus dem in sich kreisenden Kosmos, der der Tragik nicht entkommt, weil er sie bedingt. Auszug in das Kommen des Reiches. Aus dem statischen Ägypten ins Gelobte Land.

Die Griechen blieben. Und vergassen geflissentlich, dass sie nicht autochthon, sondern einst auch auf Wanderschaft gewesen waren. Damit sie in der Polis bleiben konnten, opferten sie dem Dionysos Böcke und sahen und hörten Tragödien. Und die Israeliten trieben, damit sie in Jerusalem bleiben konnten, den Ziegenbock, beladen mit der unvermeidlichen Schuld aller, aus ihrer Stadt in die Wüste hinaus, woher sie gekommen waren.

Solch tragische Sesshaftigkeit ist die Gefahr bei Paulus; eine Bürger-, keine Nomadenreligion, trotz des Paulus' eigenen unablässigen Reisen. Die Polis bringt Philosophen hervor. Unterweggssein bedarf der Propheten. Als Israel unter den Königen vollends sesshaft werden wollte, traten die Propheten auf. Was gibt es dagegen Bürgerlicheres als den Schriftgelehrten, Pfarrer und Theologieprofessor! Bürger der Polis, die immer etwas von Polizei an sich hat.

Demgegenüber will Markus, wie die Propheten vor ihm, uns zu Nomaden machen. Die Ekklesia als Braut. Ihr Vaterhaus, Jerusalem, liegt zerstört. Erwartungsvoll zieht sie dem Bräutigam entgegen nach «Galiläa». Dort wird er sich zu ihr bekennen und sie heiraten.

Vom Jüngsten Gericht

«Am 1. Februar 1984 marschiert ein Engländer mit Wanderstiefeln und Rucksack in einen Bungalow in Irene, einem Bezirk von Pretoria [...]. Burce Chatwin ist nach Südafrika gekommen, um sich mit dem Paläontologen Bob Brain zu treffen, nachdem er dessen Buch *The Hunters or the Hunted?* gelesen hat. [...] Brains Analyse versteinerter Knochen eröffnete die Möglichkeit, dass der Frühmensch nicht, wie man generell annahm, ein wilder Kannibale war, sondern die bevorzugte Beute einer der grossen Raubkatzen, mit denen er sich die Grasflächen Afrikas teilte. Etwa 1 200 000 Jahre v. Chr. vertauschten sich die Rollen, denn jetzt begann der Homo erectus listiger zu werden als das ihm nachstellende Raubtier, die *dinofelis* oder der falsche Säbelzahntiger.

Was hatte zu der Überlegenheit des Menschen geführt? ‹Alles›, so Brain, ‹ist mit der Herrschaft über das Feuer verbunden.› Aber dreissig Jahre der Forschung und der Ausgrabungen im südlichen Afrika und in der Sahara hatten keinen Beweis für den Gebrauch des Feuers zu einem früheren Zeitpunkt als 70 000 v. Chr. erbracht, und da war die *dinofelis* bereits seit einer Million Jahren ausgestorben[...].» (Shakespeare, *Bruce Chatwin,* S. 13f.)

Am Tag darauf wurde in der Swartkrans-Höhle die «früheste Feuerstelle der Welt» entdeckt, wie Chatwin nachher sagte. Sie war 700 000 Jahre älter als die bisher älteste bekannte. Der wissenschaftliche Beweis bestätigte dem Menschen, dass er «nicht der blutrünstige und kannibalische Aggressor war, zu dem ihn Autoritäten wie Dart und Lorenz machen wollten», und dass er vor dem Forum des Lebens kein Illegitimer war.

Das Gewissen vermag das nicht zu leisten. Denn das Gewissen muss, will es sich nicht selbst den Vorwurf der Parteilichkeit machen müssen, auf das Schlimmstmögliche plädieren. Wie will es das Gegenteil beweisen? Das Schlimmstmögliche aber des Menschen ist, dass er Kain, der Mörder seines Bruders Abel ist. Johann Georg Hamann erkennt es nach seiner Londoner «Bekehrung», als er in Verzweiflung die Bibel liest. Selbsterkenntnis sei Höllenfahrt, schreibt er deshalb. Nur sie «bahnt uns den Weg zur Vergötterung» (Hamann, *Chimärische Einfälle*, S. 164). Luther: «Und Summa, Got kan nicht Got sein, Er mus zuvor ein Teufel werden, und wir konnen nicht gen himel komen, wir mussen vorhin ynn die helle faren, konnen nicht Gottes kinder werden, wir werden denn zuvor des Teufels kinder.» (Luther, *117.* Psalm, S. 249) Jedes andere Urteil über uns selbst geriete in den Verdacht, wir wollten uns selbst schonen. Darum heisst die einzige Möglichkeit, Gnade zu erlangen, das Urteil des Gewissens als Urteil von Gottes Gesetz über uns zu akzeptieren.

Liest man Nicholas Shakespeares Bericht über Chatwins Begegnung mit Bob Brain genauer, ist freilich zu merken, dass bei der Entdeckung nicht Wissenschaftlichkeit entscheidend war, sondern Chatwins Vertrauen zu Brain, weil er dessen Buch gelesen hatte. «Chatwin fühlte sich durch Brains Entdeckungen in seiner Überzeugung bestätigt, dass der Mensch ‹gar nicht so schlecht› sei und dass der Raubtierinstinkt keinen zentralen Bestandteil unseres Wesens bilde. Wenn die leopardenartige Raubkatze Jagd auf unsere Vorfahren gemacht hatte, dann war der Mensch von seinen Ursprüngen her nicht unbedingt aggressiv.» (Shakespeare, *Bruce Chatwin*, S. 14)

Chatwin ist Brains Buch, dessen Thema ihn seit seiner Jugend beschäftigt, nicht genug. Er will den Mann kennen lernen und reist zu ihm. Die Zusage des Buches muss leibliches Wort werden und ihm durch *viva vox* zugeeignet werden. Nur so, nicht bloss als gedrucktes, hat es die Kraft, die *dinofelis*, das Raubtier in ihm, die Stimme des Gewissens, zu bannen.

Wäre Brain der Apostel Paulus gewesen, hätte er Chatwin zurückgewiesen und gesagt: «Ich kann Ihnen nicht bestätigen, dass der Mensch keine Bestie ist. Er ist eine! Und das müssen Sie anerkennen. Wenn Sie es anerkannt haben, kommen Sie wieder und hören, was ich zu sagen habe.» Aber Brain war nicht Paulus, er war eher wie der Jesus des Markusevangeliums; Chatwins Motiv war in seinen Augen legitim.

Chatwin will, vermute ich, durch Brain auch von der perversen Freude des Gewissens am Verurteilen, Zerstören, Vernichten geheilt werden, die immer vor allem Lust an der Selbstverurteilung, Selbstzerstörung, Selbstvernichtung ist. Geheilt von dem Drang, sich in der Sünde zu suhlen, der manchmal auch bei Paulus durchbricht, wenn er, beispielsweise in Römer 1,26ff., von einem Detail der Sünde zum nächsten eilt und nur schwer damit aufhören kann. Das tut keiner, der nicht mindestens latent eine perverse Freude daran hat. Wie in dieser Beziehung ja auch mit Luther fast regelmässig die Pferde durchgingen, man sehe seine Schriften gegen die Bauern, gegen die Schwärmer, gegen die Juden.

Markus hingegen schreibt dort, wo es nahe läge, im Blut zu waten, geradezu hausväterlich fürsorgend: «Betet aber, dass es nicht im Winter geschehe.» (Markus 13,18)

Alle Schrecken gipfeln im Jüngsten Gericht. Eine Theologie, deren Grundmetapher das Gericht ist, kommt um das Jüngste nicht herum. Was das für das Leben der Menschen bedeutet, wurde mir im Dom zu Breisach angesichts von Martin Schongauers riesigem Jüngsten Gericht an der Rückwand klar. Beim Verlassen der Kirche muss jeder daran vorbei, sozusagen vorübergehend vor Christi Richterstuhl treten. Nach der Gabe der Gnade und des Lebens vom Altar zum Schluss der Wink mit dem Zaunpfahl.

Im Markusevangelium kommt der Menschensohn nicht zum Gericht; er bleibt auch zuletzt der *Menschen*sohn. Er bringt die Vollendung des Reiches Gottes. Was seinem Kommen vorangeht, ist nicht das Gericht, sondern sind Geburtswehen der vollkommenen Schöpfung.

Und die Bösewichte kommen ungeschoren davon? Das Apostolische Bekenntnis gibt eine kurze, treffende Antwort auf diese Frage. Es sagt vom Auferstandenen, er werde kommen, «zu richten die Lebenden und die Toten». Wer sitzt da auf dem Richterstuhl? Der Gekreuzigte! Der gekreuzigt wurde, weil er das Kommen des Reiches Gottes, der umfassenden Heilung, des Heils, ausrief. Was kann das für ein Richter sein? Sicher nicht jener bis zur Leblosigkeit Unvoreingenommene auf Schongauers Breisacher Fresko. Sondern ein aufs Äusserste Voreingenommener, Parteiischer, ganz auf Seiten derer, die vor ihn treten.

Das muss uns gesagt werden. Denn nichts ist für unsereins schwieriger zu glauben, als dass wir keine Bestien sind.

Wir haben das Leben noch zugut

Schau ein kleines Kind an. Wie es sich am Leben freut, wie es neugierig ist auf das Leben, es entdeckt. Und wie es vor Enttäuschung schreit, wenn seine Erwartung nicht erfüllt wird.

Schau einen Sterbenden an. «Alt und lebenssatt» klingt gut. Wann ist es so? Summt in «lebenssatt» etwa nicht auch mit: «Er hatte das Leben satt»? Enttäuschte Erwartungen. Ich wüsste keinen, den ich ohne hätte sterben sehen.

Was ist die Erwartung? Das gesunde, gute, schöne, glückliche, freudige Leben. Ohne Einschränkungen, ohne Schatten, ohne Not, ohne Tod.

Dieses Leben wird uns mit der Geburt versprochen und in der Taufe zugesprochen. Das Leben, das diesen Namen verdient, ohne kleingedruckte einschränkende Fussnoten. Das Leben, das die Finsternis des Nichts hinter sich gelassen hat.

Was wir jetzt haben, ist nicht so. Aggressiv wirft das Nichts seine Schatten herein. Und alle wollen uns weismachen, es sei rechtens.

Ist es nicht, sagte der Gott, welcher Abraham aus Babylonien hinausrief. Ist es nicht, sagte der Gott, welcher Israel aus der ägyptischen Sklaverei hinausführte. Ist es nicht, rief trotzig, bedrängt von seinen wohlmeinend die herrschende Theologie nachbetenden Freunden, Hiob. Ist es nicht, denn man wird bitter darob, sagte Noomi. Ist es nicht, predigte Jesus von Nazaret und fuhr fort: Das richtige Leben ist im Kommen. Dass es so ist, wie es ist, ist nicht rechtens, wiederholte er, als Protest Psalm 22 zitierend, am Kreuz. Und wurde der Anfang des Evangeliums. «Der Stein, den die Bauleute verworfen haben, ist zum Eckstein geworden.» (Psalm 118,22)

Er schickte seine Leute nach «Galiläa». «Dort werdet ihr ihn sehen» (Markus 16,7), kommend «auf den Wolken des Himmels

[…] mit grosser Macht und Herrlichkeit» (Markus 13,26). Dann wird nicht mehr das Gewissen das grosse Wort haben und uns einreden, wir seien die Illegitimen der Schöpfung. Dann wird der Verdacht ausgeräumt sein, Gott sei ein illegitimer Vater, der seine Kinder verleugne. Dann werden wir mit ihm und mit unserer Mutter, der Erde, um den gedeckten Tisch sitzen und das Fest des Lebens feiern.

Vertröstung?

Leichenmahl

«Vertröstung» sagt
das eine Wort
abschliessend der Velofahrer Allein-
unternehmer in Gesetzessachen zwei-
hundertfünfzig pro Stunde trinkt
das Glas aus auf Rechnung
des Toten und wischt
sich den Mund hat
schon die Klammern an
den Fesseln der Rechtsgewerbler welcher
sich etwas zugut hält dass
er kein Auto besitzt nur
das scheinwerferlose
Velo bloss einen Anzug keine
Krawatte und null
Horizont um den Kopf als
den geizigen Heiligenschein des
Zynismus selbstmontiert
Sagt «Vertröstung» der Mann meint's
ernst und steigt auf und
fährt los

Unterwegs zur Auferstehung

Mose, Elija, Jesus, diese drei (Markus 9,2–13). Eine prophetische Linie, und zwar eine bestimmt akzentuierte. Denn gilt Mose als Prophet, heisst das nichts anderes, als dass die Geschichte vom Exodus Prophetie ist, also die Gegenwart als Auszug aus der Sklaverei und Einzug ins Gelobte Land benennt. Dazu gehört Elija, der wiederkehrt und zur Aufmerksamkeit für den Messias ruft, welcher das Reich Gottes bringt. Johannes der Täufer war der wiedergekehrte Elija. Und nun ist Jesus hier und verkündet: Das Reich Gottes ist im Kommen. Mose und Elija legitimieren ihn, indem sie bei seiner Verklärung auf dem Berg mit ihm reden.

Das soll festgehalten werden. Darum kommt Petrus auf die Idee, für die drei Grossen abseits, auf dem hohen Berg, Hütten zu bauen. Denn, wie Luther schön übersetzt: «Hier ist gut sein» (Markus 9,5). Die «Hütten» können auch Zelte meinen oder Brettergerüste im Sinn von Szenen, Bühnen, auch Lauben – das Laubhüttenfest, ursprünglich ein Erntedankfest, erinnert nachexilisch an den Auszug aus Ägypten mit den instabilen Bauten unterwegs – und biblisch insbesondere an die Stiftshütte, den Tempel.

Der Letztere ist, als Markus sein Evangelium schreibt, dahin. Und auf dem Zion als Ersatz einen christlichen Tempel zu bauen, kommt schon der politischen Lage wegen nicht in Frage. Überhaupt widerspricht der Wunsch, die legitimierende und verklärende Unterredung baulich zu fixieren und zur Dauereinrichtung zu machen, der prophetischen Linie. Denn sie ist auf die Vollendung des Ankommenden ausgerichtet. Also handelt sich's hier bei Markus noch einmal um einen Aspekt des «Messiasgeheimnisses», das ja am Schluss der Episode auch ausdrücklich genannt ist. Die Heilungen sind nicht Jesu vollständige Legitimation, die jede weitere überflüssig macht. Und dieses Gespräch auf dem Berg ist es auch noch nicht. Auch die Kreuzigung wird es nicht sein. Erst die Wiederkunft mit Macht und Herrlichkeit.

Petrus, Jakobus und Johannes müssen also mit Jesus vom hohen Berg wieder hinunter, unter die Leute. Doch ist das nicht Exodus; deswegen nicht nur keine Stiftshütte und kein Tempel, sondern auch keine Laubhütten. Denn der Exodus liegt dahinten. Jetzt ist

Eisodos, Einzug ins Gelobte Land. Schon hat Johannes der Täufer Israel ja im Jordan gebadet.

Also auch noch nicht die Ernte des auf dem Exodus Gesäten. Darum kein fröhlicher Erntedank, der ursprüngliche Sinn des Laubhüttenfests. Mit dem verklärten Jesus weggehen aus dem Irdischen auf den hohen Berg, wo in seiner und Moses und Elijas Gesellschaft «gut sein» ist? Nein, noch nicht, zu früh, sagt Markus auch dazu. Denn das wäre eine die Welt ausschliessende unfruchtbare Trinität, die abseits Hütten baut und es sich unter Insidern und Kollegen gut gehen lässt. Einzug heisst: «Erfüllt ist die Zeit.» (Markus 1,15) Die Wehen setzen ein (Markus 13,8); die Geburt beginnt. Noch ist die Familie nämlich nicht vollständig. Doch sie ist im Werden. Das Reich Gottes kommt zur Welt; das Reich, worin Vater Gott, Mutter Erde und die Menschensöhne und -töchter um den Tisch sitzen, das Brot des Lebens brechen und aus dem Freudenbecher das Gewächs des Weinstocks trinken.

Am Eingang der Passionsgeschichte bei Markus also diese Betonung des Noch-Nicht. Alles andere als eine Kassierung des «Messiasgeheimnisses». Die Betonung bleibt über das Ende des Buches hinaus; der abrupte Schluss, der kein richtiger ist, unterstreicht's noch einmal. Im Evangelium des Markus kommt der Einzug nicht ans Ziel, weder am Karfreitag wie bei Paulus und Johannes noch am Ostermorgen wie bei Matthäus und Lukas und in der nachfolgenden kirchlichen Tradition. Markus 13, die Ausführungen über den Beginn der Endzeit, macht klar: die Geburt ist noch im Gang. Dazu gehört, dass in der ganzen Welt das Evangelium gepredigt werden muss (Markus 14,9), dass Jesus beim Abendmahl nicht Ostern als Ziel der Auferstehungsverheissung (Markus 8,31) im Auge hat, sondern das Trinken vom Gewächs des Weinstocks im Reich Gottes; dass er, auferweckt, seinen Jüngern nach «Galiläa» – in Jerusalemer Augen «das Galiläa der Heiden» (Matthäus 4,15), kurzum: die Welt – vorausgehen wird (Markus 14,28). Dazu gehört, dass Jesus vor dem Hohen Rat auf die Frage des Hohen Priesters: «Bist du der Christus, der Sohn des Hochgelobten?» antwortet: «Ich bin's; und ihr werdet den Sohn des Menschen sitzen sehen zur Rechten der Macht und kommen mit den Wolken des Himmels» (Markus 14,61f.), und dass der weissgewandete Jüngling am leeren Grab (Markus 16,8) die Ansage, der Auferweckte werde nach

Galiläa vorausgehen, aufnimmt und sagt: «Er geht euch voran nach Galiläa; *dort werdet ihr ihn sehen*, wie er euch gesagt hat.» Erst dort. Erst, wenn aller Welt das Evangelium gepredigt ist. Erst in der Wiederkunft wird der auferweckte Menschensohn sichtbar. In der allgemeinen Auferweckung, nicht vorher, nicht gesondert von den andern Menschen. Dann ist die Geburt geschehen, dann ist das Reich Gottes zur Welt gekommen. Vor der grossen Totenauferweckung ist der Auferweckte auch seinen Jüngern nicht sichtbar. Verborgen ist er unter ihnen anwesend.

Wenn das, in dieser starken Betonung, keine Kritik an dem im Entstehen begriffenen Ostermythos ist! Der Ostermythos, der mit der Konstruktion der Himmelfahrt seinen biblischen Höhepunkt erreicht und als verheerende Folge die Abwesenheit Jesu Christi zeitigt. In diesem einsetzenden Mythos liegt die Quelle des übersteigerten kirchlichen Amtsverständnisses, das sein Selbstbewusstsein aus der Repräsentation zieht. Repräsentation, Stellvertretung braucht nur, wer abwesend ist. Mythische Götter brauchen irdische Stellvertreter. Der Auferweckte ist nicht abwesend, er ist aber, sagt Markus, nicht sichtbar anwesend. Weshalb Markus all die Geschichten, wie sie bei Matthäus, Lukas und Johannes auf den Ostermorgen folgen, beiseitelässt. Es ist naiv, zu meinen, er habe keine davon gekannt.

Es ist deutlich Kritik. Kritik auch am «Habe ich nicht Jesus, unsern Herrn, gesehen?» des Paulus, woraus dieser seine Legitimation als Apostel bezieht und darum eine exklusive Visionsreihe konstruieren muss. Es hat niemand den Herrn gesehen; wir werden ihn sehen, wenn wir mit ihm das Gewächs des Weinstocks trinken werden, im vollendeten Reich Gottes, in Gottes vollkommener Schöpfung.

Voerst aber heisst's nach Galiläa gehen. Denn der ganzen Welt soll das Evangelium gepredigt werden.

Gegen Schluss eine Predigt

Römerbrief 13,8–12a:
«Bleibt niemandem etwas schuldig, ausser dass ihr einander liebt. Denn wer den andern liebt, hat das Gesetz erfüllt. Das Gebot nämlich: Du sollst nicht ehebrechen, du sollst nicht töten, du sollst nicht

stehlen, du sollst nicht begehren, und was es sonst noch an Geboten gibt, wird in dem einen Wort zusammengefasst: Du sollst deinen Nächsten lieben wie dich selbst. Die Liebe fügt dem Nächsten nichts Böses zu. Des Gesetzes Erfüllung aber ist die Liebe.
Und dies tut im Wissen, dass die Stunde geschlagen hat: Es ist Zeit, aus dem Schlaf aufzuwachen. Denn jetzt ist unsere Rettung näher als zu der Zeit, da wir zum Glauben kamen. Die Nacht ist vorgerückt, bald wird es Tag.»

Offenbarung 14,13:
«Und ich hörte eine Stimme vom Himmel rufen: Schreib:
Selig die Toten, die im Herrn sterben von jetzt an! Ja, spricht der Geist, sie sollen ausruhen von ihren Mühen, denn ihre Werke begleiten sie.»

Liebe Gemeinde,

«Bleibt niemandem etwas schuldig, ausser, dass ihr einander liebt.» Gibt das einen Sinn? Da stimmt etwas nicht. Denn das wäre ja eine Aufforderung, einander die Liebe schuldig zu bleiben – und das kann der Apostel Paulus auf keinen Fall meinen. Es wird sofort klar, wenn wir die andere Übersetzungsmöglichkeit hören: «Ihr seid niemandem etwas schuldig, ausser, dass ihr einander liebt.» «Denn», heisst's ja dann, «wer den andern liebt, hat das Gesetz erfüllt», ist also niemandem mehr etwas schuldig.

Der Einzige weit und breit, der das gemerkt hat, war mein lieber verstorbener Kollege Emil Weber, als er das Neue Testament ins Zürichdeutsche übersetzte.

Paulus unterscheidet die Zeiten. Und zwar unterscheidet er *drei* Zeiten. Die Zeit des Gesetzes. Die Zeit des einen Gebotes der Liebe. Und die Zeit des erfüllten Liebesgebots. Die Zeit des Gesetzes ist die Zeit vor Jesus Christus. Die Zeit des einen Gebots der Liebe ist die Zeit Jesu Christi. Und die Zeit des erfüllten Liebesgebots ist die Zeit des vollendeten Reiches Gottes, wenn die Liebe alles in allem ist.

Wir leben also in einer grossen Geschichte. Und wir sollen wissen, in welcher Epoche dieser Geschichte wir sind. Wir sind nicht mehr in der Zeit des Gesetzes. Wir sind aber auch noch nicht in der Zeit des erfüllten Liebesgebots. Denn die Liebe ist in der Schöpfung noch längst nicht alles in allem. Wir sind in der Zeit Jesu Christi, wo alle Gesetze in dem einen Gebot der Liebe zusammengefasst sind. «Du sollst deinen Nächsten lieben wie dich selbst.» Etwas anderes sind wir nicht schuldig.

«Du sollst deinen Nächsten lieben wie dich selbst.» Das ist kein Gesetz. Denn ein Gesetz gebietet oder verbietet etwas und nennt im gleichen Atemzug das Strafmass für den Fall, dass einer das Gesetz nicht hält. Also: Du darfst keinen Menschen töten; wenn du trotzdem einen Menschen tötest, kommst du ins Gefängnis. Das Gesetz ist ein Zaun. Es zäunt die gegenwärtige Welt ein und sagt, was innerhalb dieses Zauns gilt. Und wenn einer nicht spurt, wird er ausserhalb des Zauns gestellt, wie Adam und Eva aus dem Paradies gestellt wurden, wie wir seinerzeit in der Schule vor die Tür gestellt wurden, wenn wir nicht parierten, wie der Verbrecher ins Gefängnis gesteckt wird. Das Gesetz zäunt die Gegenwart ein und blickt nicht darüber hinaus.

Das Gebot hingegen nennt kein Strafmass. Es sagt einfach: «Du sollst deinen Nächsten lieben wie dich selbst.» Genau wie die Zehn Gebote im Alten Testament.

Zudem redet das Gebot im Griechischen – und im Hebräischen eigentlich auch – nicht in der Befehlsform für die Gegenwart, sondern in der Form der Zukunft. Also müssten wir eigentlich übersetzen: «Du *wirst* deinen Nächsten lieben wie dich selbst.»

Wann werden wir unseren Nächsten lieben wie uns selbst? Wenn der grosse Friede des Reiches Gottes da ist. So, wie in diesem grossen Frieden auch keiner mehr einen anderen töten oder bestehlen oder belügen wird. Vorläufig ist es leider noch nicht so. Darum braucht es solche Gebote noch und auch Gesetze. Aber im Gegensatz zu den Gesetzen reden die Gebote eben nicht nur von der Gegenwart, in der noch getötet und gestohlen und gelogen wird. Die Gebote reden in erster Linie von der Zukunft. Im Reich Gottes wirst du deinen Nächsten ganz selbstverständlich lieben wie dich selbst. Und erst, nachdem die Gebote mich so angesprochen, mir das zugesprochen haben, sagen sie: Weil das deine und deines Nächsten Zukunft ist, darum stell dich drauf ein und versuch deinen Nächsten jetzt schon zu lieben.

Das Gesetz ist eine Aufforderung, die mich verpflichtet. Das Gebot ist auch eine Aufforderung. Aber es verpflichtet nicht nur mich; es verpflichtet auch Gott, der es erlassen hat. Im Gebot verpflichtet sich Gott, zu erfüllen, was er ankündet. Du wirst keinen Grund mehr haben, deinen Nächsten nicht zu lieben. Gott verpflichtet sich im Gebot, das Reich zu bauen, in dem die Liebe alles in allem ist.

Die Gebote sind kein Zaun, der die Welt auf die Gegenwart eingrenzt. Die Gebote öffnen die Gegenwart auf die Zukunft hin. Das Gebot öffnet unserer schwierigen Gegenwart Gottes Zukunft, Gottes Reich, Gottes kommende Herrlichkeit und vollendete Schöpfung. Das Gebot stellt uns in die Geschichte, die ins Reich Gottes führt. Dort wird es selbstverständlich sein, dass wir einander lieben.

Im Reich Gottes sind wir noch nicht. Aber wir sind dahin unterwegs. Jesus von Nazaret hat uns diese Perspektive aufgetan und mit seinem Leben dafür gebürgt. Darum nennen wir ihn Gottes Christus für uns. Seit er da war, sind wir nicht mehr in der Zeit des Gesetzes, sondern in der Zeit des Gebots auf dem Einzug ins Reich Gottes.

Am deutlichsten machen wir uns die Unterscheidung der Zeiten klar mit Hilfe der Geschichte vom Auszug aus Ägypten im Alten Testament. Auch sie hat drei Etappen.

Zuerst kam der Weggang aus der ägyptischen Sklaverei, der eine lange Wanderung durch die Wüste war, oft mühsam und bis an die Grenze der Kräfte gehend.

Dann folgte der zweite Abschnitt. Israel hatte den langen Weg durch die Wüste zurückgelegt; jetzt musste es noch durch die Fluten des Grenzflusses Jordan, um ins Gelobte Land zu gelangen. Dieser Durchzug war viel kürzer als die Wüstenwanderung. Aber er war dafür viel dramatischer. Denn jetzt drängte alles zusammen; jetzt entschied sich alles. Man stelle sich vor: Israel blickte schon ins Gelobte Land hinüber, das es mit jeder Faser seiner Seele ersehnte. Da wird man ungeduldig. Da fürchtet man, im letzten Augenblick unterzugehen und alles zu verlieren. Da erscheint die geringste Störung als bösartiges Hindernis.

Und schliesslich der dritte Akt der Geschichte. Israel hatte auch den Jordan hinter sich. Es war im Gelobten Land angekommen. Es war am Ziel von Gottes Versprechen und seiner eigenen Wünsche.

Wir sind noch nicht im Gelobten Land. Wir sind aber seit Jesus Christus auch nicht mehr in der Wüste. Wir sind am Zug durch den Jordan. Da geht es turbulent zu. Da sind die Ängste gross, es könnte kurz vor dem Ziel noch schiefgehen. Aber am jenseitigen Ufer steht sichtbar der zweite Josua, der grösser ist als der erste. Jesus Christus, der gekreuzigte, steht dort, der uns versprochen hat: Ihr werdet hindurchgeführt, und der das Versprechen mit seinem Leben besiegelt hat.

Liebe Gemeinde, das ist der Weg der Schöpfung, wie ihn die Bibel beschreibt. Auf diesem Weg sind wir zusammen mit der ganzen Welt. Auf dem Weg ins Reich Gottes. Dahin, wo alle Gebote erfüllt sind. Dahin, wo die Liebe alles in allem ist.

Was aber ist mit uns als einzelnen Menschen und unserem einzelnen Schicksal in dieser grossen Geschichte Gottes mit seiner Schöpfung? Davon redet am schönsten die Offenbarung des Johannes im 14. Kapitel. Ich lese die Stelle noch einmal:

«Selig die Toten, die im Herrn sterben von jetzt an! Ja, spricht der Geist, sie sollen ausruhen von ihren Mühen, denn ihre Werke begleiten sie.»

Wir sind noch nicht im Gelobten Land. Denn wir sind noch mühselig und beladen mit vielem. Wir haben noch nicht das ewige Leben, das uns versprochen ist, denn wir sterben noch. Wir haben's noch nicht, weil der Schöpfer mit seinem Werk noch nicht fertig ist. Die Schöpfung ist noch eine Baustelle. Der Baummeister ist noch an der Arbeit.

Bei seiner Arbeit will er Mitarbeiter haben. Uns will er dabei als Mitarbeiter haben. Damit er ja nicht vergesse, für wen er sein Werk baut. Für niemand anders nämlich als für uns. Darum lässt er uns in die unvollendete Schöpfung hinein geboren werden. Und auch, damit wir dereinst nicht wie Anfänger ins ewige Leben stolpern, sondern als erfahrene Leute hineingehen, die es entsprechend zu schätzen wissen.

Eine begrenzte Zeit sind wir hier Zeugen und Mitarbeiter von Gottes grossartigem Werk. Das ist oft hart und mühsam, verbunden mit Tränen und Klagen. Nur die Aussicht auf das, was im Werden ist, lässt uns nicht verzweifeln. So dass wir, ohne zynisch zu sein, mit dem Apostel Paulus sagen können: «Ich bin überzeugt, dass die Leiden der gegenwärtigen Zeit nichts bedeuten im Vergleich zur Herrlichkeit, die an uns offenbar werden soll.» (Römerbrief 8,18) Nach Freude, Mühe und Leiden sterben wir und ruhen von unserer

Arbeit aus. Die geht nicht verloren. Denn sie besteht aus kleinen Bausteinen zu dem ewigen Haus, das Gott in Arbeit hat. Wenn aber der Bau fertig ist, dann ist eine Wohnung darin für uns bereit, und wir werden ausgeruht ins neue, ins ewige Leben gerufen und in die Wohnung einziehen, um da für immer unsere Heimat zu haben.

Wir stehn am Ende eines Jahres. Jedes von uns war gewürdigt, mitzubauen am grossen Werk. Das erfüllt uns zu Recht mit Dankbarkeit und Stolz. Und wir gehen mit Mut in ein neues Jahr. Denn wir wissen: Es führt der Vollendung entgegen, näher dem grossen Ziel, wo Gottes Herrlichkeit vollkommen sichtbar ist und wir mit ihm in Ewigkeit leben.

Amen.

Predigt zu Römerbrief 13,8–12 und Offenbarung 14,13, gehalten am Silvester 2014 in der Kirche des Diakoniewerks Neumünster, Zollikerberg

Das Familienfest

Jesus, Ankünder und Anfänger des kommenden Reiches «unseres Vaters David» (Markus 11,10), lässt sich auffallend oft und gern zum Essen einladen. Im Gegensatz zu Johannes dem Täufer isst er nicht Heuschrecken und wilden Honig (Markus 1,6), sondern weiss gutes Essen und Trinken, überhaupt das Sitzen an einem schön gedeckten Tisch offensichtlich zu schätzen. So wichtig ist es ihm, dass «dieses Geschlecht» (Matthäus 11,16) ihn deswegen verleumdet. «Denn Johannes kam, ass nicht und trank nicht, und sie sagen: Er hat einen Dämon. Der Menschensohn kam, ass und trank, und sie sagen: Seht, ein Fresser und Säufer, ein Freund von Zöllnern und Sündern!» (Matthäus 11,18f.)

Jesu Essen und Trinken mit vielerlei Leuten ist im Markusevangelium fast so wichtig wie seine Krankenheilungen und gehört wie sie zu seiner Ankündigung des Reiches Gottes. In dessen Vollendung werden alle heil sein und in Fülle zu essen und zu trinken haben. Im letzten Mahl mit seinen Jüngern am Abend seiner Verhaftung wird beides auf den entscheidenden Punkt gebracht. Das Mahl ist *pharmakon athanasias*, Heilmittel gegen den Tod.

Denn, sagt Jesaja:

«Auf diesem Berg aber wird der HERR der Heerscharen allen Völkern ein fettes Mahl zubereiten, ein Mahl mit alten Weinen, mit fettem Mark, mit alten, geläuterten Weinen.
Und verschlingen wird er auf diesem Berg
die Hülle, die Hülle über allen Völkern,
und die Decke, die über alle Nationen gedeckt ist.
Den Tod hat er für immer verschlungen,
und die Tränen wird Gott der HERR von allen Gesichtern wischen,
und die Schmach seines Volks wird er verschwinden lassen von der ganzen Erde,
denn der HERR hat gesprochen.
Und an jenem Tag wird man sagen:
Seht, das ist unser Gott,
Auf ihn haben wir gehofft, dass er uns hilft!
Das ist der HERR, auf ihn haben wir gehofft.
Lasst uns jubeln und froh sein über seine Hilfe!»

Jesaja 25,6–9

Was für ein Mahl ist das? Eins nach dem Muster des grossen Gastmahls aus dem Gleichnis in Lukas 14, wo ein Grosser zu sich einlädt? Nein, eher ein Familientisch! Daran sind alle versammelt als die grosse Familie zum Essen und Trinken, das den Frieden zum Leben stiftet. Friedlich geht es dabei zu, denn es ist genug da für jedes. Die am Tisch verkehren miteinander, wie das Unservater zeigt, nicht verschämt, auch nicht unverschämt, sondern un-verschämt. In familiärer Ungezwungenheit, wie Kinder mit ihren guten Eltern. Da werden auch die zutraulich, die auf den ersten Blick nicht zum engsten Kreis gehören.

Gotthelf erzählt in *Uli der Knecht* am Beispiel der «Sichelten», des Festessens nach der Ernte, wie es ist. «Einem armen Tauner und seinem Weibe, welche das ganze Jahr durch die Erdäpfel sparen müssen und kein Brösmeli Fleisch sehen, ist eine Sichelten, an der Wein, zwei- oder dreier Gattig Fleisch und Küchleni genug sind, wirklich ein Tag aus dem tausendjährigen Reich, auf den sie sich das ganze Jahr durch freuen […].» Und für den Meister ist es «eine christliche Opfermahlzeit. Der Geber alles Guten hat wiederum seine Hand aufgetan, den Fleiss des Landmanns gesegnet, den Schoss der Erde gesegnet; da kömmt's auch dem Härtesten, dass er Gott Dank schuldig sei, etwas opfern solle. Er rüstet eine Mahlzeit, gibt ungezählt die Küchleni weg an der Küchetüre und lässt essen und trinken eine Nacht und einen Tag lang seine Leute, seine Söhne und Knechte und Mägde und den Fremdling, der bei ihm wohnet, so viel ihr Herz gelüstet.» (Gotthelf, *Uli der Knecht*, S. 207f.)

Die Frau bereitet das grosse Mahl zu; sie steht der Küche vor. Und sie ist bei Gotthelf allemal die Grosszügigere als der Mann. Meistens ist sie es, die weiss, dass grosszügiges Geben auf die Länge vergolten wird.

Eine Sichelten ist für den Bauern wahrhaft ein Opfer. Ins Herz des Pächters Uli setzt sich «ein Wurm» beim Gedanken an die Sichelten, die er ausrichten soll. Denn «was er einnahm, das gehörte ihm, versteht sich, was er ausgeben musste, das verstand sich nicht von selbst; er kehrte es siebenmal um, bis er sicher war, dass er es schuldig sei». (Gotthelf, *Uli der Pächter*, S. 23f.)

Das festliche Mahl macht deutlich, was Herunterlassung heisst. Opfer des Hohen zur Erhöhung des Niedrigen. Der Hohe gibt her; der Niedrige empfängt. Uli, als Pächter, der jeden Franken umdrehen muss, würde sich die Sichelten am liebsten sparen. Das könnte er; das Fest ist ein freiwilliges Opfer des Meisters. Will er jedoch nicht riskieren, dass seine Angestellten die Achtung vor ihm und das Vertrauen zu ihm verlieren und schlechter arbeiten als bisher, bleibt dem Meister nichts anderes übrig, als kräftig in die Tasche zu greifen, zum Fest einzuladen und es an nichts fehlen zu lassen. Das weiss besser als er selbst seine Frau. Das Opfer des Meisters ist das Paradies seiner Leute.

Die Meisterleute müssen sich herunterlassen, nicht nur mit ihresgleichen, Söhnen und Töchtern, sondern auch mit Knechten und Mägden, Taglöhnern und Zugehfrauen an einem Tisch zu sitzen. Und zwar nicht herablassend, sondern als gleiche wie sie, die sie ebenso unverblümt und un-verschämt anreden wie ihre Kinder und wie die Beter Gott im Unservater. Tun die Meisterleute das nicht, weil sie Angst haben, es sei ihrer Autorität abträglich, dann schaden sie dieser und untergraben das Vertrauen ihrer Leute. Verweigern sie die Familiarität, gefährden sie ihre Meisterschaft und Legitimität.

Das gilt fürs Festessen; es gilt in einem guten Haus fürs Essen überhaupt. Wo nicht miteinander an einem Tisch gegessen wird, ist der Friede ebenso wie das gegenseitige Vertrauen, die Autorität wie die Mündigkeit in Gefahr.

Ich erinnere mich an Ferien in Kindertagen bei Verwandten im Emmental, wohlhabenden Bauern mit einem grossen Hof. Am Tisch waren wir an gewöhnlichen Tagen mindestens vierzehn. Schon allein die Anzahl der Esser gab der Tafel etwas Festliches. Wäre nicht darauf gepocht worden, dass alle miteinander assen, wäre jedoch ein grosses Durcheinander entstanden, eines, das zum Schaden aller auf den ganzen Tag und die ganze Wirtschaft übergegriffen hätte.

Das Festliche machte die Essenszeit zu einer Zeit des Friedens im Tageslauf, zu einem Stück des kommenden ewigen Sabbats und Paradieses im Werktag. Zum Festlichen gehörte auch der freie, jedoch keineswegs unziemliche Umgangston mit den Meisterleuten, die am obern und untern Ende des Tisches sassen. Beim Essen waren sie auch für die Dienstboten nicht die Meisterleute, sondern die, welche man duzte und selbstverständlich mit «Vater» und «Mutter» anredete. Beides mit Respekt, aber in Freiheit. Es gab keinen Streit, kaum Eifersüchteleien am Tisch, denn alle ehrten seine Festlichkeit, hatten Hunger und Durst und waren mit Essen und Trinken beschäftigt. Keines musste sich dabei gehetzt vorkommen; es gab für alle mehr als genug.

Dafür, dass alle genug und mehr als genug bekamen, sorgte die Hausfrau. Ihre Sorge für das Wohl aller war am Tisch für jedes sichtbar, deutlicher als die des Meisters. Darum war's wohl auch selbstverständlicher, sie «Mutter» als ihn «Vater» zu nennen.

Einen verbrieften Rechtsanspruch auf mehr als genug hatte keines am Tisch. So wenig wie die Dienstboten bei Gotthelf einen Rechtsanspruch auf die Sichelten haben. Zu sagen, es bestehe ein moralischer Anspruch darauf, wäre ebenfalls nicht der richtige Akzent. Es ist ein Anspruch des Vertrauens. Und der ist, wie nicht bloss Gotthelfs Geschichten zeigen, nur scheinbar schwach. In Wahrheit ist er sehr stark. Denn es hängt viel, eigentlich alles, das Leben davon ab.

VII

Nach dem Mittagessen zogen sich Meister und Meisterin in die kleine Stube hinter der grossen Wohnküche zurück. Hatte jemand etwas auf dem Herzen, war jetzt die Zeit, zu ihnen zu gehen. Und man konnte sicher sein, dass man Hilfe bekam, wenn man sie nötig hatte, und dass einem zum Recht verholfen wurde, wenn man im Recht war. Der Meister als der Löser, der zurechtbrachte und mehr als zurechtbrachte, was schief gelaufen war. Und die Meisterin als die, welche die Fäden zog wie Noomi bei Ruts Verbindung mit Boas. Bei Gotthelf ist fast immer die Frau die Hüterin und Pflegerin des Vertrauens im Haus.

Die Familie ist eine Trinität aus Mutter, Vater und Kindern. Und das Fest auf dem Berg, von dem Jesaja redet, wird ein familiäres und darum triniarisches Fest sein. Kein Fest eines mythischen Minotauros oder Kentauers mit sich selbst. Sondern das Fest des ewigen Lebens im Himmel auf Erden, gefeiert von der Familie aus Gott dem Vater, der Mutter Erde und uns, den Kindern dieser beiden. Und Gott wird sich nicht zu gross sein, mit der Erde und uns am Tisch zu sitzen. Und wir werden uns nicht zu klein vorkommen, mit Gott und der Erde an einem Tisch zu essen und zu trinken und zu feiern.

Nachwort

Als der junge Vater bei der Taufe seines Kindes erschien und «Ja» sagte, legitimierte er das Kind und dessen Mutter und wurde selbst als Vater legitimiert. Der Alte sagte dazu: «Wollen hoffen, dass er hält, was er heute versprochen hat. Aber der Anfang ist gemacht, und das ist immerhin etwas.»

So schnell, wie er wohl gehofft hatte, ging es nicht. Es dauerte, bis der Mann sich entscheiden konnte, nicht nur sein Kind anzuerkennen, sondern bei Mutter und Kind Wohnung zu nehmen. Aber auch für Mutter und Kind war's nicht einfach. Wer da wo hinein integriert werden musste, ist nicht genau zu sagen; irgendwie alle ins Verhältnis zu allen. Doch seien sie, habe ich neulich vernommen, beisammengeblieben und gälten mit ihren Kindern als eine glückliche Familie.

Erwähnte Literatur

Agamben, Giorgio, Homo sacer. Die souveräne Macht und das nackte Leben, Frankfurt am Main 2002.

Agamben, Giorgio, Ausnahmezustand (Homo sacer II.1), Frankfurt am Main 2004.

Agacinski, Sylvaine, Métaphysique des sexes. Masculin/Féminin aux sources du christianisme, Paris 2005.

Aischylos, Die Perser.

Ambrosius von Mailand, De officiis ministrorum.

Anaximander, in: Hermann Diels, Die Fragmente der Vorsokratiker, Reinbek bei Hamburg 1963.

Anaximenes, in: Hermann Diels, Die Fragmente der Vorsokratiker, Reinbek bei Hamburg 1963.

Anselm von Canterbury, Monologion.

Anselm von Canterbury, Proslogion.

Anselm von Canterbury, Cur Deus homo.

Arendt, Hannah, Vita activa oder Vom tätigen Leben, München/Zürich 1982.

Augustinus, Aurelius, Soliloquia.

Augustinus, Aurelius, De trinitate.

Bader, Günter, Psalterium affectuum palaestra. Prolegomena zu einer Theologie des Psalters, Tübingen 1996.

Barth, Karl, Christliche Dogmatik im Entwurf, Zürich 1982.

Barth, Karl, Theologische Existenz heute!, Heft 1, München 1933.

Barth, Karl, Kirchliche Dogmatik, Erster Band. Die Lehre vom Wort Gottes, Erster Halbband, 8. Auflage, Zürich 1964.

Barth, Karl, Kirchliche Dogmatik, Zweiter Band. Die Lehre von Gott, Zweiter Halbband, 4. Auflage, Zollikon-Zürich 1959.

Barth Karl, Einführung in die evangelische Theologie, Zürich 1962.

Barthes, Roland, Das Neutrum, Frankfurt am Main 2005.

Bataille, Georges, L'Erotisme, Oeuvres complètes, Band X, Paris 1987.

Bayer, Oswald, Schöpfung als Anrede. Zu einer Hermeneutik der Schöpfung, Tübingen 1986.

Bayer, Oswald, Zeitgenosse im Widerspruch. Johann Georg Hamann als radikaler Aufklärer, München 1988.

Bayer, Oswald, Theologie, Gütersloh 1994.

Bayer, Oswald, Martin Luthers Theologie. Eine Vergegenwärtigung, Tübingen 2003.

Berkouwer, G. C., Der Triumph der Gnade in der Theologie Karl Barths, Neukirchen 1957.

Bizer, Ernst, Fides ex auditu. Eine Untersuchung über die Entdeckung der Gerechtigkeit Gottes durch Martin Luther, 3., erweiterte Auflage, Neukirchen-Vluyn 1966.

Blanchot, Maurice, Die Schrift des Desasters, München 2005.

Bloch, Ernst, Experimentum mundi. Fragen, Kategorien des Herausbringens, Praxis, Frankfurt am Main 1975.

Bloom, Harold, Die heiligen Wahrheit stürzen. Dichtung und Glaube von der Bibel bis zur Gegenwart, Frankfurt am Main 1991.

Blumenberg, Hans, Arbeit am Mythos, 5. Auflage, Frankfurt am Main 1990.

Blunden, Edmund, O rosy red, in: Paul Fussell, The Great War and Modern Memory, New York 2000.

Boman, Thorleif, Die Jesus-Überlieferung im Lichte der neueren Volkskunde, Göttingen 1967.

Brain, Charles Kimberlin, The Hunters or the Hunted? An Introduction to African Cave Taphonomy, Chicago 1981.

Brecht, Martin, Martin Luther, Bd. 2, Stuttgart 1986.

Burckhardt, Jacob, Griechische Kulturgeschichte, Erster Band, in: Jacob Burckhardt, Gesammelte Werke, Band V, Basel 1956.

Calvin, Johannes, Institutio christianae religionis.

Chesterton, Gilbert Keith, Ketzer. Eine Verteidigung der Orthodoxie gegen ihre Verächter, Frankfurt am Main 1998.

Claudius, Matthias, Kriegslied, in: Werke in einem Band, Hamburg o. J.

Cyprian von Karthago, De ecclesiae catholicae unitate.

Defoe, Daniel, Robinson Crusoe.

Diels, Hermann, Die Fragmente der Vorsokratiker, Reinbek bei Hamburg 1963.

Ebeling, Gerhard, Dogmatik des christlichen Glaubens, Band III, Tübingen 1979.

Elert, Werner, Der christliche Glaube. Grundlinien der lutherischen Dogmatik, Berlin 1940.

Flasch, Kurt, Logik des Schreckens. Augustinus von Hippo, die Gnadenlehre von 397, Mainz 1990.

Freud, Sigmund, Über die weibliche Sexualität, 1931.

Fussell, Paul, The Great War and Modern Memory, New York 2000.

Gay, Peter, «Ein gottloser Jude». Sigmund Freuds Atheismus und die Entwicklung der Psychoanalyse, Frankfurt am Main 1988.

Gerhardt, Paul, Befiehl du deine Wege, in: Gesangbuch der Evangelisch-reformierten Kirchen der deutschsprachigen Schweiz.

Gesangbuch der Evangelisch-reformierten Kirchen der deutschsprachigen Schweiz, Basel und Zürich 1998.

Goeters, J. F. Gerhard, Die Vorgeschichte des Täufertums in Zürich, in: Studien zur Geschichte und Theologie der Reformation. Festschrift für Ernst Bizer, herausgegeben von Luise Abramowski und J. F. Gerhard Goeters, Neukirchen 1969.

Gogarten, Friedrich, Die Frage nach Gott, Tübingen 1968.

Goldmann, Lucien, Der verborgene Gott. Studien über die tragische Weltanschauung in den «Pensées» Pascals und im Theater Racines, Frankfurt am Main 1985.

Gotthelf, Jeremias, Der Bauernspiegel.

Gotthelf, Jeremias, Die Wassernot im Emmental.

Gotthelf, Jeremias, Uli der Knecht.

Gotthelf, Jeremias, Die schwarze Spinne.

Gotthelf, Jeremias, Anne Bäbi Jowäger.

Gotthelf, Jeremias, Geld und Geist.

Gotthelf, Jeremias, Uli der Pächter.

Gotthelf, Jeremias, Die Käserei in der Vehfreude.

Graf von Krockow, Christian, Die Entscheidung. Eine Untersuchung über Ernst Jünger, Carl Schmitt, Martin Heidegger, Stuttgart 1958.

Graves, Robert, 5 Pens in Hand, New York 1958.

Gregor VII., Dictatus Papae.

Greig, Geordie, Frühstück mit Lucian Freud, Zürich 2014.

Haenchen, Ernst, Der Weg Jesu. Eine Erklärung des Markus-Evangeliums und der kanonischen Parallelen, Berlin 1966.

Hamann, Johann Georg, Über die Auslegung der heil. Schrift, in: Londoner Schriften, herausgegeben von Oswald Bayer und Bernd Weissenborn, München 1993.

Hamann, Johann Georg, Brocken, in: Londoner Schriften.

Hamann, Johann Georg, Gedanken über meinen Lebenslauf, in: Londoner Schriften.

Hamann, Johann Georg, Die Magi aus Morgenlande, zu Bethlehem, in: Johann Georg Hamann, Sämtliche Werke (Nachdruck der His-

torisch-kritischen Ausgabe von Josef Nadler), II. Band (N II), Wuppertal 1999.
Hamann, Johann Georg, Abaelardi Virbii Chimärische Einfälle über den zehnten Teil der Briefe die neueste Litteratur betreffend, in: N II.
Hamann, Johann Georg, Aesthetica in nuce, in: N II.
Hamann, Johann Georg, Leser und Kunstrichter, in: N II.
Hamann, Johann Georg, Des Ritter von Rosencreuz letzte Willensmeynung über den göttlichen und menschlichen Ursprung der Sprache, in: N III.
Hamann, Johann Georg, Philologische Einfälle und Zweifel über eine akademische Preisschrift, in: N III.
Hamann, Johann Georg, Versuch einer Sibylle über die Ehe, in: N III.
Hamann, Johann Georg, Entkleidung und Verklärung. Ein Fliegender Brief an Niemand, den Kundbaren, in: N III.
Hamann, Johann Georg, Briefwechsel, Zweiter Band, herausgegeben von Walther Ziesemer und Arthur Henkel, Wiesbaden 1956.
Hamann, Johann Georg, Briefwechsel, Fünfter Band, herausgegeben von Arthur Henkel, Frankfurt am Main 1965.
Hamilton-Paterson, James, Seestücke. Das Meer und seine Ufer, Stuttgart 1995.
Hausmann, Julie, So nimm denn meine Hände, in: Gesangbuch der Evangelisch-reformierten Kirchen der deutschsprachigen Schweiz, Basel und Zürich 1998.
Hebel, Johann Peter, Sämtliche Schriften, Band II, 1. Teil, Karlsruhe 1990.
Der Heidelberger Katechismus.
Heine, Heinrich, Prosanotizen, in: Historisch-kritische Gesamtausgabe der Werke, Band 10, herausgegeben von Manfred Windfuhr, Hamburg 1997.
Herrmann, Wilhelm, Der Verkehr des Christen mit Gott im Anschluss an Luther dargestellt, Stuttgart 1903.
Hesiod, Theogonie, Herausgegeben, übersetzt und erläutert von Karl Albert, Sankt Augustin 1990.
Hesiod, Werke und Tage, Griechisch/Deutsch. Übersetzt und herausgegeben von Otto Schönberger, Stuttgart 1996.
Hörisch, Jochen, Brot und Wein. Die Poesie des Abendmahls, Frankfurt am Main 1992.

Horkheimer, Max/Adorno, Theodor W., Dialektik der Aufklärung, Frankfurt am Main 1969.

Jean Paul, Rede des toten Christus vom Weltgebäude herab, dass kein Gott sei, in: Blumen-, Frucht- und Dornenstücke oder Ehestand, Tod und Hochzeit des Armenadvokaten F. St. Siebenkäs im Reichsmarktflecken Kuhschnappel, Frankfurt 1987.

Jüngel, Eberhard, Metaphorische Wahrheit. Erwägungen zur theologischen Relevanz der Metapher als Beitrag zur Hermeneutik einer narrativen Theologie, in: Paul Ricœur, Eberhard Jüngel, Metapher. Zur Hermeneutik religiöser Sprache, München 1974.

Jüngel, Eberhard, Das Evangelium von der Rechtfertigung des Gottlosen als Zentrum des christlichen Glaubens. Eine theologische Studie in ökumenischer Absicht, 3., verbesserte Auflage, Tübingen 1999.

Jüngel, Eberhard, Die Kirche als Sakrament? in: Wertlose Wahrheit. Zur Identität und Relevanz des christlichen Glaubens, Theologischer Erörterungen III, 2. Auflage, Tübingen 2003.

Kähler, Martin, Der sogenannte historische Jesus und der geschichtliche, biblische Christus, 3. Auflage, München 1961.

Keller, Gottfried, Der Grüne Heinrich.

Keller, Gottfried, Aufsätze zu Gotthelf in: Sämtliche Werke, Bd. 15, Zürich 2011.

Kirsch, Sarah, Glashaus, in: Katzenleben. Gedichte, Stuttgart 1984.

Klepper, Jochen, Der Vater, Stuttgart/Berlin 1937.

Koselleck, Reinhard, Kritik und Krise, Frankfurt am Main 1973.

Lohse, Eduard, Vom einen Evangelium zu den vier Evangelien. Zu den Anfängen urchristlicher Literatur (Studien zu Geschichte, Theologie und Wissenschaftsgeschichte, herausgegeben von der Akademie der Wissenschaften zu Göttingen), Berlin/Boston 2012.

Loofs, Friedrich, Dogmengeschichte, 3., verbesserte Auflage, Halle 1893.

Loraux, Nicole, Die Trauer der Mütter. Weibliche Leidenschaft und die Gesetze der Politik, Frankfurt am Main/New York 1992.

Luther Martin, Sermone aus den Jahren ca. 1514–1520, in: Weimarer Ausgabe (WA), Band 4.

Luther, Martin, Operationes in Psalmos, WA 5.

Luther, Martin, An den Christlichen Adel deutscher Nation von des Christlichen standes besserung, WA 6.

Luther, Martin, Assertio omnium articulorum M. Lutheri per Bullam Leonis X. novissimam damnatorum, WA 7.

Luther Martin, Grund unnd ursach aller artickel D. Marti. Luther, szo durch Romische Bulle unrechtlich vordampt seyn. 1521. WA 7.
Luther, Martin, Der Kleine Katechismus, WA 30 I.
Luther, Martin, Der Grosse Katechismus, WA 30 I.
Luther, Martin, Sendbrief vom Dolmetschen, WA 30 II.
Luther, Martin, Der 117. Psalm ausgelegt, WA 31 I.
Luther, Martin, Disputatio de sententia: Verbum caro factum est (Johannes 1,14), WA 39 II.
Luther, Martin, Römerbriefvorlesung von 1515/16, WA 56.
Luther, Martin, Brief an Melanchthon vom 1. August 1521, WA Briefe 2.
Luther, Martin, Brief vom 5. Juni 1530, WA Briefe 5.
Luther, Martin, Tischreden, WA Tischreden 2, Nr. 1681.
Luther, Martin, Tischreden, WA Tischreden 3, Nr. 3566.
Lyotard, Jean-François, Der Widerstreit, München 1987.
Lyotard, Jean-François, Gezeichnet: Malraux, Wien 1999.
Maag, Victor, Kultur, Kulturkontakt und Religion. Gesammelte Studien zur allgemeinen und alttestamentlichen Religionsgeschichte, Göttingen und Zürich 1980.
Mann, Thomas, Joseph und seine Brüder, Frankfurt am Main/Marburg 1971.
Marrou, Henri-Irénée, Augustinus und das Ende der antiken Bildung, Paderborn, München, Wien, Zürich 1982.
Meier, Christian, Kultur, um der Freiheit willen. Griechische Anfänge – Anfang Europas?, München 2009.
Melanchthon, Philipp, Loci communes von 1521, in: Melanchthons Werke, II. Band, 1. Teil, 2. Neubearbeitete Auflage, Gütersloh 1978.
Mendels, Doron/Edrei, Arye, Zweierlei Diaspora. Zur Spaltung der antiken jüdischen Welt, Göttingen 2010.
Nitzsch, Carl Immanuel, Praktische Theologie, Erster Band. Einleitung und erstes Buch. Allgemeine Theorie des kirchlichen Lebens, Bonn 1859.
Oberman, Heiko Augustinus, Luther. Mensch zwischen Gott und Teufel, Berlin 1981.
Oetinger, Friedrich Christoph, Biblisches und Emblematisches Wörterbuch, Heilbronn am Neckar 1776.
Pannenberg, Wolfhart, Grundzüge der Christologie, Gütersloh 1964.
Papias von Hierapolis, in: Eusebius von Caesarea, Kirchengeschichte.

Pessoa, Fernando, Das Buch der Unruhe des Hilfsbuchhalters Bernardo Soares, Frankfurt am Main 2011.

Planck, Jacob Gottlieb, Tagebuch eines neuen Ehemannes, 1779.

Planck, Jacob Gottlieb, Das erste Amtsjahr des Pfarrers von S. in Auszügen aus seinem Tagebuch, 1823.

Platon, Symposion.

Platon, Timaios.

Quintilianus, Marcus Fabius, Ausbildung des Redners, 12 Bücher, Darmstadt 1988.

RGG^{3}. Die Religion in Geschichte und Gegenwart, 3. Auflage, Fünfter Band, Tübingen 1961.

Schleiermacher, Friedrich Daniel Ernst, Über die Religion. Reden an die Gebildeten unter ihren Verächtern, 1799.

Schleiermacher, Friedrich Daniel Ernst, Der christliche Glaube. Nach den Grundsätzen der Evangelischen Kirche im Zusammenhange dargestellt. 7. Auflage, zweiter Band, Berlin 1960.

Schleiermacher, Friedrich Daniel Ernst, Kurze Darstellung des theologischen Studiums zum Behuf einleitender Vorlesungen, Zweite, umgearbeitete Auflage, Berlin 1830. Kritische Ausgabe, Darmstadt o. J.

Schmitt, Carl, Der Nomos der Erde im Völkerrecht des Jus Publicum Europaeum, Berlin 1950.

Schneider, Reinhold, Philipp II. oder Religion und Macht, Leipzig 1931.

Schweitzer, Albert, Geschichte der Leben-Jesu-Forschung, 6. Auflage, Tübingen 1951.

Shakespeare, Nicholas, Bruce Chatwin. Eine Biographie, Reinbek bei Hamburg 2000.

Spener, Philipp Jacob, Das Geistliche Priesterthum, in: Philipp Jakob Spener, Schriften, Band I. Hildesheim, New York 1979.

Steiner, George, Grammatik der Schöpfung, München, Wien 2001.

Swift, Jonathan, Ein Tonnenmärchen, in: Ausgewählte Werke, Erster Band, Frankfurt am Main 1982.

Swift, Jonathan, A Modest Proposal, in: Ausgewählte Werke, Zweiter Band, Frankfurt am Main 1982.

Swift, Jonathan, Verses on the Death of Dr Swift, in: Ausgewählte Werke, Zweiter Band, Frankfurt am Main 1982.

Swift, Jonathan, Gullivers Reisen, in: Ausgewählte Werke, Dritter Band, Frankfurt am Main 1982.

Taubes, Jacob, Die Politische Theologie des Paulus, 3., verbesserte Auflage, München 2003.
Thales von Milet, in: Hermann Diels, Die Fragmente der Vorsokratiker, Reinbek bei Hamburg 1963.
ThWBNT. Theologisches Wörterbuch zum Neuen Testament, Erster Band, Stuttgart 1933.
Tomasi di Lampedusa, Giuseppe, Der Leopard, München 1959.
von Rad, Gerhard, Das Alte Testament Deutsch 2, Das erste Buch Mose, Kapitel 1–12,9. Übersetzt und erklärt von Gerhard von Rad, Göttingen 1967.
Wellhausen, Julius, Prolegomena zur Geschichte Israels, Berlin 1927/1981.
Wittgenstein, Ludwig, Tractatus logico-philosophicus, Frankfurt am Main 1998.
Žižek, Slavoj, Das Reale des Christentums, Frankfurt am Main 2006.
Zwingli, Huldrych, Der Hirt, in: Schriften I, Zürich 1995.